一路风景看不尽

阅读苏力

郭绍敏 / 著

中国出版集团

中国民主法制出版社

全国百佳图书
出版单位

图书在版编目（CIP）数据

一路风景看不尽：阅读苏力 / 郭绍敏著 . —北京：
中国民主法制出版社，2022.11
ISBN 978-7-5162-2979-8

Ⅰ.①—… Ⅱ.①郭… Ⅲ.①苏力—法学—学术思
想—研究 Ⅳ.① D909.27

中国版本图书馆 CIP 数据核字（2022）第 199822 号

图书出品人：刘海涛
出版统筹：石 松
责任编辑：张 婷

书 名 / 一路风景看不尽：阅读苏力
作 者 / 郭绍敏 著

出版·发行 / 中国民主法制出版社
地址 / 北京市丰台区右安门外玉林里 7 号（100069）
电话 /（010）63055259（总编室） 63058068 63057714（营销中心）
传真 /（010）63055259
http：// www.npcpub.com
E-mail: mzfz@npcpub.com
经销 / 新华书店
开本 / 16 开 710 毫米 ×1000 毫米
印张 / 24.5 字数 / 370 千字
版本 / 2023 年 1 月第 1 版 2023 年 1 月第 1 次印刷
印刷 / 三河市宏图印务有限公司

书号 / ISBN 978-7-5162-2979-8
定价 / 79.00 元

阅读苏力(代序一)

桑本谦[*]

写篇评论苏力的文章,目的不在于为他歌功颂德,也不试图向这位为中国法学作出卓越贡献的学者表达敬意(尽管苏力是我最钦佩的法学家),而主要是为了他的读者,尤其是那些比我年轻的法学研究者以及法学院的学生们。考虑到苏力的读者当然希望能够读懂苏力,甚至希望通过读懂苏力来把握一个更好的学术方向,所以我很乐意与他们分享多年来我阅读和学习苏力作品的体会和感悟。因此,本文的讨论重点就不是苏力的思想,而主要是他的方法和思路。

我之所以自认为是完成这个任务的一个恰当人选,当然不是因为自己的学术判断力有多好(只是自我感觉还不错),而是因为,我恰好是一个长期努力学习苏力的人,并且试图学得比较全面,包括他的分析方法、思考问题的方式以及写作的风格和技巧等。

如果按常理来说,一个长期临摹王羲之作品的书法爱好者要比那些只看不练的观赏者更可能了解他的书法,或者一个执着模仿杨丽萍的舞蹈爱好者要比那些只看不练的观众更可能了解她的舞技,那么就可以以此类推,我评论苏力的自信并不那么盲目。当然这不能保证对苏力的评论都是对的,偏见在所难免,但我会大胆地暴露我的偏见。

"大胆"的另一层隐义是,我不会吝啬或顾忌对苏力的赞美。应该承认,有时赞美比批评更需要勇气。尤其是针对苏力这样一位特定学者,批评要比赞美容易得多。但我的赞美不是刻意的,它一定会真实反映我的判断——其实,我只是不想刻意说他坏话而已。

---

[*] 桑本谦,中国海洋大学法学院院长,国务院学位委员会法学学科评议组成员,主要研究领域为法理学、法律经济学和刑事法律制度。

赞美苏力之所以不那么让我难为情，原因之一是20多年来苏力已经招致了太多的批评（也包括来自我的批评），再批评他也没多大意思了。而在这个时候，为他说几句好话或做些辩解，反而可能制造出点新意。于是，在这种意义上，我的偏见也具有了合法性，至少可以"对冲"一下其他评论者的偏见——如果那些评论者也能承认他们同样会有偏见的话。

———

2002年夏天，中国人民大学清史研究所的杨念群教授在北京香山组织了一次关于"新史学"的学术讨论会。苏力向会议提交了一篇题为《历史中的行动者》的论文借助传统戏剧《梁祝》讲述那个催人泪下的爱情故事，该文旨在重新审视中国传统社会以"媒妁之言、父母之命"为特征的婚姻制度。

与基于"婚姻自由"立场的现代性批判不同，苏力利用经济学和社会生物学的分析方法，深入解释了形成、制约以及最终瓦解这个制度的社会历史条件；进而，在历史变迁的宏大制度背景之下，通过重新审视和解读《梁祝》的悲剧内涵，生动阐释了作为法理学主题的常规与例外之间的永恒冲突。

尽管这篇文章别开生面地讨论了历史，并且非常巧妙地融合了制度变迁中微观与宏观的两个层面，但若考虑到其研究方法与传统史学和新史学路数迥异，就几乎可以断定，该文势必会在史学界遭到质疑——仅仅凭借一个虚构的故事就能分析历史吗？哪怕这个质疑只是潜在的，苏力也必须作出回应。

为此，他很快完成了又一篇论文，题为《这是一篇史学论文？》，副标题是"有关《梁祝》一文的反思"。在文章的结尾，苏力以高度自信的语气对标题的设问作出了肯定的回答："这是一篇史学的论文！"为了证明这个结论，证成这种非常规的历史研究方法，苏力借助于丰富的理论资源，涉及多种哲学思潮。但令人赞叹的是，这些理论被苏力糅合得浑然一体，并且一点都不显得高深莫测——他没有忽视常识的力量，常识成为连接不同理论的纽带并成为它们共同的根基。

2002年7月12日，是苏力完成《这是一篇史学论文？》一文初稿的日子，那天应该是他一生中的一个重要时刻。在经历了多年的艰苦思考之后，他终于彻底想通了，终于对自己起初只是诉诸直觉，随后经过不断反思，最终却顽强坚持下来的独特学术道路和研究方法获得了空前的自信。

对苏力来说，不仅所有怀疑获得了确定的澄清，而且围绕"如何从虚幻中发现真实"的方法论难题，也爬升到一个足以"一览众山小"的理论高度。从此，他告别了所有的疑虑和纠结，可以无所顾忌、无所畏惧；过去的包袱都丢掉了，等待他的，只是需要继续跋涉另一段学术旅程以及攀登下一个更宏伟，也更险绝的学术高峰，并且，它已隐约可见！想一想，彼时的苏力会有一种怎样的愉悦和欣喜?!

没有足够的样本，没有严格的统计推论，从个案研究中获得的结论何以能够扩展到一般性的层面？大约所有从事个案研究的社会理论家（诸如涂尔干、吉尔茨、马林诺夫斯基以及费孝通等）都曾面对这个所谓"如何超越个案"的方法论困惑。

苏力的处境显然更为窘迫，别人的个案至少记录甚或深描了作者观察到的真实，而苏力的"个案"除了一些真实案例（如"邱氏鼠药案""黄碟案""许霆案""药家鑫案""肖志军案"以及"一个馒头引发的血案"等），还包括来自电影和戏剧的一些虚构故事。

可是，《秋菊打官司》能算什么个案呢？分析《梁祝》《雷雨》《窦娥冤》《赵氏孤儿》《安提戈涅》，又如何能够令人信服地解说历史和现实？仅仅应对如何从特殊到普遍以及如何从微观到宏观的难题就已经够麻烦了，苏力还必须要回答怎样从虚幻中发现真实。

更何况，他还有更大的理论野心，把以中国传统戏剧为素材的制度分析纳入了历史维度——不满足于仅仅分析戏剧文本所反映的那个特定时代的制度，他还要解释当社会历史条件（尤其是物质技术因素）发生变化之后，旧制度被新制度逐渐取代的历史变迁过程。若将如此宏伟的理论建构立足一个个虚构的故事，就难免会让人质疑——这何止是在沙滩上建城堡，这简直是在空中造楼阁！

从1996年苏力完成他著名的《秋菊的困惑和山杠爷的悲剧》一文到2006年出版《法律与文学：以中国传统戏剧为材料》一书之后的很长一段时间，诸如此类的批评就不断涌现。来自法学界的批评多是立场性的，姑且不论。但来自文学理论界的几位学者则基于他们的专业优势指出了苏力作品的不少"硬伤"——诸如误读了戏剧文本，泥实了剧情，曲解了作者原意等

（还有人直言怀疑苏力的文学鉴赏能力）。

尽管这些批评在一定层面上不无道理，但若批评者有机会提前阅读《这是一篇史学论文？》，从而理解了作者对其研究方法的反思和辩解，就可能会发现，苏力根本不在这些批评之箭的射程之内。

苏力所要寻求的真实，并非剧本直接呈现出来的故事本身的真实，而是剧本在演绎故事的过程中所折射出来的那些社会生活中的真实。故事是虚构的，但故事的逻辑是真实的，后者是虚构一个故事的资本。凡被广泛流传的文学作品，一定拥有虚构故事的雄厚资本，而这，正是苏力所要寻找的真实。

鉴于作者、作品和受众之间现实或潜在的互动，无论以电影故事还是以传统戏剧为素材的研究方法，实际上都隐含了一次跨时空的问卷调查，这意味着，在一定程度上，苏力在选择个案的同时就已经超越了个案。借助这种研究方法，他可以利用别人的眼睛去发现真实。这里所说的"别人"，既包括作者，又包括（一代代的）受众；后者并非彻底沉默，因为作品广为流传的事实本身就隐含了受众对作品的态度，受众的接受和认可反过来也会印证作品本身所折射出来的那些真实——经得起历史检验，因而不会包含任何谎言的真实。由此，苏力发现了一个埋藏在文学作品中的"数据库"。

更何况，从来没有绝对的真相；无论是历史记录，还是文学作品，我们从中发现的真相都不过是一些建构而已。正是在这个意义上，苏力感慨地说，历史和文学的边界彻底模糊了。

苏力不是文学作品的鉴赏者，他只是作品信息的搜寻者。他始终保持清醒，不像某些人那样分不清戏里戏外；他很少进入剧情，即使偶尔进入（曾被《赵氏孤儿》中的程婴所感动并表达了由衷的敬佩），也有明确的目的，他会立刻反思甚或已经事先解释了自己为什么会进入。面对这样一位高度清醒的"搜寻者"，抱怨他缺乏文学鉴赏力还有什么意义？

况且苏力也并非真的缺乏鉴赏力，倘若由他来改编剧本，我相信他有能力提出把这些"悲苦剧"提升为真正悲剧的改编方案；实际上，他已经提出来了。

退一步说，即使苏力误读了剧本，误解了作者，又有什么大不了的？在失去一种真实的同时，完全可能捕捉到另一种真实。哪怕审判窦娥的桃杌就是一个贪官，苏力却误以为他只是一个庸官，后果就很糟糕吗？

别忘了苏力是个实用主义者，后果取向的手段/目的理性已经深入他的骨髓。只要确信后果足够好，没什么是他做不出来的——这话别人听起来也许觉得刺耳，但在苏力看来不过是同义反复。他反对过分迷恋方法，方法只是手段，方法好不好，必须根据目的去判断，没有什么方法拥有天然的优越性，可开通"直达上帝和真理的专线"。

再好的研究方法也不能保证可以创造出有价值的学术作品。是的，方法永远是死的，它本身没有灵魂，要赋予方法以生命，终究离不开研究者的想象力、洞察力以及足够的好奇、敏锐和耐心。

阅读过《法律与文学：以中国传统戏剧为材料》的一位朋友曾经抱怨说，所谓"以中国传统戏剧为素材"其实只是个噱头，其目的无非是把一些立足常识的分析伪装成实证研究而已。即使没有这些戏剧材料，通过苏力自己的想象，借助他掌握的历史常识，或至多收集一点史料，也能获得满足他建构理论所需要的那些真实。尽管我不完全否认这种说法，但仍要为苏力做一些辩解。

苏力所需要的真实，不能仅仅存在于客观的社会历史之中，它们还必须存在于人们的心灵和记忆之中，那些不能被人们感知或者已经被人们遗忘的真实，不在人们决策参数的范围之内，也因此不具备制度分析的价值。在这个意义上，"以传统戏剧为素材"就成为一个特定真实的方便法门。对于苏力而言，"方便"是非常重要的考量。借助于传统戏剧，苏力不仅可以方便地遴选和组织素材，也可以方便地向读者展示这些素材所呈现和折射的那些社会生活中的真实。

苏力向来注重知识交流的经济性以及知识本身的性价比。《法律与文学：以中国传统戏剧为材料》是一个性价比极高的学术作品，其提供的知识和启发不限于法律和历史，还涉及文学和哲学，倘若抽掉了传统戏剧的素材，则不仅会削弱甚至剥夺后两个领域的知识贡献，而且势必要减损其知识传递的经济性和生动性。

阅读苏力的作品，令人印象深刻的一点是，他不满足于只把道理讲清楚，而总是试图以一种令人难忘（甚至令人震撼）的方式去讲道理。以电影故事或传统戏剧为素材，就恰好成了苏力追求其独特学术旨趣的一种修辞战略，并且这种战略的有效性已经从他自己的学术作品那里获得了验证。

尽管《秋菊的困惑和山杠爷的悲剧》不是完美的学术分析，其理论深度和广度也远逊于苏力两年后发表的《二十世纪中国的现代化与法治》一文，但从传播学的角度来看，却无疑是前者完胜。如今，"秋菊的困惑"已然成为被中国法学界乃至中国法律人群体所熟知的一种浓缩了丰富意义的象征或符号。

二

在苏力看来，即使作为一种严格制度性体系的科学研究方法，也只能帮助我们减少犯错误的概率，而无力杜绝所有的错误。因而，好的学术作品并不能保证分析结论无懈可击，哪怕只是提出一个猜想、一个提醒或是一种不应被忽视的可能性，都可以创造有价值的知识贡献。苏力正是这种学术追求的践行者，无论是《法治及其本土资源》，还是《送法下乡：中国基层司法制度研究》，都没有提出无可置疑的真理，甚至某些分析结论还注定要被证伪，但又有多少人会因此否认这些作品的学术贡献呢？那些否认者又能提出多少根据呢？

难得的是，围绕相关问题，苏力的分析已经深入相当微观的层面，揭示了问题背后的许多经验要素和因果关系（有些是被大家熟视无睹的）。倘若关注同样问题的学者也能在同样层面上展开深入细致的批评和对话，中国法学界的学术品质不知可以提升多少！甚至可能——尽管很渺茫——避免某些领域的决策失误。

放弃追求大写的真理——这又是典型的实用主义姿态——只表明苏力扩展了他认可的知识范围，而不意味着他降低了学术研究（尤其是社会科学研究）的标准。事实上，苏力评价学术作品的标准十分苛刻，他要求有真正的知识增量。

具体地说，要看逻辑是否成立，经验根据是否可靠，能否恰当选取、组织以及充分利用素材，结论是否有智识启发性，能否超越个案，以及更为苛刻的——能否提供超越或挑战常识的分析结论。苏力写作的学术批评就大致是以这些评价标准为依据的。

学术批评是苏力作品的一个重要组成部分，他追求一种纯学术的批评，摒弃立场化的、意识形态的或"上纲上线"的伪批评，他试图在学界营造一种健康的批评风气。尽管他知道这个希望多半要落空，但仍"愿意去做这样的学术傻帽儿"。苏力并非不懂学术圈的江湖规矩，他只是觉得有责任去蔑视这些规矩。

苏力曾说："'兼容并包'不是美德，它只是美德的赝品。"是的，只有在缺乏足够分辨力的条件下，我们才有理由两边下注以分散风险。因而所谓"兼容并包"，在其炫耀宽容的同时，也隐含了不辨是非、不知好歹的无奈。只有决策者是愚蠢的，兼容并包才是明智的；如果决策者是明智的，兼容并包就是愚蠢的。苏力的眼光就是这么犀利。

多年来，苏力在法学界一直坚持一种批评的学术态度，坚持一种相对边缘化的学术立场。他的许多文章都顺手牵羊地反思或批评了主流的法学观念和研究方法。除此之外，他还撰写了一些专门的学术批评。比较温和的批评——针对某个作者的某个文献——集中于他的《批评与自恋：读书与写作》（2004）一书中；那些针对学术流弊的辛辣批评，则穿插在"波斯纳文丛"的代译序中。

其中最辛辣的一段文字我差不多能够背诵下来，记得最后一句是："因此，你的失败就是你的胜利，你的挫折就已经证明了你的成功，而且你还获得了一种安全的壮烈——人活着就已经享受了烈士的待遇，多好的感觉啊！"

之所以要特意把这句话挑出来，是因为我已隐约觉察到，这句批评将会成为一个预言，也许不久就会有人唱出"我们的初衷是好的"或"好经却被和尚们念坏了"之类的老调来为自己的失败辩护。

苏力对许多写作套路的批评，经常是一语中的，甚至一针见血。与其私下交往中我对此感触颇深。针对一个坚持深描和"述而不作"的人类学文献，苏力的评价是"没有决断"；针对一篇涉及古代禅让制的旁征博引的政治哲学论文，苏力的评价是"太把文字当真了"；针对近几年开始流行的行为主义法律经济学的学术进路，苏力的评价是"因为无力用简单的分析方法分析复杂的问题而被迫用复杂的概念来套复杂的问题"；针对最近微信朋友圈里一个广为流传的说法——"最优秀的人研究最基本的问题，而不是最紧迫的问题"，苏力的评价是"用定义取胜的老战术"。

虽然这些评价过于苛刻，甚至"毒舌"，但它真实反映了苏力本人的学术自勉和自律——既然你有信心去挑别人的毛病，就必先保证自己能避免同样的毛病。至少在我看来，苏力确实做到了。读完他所有的作品，竟难以发现一处诸如此类的流弊。这些看起来变幻莫测的评价，其实无一偏离苏力一直坚持的实用主义主线；实际上，任何人只要足够清醒，都会作出和苏力大致相同的评价。清醒的大脑个个相似，不清醒的大脑各有其不同。

说苏力是个彻头彻尾的实用主义者，就很容易把他标签化，或把他拉入某个"阵营"里。其实他从未努力成为一个实用主义者，他只是足够清醒而已。但也或许是因为过于清醒了，苏力反而偶尔会采用糊里糊涂的说法。比如，他多次强调学术研究要"有意思"。"有意思"究竟是什么意思？苏力说不清楚（也没必要说清楚）。非得达到前面罗列的那些学术标准才算"有意思"吗？不一定。"有意思"不是一个很高的标准，而是一个有分寸的标准。

也许是看多了也厌烦了那些四平八稳、结构完整、方法规范却"没意思"的"八股文"（当然不限于法学文献），苏力对任何套路化或程式化的研究方法都十分警惕。反过来看，也许是因为苏力在追求"有意思"的道路上走得太远了，甚至过头了——他好像要求其作品的每一个部分甚至每一个段落都要"有意思"——以致任何一种套路化或程式化的研究方法都无法满足这个过头的要求。

我猜测，苏力之所以不喜欢（或不学习）问卷调查和统计分析，拒绝（或不会）使用公式和图表，原因之一，就是他生怕这些东西会稀释其作品的"意思密度"和"干货密度"，或损害其作品一以贯之的个性化文风以及由此形成的整体美感。我隐约觉察到，在这个方面，他有种强迫症的倾向。

在我眼里，苏力并不是靠严谨取胜的学者，想象力和洞察力才是他的核心竞争力。对于一位拥有强大想象力和敏锐洞察力的学者而言，套路化或程式化的研究方法搞不好就会成为羁绊和枷锁。过度的严谨会折断想象力的翅膀，步子迈得过于平稳和扎实，就不能驰骋，更无法飞翔。

在我看来，一旦拥有超常敏锐的心灵，就能长出超常敏锐的眼睛。倘若眼到之处皆是素材，就能"点石成金""化腐朽为神奇"，乃至"万物皆备于我"，就像诸葛亮眼里的风雨雷电都是可用之兵。此时，方法的套路和程式就不那么重要了，可根据目的去灵活变换或随意组合，所谓"法无定法"。

一旦做学术到了这个境界，就可以稳居学术丛林中那个更高的生态位了。要求这种人去做田野调查、做统计，就难免造成社会分工意义上的智力浪费。

这是我的想法，不是苏力的想法。尽管苏力不会这么想，但他未必不会这么做。

苏力注重吸收他人的经验研究，确切地说，更多是"利用"而不是"吸收"。他人的经验常常只是他的垫脚石，是他驰骋或飞翔的起点。2013年，苏力在西藏大学支教期间阅读了大量关于藏区实行一妻多夫制的文献，这些文献多是经验研究，包含了研究者的见闻以及他们收集的各种事实和数据。

最终，在利用这些研究成果的基础上，苏力建构了一个迄今为止关于藏区一妻多夫制的最具解释力的理论。经验是他人的，理论却是苏力的。当然，他并非完全借助别人的眼睛，他自己也去观察，只是他的观察更多聚焦于被别人忽视的地方，比如藏区的自然地理条件。利用不同领域的专家已经知道的事情，来讲出一些所有领域的专家都还不清楚的道理，这是一种将自己智力效用最大化的学术战略。在写作《法律与文学：以中国传统戏剧为材料》的系列论文时，苏力就已然成为学术丛林中的"鹰"。

三

学术研究是个服务行业，保留这个行业最直接的理由，是大家可以借助学者的思考来节省自己的思考。创造知识要耗费长时间且高强度的思考，而掌握知识则省心得多，学者在思考方面的比较优势创造了知识产出和知识消费之间的社会分工。请注意，我强调的是"思考"，而不是"观察"，因为就善于观察而论，新闻记者可能比学者更在行。苏力之所以能观察到塑造藏区一妻多夫制的自然地理因素，归根到底，还是因为他善于思考。没有思考的观察只是走马观花或是熟视无睹。

从生物多样性的角度，坦率地说，不是每个人都适合做学术研究（尤其是这个行业中的"鹰"）。什么样的人才适合这个行业呢？直觉的答案似乎是那些拥有强大思考能力的聪明人，但这个答案还不准确。许多人很聪明（比如记忆力好、反应快或能同时有条不紊地处理很多事务），但未必适合做学术研究。我一直觉得，做学术研究的最佳人选应该是人类群体中一些变种，一些在常态环境中不太成功的变种。

生活在一个复杂多变的世界里，人们一定要找到一些思考捷径来降低信息费用，其中之一就是借助教条。尽管教条化思维容易犯错误，但因其能够有效减轻人们的思考负担而获得了竞争优势，并最终成为主流。实际上，诸如盲从、迷信、偏见、短视之类的思维缺陷，都具有节省思考的功能，也因此都很流行。

不迷信教条的极少数人是人类进化过程中出现的一些变种，他们因过分敏感和充满好奇而透支了自己的精力。这些原本要被淘汰的变种之所以能够繁衍下来，乃是因为他们提高了整个群体的竞争优势。他们的存在使得群体的知识范围得以持续扩展，大家犯错误的概率也因此明显降低。而当发生各种意外的时候，这些变种的作用就会表现得更为突出。当知识产出和知识消费的社会分工出现之后，"变种们"就自然成了做学术研究的最佳人选。因而，在社会生物学的意义上，时刻对教条保持警惕应该是一个优秀学者的天性。

苏力显然具备这个天性，并且很可能，他把挑战教条视为自己的天职。他警惕流行观念，反对意识形态化的解释，且与大多数学者将文化、人性、历史趋势之类的概念当作惯用的解释工具不同，苏力认为这些东西不是从天上掉下来的，他还要继续探索和揭示被这些概念所遮蔽的那些复杂的经验要素和因果关系。

正因为如此，用他自己的话说，他显得很"边缘"，经常被视为"异类"甚至是"怪胎"。左者觉得他"右"，右者觉得他"左"；好"洋"者觉得他真"保守"，好"土"者觉得他太"西化"。私下里，他也承认自己"很孤独"。这也难怪，如果你想进入某个阵营，就至少要接受这个阵营里的某种共同信念。而在苏力眼里，信念就是一种隐蔽的教条。并非苏力没有自己的信念，但在研究某个具体问题时，苏力做到了（至少基本做到了）不让信念来影响自己的判断。

我们应该清楚，也应该达成共识——无论是在社会分工还是在生物多样性的意义上，学界乃至整个社会都应该宽容甚或应该欢迎像苏力这样的异类；毕竟，学术界的"万众一心"或"同仇敌忾"不是什么好事，搞不好还会成为整个社会的灾难。更何况，苏力也没唱"法治的反调"，他只是唱了法治流行观念的反调；他也没有矮化"法律人思维"，他只是不同意法律人思维中被概念化了的那种描述。

难道是因为苏力挑战了支撑主流观念背后的那个隐蔽的权力结构，边缘化就成了他的宿命，还是因为他把作为学者天性的"变种气质"演绎得过于极端，以致成了"变种中的变种"？抑或是因为有太多天生不适合做学术研究的人混入或误入了这个行业，以致冲淡了业内的"变种气质"？这些问题不想也罢。

说起来容易做起来难，挑战教条或超越常识可不是件轻松的事情。除了要保持敏感和好奇，还要做到细致、耐心和专注，当然，最终还要依赖极高的智商。在我看来，如果苏力幸运地（或不幸地）具备了这些素质，那么成为学术界的异类对他来说就是责无旁贷，甚至非他莫属。

这个想法不是我今天才有的，早在十几年前阅读了他的《复仇与法律——以〈赵氏孤儿大报仇〉为例》一文后我就开始这样认识苏力了。尽管我知道（并且苏力也坦言）这篇文章来自波斯纳作品的启发，分析方法也和波斯纳相似，但该文仍让我感到震惊，就其知识密度、理论深度以及技术含量而论，与波斯纳的分析相比已是青出于蓝，甚至是有过之而无不及。而与一位日本学者的同主题作品①相比，就更是云泥之别了。

在我看来，《法律与文学：以中国传统戏剧为材料》的完成意味着一个"苏力2.0"的诞生，这才是他真正拥有学术自觉的开始；而写作《送法下乡：中国基层司法制度研究》时期的苏力，则只是他的"1.0"版本；至于《法治及其本土资源》，尽管流传最广，却不过是苏力的一些"习作"而已。倘若按我的标准（当然肯定是错的），此书获得"1978—2014影响中国法治图书奖"并进入"十大法治图书"的榜单，实在有些"不公平"——不是对别人的不公平，而是对苏力自己的不公平。

我曾经以为，"苏力2.0"之后就可以画上句号了，《法律与文学：以中国传统戏剧为材料》就是他的巅峰之作，以后的苏力只需要写点杂文、搞点评论或偶尔面对媒体"指点江山"就足够了。但完全出乎我的意料，"苏力3.0"居然又出现了！

2013年之后，他连续发表了关于中国古代宪制的多篇论文（后来结集为《大国宪制：历史中国的制度构成》一书②），无不令人拍案叫绝。苏力以其高度自觉的问题意识、令人生畏的知识储备和思考储备、信手拈来般的跨学

---

① ［日］穗积陈重：《复仇与法律》，曾玉婷、魏磊杰译，中国法制出版社2013年版。
② 苏力：《大国宪制：历史中国的制度构成》，北京大学出版社2018年版。

科知识整合能力，以及"上下五千年、纵横八万里"的理论视野，解说了一个具有独特政治文化的中国是怎样构成、组织起来的，从中揭示的那些冰冷的逻辑和带血的教训，不仅是历史的，而且是现实的，甚至是未来的。我们走出了历史，不等于走出了历史的逻辑——这也许是隐含在这些作品中最重要的告诫。当这些论文结集出版的时候，我相信，中国知识界将会诞生一部传世之作。

我曾纳闷，苏力这种一次次追求自我超越的动力究竟从何而来？在最近和他的一次会面中，我似乎有了答案。那天我们聊起宗教，苏力说他是个无神论者，不信仰任何宗教。但我却发现，苏力也承认，他其实一直过着严格自律的清教徒式的生活。

是的，学术研究就是他的宗教，学术使命感就是他的宗教情怀。苏力是属于我们这个时代的一位非常罕见的学术圣徒。我们应该读懂苏力，因为，作为法律人，我们生活在苏力的时代。

另一种可能性（代序二）

吴义龙*

一

生活在苏力这个时代的法律人应该读懂苏力，前提是——你得知道如何阅读。

那么，要如何阅读苏力呢？这是一个开放性的问题：对这个问题的回答没有一个确切的标准答案，并因此可以激发、调动甚至是挑战回答者的思考力和想象力。而如果这位回答者是我的话，我该怎样回答呢？

绍敏兄的新书中引用了一段对话，给了我一丝线索。这段对话是这样的——"我出版了三十本书，只算独著，不含合著、主编、编著，摞起来，差一点比我还高，"一位刑法学教授得意扬扬道，"对了，苏力教授，您出版了多少本？"苏力有点害羞地笑了笑，说："如果我是一个整体性的人，那么，我只出版过一本。因为，出版再多，也只是一本。"

而苏力关于整体性（感）的评论，则直接给了我回答的方向。在苏力看来，"正是这种思想逻辑的整体感标志了一个学者思想的成熟，由此在学术世界中构成了有别于他人的独特性。"①尽管苏力的这一评论针对的是波斯纳的系列作品，但在我看来，这同样也适用于苏力本人。如果是这样，那么就苏力的系列作品来说，这种整体性的思想逻辑是什么呢？

对此，我的回答是：社会科学的探究逻辑。

---

* 吴义龙，北京大学法学博士，河南大学法学院副教授。

① 苏力：《波斯纳及其他：译书之后》（增订本），北京大学出版社 2018 年版，第 49 页。

二

问题是，社会科学的探究逻辑是怎样的？对此，不同人的看法不会完全一致，甚至很不一样。

在我看来，首要的是先有一个问题；问题，而不是其他，才是科学研究的真正起点。这也是人们通常所说的"要有问题意识"。只不过，不是什么样的问题都可以；问题是有限定的，需要"有意思"才行。

对此，苏力说道："我一般来说，遇到一个问题，我感觉这个问题比较有意思，可能说出一番道理，我就会去研究。"①学术研究要"有意思"，诸如此类的这种说法，苏力在多个场合都有提及。②问题是，"有意思"究竟是什么意思呢？对此，苏力没有明确过。桑本谦教授认为，"有意思"不是一个很高的标准，而是一个有分寸的标准。③

但在我看来，"有意思"其实是一个相当高的标准。对此，我的猜测是这样的：说一个问题是"有意思"的，是说针对这一问题的现有的回答（解释）不令人满意，或现有的理论不能很好地回答（解释）这一问题。例如，电影《秋菊打官司》结束时的一个镜头：秋菊跑到村外的公路边，看着远去的警车，满脸的迷惑，心里在想：法律为什么是这样的？问题是，这种情景暗示了什么，以及为什么？多数人都将其归之于现代化的法律（公民权利）对传统基层社会带来或产生的影响。然而，苏力却不这样认为。他首先想到的是现代法治在他们那里能否有效运行，以及代价是什么？④而这背后隐含的则是"对盛行的法制建设的'现代化方案'的反思和挑战"。⑤

在这种意义上，我们才可以更好地理解，为什么爱因斯坦说过这样一句话："提出一个问题往往比解决一个问题更重要。"⑥因为，对问题的回答可

---

① 苏力：《批评与自恋：读书与写作》（增订本），北京大学出版社 2018 年版，第 438 页。

② 苏力：《好的研究与实证研究》，《法学》2013 年第 4 期。

③ 桑本谦：《阅读苏力》，《中国法律评论》2015 年第 3 期。

④ 苏力：《秋菊的困惑和山杠爷的悲剧》，《东方》1996 年第 3 期。

⑤ 赵晓力为《法治及其本土资源》写的序。参见苏力：《法治及其本土资源》（第三版），北京大学出版社 2015 年版，第 I 页。

⑥ ［美］阿尔伯特·爱因斯坦、L. 英费尔德：《物理学的进化》，周肇威译，上海科学技术出版社 1962 年版，第 59 页。

能是颠覆性的；挑战（甚或挑翻）了现有的理论或研究范式，也就是"偏爱例外"。当然，前提是——问题得要"有意思"。有不少问题，看起来（至少是表面上看起来）"有意思"，如"一个针尖上能站几个天使"这样的问题，却不在我所说的问题范围之内。因为，社会科学（包括自然科学），也就是经验科学的主要任务，就是对我们认为需要解释的任何事物提出令人满意的解释。①

所谓的解释，就是对"为什么"这样的问题的回答。②例如，为什么送法下乡？为什么一妻多夫制在藏区（西藏的某些地方）会胜出？为什么作为制度的"复仇"如今不复存在？为什么古老且独一无二的中国文明会持续至今？诸如此类，等等。在我看来，只要是问"为什么"的问题，即便是我们习以为常的现象或事情，如"一周为何有七天"这样的问题，就立马会显示出"有意思"的面相来。③

也不只是"有意思"而已。一般而言，哪怕针对同一对象，问"为什么"的问题要比其他类型的问题，如"是什么"或"应当是什么"的问题，对研究对象的理解更为深刻也更为务实。④如"为什么会有法律"，相对于"法律是什么"或"法律应当是什么"而言，就是这样的。后面两个问题，其实很难说有确切的所指，并因此很难在不同的回答之间进行争辩、评估和选择。如果是有所指，并知晓了法律的来龙去脉、前生今世（对"为什么"问题的回答），那么对法律究竟是如何具体实践运作的、其效果如何（对"是什么"问题的回答），以及在目标既定的情形下法律以何种方式出现最为合适（对"应当是什么"问题的回答），就会"门儿清"。

当然，在苏力那里，"有意思"的问题或"为什么"的问题，多数时候

① ［英］卡尔·波普尔：《客观的知识：一个进化论的研究》，舒炜光等译，中国美术学院出版社 2003 年版，第 194 页。

② ［美］欧内斯特·内格尔：《科学的结构——科学说明的逻辑问题》，徐向东译，上海译文出版社 2002 年版，第 17 页；张五常：《科学说需求》（经济解释五卷本·二〇一九增订版·卷一），中信出版社 2019 年版，第 41 页。

③ 千万不要想当然地以为"一周七天"是世界通例，有些国家或地区会有其他算法，如一周有三天、四天或五天。参见［英］约翰·哈萨德编：《时间社会学》，朱红文、李捷译，北京师范大学出版社 2009 年版，第 49 页。

④ 苏力：《大国宪制：历史中国的制度构成》，北京大学出版社 2018 年版，第 558 页。

会被表述为"理论问题"，或更准确一些——"具有理论意义的法律问题"。而一个问题是"理论"意味着其具有一定的普遍性；问题没有普遍性，就难以有理论上的辨析和力量。① 在这里，我有一个疑问：苏力在不同场合提及，研究要从具体问题、小的问题入手，贴着问题中的人和事，试图讲出一番道理来。如此一来，具体的问题和普遍的问题之间，是否有冲突？如果没冲突，该如何沟通（二者）？

沟通二者的方法之一在于：尽可能将具体问题与背后的有关制度相勾连；论述的是具体问题，但针对的却是法律制度，也就是所谓的"制度进路"。② 因为，"制度首先反映的就是具体时空中人类的一些持久难题"，③是长期的，而不是一时的；是稳定的，而不是动荡的，从而具有了普遍的意味。例如，尽管《梁祝》围绕着梁山伯和祝英台之间的具体故事而展开，但其真正关注的却是古代婚姻制度的合理性和不合理性及变迁。

之所以说具体问题和普遍问题之间没冲突，是因为，"具体"针对的其实是语境，也就是说，尽管问题是普遍的，但也不是没有语境的限定。在具体语境下，也就是在真实世界的诸多约束条件下，考察、分析和展开讨论问题，是特别要强调的一点。因为，"在当今，尤其是中国法学院，法律和制度的学习和研究太容易失去社会历史语境，失去针对性，既不针对困扰人的一般难题，也不考虑具体时空地理。"④

为什么要强调语境？因为，问题都是在具体约束条件下形成的。换言之，即便问题是一模一样的，但只要语境变化了，问题的结论就可能随之改变。正如经济学家凯恩斯说的："当事实改变时，我就改变主意。您呢？"⑤同样都是宪制问题（普遍性），但古希腊雅典与斯巴达的，与英格兰或美利坚合众

---

① 苏力：《法律与文学：以中国传统戏剧为材料》，生活·读书·新知三联书店2006年版，第33页。

② 苏力：《也许正在发生：转型中国的法学》，法律出版社2004年版，代序，第Ⅵ页；苏力：《大国宪制：历史中国的制度构成》，北京大学出版社2018年版，第528页。

③ 苏力：《大国宪制：历史中国的制度构成》，北京大学出版社2018年版，第533页。

④ 苏力：《大国宪制：历史中国的制度构成》，北京大学出版社2018年版，序，第1页。

⑤ ［美］戴维·穆尔：《统计学的世界》，郑惟厚译，中信出版社2003年版，前言，第Ⅶ页。

国的，与历史中国的，（语境）就很不一样。

另外，当我们说问题是"首要的"，就澄清了一种经验研究中常见的误解，即研究不是始于观察或资料的收集。不少经验研究者，尤其是初学者，都有一种简单的想法：只要进入田野，就会产生更多、更好的研究成果，至少也可以产生真实的而不是虚假的问题；生怕或担心不多走访一个村子或镇子，就可能会遗漏什么（重要）的事实。想一想，如果这样的人跟随费老（费孝通先生）随便进入一处田野，尽管大家看到的东西是一样的，为什么费老很容易看到问题，而他却不行？甚或，就像苏力那样，即便很少进入田野（通常实证研究者眼中所谓的"田野"），却能轻松发现"有意思"的问题？

三

这就牵涉社科探究逻辑的第二个方面：理论。

问题是，理论意味着什么？通常的看法是，理论是具有系统性联系的一组假说或假设的集合。①就此而言，理论的重要功能之一就在于指导、引导和组织人们研究的具体方向、路径和策略。这不错。但还有另一种理解方式：作为解决某个问题的猜测性尝试。也就是，如果不理解某一理论所要针对的问题和问题的情境，其实就没法真正理解这一理论。②这就提醒我们，不能割裂问题而孤立地看待理论，以及不能在不同理论之间做选择。

进一步而言，如果研究者对相关理论不熟悉，就很难提出问题来。前文说过，问题产生于现有理论对某一现象或事件的解释不令人满意，从而促使人们提出更好的解释，也就是新的理论（对现有理论的批评）。一般来说，这样的问题，是大家都在关注、讨论的问题。例如，药家鑫案。③还有一种情形是，一个现象没有人研究，需要提出一种解释。例如，为什么有的地方家族势力对司法审判有影响，而有些地方却没有？④或者，为什么有些地方竟然没

---

① ［美］斯蒂芬·范埃弗拉：《政治学研究方法指南》，陈琪译，北京大学出版社2006年版，第11页。

② ［英］卡尔·波普尔：《通过知识获得解放：关于哲学历史与艺术的讲演和论文集》，范景中等译，中国美术学院出版社2014年版，第426页。

③ 苏力：《是非与曲直——个案中的法理》，北京大学出版社2019年版，第97页。

④ 苏力：《家族的地理构成》，《山西大学学报（哲学社会科学版）》2007年第3期。

有不动产?!①没有人研究，显然，就是因为对相关理论的不熟悉或不敏感。而说到不敏感，人们更多针对的是事实，例如黄碟案。②

但，为什么对事实不敏感？为什么同一个现象或事件中的有些事实你没看到？或者即便你看到了但没什么感觉？说到底，还是理论：所有的事实同时渗透着理论。尽管说的是"看到了什么"，但重要的却是"紧跟着一个判断"。③如此，事实才会有意义——理论上的意义；才有所谓的"以论代史"，而不是"论从史出"。④也因此，千万不要轻信事实胜于雄辩，以及诸如此类的命题。

由于理论是对问题的猜测性回答，而如果问题是关于"为什么"的，那么，这是否意味着理论必然与因果相关？不一定。例如，回答是有关"理由"的，而不是"原因"的。⑤尽管如此，社会科学针对的却是（甚至仅仅是）因果问题，因此，理论也与因果有关，追求的是对因果规律的探究：或者是探究结果的原因；或者是探究原因的结果。前者是"先果后因"；后者是"先因后果"。前者大多是定性的；后者多数为定量的。⑥

进一步而言，无论是对结果的原因的寻找，还是对原因的结果的确定，目的都是将不相关的因素排除在外。可以说，（系统性地）把有关的因素从无关的因素中分离出来，便是知识产生的开始。⑦但，什么算是相关，什么不是相关？尽管因素是事实性的、可观察的，但将不同因素勾连在一起的，却是想象力。例如，究竟是何种因素导致一妻多夫的家庭组织形式在藏区某些

①　苏力：《这里没有不动产——法律移植问题的理论梳理》，《法律适用》2005年第8期。

②　苏力：《是非与曲直——个案中的法理》，北京大学出版社2019年版，第89页。

③　[美] N. R. 汉森：《发现的模式》，邢新力等译，中国国际广播出版社1988年版，第28页。

④　苏力：《大国宪制：历史中国的制度构成》，北京大学出版社2018年版，第567页。

⑤　[美] 查尔斯·蒂利：《为什么?》，李钧鹏译，北京时代华文书局2014年版，第14页。

⑥　[美] 加里·格尔茨、詹姆斯·马奥尼：《两种传承：社会科学中的定性与定量研究》，刘军译，格致出版社、上海人民出版社2016年版，第45页。

⑦　[德] H. 赖欣巴哈：《科学哲学的兴起》，伯尼译，商务印书馆1983年版，第9页。

地方胜出？对此，苏力的猜测是特定的自然地理条件。①问题是，苏力为何能猜到这一点而其他人却不能？一个可能的回答是：苏力借助了强大的理论武器——马克思主义的唯物史观。这不错。但事实是，我对这一理论也略知一二，却为何猜不出？

而且，就算猜测（瞎碰）到是自然地理这一条件，又能怎样？就算凭借对马克思主义理论的直觉，你能猜到在其他条件不变时，家族势力对司法审判有（或没有）影响的因素，仍然是自然地理条件吗？难以想象的是，苏力是在下乡的路上，看到路边的地块分布着大量的石头，突然（下意识地）想到了这一点。②难道就凭这一点？尽管同样都是自然地理条件这一特定约束条件，但在上述两个没有任何关联的研究中，真正体现苏力想象力强大的地方，却是顺着这一条件，结合要讨论的具体问题，进行细致论证的能力！也就是，真正考验想象力的发挥，不是简单地猜测到"X 导致了 Y"这一因果关系，而是继续追问"X 是如何导致 Y 的"这一因果机制的发展过程。正是因果机制，才能最终打开因果关系的"黑箱"，并进而满足人们的好奇心。③

有一种想法认为，想象力更多是人文研究强调的，而社科研究更多关注的是经验，该如何处理两者的关系？换言之，想象力与经验之间存在张力，需要平衡。这一想法的另一种表达是：如果我们，尤其是初学者，无法做到一流的研究（想象力），可以退而求其次，做到二流（田野）。④事实上，想象力和经验的功能是不同的：经验（或事实）的作用在于限定问题的语境和对理论的验证；而想象力（或理论）的功能在于对经验的组织与操作化。⑤换言之，想象力和经验是不可分割的、相互纠缠在一起的，二者共同面对并

---

① 苏力：《藏区的一妻多夫制》，《法律和社会科学》第 13 卷第 2 辑，法律出版社 2014 年版，第 15 页。

② 苏力：《家族的地理构成》，《山西大学学报（哲学社会科学版）》2007 年第 3 期。

③ 刘骥等：《社会科学为什么要找因果机制——一种打开黑箱、强调能动的方法论尝试》，《公共行政评论》2011 年第 4 期。

④ 苏力：《批评与自恋：读书与写作》（增订本），北京大学出版社 2018 年版，第 450 页。

⑤ ［美］约翰·杜威：《杜威全集·晚期著作（1925—1953）》，邵强进等译，华东师范大学出版社 2015 年版，第 87 页。

应对问题的解决。

另外，无论是结果的原因，还是原因的结果，原因和结果之间的关系只能是原因在前而结果在后，也就是确定的先后（时间）顺序是因果关系的一个显著特征。如果是这样，就会有一个疑问：为何作为理论，强调的是不变性（不同因素之间的各种关系），也就是不考虑时间的存在，从而与强调时间（历时性过程）的因果关系发生矛盾？就此而言，如何理解这样一种表述？也就是"当挤干了或剥除了时间，对历史的这种个人化理解和叙述，自然就是一种理论"。如果这是对历史中国构成的理解，那么为何不坚守历史而追求理论？①换言之，时间都到哪儿去了？

实际上，具体的因果关系，即"X导致了Y"这样的表达，并不是我们所说的理论，而只是理论所要解释的对象。对此，波普尔评论道，具体的、事实性的原因和结果，只是相对于一个（抽象的）理论才会有（获得）意义；理论构成了原因和结果之间的逻辑链环。也就是，理论不是原因A和结果B之间的具体关系本身，而是解释为什么会有这种因果关系的普遍规律。②例如，为什么历史中国没有产生"公民"的概念，而是出现了子民、草民或小民这样的概念？如果将"公民"这一（抽象）概念操作化为个人能够参与政治共同体各项事务的身份资格的话，那么，为何作为结果的这一具体情形在历史中国没有出现？

对此，苏力给出的一个可能原因是，以农耕为基础的村落社会。③要注意，农耕社会导致"公民"概念在历史中国没产生，不是一个抽象理论，而是一个经验命题。在这里，作为抽象理论的其实是马克思主义的唯物史观，或更具体点来说，是现实中的人的活动取决于他们进行生产的物质条件。④这一理论假说，不仅能解释上述经验命题，还可以解释其他经验性命题。例如，

① 苏力：《大国宪制：历史中国的制度构成》，北京大学出版社2018年版，第557页。

② ［英］卡尔·波普尔：《客观的知识：一个进化论的研究》，舒炜光等译，中国美术学院出版社2003年版，第347页。

③ 苏力：《大国宪制：历史中国的制度构成》，北京大学出版社2018年版，第502页。

④ 中共中央马克思、恩格斯、列宁、斯大林著作编译局编：《马克思恩格斯选集》（第一卷），人民出版社2012年版，第147页。

欧洲的某些地方居然在某些时候产生了"公民"的概念。这也就是为什么苏力在对问题的论述过程中，可以"东拉西扯"，不限于历史中国，也可以是外国历史或当下的某些经验的原因所在。①

尽管有了这些解释，但仍然不容易理解：为什么理论是这样的？为什么理论一定要把"时间"这样一个如此重要的变量（约束条件）挤干、拧干或榨干？

四

因此，为了更容易地理解上述解释，有必要对理论再多说一些，特别是理论的"普遍性"这一往往令人误解的核心特征。

前文说过，理论是一组假说或假设的集合，是有关因果的规律。当我们说理论是普遍性的时候，说的其实是规律的普遍性。规律表现为全称陈述，例如，所有的人都会死；所有的金属加热都会膨胀。②与规律相对的是单称陈述，例如，苏格拉底（历史人物）会死；一片铜被加热的话，它将会膨胀。全称陈述和单称陈述这一对范畴，对于理解社会科学的探究逻辑很重要。

说到全称陈述或规律的普遍性，人们通常将其理解为"放之四海而皆准"：其适用没有范围上的限制，以及没有适用条件的限制。这是一种相当典型的、有着广泛代表性的误解或误读。普遍性有着特定的内涵：其适用的对象不局限于某一固定的空间或者某一特定的时期。③在这里，"不局限于"不是不受任何限制，而是不局限于"固定"（的空间）和"特定"（的时间）。一个类比（尽管不太恰当）可以帮助我们理解这一点：说法律是"普遍"适用的，不是说其没有时空的限制，而是指在既定空间（效力）和时间（效力）的条件下，其平等地适用于所有人，而不针对任何特定人。

也就是说，只有当适用理论对具体现象和事件进行解释时，才会涉及具

① 苏力：《大国宪制：历史中国的制度构成》，北京大学出版社2018年版，第565页。

② 关于经验概况与普遍规律及其与反事实条件句之间的关系的讨论、社会科学中的规律为统计形式的论述，参见［美］欧内斯特·内格尔：《科学的结构——科学说明的逻辑问题》，徐向东译，上海译文出版社2002年版，第56、603页。

③ ［美］欧内斯特·内格尔：《科学的结构——科学说明的逻辑问题》，徐向东译，上海译文出版社2002年版，第65页。

体时空。就理论（因果规律）自身而言，普遍性不仅意味着具体的时间，还意味着具体的空间，二者都将被抽空。因此，一个一般性的宪制理论，其普遍性意味着，其不仅能解说历史中国，也能解说古希腊的雅典和斯巴达，以及英格兰和美利坚合众国。这是一种真正的理论追求，即尽可能地将其适用于更多的、有差异性的特定情形（具体时空）中。

想一想，万有引力定律的厉害之处在于不仅能解释苹果为什么掉在地上，还能解释打出去的炮弹为何以抛物线的方式下降，以及为什么有周期性的潮汐现象，等等。之所以如此，一个重要的原因是，万有引力定律可以借用一个高度形式化的，甚至可以说是空洞的数学公式来表达；也就是说，其根本不牵扯具体时空。与之类似，社会存在决定社会意识，这是社会科学中的一个例证。任何物品的价格与人们对其的需求量成反比关系，这是另一个例证。还有一个例证是，制度的存在是因为它对整个社会秩序的维持和发展有特定的作用。

与之相对的是另一种理论，即所谓的"特设性理论"。其指的是，为解释某一现象或事件而专门创设出的理论，且除此之外，解释不了其他任何现象。一个例证是："为何今天海面波涛汹涌？"——因为"海神今天心情不好"。"你怎么知道这一点的？"——"哦，你没看到今天海面波涛汹涌吗？"显然，这种特设性的解释不能令人满意，因为，它是自我循环的。①因此，我们在解释现象时，应避免这一点。换言之，我们为解释某一现象而创设出的理论，要力求解释更多其他现象，不能仅限于所面对的现象本身。

如果是这样，那么，从一个侧面就很容易理解学界曾经一度争吵不止的一项议题：如何走出个案——很大程度是因为学者不了解（忽视）理论的普遍性特征。显然，走出个案是必定（或必然）的：无论如何，你总不能"整出"一个只是解释个案本身的理论吧？多少也得"跨越"个案而牵扯其他吧？否则，就是自我循环！当然，人们对"如何走出个案"感到迷惑的地方是，思维如何突然之间从一个具体个案到了一个具有普遍性的理论。

这其中的"神助手"便是（或仍然是）想象力。没错，只有借助想象

---

① ［英］卡尔·波普尔：《客观的知识：一个进化论的研究》，舒炜光等译，中国美术学院出版社 2003 年版，第 195 页。另可参见张五常：《科学说需求》（经济解释五卷本·二〇一九增订版·卷一），中信出版社 2019 年版，第 55 页。

力，我们才有可能在解释一个特定现象（也就是让人感到不解的问题时），创设出一个理论。对此，爱因斯坦曾评论道："探求那些高度普遍性的定律……从这些定律出发，用单纯的演绎就能获得世界的图景。要通向这些定律却没有逻辑推理的途径，只有通过基于对经验对象的倾心之爱的直觉，才能达到这些定律。"①同时，这也就颠覆了知识论中的一个常识性观点：知识是通过观察或对资料的收集、整理而逐步发展的，即所谓归纳主义的增长路径。与之相对的是知识增长的演绎模式，即对具体问题的猜测性回答，先是构建普遍性规律（理论），然后借助事实性因素对其进行检验。

另外，即便规律的论域（适用对象的时空范围）有限或既定，但这一事实也无法从该规律自身中推出，而只能根据独立于该规律的其他证据加以确定。例如，牛顿的万有引力定律是普遍的，尽管它的适用范围是有限的，然而，这个"有限"却不是从它自身得出的，而是来自爱因斯坦的狭义相对论和广义相对论。一个理论的适用边界不可能事前由自己来确定，而是事后由其他理论来确定的。为何会这样？想一想，如果牛顿知道自己理论的适用范围，那么，他会直接创造出相对论，而不是万有引力定律。指明这一点很重要，因为这暗示了：普遍性的水平有高低之分；普遍性是程度性的，而不是实体性的。

这是什么意思？如果一个理论普遍性更高，意味着其解释力更强，并因此是更可欲的：普遍性更高的理论可以演绎出普遍性较低的理论，但反之却不行。②这也是前文所提及的，尽可能用一个理论解释更多差异性的现象，或者，尽可能地通过更少的而不是更多的理论来解释同一个现象。例如，苏力在解释为何藏区某些地方一妻多夫制胜出时，创设了两个不同的理论模型：一个在农区，将土地的极度稀缺、贫瘠作为重要约束条件；另一个在牧区，将高度离散的（居住）分布方式作为重要约束条件。③尽管从这两个理论模型来看，各自的解释力都很强，且经受住了事实的检验，但如果能用一个理

---

① ［英］卡尔·波普尔：《科学发现的逻辑》，查汝强等译，中国美术学院出版社2008年版，第8页。

② 理论的普遍性越高，同时意味着其更为简单，而简单又意味着其更容易检验。参见［英］卡尔·波普尔：《科学发现的逻辑》，查汝强等译，中国美术学院出版社2008年版，第116页。

③ 苏力：《藏区的一妻多夫制》，《法律和社会科学》第13卷第2辑，法律出版社2014年版，第17页。

论模型同时解释这两种情形的话，则更可欲。

如何实现这一点？方式是，将这两个模型中的具体约束变量进行归类，归之于一个更为抽象的理论变量，也就是自然地理条件，而把两个具体变量看作这一理论变量在真实世界中对应的、不同的初始条件。然后，借助由理论变量构建的抽象理论命题，结合不同具体的初始条件进行演绎推理，就可以对具体现象进行解释了。在这里，理论命题是在其他条件不变的情形下，自然地理条件决定家庭的组织形式。① 如此一来，仅凭这一理论模型，不仅能解释两种不同情形下的一妻多夫制，还可以解释一夫多妻制、一夫一妻制，甚或其他形式的家庭组织制度。所要做的，只是在解释的同时，结合具体约束条件。

对此，一个简单类比可帮助我们理解这一想法。例如，为什么苏格拉底会死？为了解释这一点，要有一个普遍规律，即所有人都会死；同时，还要有一个初始条件，即苏格拉底是人。然后，将两者结合并通过演绎逻辑的推理，便有了令人满意的解释。所谓初始条件，可以看作原因，而要解释的现象，其实就是结果。②这也是前面提及的，具体的因果关系不同于更为抽象的普遍规律。当然，理论命题（或变量）的抽象是有程度的，也就是前文中提及的普遍性有高低之分。实际上，苏力在论证过程中，始终都在强调自然地理条件的重要性，且将其作为区别于其他解释的约束条件。只不过，他没有顾及变量有不同层面。

作为读者，都熟知苏力在多个场合毫不隐瞒地承认自己的理论偏好是马克思的历史唯物主义，以及与之兼容的经济学和社会学理论。③为什么是唯物史观？有了唯物史观，为何还需经济学、社会学理论？以及"兼容"究竟意味着什么？关注、运用这些理论，难道仅仅是因为其有很强的解释和预测能力？

---

① 注意，"其他条件不变"这一限定，在方法论中具有重要作用，限于篇幅，在此不予讨论。参见王巍：《说明、定律与因果》，清华大学出版社 2011 年版，第 65 页。

② ［英］卡尔·波普尔：《客观的知识：一个进化论的研究》，舒炜光等译，中国美术学院出版社 2003 年版，第 345 页。

③ 苏力：《送法下乡：中国基层司法制度研究》，北京大学出版社 2011 年版，第 15 页；苏力：《也许正在发生：转型中国的法学》，法律出版社 2004 年版，代序，第Ⅵ页；苏力：《法律与文学：以中国传统戏剧为材料》，生活·读书·新知三联书店 2006 年版，第 35 页。

五

解释力和预测力，对于评价一个理论的优劣来说是必要的，但不是充分的。在我看来，相对于这两种（其实是一种）能力而言，理论的另一性质，也许更为重要，这就是可证伪性或可验证性。对此，张五常评论道："假若同学们问：在整个科学方法的结构中，哪一点最重要？我会毫不犹豫地回答：理论的推测一定要可能被事实推翻。"①这是什么意思，为什么是这样？

社科探究的基本逻辑，是先有一个"为什么"的问题（现象）有待解释；然后，针对这一问题建构或创设一个普遍性理论。但是，在这里，出现了一个问题：如果有两个以上的理论都可以解释同一问题，该如何在这些理论之间进行选择？也就是说，对此，有没有一个简单、可行的标准协助我们进行判断？理论的解释力算是一项。但问题是，如果多个理论的解释力都很强，不分或很难分出高低，该怎么办？有人可能提出，这种情形下，可借助预测力来加以补充。但仍然会有一个问题：当一个理论的预测力降低时，它可以通过引进辅助假说来对其进行挽救。

例如，法律的文化理论或更为宽泛的文化阐释学理论，就是解释力。苏力曾经批评过法律的文化类型学，指出其存在着致命的弱点，即法律文化研究的结论很难验证、操作，难以直接进入实践层面。②的确如此。一旦出现任何的差异，都可将其归之于文化的不同。而如果继续追问：为什么文化有不同时，就变哑巴了。同样，文化阐释学的核心追求，是对生活意义的阐释。通过意义来解释现象，几乎没有解释不了的。但如果阐释出两种不同的"意义"且都是逻辑自洽的，该怎么办？而这在原则上完全是可能的。

在这时，理论能否进行事实验证，就显得很重要。事实上，人类在漫长的演化过程中，不同阶段认识世界的方式是不同的，大致说来，包括直觉的、权威（传统）的、逻辑的和经验（科学）的这几种。③之所以在近现代，经

---

① 张五常：《科学说需求》（经济解释五卷本·二〇一九增订版·卷一），中信出版社 2019 年版，第 60 页。

② 苏力：《批评与自恋：读书与写作》（增订版），北京大学出版社 2018 年版，第 70 页。

③ ［美］布雷特·佩勒姆、哈特·布兰顿：《心理学研究方法》（原书第 3 版），高定国等译，机械工业出版社 2013 年版，第 14 页。

验的方法胜过其他（突出的就是自然科学的飞速发展），在我看来，最重要的原因（没有之一），就在于其纠错机制：有出错的可能性，以及发现错误的方式。只有确定地知道在哪儿错了，知识才有前进和进步的可能。可以说，人类知识增长的历史就是不断自我批判和纠错的过程。这就是可验证性。

问题是：同样都是关注实证（经验），同样都是强调验证，却为何不是证实，而是证伪呢？"可证实性"是逻辑实证主义提出的，验证有意义和无意义命题的标准；意思是：一个命题的意义，就在于证实它的方法。而可证实则意味着与所观察的事实相符合。①这种观点看起来与常识很接近：一个想法正确与否，就看其与事实是否一致。即便如此，可证实性的标准仍然是错误的。为什么？绝大多数甚至几乎所有观点（包括相冲突的断言），只要去寻找，在原则上，总能找到证实它的事实。

更要命的是，严格来说，在逻辑上总是存在这种可能性，即尽管从事实上证实了一个想法，但也许遗漏了某些事实，而正是这个遗漏事实却表明该想法最终与事实不一致。换言之，我们无法肯定地说，世上所有的天鹅都是白色的，是可证实的命题。除非你已经找遍世上所有的天鹅。但这是不可能的。反过来却可以说，如果发现有一只天鹅是黑色的，则这一命题就被证伪了。这就是所谓的"证实与证伪之间的不对称性"。②

正是在这个意义上，马克思主义的唯物史观才显示出其有力的一面，而不仅仅是其解释力的大小："在思辨终止的地方，在现实生活面前，正是描述人们实践活动和实际发展过程的真正实证科学开始的地方。"③无论是自然地理条件，还是科学技术发展，或一般地说，现实生活中的人的物质生活条件，都是可观察的，并因此都是可以验证的具体或抽象的变量（约束条件）。也许有人会质疑：事实上，唯物史观给人的印象，恰恰是没有它解释不了的，似乎是不可证伪的呀！对此，你将如何反驳？

这就涉及这样的问题：理论验证的逻辑是怎样的？通常而言，具体的因

① 舒炜光、邱仁宗主编：《当代西方科学哲学述评》（第2版），中国人民大学出版社2007年版，第33页。

② ［英］卡尔·波普尔：《实在论与科学的目标》，刘国柱译，中国美术学院出版社2008年版，第176页。

③ 中共中央马克思、恩格斯、列宁、斯大林著作编译局编：《马克思恩格斯选集》（第一卷），人民出版社2012年版，第153页。

果关系都是以"如果，则"的假言命题形式来表达的。而假言命题都是通过否定后件进行推理的。也就是说，"如果 A，那么 B"这一命题，只有借助"非 B，则非 A"这样的形式才能验证。例如，有一种观点是这样的：一妻多夫制是从古代印度传到藏区的。这一想法是错误的。如果是这样，那么，为何同是藏区，有些地方却是一夫一妻制？①反过来，如果印度有多种夫妻制度，那么，为什么只是一妻多夫制传到藏区，而不是其他？

前文提及，想象力在苏力的作品中体现方式之一是，通过少量的甚至单一的变量，结合生活常识的一些经验，就能将一个不起眼的道理解释得极为清晰、细致。换个"高大上"的说法，这就是因果机制的力量。但这还不是我要强调的地方。我想强调的，是苏力说过的一句话，即"中国究竟（可能）是怎样构成的？即便给出的'怎样'是错的，但因其具体，也便于读者反驳"。②这就解释了，为什么我们总是认为苏力对问题的论证特别有道理的原因：具体而易于证伪！这间接地暗示了这一点：社科学者都是谦虚的（可能出错），但也相当自信（不怕你证伪）。苏力说："我不在意。即便我完全错了，但只要能引出其他学人的独特思考和表达，即便愤怒，那也不愧对自己。"③

当然，这种否定后件的推理形式，往往不是一次性的，需要进行连续性的多次。所谓"理论的推测一定要可能被事实推翻"，意味着如果理论越抽象（普遍性越高），那么由理论推出的可观察命题经过的步骤也将越多，直到推出可直接观察的命题为止。这也就印证了苏力说的，历史唯物主义的框架过于宏大，分析具体问题时常解释力不足。为弥补这一缺陷，需借助经济学、社会学，以及社会生物学的框架。④只是因为，这些理论框架是唯物史观到可观察经验命题的"中间步骤"；当然，其必须与历史唯物主义"相兼容"。还有，如果推出可观察的经验命题与事实一致，那也只是说，理论暂时没有被证伪；即便这样，也不能说被证实，而仅仅是被确认。可证伪性是从原则上说的，是一种逻辑可能性。

---

① 苏力：《藏区的一妻多夫制》，《法律和社会科学》第 13 卷第 2 辑，法律出版社 2014 年版，第 7 页。

② 苏力：《大国宪制：历史中国的制度构成》，北京大学出版社 2018 年版，第 21 页。

③ 苏力：《大国宪制：历史中国的制度构成》，北京大学出版社 2018 年版，第 553 页。

④ 苏力：《法律与文学：以中国传统戏剧为材料》，生活·读书·新知三联书店 2006 年版，第 35 页。

　　另外，在苏力的作品中，有一个议题很棘手，不易处理。这就是，因果论证与功能分析的关系。众所周知，苏力非常推崇也常用对法律制度进行功能主义分析的进路。对此，苏力评论道，复杂的因果关系是人类社会的常态，因此，常省略或错过不少因素。从而，更多使用的是功能分析。但功能分析是事后的，能说得通，却很难验证。换言之，一定程度上，苏力不认为理论的可验证性是必需的。①这该如何解释？

　　限于篇幅，也限于能力，在此，我只能简单说几句。社会科学中的功能主义，是从生物学那里得来的。例如，为什么人有眼睛？答：有了眼睛，人才能生存、生活下去。首先是人类活了下来，这是一个既定事实。而眼睛的存在，仅仅是通过发挥其应有的作用，有助于这一事实的维持。换言之，眼睛对于人类的生存必不可少。这就是典型的功能分析：事后的，通过其作用的发挥来分析、论述事物的存在及其合理性；并且难以验证。

　　这种分析有道理吗？欧内斯特·内格尔曾经以植物中叶绿素的存在作为例子，非常细致地以此展开对功能主义分析的评价。得出的基本结论是：一方面，功能分析往往存在不少值得质疑的地方；另一方面，功能分析基本上可以转化为因果论证。②事实上，生物学的功能主义与目的论相勾连，或者说，就是一回事。大家都知道，目的论已被驳倒了。而这也正是达尔文的伟大之处：有机体表面的目的性，可以用机遇和选择结合起来予以解释。③

　　即便如此，问题仍然存在：达尔文的自然选择理论难以验证，因为，缺乏经验内容，类似于重言式命题。但也不是没有丝毫出路。对此，波普尔给出了一个猜测，他称之为"遗传二元论"，即构造一种典型情境，在这个情境中，自然选择可以产生我们希望借助于它进行解释的结果。也就是，当给定该情境时，我们想要解释其存在的事情，确实很可能发生过。从而在原则上，可以将其归结为因果关系。④或者说，条件与结果间的关系，因此也就有

---

　　①　苏力：《大国宪制：历史中国的制度构成》，北京大学出版社 2018 年版，第 561 页。

　　②　[美] 欧内斯特·内格尔：《科学的结构——科学说明的逻辑问题》，徐向东译，上海译文出版社 2002 年版，第 483 页。

　　③　[德] H. 赖欣巴哈：《科学哲学的兴起》，伯尼译，商务印书馆 1983 年版，第152 页。

　　④　参见 [英] 卡尔·波普尔：《客观的知识：一个进化论的研究》，舒炜光等译，中国美术学院出版社 2003 年版，第 268、271、273 页。

了验证的可能性。

但这一想法，同样适用于社会科学中的功能主义分析吗？或者说，是否适用于苏力的作品之中？对此，我不想隐瞒：此刻，我是犹豫的；这也为我今后的研究埋下一粒种子。

六

概言之，这就是我认为社科研究的基本逻辑：问题—理论—验证，以及产生新的问题。

身为社科研究爱好者，我时不时地问自己这样一个问题：从事社科研究值得吗？为什么要从事社科研究？即便深知这主要是一个偏好的结果，而不是一个论证的对象，但还是禁不住问一下。其实，这个问题也可换个方式来问：社科研究在未来的状况如何（有何前途）？在整个学术传统的脉络中，社科研究处于什么样的位置？我知道，"把一个人同他周围的环境——事实上这就是他的环境——割裂开，这是最无聊的"。①也因此，要回答这个问题，就不得不考虑——语境及其变化。再一次，偏好占据了上风，又是社科逻辑！

在这里，我打算借助一个话题的讨论，以此切入来回答这个问题。这个话题就是，苏力是新儒家吗？如果是的话，是在什么意义上？这个话题来自四位年轻学者对苏力的一次访谈——对话苏力：什么是你的贡献。陈柏峰教授向苏力提出了这样的问题："这样一直下来的话，您自己怎么看您的研究在这个谱系里面的位置？会不会50年之后，别人说，苏力是新儒家的代表人物之一？"苏力的回答是："从学者谱系来说，我会承认。"但又说道："说实话，我不太瞧得上新儒家。"②这要如何理解呢？

新儒家是相对于儒家而言的。关于儒家，特别是孔孟，苏力说道，他们当时想的就是如何解决当时的问题，农耕中国的问题。后人觉得他们的想法管用，因而就坚持下来了。就是说，儒家是相当务实的，经世致用。苏力继续说道，到了新儒家，想法却有了变化，不再关注具体的也就是现实问题，

---

① 苏力：《走不出的风景：大学里的致辞，以及修辞》，北京大学出版社2011年版，第300页。

② 苏力：《批评与自恋：读书与写作》（增订本），北京大学出版社2018年版，第442、444页。

更多的只是试图阐释儒家（思想），而且，还是从文史哲（务虚）的方面去阐释。如此一来，"那还是儒家吗？"苏力问道。"给儒家包括给中国文化'去势'。"苏力答道。①

那么，苏力又是怎样面对儒家的？苏力说道，我关心的是，它（儒家）为什么管用？这就是把它恢复成制度，恢复它的语境。只有回到具体社会历史语境中，才能理解这些制度为什么在特定条件下有用（解决问题）。尽管语境不同了，而如果用以解释这些制度的道理足够好，即便这些制度不复存在，不再起作用了，但这些道理将仍然有效，仍然能够适用于当下，仅仅是其面对的约束条件不同而已。②概言之，借助社会科学的分析进路，苏力试图讲清楚传统儒家思想背后的道理，进而对当代现实问题的应对、解决提供某些智识基础。正是在这个意义上，我们才可以说，苏力是——新社会科学家式的儒家——务实地提出、面对并解决问题。

但这里有一个问题需要解释。尽管"（儒家思想）在当时的社会条件下，虽不可能面面俱到，但也算精辟，恰到好处"，③但是，为什么儒家，特别是孔孟，没有将其想法背后的道理讲出来？为什么没有把管用的道理讲清楚？否则，也不至于把后来的这些倡导务虚的新儒家给"带偏了"。换言之，我想问的其实是，为什么留给后人的儒家思想遗产偏向了文史哲的传统，而不是指向社会科学？

2006年，苏力在提交给《法律和社会科学》创刊卷的论文中，在讨论社会转型中的中国学术时，涉及了这个问题，并给出了解释。苏力提出了一个基本判断：学术变迁，包括知识类型的转变、更替的动力不是来自内部，而是来自外部，也就是社会结构的变化，尤其是根本性的变化。如果说当代中国的变化可能是"数千年来未有之变局（李鸿章语）"，那么，这个变化带来的结果就是，在人文社会科学领域中，社会科学的兴起、发展，以至于后来居上；作为对比，以文史哲为代表的人文传统在不断地下降、衰弱乃至于

---

① 苏力：《批评与自恋：读书与写作》（增订本），北京大学出版社2018年版，第444页。

② 苏力：《批评与自恋：读书与写作》（增订本），北京大学出版社2018年版，第445页。

③ 苏力：《别太在意通向何处》，《开放时代》2022年第1期。

边缘化。甚至，这一学科力量对比的结果是自先秦以来最大的转变。①

在这里，其实隐含着一个猜测：社会变化程度决定社会科学，也包括自然科学在内的以寻求因果律为目标的经验科学出现的可能性及发展状况。②这也是苏力所说的，人文传统大致满足、适应了当时社会的需要，以及不变或变化不大的农耕社会的需要（功能主义分析）。③或者，换一种表达：人们的生产生活组织方式及相应科技能力催生、塑造和维系着这一人文传统（因果关系分析）。④这也是为什么经验科学产生于工商社会的原因：社会变化很快，而且往往很大，要在复杂且不断变化的因素之间寻求规律性的关系，才有可能应对、解决相应的问题。对此，马克思、恩格斯对费尔巴哈的感性的自然科学观提出批评时说道："但是如果没有工业和商业，哪里会有自然科学呢？"⑤

想当初，"学好数理化，走遍天下都不怕"；现如今，社会科学已经在法学研究中稳稳地扎下了根，并已经开花结果。2014年，苏力在论述中国法学研究格局的流变时指出，尽管以规范和教义为中心的研究在传统的刑法、民法领域仍然占据主导地位，但社科法学还是会通过常识或民意侵入其领域，在司法审判时也不得不考虑法律效果和社会效果的统一。而在非刑法、民法领域的其他部门法中，尽管没有甚或不在乎"社科法学"这个标签，但其研究大多带有明显的社科取向：在这些领域，其实没什么教义可用。⑥

不止是法学界，在其他领域（如文史哲），社会科学的入侵也已开始，社会科学所涉及的地盘在逐步扩大。2022年，苏力在"建设新文科"背景下讨论学科、学术转型和学术建制变革时指出，社会变迁，直接促使不少现当

---

① 苏力：《社会转型中的中国学术传统》，《法律和社会科学》第1辑，法律出版社2006年版，序。

② 对这个猜测的一个论证，参见［美］欧内斯特·内格尔：《科学的结构——科学说明的逻辑问题》，徐向东译，上海人民出版社2002年版，第3页以下。

③ 苏力：《社会转型中的中国学术传统》，《法律和社会科学》第1辑，法律出版社2006年版，序。

④ 苏力：《岂止方法？——文史传统与中国研究》，《开放时代》2021年第1期。

⑤ 中共中央马克思、恩格斯、列宁、斯大林著作编译局编：《马克思恩格斯选集》（第一卷），人民出版社2012年版，第157页。

⑥ 苏力：《中国法学研究格局的流变》，《法商研究》2014年第5期。

代文学研究者转向广义的文化批评：不限于文本，而是社会文化现象，并因此接近了社会学研究。许多史学研究已弱化了时间维度，搞起了对建构起来的"事"的精细分析，从而与社科研究没什么不同，甚至会刺激社科研究。同样，社会科学甚至自然科学也已陆续瓜分了传统哲学的领地。①

一言以蔽之，就是：整个传统文科领域，在许多方面，已经不是交叉学科或者跨学科了，而是"超越"了学科界限，以问题为导向的社科研究范式已经建立起来了。

然而，在我看来，如果研究范式不与学者的学术责任感或使命感相勾连，那么剩下的也许只有"范"，而不会有"式"（事物依凭的规矩）。早在1996年，苏力第一本也许是影响最大的著作——《法治及其本土资源》自序中，他便问道："什么是你的贡献？"第一句话就是："这是近年来我常思考的问题。"②也就是说，从一开始，在苏力的作品中就体现了其作为一名中国知识分子的历史使命感。当然，这与他那一代人，特别是与他自己早年的生活经历紧密相关。

这种学术责任感在他日后的系列作品中体现得越发自觉、强烈。在2014年的一次访谈中，苏力说道："我想做的事，就是要在现代社会科学传统中将历史中制度道理接受过来，另一方面就要尽可能避免制度的断裂。"如果没有人将这些讲出来并讲清楚，就可能出现文化上、制度上的断裂。③这一高度自觉的历史使命感，尤其体现在苏力从2013年开始发表的一系列关于中国古代宪制（相当重要的研究议题）的研究成果中。

之所以重要，是因为随着中国的崛起（在苏力看来是最重要的推动中国学术发展和转型的因素），对历史中国如何构成的经验的理论总结，其不仅是本土的，也是世界的；尽管其相当独特，但背后的道理（普遍性），也许可以为世界其他地方提供不可替代的贡献。④并且，在苏力看来，世界没什么长治久安。因此，每一代的知识分子都要有忧患意识，有责任把其经验传递

① 苏力：《别太在意通向何处》，《开放时代》2022年第1期。
② 苏力：《法治及其本土资源》（第三版），北京大学出版社2015年版，自序，第I页。
③ 苏力：《批评与自恋：读书与写作》（增订本），北京大学出版社2018年版，第445页。
④ 苏力：《别太在意通向何处》，《开放时代》2022年第1期。

给后人。①也正是出于这样的考虑，从2022年开始，苏力一如既往地开始了新的探索，试图总结当代中国的宪制经验，②并因此而延续其自觉的学术责任感。

尽管如此，在我看来，学术责任感或使命感，只有放到更长的历史阶段中，也许才会看得更清楚一些。按照前文的一个猜测，社会科学的发展状况是由社会变化的快与慢、大与小而决定的。因此可以推测，随着中国社会结构转型的完成，进入相对平稳的发展时期，大概是在21世纪中叶。届时，社会科学将由学术研究的"范式转换"过渡到"常规科学"。也就是说，社会科学还有近30年的黄金发展期，到那时，尽管社会科学不会消失，但其作用的发挥只能是边际的。

如果从在中国的兴起（20世纪初）算起，社会科学有差不多150年的发展时间。在这一时期，费孝通先生是最具代表性的开创者和奠基者；20世纪三四十年代，他写出了《江村经济》《生育制度》《乡土中国》。尽管他的专业是社会学、人类学和民族学，但其学术影响力却蔓延到其他社会科学。而在我看来，苏力可以称得上是社会科学在中国发展的整合者、壮大者；在21世纪的前20年，他相继发表了《送法下乡：中国基层司法制度研究》《法律与文学：以中国传统戏剧为材料》《大国宪制：历史中国的制度构成》。③虽然身处法学界，但其学术影响力通过社会科学研究的示范，已扩展到社会学、经济学和政治学，当然还包括文学和史学；在广度和深度上，都有所推进。

苏力自己说道："在我的心目中，他（费孝通）一直是我的学术导师。"④从未被"影响的焦虑"折磨过的人，是难成大器的。这是绍敏说的，也的确如此。

苏力自己说道："在我心目中，他（费孝通）是20世纪中国最杰出的社会科学家。"⑤苏力是走出了费孝通的"阴影"，形成了自己风格的人。绍敏

---

① 苏力：《批评与自恋：读书与写作》（增订本），北京大学出版社2018年版，第455页。

② 苏力：《工人阶级领导、农民革命与工农联盟——当代中国宪制思考之一》，《法治现代化研究》2022年第1期。

③ 这三本书被桑本谦教授分别称之为"苏力1.0版本""苏力2.0版本""苏力3.0版本"。参见桑本谦：《阅读苏力》，《中国法律评论》2015年第3期。

④ 苏力：《悼念费孝通先生》，《南方周末》2005年4月28日。

⑤ 苏力：《悼念费孝通先生》，《南方周末》2005年4月28日。

的这一判断，我是认可的。

现在的问题是，"愿不愿受苏力影响，然后走出他的'阴影'？"绍敏问道。对此，我们要怎样回答呢？

七

记得 2021 年春天，刚开学没多久的一天，绍敏交给我一份书稿（PDF版），是关于"阅读苏力"的。我读得很愉快，不时地笑出了声。比如，"康德活该一辈子找不到老婆，没有具体的东普鲁士女人愿意嫁给他"。再如，波斯纳法官对一位教授说："如果一篇文章就能说清楚，你哪来那么多精力写下那么多书呢？"有时候，一段对话就能反映出背后深刻的道理。例如，男人说："两情若是久长时，又岂在朝朝暮暮？"女人说："若无朝朝暮暮，两情又如何久长？"

多数时候，我读出的是温情。例如：

有人送法下乡——一个司法者的故事。

有人送《送法下乡——中国基层司法制度研究》下乡——一个启蒙者的故事。

有人送《送法下乡——中国基层司法制度研究》的作者下乡——一个充满温情的故事。

绍敏的作品，历来高度凝练，且意味深长。绍敏将苏力和冯象称为"共同构成我们这个时代法学界的双子塔、双子星"。同时，给出一个自称不太准确的论断：冯象是学者型诗人，苏力是诗人型学者。如果按照这一谱系，我给出一个自称是准确的判断：绍敏是学者型诗人，甚至偏向诗人更多。但即便偏向诗人更多，那也是学者！

2021 年 10 月，在湖北恩施的社科年会期间，一天晚上，我们一群人沿着河边、路边，边走边聊。苏力突然问起绍敏，我一时也不知说什么好，就说绍敏真是勤奋，这几年连续出版了不少书。对此，苏力不同意，说这不是勤奋，是喜欢！尽管更多是偏好说了算，但我仍然视绍敏为榜样，他激励着我继续前行。

是为序！

目　录

题 诗

我偏爱与"高大上"话语保持距离的行者。

我偏爱有病亦不呻吟的诗人。①

我偏爱"偏爱例外"②的贤者。

我偏爱超越宪法时刻、质疑一切质疑的学者。③

我偏爱拒绝标签也无法标签化的人。

我偏爱冷酷却不冷漠的王者。

我偏爱一门心思蛊惑女子的毒蛇。

我偏爱夏娃啃过的苹果。

我偏爱俄罗斯的本土资源,

倘若我的名字叫塔可夫斯基或陀思妥耶夫斯基。

我偏爱理性胜过"理"和"性"。

我偏爱走不出的风景。

我偏爱无需法律的秩序。

---

① "平常写诗都是伤感、悲哀、牢骚,若有人能去此伤感、悲哀、牢骚而仍能写成好诗真不容易,如烟中之毒素,提出之后味也便减少了;若仍能成为诗,那是最高的境界。"参见叶嘉莹笔记,高献红、顾之京整理:《顾随讲曹操·曹植·陶渊明》,河北教育出版社 2018 年版,第 159—160 页。

② [波] 维斯拉瓦·辛波斯卡:《万物静默如谜》,陈黎、张芬龄译,湖南文艺出版社 2012 年版,第 127 页。

③ 苏力:《大国宪制:历史中国的制度构成》,北京大学出版社 2018 年版,第535 页。

我偏爱尚未被净化的拜占庭。①

我偏爱中世纪的恐怖。

我偏爱大英雄。

我偏爱小省区。②

我偏爱身穿宇航服的地球。

我偏爱盐胜过盐的隐喻。

我偏爱及时止损。

我偏爱文学性大于客观性的书。

我偏爱"以论带史"胜过"论从史出"。

我偏爱国产手机的备忘录，可随时备忘所思。

我偏爱程序上的障碍。

我偏爱大作家最差的作品，它让我重拾自信。③

我偏爱呼唤新孔子的时代。④

我偏爱另一种新儒家。

我偏爱语冰的夏虫和坐井观天的青蛙。

我偏爱格林兄弟的黑暗童话胜过政治神话。

我偏爱一家之言。

我偏爱专家们匮乏的常识。

我偏爱"除魅"这个词。

我偏爱在文字迷宫中制造母体。

我偏爱仿佛一个梦的神秘。⑤

---

① ［爱］叶芝：《叶芝诗选》，袁可嘉译，外语教学与研究出版社 2012 年版，第179 页。

② "根据对历史和现状的考察，我们认为适当划小省区，是完全符合于国家行政管理、经济文化发展的需要的。全国大致可划分为五十个左右一级行政区，每个一级政区管辖五十个左右县级政区。"参见谭其骧：《长水粹编》，河北教育出版社 2000 年版，第 39 页。

③ ［美］理查德·A.波斯纳：《超越法律》，苏力译，中国政法大学出版社 2001 年版，第 113 页。

④ 费孝通：《孔林片思》，《读书》1992 年第 9 期；张冠生记录整理：《费孝通晚年谈话录（1981—2000）》，生活·读书·新知三联书店 2019 年版，第 65 页。

⑤ ［阿］豪尔赫·路易斯·博尔赫斯：《但丁九篇》，王永年译，上海译文出版社 2015 年版，第 21 页。

我偏爱基于事实的规范，

胜过基于规范的事实。

我偏爱与阳光比灿烂。

我偏爱除夕之夜校对完译文的释然。

我偏爱鳄鱼的眼泪。

我偏爱自己偶尔的荒诞。

我偏爱拧干和剥除时间。

我偏爱混沌胜过清晰。

我偏爱修昔底德和爱德华·吉本一起挖的坑。

我偏爱砍伤了法兰西革命的斧子。

我偏爱并非毫无根据的曲解。

我偏爱有意的"东拉"和无意的"西扯"。

我偏爱想象性重构。

我偏爱敏感又凶猛的牧羊犬。

我偏爱黑夜赠予的修辞。

我偏爱司空见惯的奇迹。

我偏爱无畏的"无知"者，如老聃。

我偏爱比思想还淫荡的事物，存在吗？

我偏爱奔放不羁的元素。

我偏爱"浪谷"胜过"波峰"。

我偏爱被星月和原野囚禁的沙鸥。①

我偏爱大闹天宫的猴子，胜过桥上的人们。

我偏爱沧海胜过羽扇纶巾，像普希金一样。②

我偏爱牢记此种可能——

念念不忘，必有回响。

---

① 杜甫《旅夜书怀》："星垂平野阔，月涌大江流""飘飘何所似，天地一沙鸥"。

② 曹操《观沧海》；苏轼《念奴娇·赤壁怀古》；毛泽东《浪淘沙·北戴河》；［俄］普希金：《普希金诗选》，高莽等译，人民文学出版社 2003 年版，第 157—161 页。

1

"什么是你的贡献？"①一个声音问苏力。

"什么是你的贡献？"苏力问韦伯。

"什么是你的贡献？"韦伯问尼采。

"我只是重塑——而不是界定——了'超人''权力意志''上帝死了''历史的滥用'等几个概念和命题的内涵，数落过或者说嘲讽过几个偶像的黄昏，如此而已。"尼采脸色沉郁地咕哝道。

2

"我出版了三十本书，只算独著，不含合著、主编、编著，摞起来，差一点比我还高，"②一位刑法学教授得意扬扬道，"对了，苏力教授，您出版了多少本？"

苏力有点害羞地笑了笑，说："如果我是一个整体性的人，那么，我只出版过一本。因为，出版再多，也只是一本。"③

---

① 苏力：《法治及其本土资源》，中国政法大学出版社1996年版，自序。

② "今天，有的中国'学者'的著作已经开始以千万字计了，我只是怀疑其中有多少不重复的文字？"参见苏力：《走不出的风景：大学里的致辞，以及修辞》，北京大学出版社2011年版，第124页。

③ 关于整体性（感），苏力曾评论道："正是……思想逻辑的整体感标志了一个学者思想的成熟，由此在学术世界中构成了有别于他人的独特性。"参见苏力：《波斯纳及其他：译书之后》（增订本），北京大学出版社2018年版，第49页。

3

苏力不会对患上"理论肥大症"或"教义崇拜综合征"的学者发问"什么是你的贡献"。

4

苏力说："我感到一种诗人所说的'历史的多情'——尽管历史完全无所谓有情还是无情。"①

前半句，是一位诗人在感觉。

后半句，是一位哲人在喟叹。

前半句的境界是"衰兰送客咸阳道"，后半句的境界是"天若有情天亦老"。②

5

苏力没有像研究歌德的专家那样，经常遗忘歌德的那句箴言——"理论全是灰色的，只有生命的金树常青"③。他说，"与现实相比，任何理论学术都会黯然失色"④。

6

苏力说："对于一个人来说，解说使他能够把本来是无序的世界化为有序，从而似乎'有意义'。"⑤

注意苏力的措辞："本来是无序的""似乎有意义"。

如果"本来是无序的"，那么一切有序就只是假象——这是一种混沌解说，而非规范理论。

"似乎有意义"的意思是"无意义"。这一修辞具有叔本华风格的、鞭策

---

① 苏力：《法治及其本土资源》，中国政法大学出版社 1996 年版，自序。

② 李贺《金铜仙人辞汉歌》："衰兰送客咸阳道，天若有情天亦老。"

③ ［德］歌德：《浮士德》，杨武能译，长江文艺出版社 2012 年版，第 102 页。

④ 苏力：《法治及其本土资源》，中国政法大学出版社 1996 年版，自序。

⑤ 苏力：《法治及其本土资源》，中国政法大学出版社 1996 年版，自序。

人在黑暗中前行的正能量。

7

《庄子·应帝王》："南海之帝为儵，北海之帝为忽，中央之帝为浑沌。儵与忽时相与遇于浑沌之地，浑沌待之甚善。儵与忽谋报浑沌之德，曰：'人皆有七窍，以视听食息，此独无有，尝试凿之。'日凿一窍，七日而浑沌死。"

苏力倡导跨学科研究（为此创办了《法律和社会科学》辑刊），其出发点不是"跨"学科，而是超越学科，最终取消学科（佛教称为"无相"）。① 因为学科之分就是在"凿窍"，就是在谋杀"浑沌（混沌）"。"浑沌"是杀不死的——因为"心脏跳动中发生的混沌涉及我们所有人"②，因为"意外事件总是导致无序"③，因为"否定时间是对科学家爱因斯坦和诗人博尔赫斯的一种诱惑"④。"浑沌"只是在寓言中、语言中、学科中被杀死了。

8

源自西方的学科划分和术语，"现已成为我们无法摆脱、也不想摆脱的生活世界的一部分"⑤。

---

① "我们关心的并不是学科本身，而是我们生活的这个世界，是这个世界中的问题。世界上的任何问题都可以、有时甚至必须分开研究，但分开只是为了研究的便利；事实上许多问题都不大可能同其他问题完全隔离开来。"参见苏力：《波斯纳及其他：译书之后》（增订本），北京大学出版社 2018 年版，第 62—63 页。"世界本来是混沌一团的""我从小喜欢的就比较杂，今天也拒绝接受任何学科体制的规训"。参见苏力：《批评与自恋：读书与写作》（增订本），北京大学出版社 2018 年版，第 273、409 页。苏力说："我愿意接受那些我觉得有道理的解说，不愿受所谓的学科限制。"参见苏力、于明：《基于中国经验的学术创造——苏力教授访谈》，《学术月刊》2020 年第 3 期。

② ［美］E. N. 洛伦兹：《混沌的本质》，刘式达译，气象出版社 1997 年版，第 21 页。

③ ［法］郑春顺：《混沌与和谐：现实世界的创造》，马世元译，商务印书馆 2002 年版，第 381 页。"只要对历史和人类的思想史作一简单回顾，我们就可以发现，人们至今为止所有的对思考确定性的寻求都终结于不具有确定性的一些假设。"参见苏力：《法治及其本土资源》，中国政法大学出版社 1996 年版，第 151 页。

④ ［比］伊利亚·普里戈金：《确定性的终结：时间、混沌与新自然法则》，湛敏译，上海科技教育出版社 2009 年版，第 144 页。

⑤ 苏力：《法治及其本土资源》，中国政法大学出版社 1996 年版，自序。

就目前而言，亦不必摆脱。否则，我们将陷入无法思考、无法与人对话的窘境。①

但，第一，不要做西方学科或语词的奴隶；起来，不愿做奴隶的人们！

第二，必须清醒意识到"词与物的断裂"②：即使中国没有对应西方某个词的"词"，不代表中国没有对应的"物"；即使中国有对应西方某个词的"词"，不代表它们所指的是可以完全通约的同一个"物"。

9

尽管苏力已年过六旬，但"他的心依然年轻，依然记得那曾笼罩着青春年华的恐惧与战栗"③——"面对永恒的战栗"④。孔子和克尔凯戈尔也曾如此。

子曰："不忧不惧。"⑤忧过惧过的人才会如是说。

克尔凯戈尔说："倘若在个人身上并不存有永恒意识；倘若一切的一切不过是一场喧哗与骚动，而所有崇高与卑微不过是盲目的激情扭结而成的产物；倘若那深不可测且不知餍足的虚空真的潜藏在万物之下，那么，生活除了绝望还剩下什么？"⑥

对于克尔凯戈尔的设问，"中国的克尔凯戈尔"鲁迅早就给过尼采式的回答："绝望之为虚妄，正与希望相同。"⑦

---

① 苏力说，借助社会科学和有些西式的语言来表达"中国经验"是"不可避免的"。参见苏力、于明：《基于中国经验的学术创造——苏力教授访谈》，《学术月刊》2020年第3期。"我们面对一个全球化的世界，有必要以社会科学的进路来讲讲中国宪制的道理。"参见苏力：《大国宪制：历史中国的制度构成》，北京大学出版社2018年版，序，第6页。

② 苏力：《波斯纳及其他：译书之后》（增订本），北京大学出版社2018年版，第255页。

③ ［丹］基尔克果：《恐惧与战栗——静默者约翰尼斯的辩证抒情诗》，赵翔译，华夏出版社2014年版，第5页。基尔克果更常见的译法为"克尔凯戈尔"。

④ 苏力：《法治及其本土资源》，中国政法大学出版社1996年版，自序。

⑤ 《论语·颜渊》。

⑥ ［丹］基尔克果：《恐惧与战栗——静默者约翰尼斯的辩证抒情诗》，赵翔译，华夏出版社2014年版，第15页。

⑦ 鲁迅：《鲁迅散文诗歌全集》，北京燕山出版社2011年版，第109页。

10

某些主张"弘扬中国传统"的学者，试图从中国传统或社会中寻找"现代性的因素"、启蒙思想的"萌芽"。例如，将儒家的"仁"解说为民主，将"恕"解说为宽容。

在苏力看来，这是缺乏自信的表现。①

但苏力也知道，总有那么一天，英国、法国和德国的思想家会竞相从本国传统和社会中寻找由中国界定的"现代性因素"；英国、法国和德国也会诞生"本国的苏力"——他们撰写本国的《法治及其本土资源》，并大声疾呼："要自信！"

自信与硬实力有关。没有硬实力支撑，是很难真正自信起来的。②

在艰难困厄之中仍保持自信的人近乎一个先知。但前提是他"成了"一块玉（"玉汝于成"），哪怕只是暂时蛰藏在砖石中的默默无闻的一块玉（"不成乎名，遁世无闷"③）。否则，只能是"近乎一个伪先知"。

11

法治及其本土资源——何谓本土？本，本根、根本；土，乡土④、地方的、大地⑤。

克利福德·吉尔兹说："法学和民族志，一如航行术、园艺、政治和诗歌，都是具有地方性的技艺，因为它们的运作凭靠的乃是地方性知识（local

---

① 苏力：《法治及其本土资源》，中国政法大学出版社1996年版，自序。

② "'发展才是硬道理'——知识的真正平等交流和互惠只有在人们富裕起来，有了自信心，有了自主性之后，才有可能进行"；"知识的流动和流向是随着财富权力关系变化的""有意义的也许只有生存的斗争，只是实力"。参见苏力：《制度是如何形成的》，北京大学出版社2007年版，第173—174页。"没有'干货'的软实力，就只剩下软，没有实力。"参见苏力：《走不出的风景：大学里的致辞，以及修辞》，北京大学出版社2011年版，第74页。

③ 《易·乾》。

④ "从基层上看去，中国社会是乡土性的。"参见费孝通：《乡土中国　生育制度》，北京大学出版社1998年版，第6页。

⑤ "直到你复归大地；因为你本是尘土所造，尘土终归是你的归宿。"参见冯象：《创世记：传说与译注》（修订版），生活·读书·新知三联书店2012年版，第249页。

knowledge）。"①霍姆斯说："就实践而言，人注定是地方的，为他扎根之地献出生，必要时也献出死。"②西蒙娜·薇依说："扎根也许是人类灵魂最重要也是最为人所忽视的一项需求。……一个人通过真实、活跃且自然地参与某一集体的生存而拥有一个根，这集体活生生地保守着一些过去的宝藏和对未来的预感。"③当荷尔德林谈到"祖国（fatherland）"时——按照海德格尔的阐释——"他指的是'祖先之地'，他指的是我们——这片作为历史性事物、处于历史性存在之中的大地上的这个 Volk（民族）。这种存在（Seyn）是以诗性的方式被奠基的，由思来设置的，并被置于知识之中，且由建国者扎根于大地和历史性空间之中的"。④林肯在葛底斯堡发表演说："那些在此奋战过的勇士们，不论是活着的或是已死去的，已经使这块土地神圣了。"⑤《我的祖国》歌词："这是英雄的祖国/是我生长的地方/在这片古老的土地上/到处都有青春的力量。"⑥

12

偏见、地方性知识、个体的直觉式感悟，这三种非普遍因素亦有可能缔造一个具有普遍视野的思想家。

13

安乐椅上的法学家既无法想象法官所面临的各种社会因素（看得见和

---

① 梁治平编：《法律的文化解释》（增订本），生活·读书·新知三联书店 1998 年版，第 73 页。

② 苏力：《波斯纳及其他：译书之后》（增订本），北京大学出版社 2018 年版，第 251 页。

③ ［法］西蒙娜·薇依：《扎根：人类责任宣言绪论》，徐卫翔译，生活·读书·新知三联书店 2003 年版，第 33 页。

④ ［美］查尔斯·巴姆巴赫：《海德格尔的根——尼采，国家社会主义和希腊人》，张志和译，上海书店出版社 2007 年版，第 284 页。

⑤ ［美］戴安娜·拉维奇编：《美国读本：感动过一个国家的文字》，林本椿等译，生活·读书·新知三联书店 1995 年版，第 354 页。

⑥ 作词：乔羽；作曲：刘炽。参见苏力：《大国宪制：历史中国的制度构成》，北京大学出版社 2018 年版，第 529 页。

看不见的），也无法理解"生于安乐"与"生于忧患"①之间差之毫厘的区别。

聪明人休闲、逸乐时，不会和张三、李四、王五打扑克，而是会找陈抟老祖、宋慈②或约翰·纳什③对弈。

14

所谓结论，"就是你懒得继续思考下去的地方"。④

所谓 Matz，就是 My art zeal（我的艺术激情）。

所谓法律职业共同体，就是一群极力用法律技艺的理性对抗政治激情、政治野蛮、政治艺术的"正义之士""口舌之徒"。⑤他们时而用政治化的方式⑥，时而用去政治化的方式思考政治⑦，抱怨法学共同体是一个经常相互误解的群体。

① "中国现在经济发展越来越好了，但世界上没有长治久安，没有不散的筵席，没有千年王国。中国现在发展起来了，也许持续 100 年、200 年、300 年，但也可能会衰落。因此，每代的知识分子，真正的精英，都要有这种忧患意识。……不是说一定会发生，但每个国家都应该有人去做一个有忧患意识的人，愿意为这个国家和人民始终怀有一种忧患意识。"参见苏力：《批评与自恋：读书与写作》（增订本），北京大学出版社 2018 年版，第 455 页。

② 宋慈（1186—1249），南宋著名法医学家、"世界法医学鼻祖"，著有《洗冤集录》。

③ 约翰·纳什（1928—2015），美国数学家、经济学家，提出纳什均衡的概念和均衡存在定理，对博弈论和经济学产生重大影响。参见苏力：《走不出的风景：大学里的致辞，以及修辞》，北京大学出版社 2011 年版，第 21 页。

④ 苏力：《法治及其本土资源》，中国政法大学出版社 1996 年版，自序。

⑤ 17 世纪时，英国首席大法官柯克对国王詹姆斯一世说，"作为法律之基础的理性是一种'人为理性'，这只有受过法律训练、有法律经历的人才会运用。"参见［美］理查德·A. 波斯纳：《法理学问题》，苏力译，中国政法大学出版社 2002 年版，第 12—13 页。关于"法律共同体"，参见强世功：《法律共同体宣言》，《中外法学》2001 年第 3 期。

⑥ "政治地思索本身就是一种政治行动。"参见［美］汉娜·阿伦特：《康德政治哲学讲稿》，曹明等译，上海人民出版社 2013 年版，扉页。

⑦ 相当一部分法学文献"不过是以法律语言包装的法学人的政治观点"。参见［美］理查德·A. 波斯纳：《各行其是：法学与司法》，苏力等译，中国政法大学出版社 2017 年版，第 23 页。

15

一切都是熟悉的

一切又都是初次相逢

一切都理解过了

一切又都在重新理解之中 ①

这节诗的妙处就在于，它什么都没说，又把什么都说了。解读它，毋庸引用伽达默尔的《真理与方法》②或无往不利的辩证法原理，只需有从军、务工、写诗、留洋的经历，以及研究过商法、税法、交叉路口的人、红绿灯和静谧天空。

16

礼失而求诸野。③

法失而求诸野。

艺失而求诸野。

如果"野"也失去了呢？野渡无人舟自横。④

17

双重真理说一例：没有学术意义的命题（如"市场经济就是法治经济"）可能具有政治意义和社会意义。⑤

18

既然存在"反现代的现代"，或者说是"另一种现代"，⑥那就必然存在

① 选自苏力的一首诗。参见苏力：《法治及其本土资源》，中国政法大学出版社 1996 年版，自序；苏力：《送法下乡：中国基层司法制度研究》，中国政法大学出版社 2000 年版，自序；苏力：《道路通向城市：转型中国的法治》，法律出版社 2004 年版，第 88 页。

② ［德］汉斯-格奥尔格·伽达默尔：《真理与方法》，洪汉鼎译，商务印书馆 2010 年版。

③ 《汉书·艺文志》。

④ 韦应物《滁州西涧》："春潮带雨晚来急，野渡无人舟自横。"

⑤ 苏力：《法治及其本土资源》，中国政法大学出版社 1996 年版，第 3 页。

⑥ 苏力：《法治及其本土资源》，中国政法大学出版社 1996 年版，第 5 页。汪晖认为，"反现代性的现代性"不仅仅是毛泽东思想的特征，也是晚清以降中国思想的主要特

另一种传统、另一种帝国、另一种宇宙（不平行的平行宇宙）。

19

制度创新往往是在传统、非正式制度或其他本土资源的诱发之下产生的。

传统不等于死去的历史文献和典籍，而是活生生地存在于亿万国人的心理习惯和行为模式之中。[①]

高喊反传统的人可能属于最传统的人之列。

呼吁程序法治的法学教授在不幸地遭遇官司时首先想到的是自己在法院是否"有关系"。这算不算"知行不一"或"人格分裂"——当然不算。他呼吁程序法治时，心是真诚的。他遭遇官司找关系时，心也是真诚的。对于真诚的人而言，他的一切行为和抉择都是真诚的。

20

有人摸着石头过河。（他是一名改革家和"立法者"）[②]

有人顶着1938年的战火过河。（他是一名记者，后来做了诗人）[③]

有人一边唱着歌曲《当你老了》[④]，一边牵着双目失明的友人[⑤]的手过河。（他是一位浪漫派骑士[⑥]，后来成了"通灵师"）

（接上页）征之一。参见汪晖：《去政治化的政治：短20世纪的终结与90年代》，生活·读书·新知三联书店2008年版，第65页。

① 苏力：《法治及其本土资源》，中国政法大学出版社1996年版，第14—16页。

② 苏力：《法治及其本土资源》，中国政法大学出版社1996年版，第17、88页。

③ 指英国大诗人奥登（1907—1973）。他曾在1938年作为一名记者访问战时的中国，与另一位同行的记者克里斯托弗·衣修伍德合著有《奥登文集：战地行纪》（马鸣谦译，上海译文出版社2012年版）一书。

④ ［爱］叶芝：《叶芝诗选》，袁可嘉译，外语教学与研究出版社2012年版，第22—23页。

⑤ 失明的他"无缘再见隐隐现现的繁星，无缘再见掠过如今神秘莫测的蓝天的飞鸟，无缘再见别人用字母编排组合起来的文章书报"。参见［阿］豪尔赫·路易斯·博尔赫斯：《老虎的金黄》，林之木译，上海译文出版社2016年版，第34页。

⑥ "冷眼看待/生与死/骑士们，前进！"参见［爱］叶芝：《叶芝诗选》，袁可嘉译，外语教学与研究出版社2012年版，第265页。

21

外国的经验不可能替代中国的经验。①

智叟的经验不可能替代愚公的经验。

不喜苏力的人的经验不可能替代苏力的经验——经验无法通约。是故，让人理解人，有时比让狗理解人还难。

22

法律的生命不是逻辑，而是经验。②

逻辑的生命不是逻辑学，而是基于想象的直觉。③

逻辑学的生命不在于逻辑学学者，而在于反击"关公战秦琼""吴承恩梦见霍金""梵高钻入日本浮世绘"之类反逻辑事物的存在。

23

既要"尊崇人民的创造力"④，也要尊崇诗人的创造力，但更要尊崇学者的创造力——一位学者如是说。

24

苏力告诫说，"要区分国家的实际形成和关于国家存在的正当化理论"。⑤

但总有一些人沉迷于"国家存在的正当化理论"（如洛克、霍布斯等人的社会契约论）之中不能自拔："他们用自然法的语言，讲述他们国家的童话般的历史，这个历史从自然状态开始，并在战争状态中持续下来，直到用

---

① 苏力：《法治及其本土资源》，中国政法大学出版社 1996 年版，第 19 页。

② ［美］霍姆斯：《普通法》，冉昊、姚中秋译，中国政法大学出版社 2006 年版，第 1 页。

③ "一个想象的世界，无论它怎样不同于实在的世界，必有某种东西——一种形式——为它与实在的世界所共有。"参见［奥］维特根斯坦：《逻辑哲学论》，贺绍甲译，商务印书馆 1996 年版，第 27 页。维特根斯坦的《逻辑哲学论》是一部用充满想象力的诗性语言撰写成的逻辑学论著。（其实只是一本薄薄的小册子，不比一本博尔赫斯的诗集厚多少）

④ 苏力：《法治及其本土资源》，中国政法大学出版社 1996 年版，第 20 页。

⑤ 苏力：《法治及其本土资源》，中国政法大学出版社 1996 年版，第 20 页。

社会契约实现了和平，产生了国家和实在法。这个历史纯属神话，但是听起来却很悦耳。"①

然而，听起来很悦耳的不止有关于契约与和平的神话，还有角弓鸣②和剑戟在夕阳下发出的铮铮之声。

国家的实际形成总是伴随着暴力与征战。权利、法律和道德只居于从属地位。

政治哲学论证不应也不能取代历史社会学分析。仅仅会通经史关系③是不够的，还应加上社会学（社科）理论的作料。"没有历史学与理论的结合，我们既不能理解过去，也不能理解现在。"④"社会科学家必须使用历史资料。除非有人假定存在某种关于历史本质的超越历史的理论，或社会中的人是非历史性的实体，没有哪门社会科学能被假定是超越了历史的。所有名副其实的社会学都应该是'历史社会学'。"⑤

25

时间超出任何个人的能力，是上帝的事业。⑥

"上帝在制造时间与玫瑰的时候，顺便制造了我的脸。"一个叫莎乐美的女人说道。⑦

"强韧的脚步迈着柔软的步容，步容在这极小的圈中旋转，仿佛力之舞围绕着一个中心，在中心一个伟大的意志昏眩。"⑧莎乐美爱过的诗人吟道。

---

① ［意］安东尼奥·葛兰西：《现代君主论》，陈越译，上海人民出版社2006年版，附录，第113页。

② 王维《观猎》："风劲角弓鸣，将军猎渭城。"

③ 参见汪高鑫：《中国经史关系史》，黄山书社2017年版。

④ ［英］彼得·伯克：《历史学与社会理论》，姚朋等译，上海人民出版社2001年版，第22页。

⑤ ［美］C.赖特·米尔斯：《社会学的想象力》，陈强等译，生活·读书·新知三联书店2001年版，第157页。

⑥ 苏力：《法治及其本土资源》，中国政法大学出版社1996年版，第22页。

⑦ ［阿］豪尔赫·路易斯·博尔赫斯：《永恒史》，刘京胜、屠孟超译，上海译文出版社2015年版，第67页。

⑧ ［奥］赖纳·马利亚·里尔克：《里尔克读本》，冯至、绿原等译，人民文学出版社2011年版，第54页。

26

秋菊骂村长"断子绝孙"（村长的确只生了四个女儿），确实非常伤人。①

如果用来骂孙悟空，尽管不伤人（孙悟空气量大），却不符合客观事实，因为，孙悟空是有子孙的——贾宝玉②、石破天③、西西弗斯④等。

两个绝妙的学术概念：神圣家族（马克思和恩格斯）；家族相似性（维特根斯坦）。⑤

27

可以踢人，但"不能往那个地方踢"⑥。

可以瞪人，但不能瞪"口剑腹蜜"的人。

可以打人，但不能打那位"与魔鬼作斗争"、逃向音乐和第七种孤寂、在深渊边缘跳舞的人。⑦

28

既然不存在无语境的权利和司法实践，⑧那么，同样地，不存在无价值判断和指向的"普遍性话语"，不存在无主人的奴隶和无奴隶的主人，⑨也不存在无边界的激情和绝对的道德律令。

---

① 苏力：《法治及其本土资源》，中国政法大学出版社 1996 年版，第 23 页。

② 贾宝玉和孙悟空一样，由石化生。

③ 石破天是金庸小说《侠客行》中的人物。他质朴若石，参透了《太玄经》图谱。

④ 西西弗斯是希腊神话中的人物，因触犯众神遭到惩罚，每天推巨石上山、至顶，巨石滚落后再推，永无止境。

⑤ 苏力：《法治及其本土资源》，中国政法大学出版社 1996 年版，第 39 页；苏力：《阅读秩序》，山东教育出版社 1999 年版，第 204 页；苏力：《走不出的风景：大学里的致辞，以及修辞》，北京大学出版社 2011 年版，第 136 页。

⑥ 苏力：《法治及其本土资源》，中国政法大学出版社 1996 年版，第 23 页。"那个地方"是指男人下身。

⑦ 指尼采。参见 ［奥］斯蒂芬·茨威格：《与魔鬼作斗争：荷尔德林、克莱斯特、尼采》，徐畅译，译林出版社 2013 年版，第 234—251 页。

⑧ 苏力：《法治及其本土资源》，中国政法大学出版社 1996 年版，第 25 页。

⑨ ［法］科耶夫：《黑格尔导读》，姜志辉译，译林出版社 2005 年版，第 218—219 页。

29

对任何观点都应保持一种开放的心态 ①——包括对"对任何观点都应保持一种开放的心态"持否定态度的观点——当年，希特勒的纳粹党就是依循这种逻辑上台的——幸好学术不是政治。

30

大写的真理有可能变得暴虐 ②——只要它不掌握原子弹，暴虐程度就十分有限。

31

法治并不能保证每个案件的具体结果都是合乎情理的。③

民主并不能保证每个当选的领导人都是卓越的。

自由并不能保证每个自由人都不滥用自由。

其实，"法治""民主""自由"都保证不了什么，因为它们只是三个普通的中文词汇。尽管它们让某些容易激动的人变得激动。

32

一种本质主义话语：所有西方人都有着西方人的共同本质；西方人生活在西方，过着自由惬意的西方生活，沉迷于西方的民主和性解放之中，具有根深蒂固的西方使命感。④

33

一种膜拜式东方主义：将中国简化为法律上的"高级野蛮人"——有幸

---

① 苏力：《法治及其本土资源》，中国政法大学出版社 1996 年版，第 27 页。

② 苏力：《法治及其本土资源》，中国政法大学出版社 1996 年版，第 27 页。

③ 苏力：《法治及其本土资源》，中国政法大学出版社 1996 年版，第 27 页。

④ 这是对萨义德的一句话的摹写（他抨击西方人对东方的想象）："东方人生活在东方，过着悠闲自在的东方生活，沉迷于东方的专制和纵欲之中，具有根深蒂固的东方宿命感。"参见 ［美］爱德华·W. 萨义德：《东方学》，王宇根译，生活·读书·新知三联书店 1999 年版，第 134 页。

未被法律现代性玷污的原始人。①

此主义的西方始作俑者肯定读过《道德经》第五十七章（"法令滋彰，盗贼多有"）。

我还敢肯定他读过《五柳先生传》，中了"好读书，不求甚解"②的毒。但他却未意识到"不求甚解"乃庸人和诗人的专利，与"主义制造者"无涉。

34

秋菊和村长共同生活在"一个人际关系紧密、人员流动较少的社区中"③。

学者和学者的关系相似，他们生活在共同的"社区"（各种学会机构和学术会议）中。只是，相互之间不那么紧密（也有紧密的），人员流动略快（每年都有 N 位教授退休，每年都有 N 个新毕业的博士加入）。

随着城市化进程的加速，乡村渐趋消落。费孝通所讲的"熟人社会"，从渐趋消落的乡村搬到学术社区来了，④搬到城市人跳广场舞的广场上来了。

35

一个"伊甸园"失去了，能否回来？难以预料。⑤

不回来也没什么，反正夏娃的诱惑永远存在，反正叙利亚的处女永远是处女。⑥《失乐园》已经成为与地球共存亡的经典了。

---

① ［美］络德睦：《法律东方主义：中国、美国与现代法》，魏磊杰译，中国政法大学出版社 2016 年版，第 57 页。

② ［晋］陶渊明：《陶渊明集》，万卷出版公司 2008 年版，第 208 页。

③ 苏力：《法治及其本土资源》，中国政法大学出版社 1996 年版，第 29 页。

④ "有研究表明，在现代工商业社会高度离散的空间中，那些受过最高等的现代教育、喜爱特立独行的人，仍然可能因某种共同利益，借助各种现代交流方式，构成另一类型的熟人社会。事实上，在网络上，我们已经感受到日益增多的这种特殊的熟人（和陌生人）社会。"参见苏力：《制度是如何形成的》，北京大学出版社 2007 年版，第 89 页。

⑤ 苏力：《法治及其本土资源》，中国政法大学出版社 1996 年版，第 29 页。

⑥ ［英］约翰·弥尔顿：《失乐园》，朱维之译，译林出版社 2013 年版，第 21 页。

36

一位西班牙友人对我说："我们只谈永远消逝的朋友。"①

我知他的意思是，我们只谈美好的事物，而美好的事物是（应该是）永恒的。

37

山杠爷的悲剧 ②、辛普森的悲剧 ③、尼采的悲剧，不是同一种悲剧。

尼采说："个体化是灾祸的起因，艺术是可喜的希望。"④

然而，雷蒙·威廉斯不能同意尼采的论说。在他看来，悲剧从根本上与人类成长的重大危机联系在一起，与集体行动、文化的深层结构和无数个单词的重量都压不垮的浪漫王者联系在一起。⑤

38

"五月花"号帆船上的人早已死去，《五月花号公约》还活着——以建国神话的名义活着。

"重视实践甚于重视理论"⑥的托克维尔早已死去，理论还活着——因自我证成而活着。

"大象无形"的老聃先生早已死去，他手书的"大象无形"几个字还活着——活在一位当代法学家的文集中 ⑦和灵魂深处。

39

为什么不能展开金色的双翼飞入名为《金翼》的小说 ⑧所记载的乡村中

---

① ［西］阿左林：《著名的衰落》，林一安译，花城出版社 2018 年版，第 52 页。

② 苏力：《法治及其本土资源》，中国政法大学出版社 1996 年版，第 24—25 页。

③ 辛普森杀妻案（O. J. Simpson's Murder Case, 1994）。

④ ［德］尼采：《悲剧的诞生》，周国平译，北岳文艺出版社 2004 年版，第 39 页。

⑤ ［英］雷蒙·威廉斯：《现代悲剧》，丁尔苏译，译林出版社 2007 年版，第 27、147 页。

⑥ ［法］托克维尔：《论美国的民主》（上下卷），董果良译，商务印书馆 1988 年版，第 330 页。

⑦ 苏力：《法治及其本土资源》，中国政法大学出版社 1996 年版，第 35 页。

⑧ 林耀华：《金翼》，庄孔韶等译，生活·读书·新知三联书店 1989 年版。

观察民俗风情呢？

为什么不能进入亚历山大的梦中与亚里士多德讨论严肃的诗呢？①

为什么不能让安提戈涅、窦娥与鲍西娅一起坐在北大法学院一楼的报告厅里聆听强世功教授分析文学中的法律呢？②

为什么不能通过文学艺术作品来研究法律与社会呢？③

40

不曾下苦功夫研究中国五千年来气候变迁的法学家不配做孟德斯鸠《论法的精神》一书的读者，④没有资格做"跨越两个世纪"、为自己雕刻纪念碑的人；⑤至于"与天地兮比寿，与日月兮齐光"⑥，就更不用想了。

41

盗亦有道乎？⑦道亦有盗乎？盗道者爱道乎？

---

① 亚里士多德曾担任亚历山大大帝的老师。

② 强世功：《文学中的法律：安提戈涅、窦娥和鲍西娅——女权主义的法律视角及检讨》，《比较法研究》1996年第1期。

③ 苏力：《法治及其本土资源》，中国政法大学出版社1996年版，第37—40页。

④ 竺可桢：《中国近五千年来气候变迁的初步研究》，《考古学报》1972年第1期。孟德斯鸠曾讨论"法律与气候的性质的关系"。参见［法］孟德斯鸠：《论法的精神》（上册），张雁深译，商务印书馆1961年版，第227—241页。"中国这片土地不仅山川地形特殊，而且今天放眼来看，在地球上的位置特殊，气候也很特殊。"参见苏力：《岂止方法？——文史传统与中国研究》，《开放时代》2021年第1期。陀思妥耶夫斯基也谈到气候与法律、民情、人性的关系："如果我们有科学的话，那么医学家、法学家和哲学家都可以分别按照自己的专业对彼得堡进行一项极有价值的研究。很少有地方像彼得堡这样，对人的心灵产生如此阴暗、强烈和奇怪的影响。光是气候的影响就非同小可。"参见［俄］陀思妥耶夫斯基：《罪与罚》，曾思艺译，上海三联书店2015年版，第519页。

⑤ "我生活于两个世纪之交，仿佛在两条河流的汇合处；我扎进翻腾浑浊的水中，遗憾地远离我出生的旧岸，怀着希望向一个未知的岸游去""由于我的异乎寻常的高龄，我的纪念碑完成了""我还能做的只是在我的墓坑旁坐下，然后勇敢地下去，手持带耶稣像的十字架，走向永恒"。参见［法］夏多布里昂：《墓中回忆录》，郭宏安选译，生活·读书·新知三联书店1997年版，第315、317、318页。

⑥ 《楚辞·九章·涉江》。

⑦ 《庄子·胠箧》。又参见苏力：《法治及其本土资源》，中国政法大学出版社1996年版，第41页。

42

同精致的利己主义者（如受过专业训练的某些律师和政府官员）一样，"粗鄙"的利己主义者（如不知皋陶、李悝和鲁道夫·冯·耶林为谁的农夫）也"懂得自己的最佳利益"①。但前者总有一种替后者决断"最佳利益"的冲动。"己之所欲，必施于人"的霸权（威权）主义倾向，不止存在于国与国之间。②

43

正是依赖于国家制定法的存在，那些民间的、习惯的"法律规则"才变得有作用。③

正是依赖于女人的存在，男人才变得有作用。

正是依赖于"用几何学方法处理哲学问题"的斯宾诺莎的存在，④立体型（三维）的法学家在平面国频遭误解（按照诠释学理论，被误解是难免的）甚至身陷囹圄，才变得不那么悲哀——不抗争才悲哀。⑤

44

"细心、爱发问和具有强烈理论兴趣的读者很可能发现"⑥，细心、爱发问和具有强烈理论兴趣的读者是不多的。

---

① 苏力：《法治及其本土资源》，中国政法大学出版社 1996 年版，第 45 页。

② 詹姆斯·M. 布坎南说："当政治被正确地解释为一个解决个人利益冲突的过程时，那些企图把自己的偏好强加于人的人就没有道德上的优越感了。"参见苏力：《法治及其本土资源》，中国政法大学出版社 1996 年版，第 59 页。

③ 苏力：《法治及其本土资源》，中国政法大学出版社 1996 年版，第 48 页。

④ ［法］耶夫·西蒙：《自然法传统——一位哲学家的反思》，杨天江译，商务印书馆 2016 年版，第 101 页。

⑤ "空间国的普罗米修斯为我们盗来了知识的火种，而我作为平面国可怜的普罗米修斯，却因向自己的同胞传播福音而沦为阶下囚。但是我希望这一份回忆录，能以某种未知的方式，启发某个世界里人们的思想，并且唤醒那些被束缚在有限维度里的反抗者的斗志。"参见［英］艾勃特：《平面国：一个多维的传奇故事》，杜景平译，台海出版社 2018 年版，第 94 页。

⑥ 苏力：《法治及其本土资源》，中国政法大学出版社 1996 年版，第 60 页。

45

任何制度化的法律，任何写成文字的法理，任何公有化或私了方案，都必然伴随着某种"残缺美"。[1]

46

倘若"囚徒困境"的理论分析模型[2]最初由一个囚徒提出，他会不会因此项重大贡献而被减刑或提前假释？

除非监狱长是大数学家。

47

法官总是会利用法律的弹性，[3]诗人总是会利用词语的弹性，牧童总是会利用弹弓的弹性，他们分别达到自己可以告人的目的。

48

卡夫卡的小说《审判》既不是在审判现代的法治体系或繁文缛节，[4]也不是在审判城堡或城市钢铁森林隐喻的荒诞，更不是在审判卡夫卡本人的敏感心灵。卡夫卡什么都没有审判——他只是冷峻地呈现。大艺术家向来是"不动感情，不表立场"[5]。

49

两种成就感：（1）非历史主义和虚无主义带来的虚假成就感；[6]（2）历史主义和实在主义带来的实在成就感。

要避免堕落成"五十步和六十步"的关系。

---

① 苏力：《法治及其本土资源》，中国政法大学出版社1996年版，第62页。

② 苏力：《法治及其本土资源》，中国政法大学出版社1996年版，第64页。

③ 苏力：《法治及其本土资源》，中国政法大学出版社1996年版，第73页。

④ 林骧华主编：《卡夫卡文集》（2），安徽文艺出版社1997年版，第9页；苏力：《法治及其本土资源》，中国政法大学出版社1996年版，第86、142页。

⑤ 木心讲述，陈丹青笔录：《文学回忆录》，广西师范大学出版社2013年版，第572页。

⑥ 苏力：《法治及其本土资源》，中国政法大学出版社1996年版，第87页。

真正的历史主义必须具有强大的"想象力和创造力"①，恢复被"过量的历史"破坏了的健康和伟大本能②，瞥得见"新的民族生活"③，拒绝"平淡小说那种皆大欢喜的结局"④，因而注定是反历史或者说超历史的。

50

每当想起一位哲人所说的"被打碎的脑袋常常是天才发展史上的第一页"⑤，我就战战兢兢。

每当念及这位哲人所说的"知识就是堕落"⑥，我就如临深渊。

每当在草堂春梦中⑦接过这位哲人——不错，还是这位哲人——递过来的"政治之门"（也是"地狱之门"），⑧我就如履薄冰。统治绝非一件易事，做政治家可比做哲人难多了！⑨一位不堪其重的帝王总是情不自禁地

---

① 苏力：《法治及其本土资源》，中国政法大学出版社1996年版，第87页。

② ［德］尼采：《历史的用途与滥用》，陈涛等译，上海人民出版社2020年版，第42页。

③ ［意］卡洛·安东尼：《历史主义》，黄艳红译，格致出版社、上海人民出版社2010年版，第68页。

④ ［德］奥斯瓦尔德·斯宾格勒：《决定时刻：德国与世界历史的演变》，郭子林等译，格致出版社、上海人民出版社2009年版，第11页。

⑤ ［俄］舍斯托夫：《深渊里的求告》，方珊等选编，山东友谊出版社2005年版，第3页。"生活在这个为绝大多数普通人规定的法律世界中，真正的天才艺术家常常不很舒服，有时甚至很不舒服。"参见苏力：《走不出的风景：大学里的致辞，以及修辞》，北京大学出版社2011年版，第159页。

⑥ ［俄］舍斯托夫：《深渊里的求告》，方珊等选编，山东友谊出版社2005年版，第85页。

⑦ "大梦谁先觉？平生我自知。草堂春睡足，窗外日迟迟。"参见［明］罗贯中：《三国演义》，春风文艺出版社1993年版，第336页。

⑧ "谁要是理解了一个人全部的恐惧，他就一定能理解天主教'钥匙的统治'的内涵了。"参见［俄］舍斯托夫：《深渊里的求告》，方珊等选编，山东友谊出版社2005年版，第142页。

⑨ "凡是将自己置身于政治的人，也就是说，将权力作为手段的人，都同恶魔的势力定了契约，对于他们的行为，真实的情况不是'善果者惟善出之，恶果者惟恶出之'，而是往往恰好相反。任何不能理解这一点的人，都是政治上的幼童。""政治是件用力而缓慢穿透硬木板的工作，它同时需要激情和眼光。"参见［德］马克斯·韦伯：《学术与政治》，冯克利译，生活·读书·新知三联书店2005年版，第110、117页。苏力说："这种工作当然是长期、艰难、大量而又琐碎的；但不也正因为其艰难和长期，我们的工作才变得更有意义吗？既然我们选择了这一职业，那么我们就责无旁贷。"参见苏力：《法治及其本土资源》，中国政法大学出版社1996年版，第89页。

向我——不错，也是在草堂春梦中——表达他对哲人事业的向往，他说："盖文章，经国之大业，不朽之盛事。"①

51

苏力说："道德观念、法制教育能在多大程度上影响人是很值得怀疑的。"②

确实如此。如果道德观念和法制教育能影响人，那么人类历史上就不会发生"易子而食"的惨剧，也不会有人说出"仓廪实而知礼节"③的箴言。如果人人都成了君子，那么法官和律师就全都失业了。

52

对于顾城之死，不必大谈其文化意义（死本身不会有什么意义），更不必惋惜其才华（惋惜其才华的人大概没什么才华）。④

黑夜给了他黑色的眼睛，他误以为可以用它寻找到光明。⑤

一个发出"国家用它严密的统治，和有限的现代技术，摧毁了所有村社，摧毁了人们的自然生活、寺庙和桃花源般的理想诗境"⑥的感叹的人，一个无法承受"满街都是茫然的人，一阵风就能吹起所有的尘土"⑦的尘世之境的人，一个颟顸于民主专制之辨和傀儡政治原理的人⑧，是无法写出伟大的诗的。

---

① 夏传才主编：《曹丕集校注》，夏传才、唐绍忠校注，河北教育出版社 2013 年版，第 238 页。

② 苏力：《法治及其本土资源》，中国政法大学出版社 1996 年版，第 121 页。

③ 《管子·牧民》。

④ 苏力：《法治及其本土资源》，中国政法大学出版社 1996 年版，第 121 页。

⑤ "黑夜给了我黑色的眼睛，我却用它来寻找光明。"参见顾城：《顾城精选集》，北京燕山出版社 2011 年版，第 16 页。

⑥ 顾城：《顾城哲思录》，重庆出版社 2015 年版，第 189 页。

⑦ 顾城：《顾城哲思录》，重庆出版社 2015 年版，第 189 页。

⑧ "民主如果不能遇到一个由本土长出来的精神，并且由这个精神推动的话，那无论是靠强力还是说教，都是搬不进去的，要么变成另种专制，像许多大小专制你争我夺呵，或者什么强力傀儡政治呵，要么一切照旧。"参见顾城：《顾城哲思录》，重庆出版社 2015 年版，第 118 页。

53

"经济建设为中心"不等于"经济建设唯一"。①

"宪法至上"不等于"宪法文本（规范）至上"。

"无需法律的秩序"不等于"秩序中没有法律"。中国法学人必须研究真实世界中的真实法律。②

54

"如果不得不'三陪'，那就让我陪笛卡尔好了，陪叔本华也行。"③一位在 KTV 兼职的法学院女生对经理说道。

55

诗可以怨，④人不可以。像鲁迅那样怨是可以的。像鲁迅那样怨就不叫怨了，叫什么好呢，总不能叫诗吧？岂不成了循环论证？！

56

钱锺书说："由于人类生命和智力的严峻局限，我们为方便起见，只能把研究领域圈得愈来愈窄，把专门学科分得愈来愈细。此外没有办法。所以，成为某一门学问的专家，虽在主观上是得意的事，而在客观上是不得已的事。"⑤

学术活动的专门化不是好事，但也不是坏事。

法律活动的专门化⑥不是好事，但也不是坏事。

---

① 苏力：《法治及其本土资源》，中国政法大学出版社 1996 年版，第 125 页。

② ［美］罗伯特·C. 埃里克森：《无需法律的秩序——邻人如何解决纠纷》，苏力译，中国政法大学出版社 2003 年版，译者序。

③ 苏力论"三陪"，参见苏力：《法治及其本土资源》，中国政法大学出版社 1996 年版，第 125 页。苏力对弱势群体有一种深刻的同情，而对某些权贵把人工具化的荒唐想法（idea）有一种深切的痛恨。笛卡尔和叔本华均终身未婚。

④ 《论语·阳货》；钱锺书：《七缀集》，生活·读书·新知三联书店 2002 年版，第 115—132 页；苏力：《法治及其本土资源》，中国政法大学出版社 1996 年版，第 135 页。

⑤ 钱锺书：《七缀集》，生活·读书·新知三联书店 2002 年版，第 129—130 页。

⑥ 苏力：《法治及其本土资源》，中国政法大学出版社 1996 年版，第 129—155 页。

57

不必义愤填膺地引用韦伯的名言——"我不是驴子，没有专门的领地"——来批判将韦伯思想窄化的 21 世纪的学院派社会学家，那是对驴子的不敬。毕竟，驴子也有被视作神的风光之时。①

58

把政治问题法律化（用法律手段解决政治问题），②把法律问题政治化（用政治手腕解决法律问题），都是极高超的治理技艺。托克维尔知之，③林肯知之，④李耳知之，川菜馆的烹饪师知之。⑤

59

亲人眼里无伟人。⑥按此逻辑，保持距离是显得"伟大"或"神圣"的必要条件。

这或许是美国宪法在中国——准确地说，是在某些中国学者眼中——变得"伟大"甚至"神圣"的美学原因。⑦

所谓美学，是一种研究美的丑学罢了。

---

① "黔无驴，有好事者船载以入。至则无可用，放之山下。虎见之，庞然大物也，以为神，蔽林间窥之。"（柳宗元《黔之驴》）"一头驴会是悲剧性的吗？——人会在一种既不能承载，又不能卸去的重负下毁灭吗？……哲学家（而非哲人）的情形。"参见［德］尼采：《偶像的黄昏：或怎样用锤子从事哲学》，李超杰译，商务印书馆 2009 年版，第 5 页。

② "在美国几乎所有重大的政治问题都被转化为法律问题而提交法院解决。"参见苏力：《法治及其本土资源》，中国政法大学出版社 1996 年版，第 139 页。

③ ［法］托克维尔：《论美国的民主》（上下卷），董果良译，商务印书馆 1988 年版，第 310 页。

④ "美国法律历史上最重大的事件，就是 1861 年 4 月到 1865 年 4 月蹂躏了这个国家的内战"，内战界定了"一个崭新的宪政秩序"。参见［美］乔治·P. 弗莱切：《隐藏的宪法：林肯如何重新铸定美国民主》，陈绪纲译，北京大学出版社 2009 年版，第 1、3 页。

⑤ 《道德经》第六十章："治大国，若烹小鲜。"

⑥ 苏力：《法治及其本土资源》，中国政法大学出版社 1996 年版，第 148 页。

⑦ "却伯的著作也许有助于我们打破这种由中国人自己制造的西方宪法中心的迷思。"参见苏力：《法治及其本土资源》，中国政法大学出版社 1996 年版，第 264 页。

60

拔高舆论监督之作用的人①似乎忘了舆论从业者也是同他一样的，既不怎么好也不怎么坏的本国人。

"公知"之所以拔高舆论监督的作用，根本原因恐怕还在于他（们）是借助舆论发言的人。天下攘攘，皆为利往。

61

苏力曾经无可奈何地说道："法学界多年以来经常表现出一种真诚的但却又无可奈何地属于天真的理想主义：一些人在强调法制时实际上反映出相信有一种万无一失、尽利无弊的制度。由于天真，他们才勇于献身和追求（'天真是冬天的袍子'——布莱克诗句）。"②

几十年过去了，情形似乎没有太大改变。

一个充满悖论的群体：一方面在学院生活或者尘世生活中无比成熟（世故）——基金、头衔和荣誉一个都不能少；另一方面在法律观念或者政治哲学上又无比天真（幼稚），像是长不大的孩子。

思想的袍子上爬满了天真的蚤子，冬天虽冷，却冻不死它们。③

甩掉蚤子，"独钓寒江雪"之后，我来到了相对温暖的南方。折一根芦苇，④随便插入书架上的一本精装书。打开一看，那一页印有布莱克为但丁的《神曲》绘制的一幅水彩画，下有题词："能做的事就只是长途跋涉的归真返璞"⑤。

---

① 苏力：《法治及其本土资源》，中国政法大学出版社 1996 年版，第 152 页。

② 苏力：《法治及其本土资源》，中国政法大学出版社 1996 年版，第 155 页。

③ "生命是一袭华美的袍，爬满了蚤子。"张爱玲：《流言》，北京十月文艺出版社 2012 年版，第 3 页。

④ "于是折了一根芦苇，我造成了一枝（支）土笔，然后蘸着一些清水，写下这些快乐的歌，让小孩听了都欢喜。"参见［英］威廉·莎士比亚等：《一切的峰顶》，梁宗岱译，中央编译出版社 2006 年版，第 386 页。"人不过是一根苇草，是自然界最脆弱的东西；但他是一根能思想的苇草。"参见［法］帕斯卡尔：《思想录》，何兆武译，商务印书馆 1985 年版，第 157—158 页；又参见苏力：《阅读秩序》，山东教育出版社 1999 年版，代序，第 5 页。

⑤ 木心：《琼美卡随想录》，广西师范大学出版社 2006 年版，第 77 页。

然而我知道，一个法律人在而立之年后，①如果在政治哲学上依旧很天真，怕是与"归真返璞"无缘了。

62

苏力指出："许多后来被历史塑造得相当崇高的事件或概念，其发生并非出于一个纯之又纯的'原因'，而是出自一个不那么纯洁的过程，其中有很多似乎是偶然的'因素'。"②

不纯的动机并不影响制度结果的正当性和合法性，倘若制度结果本身是正当、合法的。

英雄不论出身，结果不论动机。

而太多的纯良动机，只是"无生育力的亢奋"，即一种"徒具知识关怀的浪漫主义"，缺乏任何客观责任的意识。"'政治人格'的'强大'，首先就是指拥有激情、责任心和恰如其分的判断力这些素质。"③

63

理解谱系学的前提性条件：（1）避免沉湎于"单一的终极因"；（2）在"没有历史的地方"捕捉历史；（3）"对事件的重现保持敏感"；④（4）先在叙拉古（锡拉库萨）这个小地方与柏拉图聊三个小时，然后再到穆罕默德的门徒筑造的庞大建筑（麦加大清真寺）里讲授"伊本·阿拉比与苏菲学派的起源"⑤，最后与苏力打一场乒乓球比赛。

---

① 而立之年往往意味着思想、观念的定型。像梁任公那样，不惜以"今日之我"攻"昨日之我"者，实在寥寥。

② 苏力：《法治及其本土资源》，中国政法大学出版社1996年版，第172页。

③ ［德］马克斯·韦伯：《学术与政治》，冯克利译，生活·读书·新知三联书店2005年版，第100—101页。

④ 汪民安、陈永国主编：《尼采的幽灵：西方后现代语境中的尼采》，社会科学文献出版社2001年版，第115页。

⑤ ［美］赛义德·侯赛因·纳塞尔：《穆斯林三贤哲：哈佛大学伊斯兰哲学讲座》，周传斌译，商务印书馆2017年版，第134—198页。

64

幸哉！阿维森纳①没有成为亚里士多德，没有成为孙思邈，也没有成为沈括。他没有读过范仲淹的《岳阳楼记》。

65

鼹鼠——学者的隐喻。②它没有孙猴子的本事，无缘窥察水帘洞的奇妙；在穿越"元历史"瀑布时不慎坠落，淹死了。

66

我反对无止境地寻求起源，反对过重的负罪感，反对不够快乐、又过于快乐的科学。

"眼睛愈迟钝，则善的延伸愈广，也就为一般民众与孩子们带来永远的快乐！却为伟大的思想者带来忧伤和苦恼。"③

67

现在不仅没有了魔鬼，就连"魔鬼的辩护人"④也没有了。

到处泛滥的是"宗教秘方"、令人厌恶的小心眼、历史哲学的戏法和热衷于传授形而上学的"黑巫师"。

68

我们不能满足于成为"已经是的东西"⑤，要从他人建构的异己形式中

---

① 阿维森纳（Avicenna，980—1037），亦称伊本·西拿，中亚哲学家、自然科学家、医学家。

② "鼹鼠"的意象（隐喻），兼有"勤恳工作"与"目光短视"之意。参见汪民安、陈永国主编：《尼采的幽灵：西方后现代语境中的尼采》，社会科学文献出版社 2001 年版，第 115 页。

③ ［德］尼采：《快乐的科学》，余鸿荣译，中国和平出版社 1986 年版，第 73 页。

④ ［德］尼采：《人性的，太人性的：一本献给自由精灵的书》，杨恒达译，中国人民大学出版社 2005 年版，第 5 页。

⑤ 汪民安、陈永国主编：《尼采的幽灵：西方后现代语境中的尼采》，社会科学文献出版社 2001 年版，第 117 页。

"一字一字地救出自己"①。

69

"尼采的思想是接得下去的思想。"②福柯接着尼采讲。苏力接着福柯讲。

我们接着谁讲呢？尼采，福柯，苏力？如果在学术思想丛林中找不到标本、亲人和谱系，则绝没有机会在竞争残酷的学术思想史上留下一笔。

70

喋喋不休的学者，沉默的真理；喋喋不休的真理话语，沉默的事物。

71

掀起面纱，真理仍然是真理，新娘却不再是新娘了。

在婚前公证财产的时代，在欲望之水漫溢浮桥的时代，在寺院挤满了游客的时代，到哪里去寻找"迷离、神秘的气息"③？

有的！公元 8 世纪的寒山寺。④

72

把《朝霞》⑤放到"历史微波炉"中焙烤，把朝霞放到"历史微波炉"中焙烤——朝霞反对焙烤，恰如尼采反对瓦格纳。

73

绝不可"把历史的种种插曲当成不可理解的东西忽略掉"⑥。绝不可把苏力著作中看似无关紧要的诗句忽略掉。

---

① 木心：《云雀叫了一整天》，广西师范大学出版社 2009 年版，第 205 页。
② 木心：《云雀叫了一整天》，广西师范大学出版社 2009 年版，第 187 页。
③ ［英］W. 萨默塞特·毛姆：《面纱》，阮景林译，重庆出版社 2012 年版，第124 页。
④ 张继《枫桥夜泊》："姑苏城外寒山寺，夜半钟声到客船。"
⑤ ［德］尼采：《朝霞》，田立年译，华东师范大学出版社 2007 年版。
⑥ 汪民安、陈永国主编：《尼采的幽灵：西方后现代语境中的尼采》，社会科学文献出版社 2001 年版，第 119 页。

74

我们或许"有时间从迷宫逃脱出来"①，但有时间从"时间迷宫"中逃脱出来吗？

一个坐在地垄上专心致志地翻看塔西佗《编年史》的淮北老农——我被这一幕惊呆了，一时忘记了有时间这回事。

75

他静静地坐在花园里思索《小径分岔的花园》里的一句话（"时间有无数序列，背离的、汇合的和平行的时间织成一张不断增长、错综复杂的网。②由互相靠拢、分歧、交错或者永远互不干扰的时间织成的网络包含了所有的可能性"③），无声无息，无休无止，竟然没有注意到脚旁的新斧早已变成"烂柯"。

76

福柯说：语言标记事件，思想消解事件。

77

处于风化中的不止有器物，④还有冲突、血统和思想。

78

从支配迈向支配，⑤从断裂迈向断裂，从废墟迈向废墟。

---

① 汪民安、陈永国主编：《尼采的幽灵：西方后现代语境中的尼采》，社会科学文献出版社 2001 年版，第 120 页。

② "这些标记可能会自我交叉，从而构成一个难以解开的网。"参见汪民安、陈永国主编：《尼采的幽灵：西方后现代语境中的尼采》，社会科学文献出版社 2001 年版，第 120 页。

③ ［阿］豪尔赫·路易斯·博尔赫斯：《小径分岔的花园》，王永年译，上海译文出版社 2015 年版，第 97 页。

④ 汪民安、陈永国主编：《尼采的幽灵：西方后现代语境中的尼采》，社会科学文献出版社 2001 年版，第 123 页。

⑤ 汪民安、陈永国主编：《尼采的幽灵：西方后现代语境中的尼采》，社会科学文献出版社 2001 年版，第 126 页。

这就是埃及的历史，是有史以来所有帝国的历史，也是"预示世界终极的客观性"的历史。

79
▽

对于历史学来说，有比充当哲学的婢女——也就是详细叙述真理和价值的必然诞生——更为重要的事：成为一门治疗科学。①

对于法学来说，有比充当政治学的婢女——也就是详细叙述真理和价值的必然诞生——更为重要的事：成为一门保守科学。

对于人文社会科学而言，有比充当自然科学的婢女——也就是详细叙述真理和价值的必然诞生——更为重要的事：斟酌乎质文之间，隐括乎雅俗之际。②

80
▽

我受不了充满欲望的阉人，我受不了醉卧松云③的无名隐士，④我受不了"受不了例外"的人。⑤

81
▽

这里躺着，像逗点般，一个旧派的人。⑥她见证了：几拨文明人在华沙的野蛮行径；⑦第一期《万国公报》在沪上的充沛发行；⑧吹自北冰洋的暖风；

① 汪民安、陈永国主编：《尼采的幽灵：西方后现代语境中的尼采》，社会科学文献出版社 2001 年版，第 130—131 页。

② "斯斟酌乎质文之间，而隐括乎雅俗之际，可与言通变矣。"参见刘勰：《文心雕龙》，王志彬译注，中华书局 2012 年版，第 351 页。

③ 李白《赠孟浩然》："吾爱孟夫子，风流天下闻。红颜弃轩冕，白首卧松云。"

④ 陶渊明在青史留下名，故算不得隐士。因为隐士必然是无名的，"是声闻不彰，息影山林的人物"。参见鲁迅：《鲁迅散文诗歌全集》，北京燕山出版社 2011 年版，第 388 页。

⑤ "我偏爱例外。"参见［波］维斯拉瓦·辛波斯卡：《万物静默如谜》，陈黎、张芬龄译，湖南文艺出版社 2012 年版，第 127 页。

⑥ ［波］维斯拉瓦·辛波斯卡：《万物静默如谜》，陈黎、张芬龄译，湖南文艺出版社 2012 年版，第 31 页。

⑦ "没有一座文明的丰碑不同时也是一份野蛮暴力的实录。"参见［德］汉娜·阿伦特编：《启迪：本雅明文选》，张旭东等译，生活·读书·新知三联书店 2012 年版，第 269 页。

⑧ 刘禾主编：《世界秩序与文明等级：全球史研究的新路径》，生活·读书·新知三联书店 2016 年版，第 147 页。

延续了三百年的平凡爱情；色情杂志不再被封；①1973 年 5 月 16 日的地球旋转；欧洲无可挽回的衰落；以及难以索解的无字碑（不是中国那一座）被当作文化遗产供起来的宿命。

82

作者是什么？作者是写下速朽、将朽或不朽文字的人，是熟谙重写的技术、②不断重写自己的人，是懂得知识永远不可能成为世界的精确画图的人。③

83

也许一不小心，世界就发现中国出了一个世界级的大学者。④

也许一不小心，世界就发现中国出了一个世界级的大诗人。

也许一不小心，世界就发现中国出了一个世界级的科学家。

是否会一不小心，世界就发现中国出了一个世界级的、划破了理性的黑夜的"声名狼藉者"？⑤

84

"不是一切努力都没有结果"——但凡努力，就一定有结果，关键是什么样的结果；

"不是一切努力都有结果"——"结果史学"意义上的"结果"，即纳入了史学的"结果"；

"不是最努力的就一定有结果"——天赋比勤奋更重要；

---

① "再没有比思想更淫荡的事物了。"参见［波］维斯拉瓦·辛波斯卡：《万物静默如谜》，陈黎、张芬龄译，湖南文艺出版社 2012 年版，第 124 页。

② 关于"重写的技术"，参见［法］米歇尔·福柯：《知识考古学》，谢强等译，生活·读书·新知三联书店 2003 年版，第 63 页。

③ 苏力：《法治及其本土资源》，中国政法大学出版社 1996 年版，第 214 页。

④ 苏力：《法治及其本土资源》，中国政法大学出版社 1996 年版，第 219 页。

⑤ 德勒兹曾推测，福柯的梦想是做一名"声名狼藉者"。参见［法］米歇尔·福柯著，汪民安编：《声名狼藉者的生活》，北京大学出版社 2016 年版，第 290 页。

"不可能有一个确定的结果"①——此刻我在写作是确定的,我写作故我在;除了这一点是确定的,其他都不确定。

85

没有研究过爱因斯坦的"相对论"和海森堡的"测不准原理"②的宪法学家不配得到某些称号。

86

长江后浪不一定"赶"得上前浪,何况"推"?孔子的弟子有几个成了大才?遑论与乃师相比。

87

论著的政治倾向性未必会减损其学术价值。③但太多论著只有政治倾向性(尽管有的极力隐藏),没有学术价值。

88

不应以那种基础主义的或本质主义的哲学观看待宪法,也不要试图设计一种万古常新的制度④——人类文明史迄今还不到一万年。

89

宪法学教授们的首要任务,不是发现新的研究热点,而是接受贫下中农、康定斯基和立体画派的再教育。

康定斯基说,在自然界中,点是独立的,充满各种可能性。⑤

---

① 苏力:《法治及其本土资源》,中国政法大学出版社 1996 年版,第 219 页;苏力:《走不出的风景:大学里的致辞,以及修辞》,北京大学出版社 2011 年版,第 48 页。

② 苏力:《法治及其本土资源》,中国政法大学出版社 1996 年版,第 255 页。

③ 苏力:《法治及其本土资源》,中国政法大学出版社 1996 年版,第 263 页。

④ 苏力:《法治及其本土资源》,中国政法大学出版社 1996 年版,第 265 页。

⑤ 〔俄〕康定斯基:《点线面》,余敏玲译,重庆大学出版社 2011 年版,第 30 页。

立体画派大师说，立体主义即绘画本身①——"立体"意味着宪法学教授要学会"倒立行走"。

90

▽

宪法学教授即使做不到"上通天文"，也应"下知地理"。

宪法学研究生在进入研究院学习之前，应该先到黄河、长江和赫拉克利特之河中痛快地洗个澡。必须在自然和时间之水中学会游泳，尽管这样并不能保证他不会在概念和教义之河中溺亡。

91

▽

康定斯基说："乱世一年，堪比盛世十年。"②

这岂非等于说，鲁迅虽然只写了十八年白话小说③，却在这期间活了一百八十载？

这岂非等于说，那些秉持"例外状态"的心灵活在盛世的人，④其生命的密度成倍地增强了？

92

▽

一个人可以在婚姻观上是传统主义者，在艺术观上是激进主义者，在经济观上是现代主义者，在哲学上是后现代主义者。

93

▽

苏力："许多人实际上是生活在不同的世界中。人们看的似乎是一个东

---

① ［西］毕加索等：《现代艺术大师论艺术》，常宁生编译，中国人民大学出版社2003年版，第27页。

② ［俄］康定斯基：《点线面》，余敏玲译，重庆大学出版社2011年版，第7页。

③ 1918年5月，鲁迅发表第一篇白话小说《狂人日记》。1936年10月19日，鲁迅病逝。

④ "例外状态……已然成为常态。"参见［意］吉奥乔·阿甘本：《例外状态》，薛熙平译，西北大学出版社2015年版，第11页。又参见［德］汉娜·阿伦特编：《启迪：本雅明文选》，张旭东等译，生活·读书·新知三联书店2012年版，第269页。

西，但看到的却又不是一个东西。"①

关于苏力的一本书、一篇文章、一段文字：

喜欢苏力的人和不喜苏力的人，读到的"不是一个东西"；

纯粹型学者和诗人型学者，读到的"不是一个东西"；

一个姑苏人和一个大理人，读到的"不是一个东西"；

千高原上的精神分裂者和入世修行的神经学家，读到的"不是一个东西"；

心为身役的人和身为心役的人，读到的"不是一个东西"；

大天使、创造者、反对阐释者，读到的"不是一个东西"；②

我 18 岁时、30 岁时、40 岁时，读到的"不是一个东西"。

我不再是原来的我，苏力的文字也不再是原来的文字——好的文字，其思想和美学价值，总是随着时代的变迁而变迁。

94

博尔赫斯说："一个人会先爱上几行文字，然后一页书，然后一个作家。"③

我们是否会先爱上一段文字，然后一篇文章，然后一本书（它由系列文章集成），然后一位卓荦不凡的大学者？

95

从未被"影响的焦虑"折磨过的人，是难成大器的。

不用太焦虑。一位诗人说："敏于受影响，烈于展个性，是谓风格。"④

---

① 苏力：《法治及其本土资源》，中国政法大学出版社 1996 年版，第 265 页。

② ［法］乔治·巴塔耶：《大天使昂热丽克及其他诗》，潘博译，四川文艺出版社 2017 年版；［美］丹尼尔·J. 布尔斯廷：《创造者——富于想象力的巨人们的历史》，汤永宽等译，上海译文出版社 1997 年版；［美］苏珊·桑塔格：《反对阐释》，程巍译，上海译文出版社 2011 年版。

③ ［意］皮耶尔乔治·奥迪弗雷迪：《叛逆的思想家》，姚轶苒译，北京联合出版公司 2019 年版，第 52 页。

④ 木心讲述，陈丹青笔录：《文学回忆录》，广西师范大学出版社 2013 年版，第 630 页。

苏力是走出了费孝通、波斯纳的"阴影"，形成了自己风格的人。现在的问题是，你愿不愿意受苏力影响，然后走出他的"阴影"。

96

既然存在"strong poet"（强者诗人）①，那就肯定存在"strong scholar"（强者学人）。

97

变异、错位、偶然；和谐中的不和谐，连续中的断裂，理性中的非理性——这才是人世的常态。

发现这一点，仅凭常识或生命体验就足够了，并不需要后现代理论的支撑。②

缺乏深刻生命体验的学者——这种人多如牛毛——纵使研读了"五车"后现代理论，撰述了"八簸箕"（或八斗③，而不是三五斗）相关论著，也变不成货真价实的后现代主义者。其所谓的后现代理论研究，为稻粱谋也。

98

（伟大的）生命从根本上讲是一种创造性冲动，一股恣肆的流体，④一种

---

① ［美］哈罗德·布鲁姆：《影响的焦虑——一种诗歌理论》，徐文博译，江苏教育出版社 2006 年版，代译序，第 2 页。鲁迅将"strong poet"称为摩罗诗人："无不刚健不挠，抱诚守真；不取媚于群，以随顺旧俗；发为雄声，以起其国人之新生，而大其国于天下。"参见鲁迅：《鲁迅早期五篇论文注译》，王士青注译，天津人民出版社 1978 年版，第 182 页。

② 苏力：《法治及其本土资源》，中国政法大学出版社 1996 年版，第 276—278 页。"一种学问，总要和人之生命、生活（life）发生关系。凡讲学的若成为一种口号（或一集团），则即变为一种偶像，失去其原有之意义与生命。"叶嘉莹笔记，顾之京、高献红整理：《顾随讲〈论语〉〈中庸〉》，河北教育出版社 2013 年版，第 59 页。

③ 李商隐《可叹》："宓妃愁坐芝田馆，用尽陈王八斗才。"

④ ［法］柏格森：《生命的真谛》，冯道如等译，江苏凤凰文艺出版社 2015 年版，第 39 页。

以近乎光速飞行的中微子①，它穿越所有的经籍、经验、经筵、经院、景园、井沿、荆棘、茎草，抵达死神拒绝接收它的某个地方。

99

有人说："外国的好东西，中国人拿来一件糟蹋一件。"

一个典型的本质主义谬误。一件东西好不好，是需要语境的，是需要具体分析的。

如果拿到中国来，成了坏东西，那它就是坏东西。当然，这并不否认它在外（某）国依旧是好东西。

100

一个开放的实用主义者②可能是一个纯良的至人③，一个正统的道德主义者可能是一个沽名钓誉之徒。

101

"思想对社会的影响如果有，也非常有限。"

"一个民族的生活创造它的法制，而法学家创造的仅仅是关于法制的理论。"④

这两句宜用行书书之、裱之，挂在法学家的书房里，比"淡泊明志""宁静致远"之类强一百倍。

---

① 中微子是轻子的一种，是组成自然界的最基本的粒子之一，以接近光速运动，穿透力极强，号称宇宙中的"隐身人"，科学界从预言它的存在到发现它，用了二十多年的时间。美国小说家厄普代克有一首题为《中微子》的诗："它们不晓得什么是最厚的墙/不留意响亮的铜和坚硬的钢/它们挑逗牲口棚中的种畜/并不分哪一等级/穿透我们，你和我的肌体/就像无痛苦的断头刑/它们从我们头上下落到脚直到草坪/夜间它们进入尼泊尔/将穿过情侣相互搂抱的半睡态躯体。"参见［法］郑春顺：《混沌与和谐：现实世界的创造》，马世元译，商务印书馆 2002 年版，第 181 页。

② 苏力：《法治及其本土资源》，中国政法大学出版社 1996 年版，第 285 页。

③ 《庄子·逍遥游》："至人无己，神人无功，圣人无名。"

④ 苏力：《法治及其本土资源》，中国政法大学出版社 1996 年版，第 288—289 页。又参见苏力：《制度是如何形成的》，北京大学出版社 2007 年版，第 68 页。

102

托马斯·品钦提出了"创造性的偏执狂"的概念。①卓越的社会科学家都有点像偏执狂；有的偏执，但不狂。

103

近代以来，德国人爱怀乡（乡愁），怀得好、愁得好，愁出了诺瓦利斯、荷尔德林、海涅、瓦格纳、施米特、海德格尔。

近代以来，中国人也爱怀乡，怀出了什么，愁出了什么呢？

如果只能到唐诗宋词里寻找慰藉，那真是对不住头顶的明月 ②、满眼风光的北固楼 ③、故乡的云 ④、大河边的母亲和"根本的根本"。

> 面对你我觉得下坠的空虚
> 像狂士在佛像前失去自信
> 书名人名如残叶掠空而去
> 见了你才恍然于根本的根本
>
> ——袁可嘉《母亲》

---

① ［美］维克多·泰勒、查尔斯·温奎斯特编：《后现代主义百科全书》，章燕等译，吉林人民出版社 2007 年版，第 338 页。

② 李白《静夜思》："举头望明月，低头思故乡。"杜甫《月夜忆舍弟》："露从今夜白，月是故乡明。"

③ 辛弃疾《南乡子·登京口北固亭有怀》："何处望神州？满眼风光北固楼。千古兴亡多少事？悠悠。"

④ 《故乡的云》：小轩作词、谭健常作曲。

阅
读
秩
序

1

　　子在川上曰："逝者如斯夫，不舍昼夜。"①船上的苏子目睹这一幕，自言自语道：逝者，消逝，也是一种存在。②

2

　　"逝者如斯夫，不舍昼夜"是一种真正完整的时间观。"真正完整的时间一定内含过去和未来的交织，消逝的东西甚至可以返回到未来，可以在未来寻找过去的存在，以境域化的动态生存状态为道。"③真正完整的时间是"一种赋予生气的元素，无尽持续的记号、生命的记号"，是"被称为人类的伟大集体、人之种群、生殖力、生长力永恒延续性和不朽性的象征符号"。④"真正的时间，构成我们生活中戏剧性内容的时间，是比手表、时钟和年历更为深刻、更为基本的东西。"⑤

---

　　① 《论语·子罕》。

　　② 苏力：《阅读秩序》，山东教育出版社 1999 年版，代序，第 4 页；苏力：《走不出的风景：大学里的致辞，以及修辞》，北京大学出版社 2011 年版，第 3 页。

　　③ 张祥龙：《据秦兴汉和应对佛教的儒家哲学：从董仲舒到陆象山》，广西师范大学出版社 2012 年版，第 49 页。

　　④ ［德］恩内斯特·康托洛维茨：《国王的两个身体》，徐震宇译，华东师范大学出版社 2018 年版，第 396 页。

　　⑤ ［美］威廉·巴雷特：《非理性的人——存在主义哲学研究》，杨照明等译，商务印书馆 1995 年版，第 53 页。

3

真正完整的时间观意味着，既可以"执古之道，以御今之有"①，亦可以"执今之道，以御古之有"。

4

小学者是"我注六经"，大学者是"六经注我"。苏力说，"对外国学者的理论，我从来都是将其作为我的研究的注""我的这种理解也许是有意误读，是'六经注我'，可能招来一些专攻历史的学者的耻笑或批评"。②

5

写得又多又好，好；写得不多却好，好。③
倘若写得不好（或不太好），写多写少也就无所谓了。

6

那些自称或自以为建构了"理论硬核"的著作，往往是既没有"理"，也没有"论"，更没有"核"，自然也不够"硬"。

7

"从长远来看，任何个人的学术都是没有重大意义的"④——这话不像从一位学者口中说出的，倒像从一位哲人口中说出的。

---

① 《道德经》第十四章。

② 苏力：《阅读秩序》，山东教育出版社 1999 年版，代序第 2 页、第 113 页。

③ "学术产出数量和质量并不总是矛盾的。尽管历史上有不少学者的作品是少而精，但这一点也不能证明少就能精。"参见苏力：《也许正在发生：转型中国的法学》，法律出版社 2004 年版，第 71 页。"我不反对高产出，但我们目前更应当注重精品的高产出。"参见苏力：《走不出的风景：大学里的致辞，以及修辞》，北京大学出版社 2011 年版，第 124 页。

④ 苏力：《阅读秩序》，山东教育出版社 1999 年版，代序，第 2 页。

8

"只有与自己人生体验相融通的建议、批评才能被接受。"①

建议、批评、劝诫，大多时候注定是"对牛弹琴"。不怪牛听不懂，而是弹琴者选错了听众。②

苏力有时也甚感孤独，涌起与他人交流的渴望，③但"明月清风易共适，高山流水固难求也"④。

9

很难让一位"00后"网红弄明白，为何一位"50后"智者，常常在一些相当平常的时刻动情，甚至泪流满面。"50后"苏力当然不会劝诫月入数十万元的"00后"网红去读研读博，去研究"举贤尚功"与"尊尊亲亲"的制度原则和思想谱系。⑤做网红多好啊，收入高，名声和社会反响大，不像学者的名声和社会反响，只滞留在"知识人"的小圈子里（偶尔外溢）。美人之美，是对一个智者的最低要求（也是最高要求）。另一项最低要求（也是最高要求）是，在自己的身上"克服时代"，成为"永恒"。⑥

10

老师不好当，除了因为师生的人生经验不一定融通之外，还因为老师有

---

① 苏力：《阅读秩序》，山东教育出版社 1999 年版，代序，第 2 页。

② "对牛弹琴，毛主席说过，其实不一定是讽刺牛，其实也可能是讽刺弹琴的人，就因为弹琴者不问对象。"参见苏力：《只是与写作相关》，《中外法学》2015 年第 1 期。《论语·卫灵公》："不可与言而与之言，失言。"

③ 苏力：《法治及其本土资源》，中国政法大学出版社 1996 年版，致谢；苏力：《阅读秩序》，山东教育出版社 1999 年版，代序，第 5 页。

④ 摘自木心致陈巨源的信。参见陈巨源：《与一代奇才木心的交往》，《上海采风》2013 年第 3 期。

⑤ 苏力：《制度竞争与思想的谱系》，《中外法学》2020 年第 6 期。

⑥ ［德］尼采：《尼采反对瓦格纳》，陈燕如等译，山东画报出版社 2002 年版，第 15 页。苏力也渴望"以自己的言语延续生命，如果不是能获得不朽的话"。参见苏力：《阅读秩序》，山东教育出版社 1999 年版，代序，第 3 页。

时不得不像父亲一样"背着因袭的重担，肩住了黑暗的闸门，放他们到宽阔光明的地方去；此后幸福的度日，合理的做人"①。老师不忍心让学生忍受自己忍受过的孤独、痛苦以及"沉重地压迫自己的道德化的追问"②。

良师招学生，宁缺毋滥。要求不高，最起码三观要一致。

良师有所为，有所不为。良师点化人，不教训人。良师规训人，但，是以"随风潜入夜，润物细无声"的方式。

11

每日"一省"吾身，已经够让人痛苦的了，何况"三省"③。

有时不免怀疑，那些自言"三省吾身"的人，是真的做到了，还是只是说说——我以小人之心度君子之腹了。

12

即使世无英雄，竖子也成不了名。此处的"名"，指拿破仑和黑格尔那种死了以后还有名的"名"。既然成了名，就一定是英雄。

13

从事学术研究和学术批评，都是一股强烈的社会责任感在"作祟"。其实是一种只有天使才能理解和践行的"天职"。

14

我不是一名共产党员，却对《共产党宣言》④和《毛泽东选集》（尤其是第一卷）爱不释手。

---

① 鲁迅：《鲁迅杂文全集》（上下），北京燕山出版社2013年版，第16页。
② 苏力：《阅读秩序》，山东教育出版社1999年版，代序，第3页。
③ 《论语·学而》："吾日三省吾身。"
④ "《共产党宣言》还给我一个重要启示，就是形象化的理论语言的感染力""我常能感受到马克思主义的信仰的力量"。参见冯象：《政法笔记》（增订版），北京大学出版社2012年版，第229页。

15

苏力说："作为一个男子，我也常常为自己这些无法自制的似乎是'女性化'举止而自惭。"①但，"无情未必真豪杰"②，而且，"任何纯粹的、单一的男性或女性，都是致命的；你必须成为男性化的女人或女性化的男人……任何创造性行为，都必须有男性与女性之间心灵的某种协同。相反还必须相成""莎士比亚是雌雄同体的……"。③

16

萨皮尔和伍尔夫认为语言会决定人的思维方式；④海德格尔认为语言吮吸着大地中的寒露；⑤索绪尔认为语言的形式是方言（"有多少个地方就有多少种方言"⑥）；洪堡特认为在远古时期语言完全占据了精神的位置；⑦赫尔德认为悟性的所有状态都以语言为基础，人的思想的链带也即词语的链带，人类心灵的任一状态都有生成词语的能力，并且都有心灵的词语予以限定⑧——如上种种繁杂费解的语言理论，让我们原本熟悉的语言世界骤然变成一个陌生的未知的领域。⑨

———————

①　苏力：《阅读秩序》，山东教育出版社 1999 年版，代序，第 3 页。一女生评价苏力道："印象中他很会煽情，有点儿女性化，但不做作。配上他们说的'一张铮铮铁骨的脸'，非常独特。"参见苏力：《走不出的风景：大学里的致辞，以及修辞》，北京大学出版社 2011 年版，序。

②　鲁迅：《鲁迅散文诗歌全集》，北京燕山出版社 2011 年版，第 170 页。

③　[英] 弗吉尼亚·伍尔夫：《一间自己的房间》，贾辉丰译，人民文学出版社 2003 年版，第 115—116 页。

④　苏力：《阅读秩序》，山东教育出版社 1999 年版，代序，第 4 页。

⑤　[德] 海德格尔：《在通向语言的途中》，孙周兴译，商务印书馆 2004 年版，第 15 页。

⑥　[瑞] 费尔迪南·德·索绪尔：《普通语言学教程》，高名凯译，商务印书馆 1980 年版，第 292 页。木心说："方言比什么都顽强。"参见木心：《云雀叫了一整天》，广西师范大学出版社 2009 年版，第 189 页。

⑦　[德] 威廉·冯·洪堡特：《论人类语言结构的差异及其对人类精神发展的影响》，姚小平译，商务印书馆 1999 年版，第 21 页。

⑧　[德] J. G. 赫尔德：《论语言的起源》，姚小平译，商务印书馆 2014 年版，第 88 页。

⑨　[法] 茱莉娅·克里斯蒂娃：《语言，这个未知的世界》，马新民译，复旦大学出版社 2019 年版。

17

中国传统不应以传统自身为参照系，①但也不应以臆想的（意淫的）欧美传统为参照系。

18

苏力说，欧美主流学术是基础主义，中国文化学术的特色是多视角主义。②

依我看，这种论断有基础主义之嫌。欧美（主流）学术传统中也有多视角主义，中国文化学术中也有基础主义。一切端赖眼光睿智的读者鉴之、品之、采之、纳之。

鉴于我对欧美（主流）学术和中国文化学术不太了解，以上论断纯属揣测。

19

"述而不作"的真实意思是既述且作，或以"述"的名义创作——创造性写作，而非搞什么（某些新儒家所言的）"创造性转化"③。

如果依循的是心性儒学的进路，又能"转"成什么样子，"化"成什么样子呢？

我爱《论语》，主要因为它的文学性。我爱王守仁，只因他曾征战四方。《传习录》是写给无所事事的"好事家"看的。

20

就"即刻顿悟"式的述法而言，④尼采通晓《论语》《道德经》。

但《论语》《道德经》绝非尼采之前的"尼采主义"。《论语》《道德经》

---

① 苏力：《阅读秩序》，山东教育出版社 1999 年版，代序，第 4 页。
② 苏力：《阅读秩序》，山东教育出版社 1999 年版，代序，第 4 页。
③ 林毓生：《中国传统的创造性转化》，生活·读书·新知三联书店 1994 年版；韦政通：《中国思想传统的创造转化——韦政通自选集》，云南人民出版社 2002 年版。
④ 苏力：《阅读秩序》，山东教育出版社 1999 年版，代序，第 4 页。

不是任何主义。

尼采与"尼采主义"也相距十万八千里，不事体系的尼采 不可能希望自己被主义化、纳粹化或××化。

21

宋神宗元丰五年（1082）七月，苏轼游览黄州赤壁，写下"大江东去，浪淘尽，千古风流人物"的名句。马克·吐温虽然是密西西比河之子，也是美国风流人物格兰特将军 的挚友，还是一位大诗人（大小说家一定是大诗人），却不曾写下"大江南去，浪淘尽，千古风流人物"的诗句。

22

生子当如苏子瞻。不到赤壁非好汉。

23

"壬戌之秋，七月既望，苏子与客泛舟游于赤壁之下。"此处的"苏子"，既可指爱吃东坡肉的苏轼，亦可指爱读《赤壁赋》的苏力。

24

一篇短短的《赤壁赋》抵得上整部《存在与时间》（海德格尔著）。不，抵得上海德格尔的全部著作。

---

① "蒙田先生博学多才，建立体系，太容易了。可是他聪明，风雅，不上当。尼采也不事体系，比蒙田更自觉。他认为人类整个思维被横七竖八的各种体系所污染。"参见木心讲述，陈丹青笔录：《文学回忆录》，广西师范大学出版社2013年版，第183页。"当某种学说逐渐形成体系，它的生命力便趋衰竭。"参见木心：《琼美卡随想录》，广西师范大学出版社2006年版，第90页。"一些善良的朋友会谴责我，甚至'骂'我：不做系统性理论努力，不写专著，不对概念做精确的界定。"参见苏力：《制度是如何形成的》，北京大学出版社2007年版，原版序。我想说的是，以苏力的博学多才，建立体系太容易了，可是他聪明、风雅、不上当。

② 尤里西斯·辛普森·格兰特（1822—1885），美国军事家（南北战争后期联邦军队总司令），第18任总统。关于马克·吐温与格兰特的交谊，参见［美］马克·吐温：《马克·吐温自传》，吴倩译，经济科学出版社2012年版，第9—46页。

③ 《赤壁赋》。

25

"积水空明""藻荇交横"①的水中境界，注定只能在神游中再现了，哪怕早已消失了踪影的黄州（今湖北黄冈）承天寺得以重建。

26

人从管中窥豹，豹也透过管来窥人。

它们都未意识到"理性的铁笼"（又称"自由的囚笼"）早就圈定了其命运："世界再斑斓也徒然无用。每个生灵的祸福早已注定。"②

27

不惧无立锥之地，只怕不能变身为锥子，穿透庋藏于《管锥编》中的诗句。

28

鲁迅说："在我的后园，可以看见墙外有两株树，一株是枣树，另一株也是枣树。"③

其中一株先于鲁迅枯死了，而另一株做了棺材——做了枯死的那株枣树的棺材。

枣树需要棺材？是的！古有黛玉葬花，今有鲁迅葬树。

29

年至不惑之后，尽管我仍然会困惑，却也理解了帕斯卡尔关于"人的灵魂的伟大就在于懂得把握中道"④的命题，理解了尼采关于"只有精神不松懈才能青春永驻"的命题，⑤理解了维特根斯坦被视作疯子、静默者、禁欲

---

① 《记承天寺夜游》。

② ［阿］豪尔赫·路易斯·博尔赫斯：《老虎的金黄》，林之木译，上海译文出版社2016 年版，第 62 页。译文略有改动。

③ 鲁迅：《鲁迅散文诗歌全集》，北京燕山出版社 2011 年版，第 95 页。

④ ［法］帕斯卡尔：《思想录》，何兆武译，商务印书馆 1985 年版，第 169 页。

⑤ ［德］尼采：《偶像的黄昏：或怎样用锤子从事哲学》，李超杰译，商务印书馆2009 年版，第 34 页。

主义者和"会痛的石头"的缘由，①理解了所谓后现代学者津津乐道的语言游戏、合法性危机、解放叙事、异教主义政治学、主体性消解，②理解了海德格尔和伽达默尔走过的林中路、观照过的世界图像、阐释过的自然伟力，③理解了福柯的"左派的思维，右派的行为"④以及他那高擎火把点燃精神病院的大无畏勇气。我学会了文化自觉，学会了如何为自己某一刻的偏好辩解，品尝到了超越和摒弃机会主义、实用主义的快乐，也意识到了东西文化并无高下之分。⑤如果一种选择对一个人而言是一种命运，那我坦然接受这一命运。

30

一个伟大的作家往往为一个民族创造文法规则，而不是按照既成的文法规则来创造伟大的作品。⑥

一个伟大的政治家必然是民族（和世界）的"立法者"，而不是仅仅把既有的法则发扬光大。

31

苏力说："秩序总是具体的秩序。"⑦某些中国法学家也赞同这一点，但他们立马又补充道：美国的具体秩序才叫秩序。但问题在于，他们对美国的具体秩序也不甚了了。我曾经非常友好地建议他们，访美期间，可以在晚上九点以后到纽约的小巷子里转悠转悠。他们回国后告诉我，纽约只有自由女

① ［美］巴特利：《维特根斯坦传》，杜丽燕译，东方出版中心 2000 年版，第 59 页；［奥］维特根斯坦：《哲学研究》，李步楼译，商务印书馆 1996 年版，第 148 页。

② 姚大志：《现代之后——20 世纪晚期西方哲学》，东方出版社 2000 年版，第 237—258、309 页。

③ ［德］海德格尔：《林中路》，孙周兴译，商务印书馆 2018 年版，第 77—115、133 页；［德］汉斯-格奥尔格·伽达默尔：《哲学生涯——我的回顾》，陈春文译，商务印书馆 2003 年版，第 99 页。

④ ［德］马文·克拉达、格尔德·登博夫斯基编：《福柯的迷宫》，朱毅译，商务印书馆 2005 年版，第 16—27 页。

⑤ 苏力：《阅读秩序》，山东教育出版社 1999 年版，代序，第 6—8 页。

⑥ 苏力：《阅读秩序》，山东教育出版社 1999 年版，第 7 页。

⑦ 苏力：《阅读秩序》，山东教育出版社 1999 年版，第 8 页。

神像，没有小巷子。

32

"如果西方人已经发现了一切，那么还要我和你干什么呢？"苏力质问道。①

"享受西方人发现和发明的文明成果呀！"有人答。

有问就会有答，尽管答非所问。答非所问乃人世常态，安徒生知之，苏力知之，吾亦知之。

33

"是"是"应该是"的前提？抑或，"应该是"是"是"的前提？

34

先"天下之忧而忧"而忧，后"天下之乐而乐"而忧。是忧亦忧，乐亦忧，忧无有已矣！②

35

要仰望星空，但不能只仰望康德头顶和心中的那片天空。

36

倘若实在做不到"成一家之言"，那就"究天人之际，通古今之变"吧。③

---

① 苏力：《阅读秩序》，山东教育出版社 1999 年版，第 8 页。

② "所谓精英，就是人们感觉良好，他却见微知著，小心翼翼，默默为整个社会未雨绸缪。这就是先天下之忧而忧。""共和国需要，始终需要，一批愿意，更重要的是能够，以天下为己任的人。"参见苏力：《走不出的风景：大学里的致辞，以及修辞》，北京大学出版社 2011 年版，第 80、84 页。"对于一个胸襟博大、深谋远虑的人来说，精神上的痛苦和肉体上的折磨往往是在所难免的。我觉得，真正的伟人应该忧天下之大忧。"参见［俄］陀思妥耶夫斯基：《罪与罚》，曾思艺译，上海三联书店 2015 年版，第 290 页。

③ 苏力：《阅读秩序》，山东教育出版社 1999 年版，第 13 页；［清］吴楚材、吴调侯编：《古文观止》，阙勋吾等译注，岳麓书社 2002 年版，第 260 页。

37

庄子对惠施说："子非我，安知我不知鱼之乐？"①一位学者对我说："子非我，安知我不能成'一家之言'？"

38

北宋开国皇帝赵匡胤"重视科技，而不重视抽象的理论"②，他知道，靠整部《论语》都治（平）不了天下，何况半部。③

39

从《论语》中读出宪制理论的人，可以免票入清明上河园游玩，观看"东京之战"——如果我能做主的话。

40

从《论语》中读出宪制理论的人，有资格与张择端坐而论"现代法治秩序之道"，李师师作陪。④

41

蒋廷黻认为林则徐把自己的名誉看得比国事重要⑤——简直不知所云。

我之所以不赞同蒋廷黻的观点，当然不仅仅因为林则徐写下了"苟利国家生死以，岂因祸福避趋之"的诗句。

---

① 《庄子·秋水》。

② 黄仁宇：《资本主义与二十一世纪》，生活·读书·新知三联书店 1997 年版，第456 页。

③ "其实我很警惕自己犯知识人的通病，才读了几本书，就觉得'半本论语治天下'了？"参见苏力：《批评与自恋：读书与写作》（增订本），北京大学出版社 2018 年版，第408 页。

④ 张择端（约 1085—1145），北宋著名画家，绘有《清明上河图》。李师师，北宋名妓，生卒年不详。

⑤ 蒋廷黻：《中国近代史大纲》，东方出版社 1996 年版，第 18 页。

42

耐斯托依说："每一个进步表面看来都比其实际进步伟大。"①

这话太绝对。有的进步，比如中国的复兴，是"实际"比"表面看来"更伟大。我的这一判断，某些法学家②肯定不以为然。

43

尽管常识和直觉并不总是可靠的，③但也并不总是不可靠的——有时候十分可靠。

44

莫扎特的直觉，莫扎特才有；陀思妥耶夫斯基的直觉，陀思妥耶夫斯基才有；苏力的直觉，苏力才有。

45

有时候，语言是世界的真实图画；有时候，世界是语言的真实图画；有时候，既没有图画，也没有真实。

46

有时是剑在"山水"之间焉④；有时是山在"剑水"之间焉；有时是水在"剑山"之间焉。

47

苏力的"抬杠、调侃、反讽"是有趣的，⑤最起码比他调侃的概念游戏有趣。

---

① 苏力：《阅读秩序》，山东教育出版社 1999 年版，第 14 页。

② "想不到的是，如今我们的许多法学家在中国居然卷入了这种实际上是政治正确的把戏。"参见苏力：《阅读秩序》，山东教育出版社 1999 年版，第 22 页。

③ 苏力：《阅读秩序》，山东教育出版社 1999 年版，第 16 页。

④ 欧阳修《醉翁亭记》："醉翁之意不在酒，在乎山水之间也。"又参见苏力：《阅读秩序》，山东教育出版社 1999 年版，第 19 页。

⑤ 苏力：《阅读秩序》，山东教育出版社 1999 年版，第 19 页。

48

语词与其所指称的物的关系是一种因常规而形成的专断的、临时性的关系，①一如夫妻或情侣之间的关系（都不是恒定的、不变的）。②但丁和歌德所言的"永恒的女性"③只存在于诗里。

49

如果使用了精准的、正确的语词就可以改变人们的行为，④那么，大同社会、永久和平和乌托邦早就降临了。

50

法学家不是上帝，⑤但可以拥有上帝视角。

拥有上帝视角的法学家是罕见的（几乎没有），因为拥有上帝视角的人是仅次于上帝的人。⑥

51

人活法，法才活人。

52

关注本土的"活法"⑦，可比学习西方法学理论以及盲目地变法要重要得多。幸好中国政治家很少是盲目的。

---

① 苏力：《阅读秩序》，山东教育出版社 1999 年版，第 19 页。

② 俗话道：夫妻本是同林鸟，大难临头各自飞。

③ ［意］但丁：《但丁精选集》，吕同六编选，北京燕山出版社 2010 年版，第 45—46 页；［意］但丁：《神曲·天国篇》，田德望译，人民文学出版社 2002 年版，第 191 页；［德］歌德：《浮士德》，绿原译，人民文学出版社 1994 年版，第 402 页。

④ 苏力：《阅读秩序》，山东教育出版社 1999 年版，第 18 页。

⑤ 苏力：《阅读秩序》，山东教育出版社 1999 年版，第 26 页。

⑥ 木心称莎士比亚是"仅次于上帝的人"，"正因为仅次于上帝，比上帝可爱"。木心讲述，陈丹青笔录：《文学回忆录》，广西师范大学出版社 2013 年版，第 392 页。

⑦ 苏力：《阅读秩序》，山东教育出版社 1999 年版，第 28 页。

53

邓小平的"不争论"战略是一种实践智慧，①这是某些清流、公知和好辩之徒所无法理解的。

54

苏力说："我不能理解，为什么近代以来中国人接受了那么多新鲜和外来的事物，而单单在法治问题上就会如此保守或愚昧。也许，法学界应当反思，法律界和法学界推出的产品是否对路，是否有许多也是'假冒伪劣'产品，因此，作为消费者的中国民众不愿接受厂家硬塞给他们的法律产品。"②

或许，不是中国民众愚昧，而是那些总想启蒙民众的法学家愚昧。

法律界（实务界）推出的产品，民众有时不得不接受。

至于法学界推出的产品，其实主要是——近乎全部是——法学界消费的，秉持实用主义原则过活的民众是看也不看一眼的。

55

在很多外国学者看来，他们所使用的"普遍性""普适性"概念，其外延要大于中国人所言的"放之四海而皆准"——中国人所言的"四海"指的是渤海、黄海、东海、南海，③而"普遍性""普适性"概念指向的是整个宇宙，自然涵括地球上的太平洋、印度洋、大西洋和北冰洋，以及被四大洋和所谓"第一岛链"包围的"中国四海"。

由此可见，就连"放之四海而皆准"这一修辞，也不是放之四海而皆准（用）的。

如何解释"四海"？一个话语权的争夺问题。

倘若将"四海"解释成遥相辉映的四个平行宇宙（宇宙海），那外延可就大多了——概念游戏之有趣和无聊，皆在此。

---

① 苏力：《阅读秩序》，山东教育出版社 1999 年版，第 29 页。

② 苏力：《阅读秩序》，山东教育出版社 1999 年版，第 30 页。

③ 据《西游记》记载，"四海"为东海、南海、北海、西海。但外国人是不读《西游记》小说的（其实读过它的中国人也不多），不清楚这个典故。

56

"人类社会是否真正能够通过深思熟虑和自由选择来建立一个良好的政府，还是他们永远注定要靠机遇和强力来决定他们的政治组织？"——大多数当代中国法学家的选择是"深思熟虑和自由选择"，林肯的选择是"强力"，而我的选择是"机遇"——我故意这样选的。

57

你肯定知道，全世界的诗人都同美国联邦最高法院一样，"既无钱又无剑""只有判断"。①

58

制度是如何形成的？《制度是如何形成的》②这本书是如何形成的？它们是慧眼和行动相互作用的产物。③

59

美国联邦首席大法官马歇尔与唐太宗李世民的共同点：伟大的篡权。④

只不过，马歇尔是无心的，李世民是有意的。

李世民用破一生心，⑤都只为证明自己的篡权行为确实是正当的和伟大的。"贞观之治"就是这么来的。

60

苏力："制度在发生学上的伟大意义往往是后人回头展望之际构建起来的，在后来者的总体历史观的观照下和理性塑造下才带上了神圣的光环；而

---

① ［美］汉密尔顿等：《联邦党人文集》，程逢如等译，商务印书馆1980年版，第391页。

② 苏力：《阅读秩序》，山东教育出版社1999年版，第34—48页。

③ "制度是人类行动的产物，是演化的产物""在这个意义上，司法审查又是后代法官的慧眼下的再创造"。参见苏力：《阅读秩序》，山东教育出版社1999年版，第44、46页。

④ 苏力：《阅读秩序》，山东教育出版社1999年版，第40页。

⑤ 方干《贻钱塘县路明府》："吟成五字句，用破一生心。"

这种光环常常使得我们不能或不敢以一种经验性的求知态度来'凝视'（福柯语）它和凝视我们自己。"①

如果你凝视一只烟斗，就会发现它不是一只烟斗，而只是"一幅烟斗的画"②。

如果你凝视一道光环，就会发现它不是一道光环，而只是后人添加到耶稣头顶的圆圈。③

如果你凝视镜子中的自己，就会发现里边不是你，而是福柯、柯南·道尔④、道格拉斯·诺斯⑤、奴斯⑥、斯嘉丽·约翰逊⑦、贾宝玉。

61

事物的逻辑不等于逻辑的事物。⑧哲学的贫困不等于贫困的哲学。恶的永久性不等于永久性的恶。

62

钱锺书说："这种事后追认先驱的事例，仿佛野孩子认父母，暴发户造家谱，或封建皇朝的大官僚诰赠三代祖宗，在文学史上屡见不鲜。"⑨——在文学史上、制度史上，可以追认先驱，因为它"改造传统，使旧作品产生新意义"⑩，"在诉诸和认同传统之中实际隐藏了认同者自身的强烈创造欲望和

① 苏力：《阅读秩序》，山东教育出版社 1999 年版，第 43 页。

② ［法］米歇尔·福柯：《这不是一只烟斗》，邢克超译，漓江出版社 2012 年版，第 31 页。又参见苏力：《阅读秩序》，山东教育出版社 1999 年版，第 202 页。

③ 乔托·迪·邦多纳（1266—1337）的《犹大之吻》、马提亚斯·格吕内瓦尔德（1470—1528）的《基督复活》和达·芬奇的《基督受洗》等绘画作品。

④ 柯南·道尔（1859—1930），苏格兰作家，著有《福尔摩斯探案集》。

⑤ 道格拉斯·诺斯（1920—2015），美国经济学家、历史学家，著有《经济史中的结构与变迁》等，1993 年获得诺贝尔经济学奖。

⑥ 奴斯是古希腊哲学家阿那克萨戈拉的哲学术语，一般译为"理性""心灵本原"。

⑦ 斯嘉丽·约翰逊（1984— ），美国著名女演员，主要作品有《戴珍珠耳环的少女》（2003）、《超体》（2014）等。

⑧ 苏力：《阅读秩序》，山东教育出版社 1999 年版，第 43 页。

⑨ 钱锺书：《七缀集》，生活·读书·新知三联书店 2002 年版，第 3 页。钱锺书此处是在评论胡适的《白话文学史》一书。

⑩ 钱锺书：《七缀集》，生活·读书·新知三联书店 2002 年版，第 3 页。

创造能力"。①

但如果是野孩子、够野的孩子、愿意追随先知的野孩子，就会不"认父母"（宗教和艺术领域常有这种例子）：

> 门徒说：主，容我先回去葬父，再回。
>
> 耶稣说：让死人埋葬死人，你就跟随我吧。（《圣经·马太福音》）

最痛苦的莫过于有父母且做了父母的野孩子，如鲁迅。他在致友人的信中说："孩子是个累赘，有了孩子就有许多麻烦。你以为如何？近来我几乎终年为孩子奔忙。但既已生下，就要养育。换言之，这是报应，也就无怨言了。"②"至于孩子，偶然看看是有趣的，但养起来，天天在一起，却真是麻烦得很。"③

63

我们既要思考有些制度在某个地方是如何形成的，也要思考这些制度为何在另外一个地方没有形成，而不能为了让另外一个地方形成这些制度，进行脱离语境的理论建构和制度设计。

64

不识庐山真面目，不是或不止是因为"身在此山中"，还有别的原因。
纵使身在此山中，亦有可能识得庐山真面目。

65

理性是激情的奴隶，④激情也是理性的奴隶。理性和激情都是托尔斯泰的奴隶。

———————————

① 苏力：《阅读秩序》，山东教育出版社 1999 年版，第 45 页。

② 鲁迅：《鲁迅全集》（第十三卷），人民文学出版社 1981 年版，第 503 页。

③ 鲁迅：《鲁迅全集》（第十二卷），人民文学出版社 1981 年版，第 585 页。

④ 苏力：《阅读秩序》，山东教育出版社 1999 年版，第 47 页。"理性是、并且也应该是情感的奴隶，除了服务和服从情感之外，再不能有任何其他的职务。"参见 ［英］ 休谟：《人性论》，关文运译，商务印书馆 1980 年版，第 453 页。

66

即使意识到了，就一定能够把握和超越吗？①即使把握和超越了，就一定能一直把握和超越吗？

67

要把道德放在社会生活的合适位置，不要动辄谴责"道德滑坡""世风日下"。②

要把记忆放在社会生活的合适位置，周围的邻人注定是、也应该是擅长遗忘的普通好人。记忆力太好是一件非常可怕的事情。③

要把阅读放在社会生活的合适位置，"阅读"不限于"文字阅读""书本阅读"，何况过量的文字阅读已经在某些方面败坏了包括我自己在内的读书人。④

68

修身，可能；齐家，不可能。治国，可能；平天下，不可能。

有差等的爱，可能；兼爱，不可能。⑤爱以及制度，首先建立在人性上，其次是实用主义考量——两者有时是一码事。

69

尼采对抗的不是走向十字架的基督，而是创造了同情弱者的道德的基督。⑥

尼采之强仅仅局限于心理—精神领域（而非"祗金革"⑦的政治—社会

---

①　苏力：《阅读秩序》，山东教育出版社 1999 年版，第 48 页。

②　苏力：《阅读秩序》，山东教育出版社 1999 年版，第 49 页。

③　记忆力太好，就会"很难入睡"（严重失眠），就会被"伸手可及的细节"压垮而死。参见［阿］豪尔赫·路易斯·博尔赫斯：《杜撰集》，王永年译，上海译文出版社 2015 年版，第 1—13 页。

④　苏力：《阅读的衰落？》，《求索》2015 年第 11 期。

⑤　苏力：《阅读秩序》，山东教育出版社 1999 年版，第 50 页。

⑥　"什么是坏？——一切源于软弱的东西""比任何一种恶习更有害的是什么？——行为上对于所有失败者和柔弱者的同情——基督教"。［德］尼采：《敌基督者——对基督教的诅咒》，余明锋译，商务印书馆 2016 年版，第 4—5 页。

⑦　《礼记·中庸》。

领域）。之于他，权力意志是一个纯粹的心理学概念。

尼采基于"一般心理学意义上的一种与生俱来的选择意识""不再在世界的背后寻找恶的起源"。①

70

再没有人比康德更坚持道德和法律的超个人特点了，②但人是具体的，总是在具体的道德语境和法律秩序中生活。康德活该一辈子找不到老婆，没有具体的东普鲁士女人愿意嫁给他。

71

在通往奴役的道路上总有几个不甘愿接受奴役的人，他们的野心很大，或者致力于"大规模地重建文明"③，或者致力于重新诠释大规模的文明——我敬佩前者，但更欢喜后者，因为我也只是一个手无缚鸡之力的书生。既然扫不了天下，那就打扫好、整理好书房，让每一本书各就其位。

72

在分工高度发达的现代社会中，有多少种职业，就有多少种职业伦理，而职业伦理有可能与作为社会个体应遵循的道德发生冲突。社会日益呈现出"道德生活的去中心化的趋势""道德的多态性"（道德规范的多元化），而这往往意味着道德制裁力的弱化，法治的角色、功能和意义由此就凸显出来了。④

73

"社会的绝大多数人都不是圣人"⑤，尽管都有些微的圣人性。

① ［德］尼采：《论道德的谱系·善恶的彼岸》，谢地坤等译，漓江出版社 2007 年版，第 5 页。

② ［法］埃米尔·迪尔凯姆：《迪尔凯姆论宗教》，周秋良等译，华夏出版社 2000 年版，第 54—55 页。

③ ［英］弗里德里希·奥古斯特·哈耶克：《通往奴役之路》，王明毅等译，中国社会科学出版社 1997 年版，第 222 页。

④ 苏力：《阅读秩序》，山东教育出版社 1999 年版，第 57 页；［法］爱弥尔·涂尔干：《职业伦理与公民道德》，渠东等译，上海人民出版社 2001 年版，第 9 页。

⑤ 苏力：《阅读秩序》，山东教育出版社 1999 年版，第 59 页。

"人皆可以为尧舜"①说的是一种可能性，一种永远有可能实现，但从未实现过的可能性。

74

杜诗曰："致君尧舜上，再使风俗淳。"②我的质疑是，在资源匮乏、生存艰难的远古时代，民风真是淳朴的吗？科幻小说家阿瑟·克拉克笔下的远古之夜是这样的："乌托邦没有尽善尽美的。他们的乌托邦也有两个瑕疵。第一个是来去无踪的豹子。猿人的滋养丰富了之后，豹子对猿人的热爱似乎也愈加强烈。第二个是小溪对面的部落。'对方'不知怎的也存活下来，顽强地就是没有饿死。"③平和的笔调下，是今天的月亮和月下情侣难以想象的残酷。

75

"月亮高挂天空，洞口外面的岩石，在皎洁的月光下白得像是骨头。"④

这种描写，可比"烟笼寒水月笼沙""月落乌啼霜满天""无言独上西楼，月如钩"⑤有诗意多了，也冷峻多了。

76

对于一些女权主义者而言，"从一而终"⑥是不可接受的。⑦

对于开放的心灵而言，学术风格和研究领域的"从一而终"是不可接受的——当然，水性杨花更糟。

---

① 《孟子·告子章句下》。

② 杜甫《奉赠韦左丞丈二十二韵》："致君尧舜上，再使风俗淳。"

③ ［英］阿瑟·克拉克：《2001：太空漫游》，郝明义译，上海人民出版社2014年版，第32页。

④ ［英］阿瑟·克拉克：《2001：太空漫游》，郝明义译，上海人民出版社2014年版，第34页。

⑤ 分别出自杜牧《泊秦淮》、张继《枫桥夜泊》和李煜《相见欢·无言独上西楼》。

⑥ 关于"从一而终"的精辟分析，参见苏力：《阅读秩序》，山东教育出版社1999年版，第54页。

⑦ "女人不是天生的，而是后天形成的。"参见［法］西蒙娜·德·波伏瓦：《第二性Ⅱ》，郑克鲁译，上海译文出版社2011年版，第9页。"只要性得不到解放，女人就不可能获得真正的解放。"参见［日］渡边淳一：《女人这东西》，陆求实译，九州出版社2014年版，第26页。

77

一个不识字的老汉对我说："尽信书不如无书。"我摇头。

苏力对我说："尽信书不如无书。"①我使劲点头。

孟子对我说："尽信书不如无书。"②我一时不知如何是好。他说得没错，但我从不迎合权威（他是儒学权威）。

我手只写我心。星星知我心。

78

苏力说："我很怀疑文字传播知识的可能性或可能的程度，因此，有时也很怀疑我自己工作的意义。"③

分析这句话，必须上升到宇宙观的层面。

说这句话的苏力，眼前涌现的或许是小行星撞地球的场景。④

这是一种有力量的悲观。尽管天意荒诞、毫无理性、令人绝望，但浪漫主义者一直试图说服自己，而且确实说服了自己。⑤

79

全球史第一阶段：三十年河东，三十年河西。

全球史第二阶段：三十年河西，四十年河东。

全球史第三阶段：河没了。

80

苏力说："有时，人如果想多了，也许什么事都干不成了。"⑥

① 苏力：《阅读秩序》，山东教育出版社 1999 年版，第 63、199 页。

② 《孟子·尽心下》。

③ 苏力：《阅读秩序》，山东教育出版社 1999 年版，第 63 页。

④ 关于小行星撞地球的可能性，参见苏力：《批评与自恋：读书与写作》（增订本），北京大学出版社 2018 年版，第 455 页。

⑤ 苏力：《"一直试图说服自己，今日依然"——中国法律与文学研究 20 年》，《探索与争鸣》2017 年第 3 期。

⑥ 苏力：《阅读秩序》，山东教育出版社 1999 年版，第 63 页。

——虽然哈姆雷特、拉斯柯尔尼科夫①、苏力都想得很多，但还是干成了事，尽管干的事不一样。

——注意：苏力加了"也许"这个限定词，并没有绝对。

——苏力的文章中经常出现"也许"字样，并非他不自信，②而是，也许是，他怀疑任何绝对的结论。③

81

如果将西方学术作为真理引进，就会"造成许多错误、误解，望文生义，择其一点，不及其余，令人惨不忍睹"④。

望文生义有时也是可以的，比如说——

把"苏力"解释为"苏醒的力量"；

把"望文"解释为"仰望魏文帝"；

把"生义"解释为"一个中国年轻后生从尼采生龙活虎的思想生活中发现了生产和再生产自我的意义"。

82

尽管政治（政治力量、意识形态或体制化的学院空间）总有支配知识的倾向，⑤在大多时候也确实支配了知识，但这不代表知识不应、不能与政治信念分开。⑥

不必说什么"独立之精神，自由之思想"。

---

① 拉斯柯尔尼科夫是陀思妥耶夫斯基经典小说《罪与罚》的男主角。

② "'也许'背后可能是甚至往往是一种坚定或强硬。这是另一种修辞。"参见苏力：《走不出的风景：大学里的致辞，以及修辞》，北京大学出版社 2011 年版，第 239 页。

③ "你说得越肯定引起的争议越大。"参见王朔：《无知者无畏》，春风文艺出版社 2000 年版，第 108 页。

④ 苏力：《阅读秩序》，山东教育出版社 1999 年版，第 64—65 页。

⑤ "大学和媒体有效地生产着适应政治经济关系的文化产品，并成功地把自己组织进这个庞大的、具有再生产能力的机械运动之中""只有那些具有特殊敏感性的知识分子才会把学院的空间当作反思的场所，并致力于反思性的知识活动"。参见汪晖：《颠倒》，中信出版社 2016 年版，第 100—101 页。

⑥ 苏力：《阅读秩序》，山东教育出版社 1999 年版，第 65 页。

太多人打着这个旗号来标榜自己、自欺欺人——他们的"独立"和"自由"只是虚幻的表象。

对一个学者而言，如果生产不出具有独创性和穿透力的知识（思想），就不可能是独立和自由的。何谓具有独创性和穿透力的知识（思想）？借用波特·斯图尔特（曾任美国最高法院大法官）定义色情作品的方法："我看到它时就能认出来。"①

83

"'天不生仲尼，万古如长夜'之类的话是当不得真的。"②

也就是说，天不生仲尼也好，天不生上帝也罢，明天太阳照常升起——只要它还能正常升起。

84

我们正在等待的不是戈多，③不是塑造了戈多这个形象的贝克特，不是贝克特从未见过的、炙烤着戈壁滩的火焰山的大火，不是因被大火阻了路而焦灼如何继续西行的浪游者，也不是在斯德哥尔摩被授予诺贝尔奖的快乐。

我们没有等待什么，又在等待一切。

85

思想是个放大镜，利益也是个放大镜。思想和理论的背后往往隐藏着利益。如苏力指出的："在利益这个放大镜面前，一些理论上的差异都被放大了，甚至似乎是势不两立。而在实践上，这些问题也许并不那么严重，甚至

① ［美］B. 格林：《隐藏的现实：平行宇宙是什么》，李剑龙等译，人民邮电出版社2013年版，第3页。苏力也曾引用这个说法，他的译法是"我看了，我就知道"。参见苏力：《阅读的衰落？》，《求索》2015年第11期；苏力：《走不出的风景：大学里的致辞，以及修辞》，北京大学出版社2011年版，第160页。

② 苏力：《阅读秩序》，山东教育出版社1999年版，第70页。

③ ［美］A. 麦金泰尔：《德性之后》，龚群、戴扬毅等译，中国社会科学出版社1995年版，第263页；又参见苏力：《阅读秩序》，山东教育出版社1999年版，第73页。

可能根本不构成真问题。"①但是，在没有问题的地方发现问题，把小问题大化，把伪问题真（正当）化，不正是某些"杰出"学者的"杰出"才能吗?!

86

某社群主义者认为，"囚徒困境"只适用于那些把个人利益放在优先地位的"理性个人"，而不适用于具有强烈的自我奉献精神和公益精神等美德的人。②

"如果你犯了罪，成了囚犯，是否会骤然变成'理性个人'呢?"我问道。

他想了想，神情坚定地说："我是具有强烈的自我奉献精神和公益精神等美德的好人，绝不会犯罪，成不了囚徒。"

然而，好人就不会犯罪吗? 所有囚徒在犯罪、入狱之前，也都自认为是好人。③

87

对于无法回答的问题，只能存而不论;④对于可以回答的问题，最好是论而不议。

88

第一种情形：人必须不说一些话，才能说出一些话。⑤

---

① 苏力：《阅读秩序》，山东教育出版社 1999 年版，第 77 页。有学者曾论及英国哲学家比赛亚·伯林（Isaiah Berlin）的"犹太认同"，以及隐藏在他思想背后的"利益"："伯林忠于他的民族和犹太复国运动，最不能容忍犹太裔知识分子对犹太人社会、宗教和生活习惯以及以色列的批评。"参见陆建德：《思想背后的利益》，广西师范大学出版社 2005 年版，第 195 页。伯林本人也说过"思想隐藏着利益""对于各种观点……应该考虑它们对谁有利，谁获益最多。这些并非愚蠢的问题"。参见［伊］拉明·贾汉贝格鲁：《伯林谈话录》，杨祯钦译，译林出版社 2002 年版，第 131 页。

② 俞可平：《社群主义》，中国社会科学出版社 1998 年版，第 104—105 页。

③ "君子的界定是行为主义的，不是自我想象的——好像是莎士比亚说的：在恶棍心里，自己也是个大好人。"参见苏力：《走不出的风景：大学里的致辞，以及修辞》，北京大学出版社 2011 年版，第 88 页。

④ 苏力：《阅读秩序》，山东教育出版社 1999 年版，第 91 页。

⑤ 苏力：《阅读秩序》，山东教育出版社 1999 年版，第 97 页。

第二种情形：人必须说出一些话，才能不说一些话。

第三种情形：人必须先说一些话，才能说另一些话。

89

人们都知道，太执未必是好事，"关键是分寸"①，然而，却没有几人能把握好分寸。

学者都知道，论文精彩与否，关键在于分析，然而，却没有几人能做到"来如雷霆收震怒，罢如江海凝清光"②。

90

有什么能妨碍我含笑谈真理呢？③

有什么能妨碍我含泪写喜剧呢？

有什么能妨碍我蔑视不去探望弥留之际的莫里哀的统治大地的人呢？④

91

苏力说，"我们也许不能过分关注方法""方法不是运用的，而是流露或体现出来的素养"。⑤确实，对方法和方法论的偏爱是一种病。"就像因自我观察而受折磨的人多数是病人一样，有理由去为自身的方法论费心忙碌的科学，也常常成为病态的科学，健康的人和健康的科学并不如此操心去知晓自身。"⑥

---

① 苏力：《阅读秩序》，山东教育出版社 1999 年版，第 98 页。

② 杜甫：《观公孙大娘弟子舞剑器行》。

③ 贺拉斯语。参见［苏］布尔加科夫：《莫里哀先生传》，孔延庚等译，浙江文艺出版社 2017 年版，第 1 页。

④ "统治大地的人，除了在女人面前，是从来不向任何人脱帽的，他不会去探望弥留之际的莫里哀。事实上他没有去，和其他亲王一样没有去。统治大地的人认为自己是不朽的，然而我以为他错了。"参见［苏］布尔加科夫：《莫里哀先生传》，孔延庚等译，浙江文艺出版社 2017 年版，第 7 页。

⑤ 苏力：《阅读秩序》，山东教育出版社 1999 年版，第 106 页。

⑥ ［德］拉德布鲁赫：《法学导论》，米健译，法律出版社 2012 年版，第 196 页。

而且，"辩论说服不了任何人"①，方法论之争极易演变为立场之争、观点之争、意气之争。②

老翁相见不相识，笑问客从何处来。我能告诉他，我来自依依墟里村吗？③

殷墟出土的甲骨，其中一块，正面刻着"偶开天眼觑红尘，可怜身是眼中人"④，背面刻着"to be or not to be"。

苏力说，美国学者蓝德彰对中国史上的法律案件的分析⑤，够细致，够精彩，但总觉得"不大像中国人的思路，而有点像是在分析美国的法律和案例"⑥。

——毕竟是美国人。"不大像中国人的思路"是正常的。

---

① ［阿］豪尔赫·路易斯·博尔赫斯：《博尔赫斯，口述》，黄志良译，上海译文出版社 2015 年版，第 38 页。波斯纳也说："道德辩论只是加深分歧，而不是沟通分歧。"参见 ［美］理查德·A. 波斯纳：《道德和法律理论的疑问》，苏力译，中国政法大学出版社 2001 年版，第 8 页。"不是为了说服对手，因为不可能说服，也不需要说服。"参见苏力：《大国宪制：历史中国的制度构成》，北京大学出版社 2018 年版，第 544 页。"并不是所有的交流都创造理性。"参见苏力：《走不出的风景：大学里的致辞，以及修辞》，北京大学出版社 2011 年版，第 130 页。苏力也承认，尽管某些辩论"迫使我审视一下自己是否有什么错误、缺陷"，因而"对自己是一种鞭策"，但是，"我对自己的观点至今死不悔改"。参见苏力：《送法下乡：中国基层司法制度研究》，中国政法大学出版社 2000 年版，自序。

② "我仍然希望，那些反对我的人，批评的是我的学识与能力，而非我的立场和观点。"［德］格奥尔格·耶利内克：《宪法修改与宪法变迁论》，柳建龙译，法律出版社 2012 年版，序言，第 2 页。

③ 陶渊明《归园田居》（其一）："暧暧远人村，依依墟里烟。"

④ 王国维：《浣溪沙·山寺微茫背夕曛》。

⑤ 高道蕴等编：《美国学者论中国法律传统》，中国政法大学出版社 1994 年版，第 302—349 页。

⑥ 苏力：《阅读秩序》，山东教育出版社 1999 年版，第 107 页。

——只要是在分析法律和案例就行，不像中国的某些法律史学者，几乎从不分析法律和案例。

95

从"帝力于我何有哉"①到"权力以毛细血管般的存在"②，是否表征了文明的进步？

即使在现代网络社会，"帝力于我何有哉"也是可能的。只要能做到"菩提本无树，明镜亦非台"③。

96

帕斯卡尔说："人类必然会疯癫到这种地步，即使不疯癫也只是另一种形式的疯癫。"④

在不疯癫的人看来，这是一句疯话。然而，这样的疯话却只能从清醒理智的"假疯子"（先知的一种）口中说出。倘若真的疯了，只会说疯言疯语，说不出如此具有逻辑性的话。文明不可能是由疯子创造的，尽管梵高在自杀前变成了疯子。

97

精神病院和国家都被虚构的价值——它具有真实的力量——笼罩着，一旦诞生，便不会因历史发展和社会演变而消亡。⑤

98

红高粱地里可不是只有红高粱。

---

① 沈德潜编：《古诗源》，中国画报出版社 2011 年版，第 12 页。

② 福柯语，参见苏力：《阅读秩序》，山东教育出版社 1999 年版，第 120 页。

③ 赖永海主编：《坛经》，尚荣译注，中华书局 2010 年版，第 21 页。又参见 ［清］曹雪芹：《红楼梦》，北京燕山出版社 2009 年版，第 197 页。

④ ［法］米歇尔·福柯：《疯癫与文明》，刘北成、杨远婴译，生活·读书·新知三联书店 2007 年版，第 1 页。

⑤ ［法］米歇尔·福柯：《疯癫与文明》，刘北成、杨远婴译，生活·读书·新知三联书店 2007 年版，第 236 页。

99

法语中"权力"（pouvoir）一词与"知识"（savoir）一词分享了词根。①

汉语中"权"字与"栏"字（"雕栏玉砌应犹在"的"栏"）分享了偏旁，"知"字与"只"字（"只是朱颜改"的"只"）分享了读音。②——中国汉字不愧博大精深。中华民族不愧是最具历史感的民族之一。

100

有些事无缘亲为实在是一件憾事，比如，发表"绞刑架前的演讲"③。"二十年后老子又是一条好汉"听起来多豪气。

101

有的人活成了雕像，有的人活成了木偶。④

102

福柯指出，有时在行刑前一刻，主权者会赦免罪犯或暂停行刑，但这绝不意味着是正义在指导惩罚，而是通过主权者这种处置"正义"的权力，在罪犯的躯体上更充分地展示主权者的力量和意志。⑤在中外影视剧中，经常出现这样的戏剧化场景：法场上即将行刑（砍头或绞刑），突然远处传来马蹄声，有人高喊"刀下留人"，原来是特赦令到了。赦免通常在最后一刻才降临。陀思妥耶夫斯基就亲历过这样的场景，他因为参加彼得拉舍夫斯基小组（一个具有社会主义性质、反政府倾向的社团）被判死刑，已经押赴刑场，却在行刑前一刻（准确地说是前几秒）被沙皇赦免，他将自己当时的复杂心

---

① 苏力：《阅读秩序》，山东教育出版社 1999 年版，第 122 页。

② 李煜《虞美人·春花秋月何时了》："雕栏玉砌应犹在，只是朱颜改。"

③ ［法］米歇尔·福柯：《规训与惩罚》，刘北成、杨远婴译，生活·读书·新知三联书店 2003 年版，第 71 页。

④ "他们永远都是雕像，而绝不会是木偶。"参见［捷］伏契克：《绞刑架下的报告》，谢磊译，广州出版社 2008 年版，第 101 页。

⑤ ［法］米歇尔·福柯：《规训与惩罚》，刘北成、杨远婴译，生活·读书·新知三联书店 2003 年版，第 57—58 页；苏力：《阅读秩序》，山东教育出版社 1999 年版，第 125 页。

境写入了小说：

> 就拿肉刑来说吧，这自然是折磨，皮肉痛苦，身体受伤，可这一切能把注意力从灵魂的痛苦引开去，这样便只需要忍受伤痛的折磨，直至死去。其实，最主要、最剧烈的痛苦也许不在身体的创伤，而在于明明白白地知道，再过一小时，再过十分钟，再过半分钟，现在，马上——灵魂就要飞出躯壳，你再也不是人了，这是毫无疑问的。当然是毫无疑问。当你把脑袋放在铡刀下面，听铡刀从头上铡下来时，这四分之一秒钟才是最可怕不过的。……对杀人者处以死刑，是比罪行本身不知重多少倍的惩罚。……死刑最可怕的痛苦就在这里，在于明明白白知道没有得救的希望。世界上没有比这更加难受的痛苦了。……谁说人的天性忍受得了这种折磨而又不至于发疯？为什么要这样侮辱、捉弄人，为什么要采取这种不体面、不必要、不应该的做法？也许有这么一个人，别人先对他宣读判决书，使他受一番折磨，然后对他说："走吧，你被赦免了。"这么个人也许可以谈谈体会。基督也讲到过这种痛苦和这种恐怖。不，不能这样对待人！①

103

一页文学抵得上成卷理论——不限于文学理论。

104

莫言小说《檀香刑》描述了一种比《红高粱》中的"活剐"更残忍的刑罚。②

---

① ［俄］陀思妥耶夫斯基：《白痴》（上下），王卫方译，南方出版社1999年版，第26—27页。

② 两本小说对刑罚过程的描述都太过残忍，不忍在这里引用，好奇的读者，请看莫言：《莫言精选集》，北京燕山出版社2011年版，第34—36页；莫言：《檀香刑》，长江文艺出版社2010年版，第282—284页。

公开的处决绝不仅仅只是一种司法仪式和政治仪式，①它展现了人类最具兽性、最野蛮、最没有人性的一面，以及破坏欲与施虐的冲动。

105

伏尔泰大肆嘲讽法国的司法体系，②却不敢欺凌臀下的马——会掀翻他的。

像鲁迅一样，伏尔泰也写杂文和小说，最终却以学者的角色名闻天下。

伏尔泰的初心是做一名比卢梭伟大的文学家，结果文学不如卢梭，理论也不如卢梭，他像很多想做一流人物的人一样，注定只是一位伟大的二流人物。③

106

很多人的可悲之处在于，误把"思想的不负责"等同于"思想的自由"。

更可悲的地方在于，他们真诚地认为自己是在对民族、国家和天下负责——"天下兴亡，匹夫有责"。

107

苏力说："我始终敬仰毛泽东、周恩来、邓小平，他们对于信念和理想的坚定始终令我激动。"④

更多时候，不是"天下兴亡，匹夫有责"，而是"天下兴亡，政治家有责"。

但这样说有点不准确。是啊，在天下危难时刻，人人都是政治家。很多

---

① ［法］米歇尔·福柯：《规训与惩罚》，刘北成、杨远婴译，生活·读书·新知三联书店 2003 年版，第 52 页。

② 苏力：《阅读秩序》，山东教育出版社 1999 年版，第 127 页。

③ 伏尔泰"有着令人惊讶的知识广度"，可他的判断却"总是很肤浅，尽管也被奉为权威。他确立了一种风格，虽然智慧，却恰恰告诉人错误的信息，就像我们看到二流人物以一种聪明的方式来诽谤比他们更伟大的人物那样"。［美］沃格林：《政治观念史稿（卷六）：革命与新科学》，谢华育译，华东师范大学出版社 2009 年版，第 75 页。

④ 苏力：《阅读秩序》，山东教育出版社 1999 年版，代序，第 3 页。"在中国革命中，党内产生了像毛泽东这样的全党公认的领袖。毛泽东的存在几乎就足以保证党的统一、全国的统一。"参见苏力：《道路通向城市：转型中国的法治》，法律出版社 2004 年版，第 57 页。

人未必有做诗人的天分，却都有做政治家的本能。

《周恩来将军在一九二七年》

他延续了古已有之的文人带兵传统，
丝毫不比辛稼轩、陆逊逊色。
他将自己的名字排在诸多大人物之后，
却牢牢掌控着航向。
他像普通人一样也紧张得直冒冷汗，
他扣动扳机，打响了第一枪。
起义前夜，他怀念负笈津门时与妻相遇，
以及在觉悟社共同彻夜编辑爱国刊物的时光。
两人曾手挽手，穿过真光影院、四面钟、火车西站、
圣母帡幪堂、贞德铜像、延安窑洞、中南海西花厅，
直至死神的面前。
他不在乎"降半旗"的荣光，
他不接受活人三心二意的吊唁，
他的骨灰撒向无穷无际的大海，
与鲸鲨、飞鱼、沉船、导弹残骸、第一抹朝霞永恒为伴。

108
▼

英国法学家边沁设计的圆形监狱①里关押着一个名叫鲁智深的圆头和尚、一个名叫希特勒的稀世狂人、一个名叫斯蒂芬·金②的嗜金如命的小说家。他们三人都没闲着。鲁智深忙着聆听东海的潮音，希特勒忙着撰写把德意志带向深渊之火的《我的奋斗》，斯蒂芬·金忙着思索民主的"恐怖面"③。

109
▼

当他与人交谈时，他知道自己有多坦诚。

---

① 苏力：《阅读秩序》，山东教育出版社1999年版，第133—134页。
② 斯蒂芬·金（1947— ），美国作家，代表作有《闪灵》《肖申克的救赎》等。
③ 斯蒂芬·金"一生最爱是恐怖"，他发表了大量的恐怖小说。

当他写作时，他知道自己有多认真。

他也有一肚子话找不到人倾诉的时候，也有半天写不出一个字的时候。这些，他早就知道，十八岁时就知道。

110

他的思想滤网足够细密，比天网还细密。

"天网"是由老聃先生设计的一种专门用来对付大盗和邑狗，看似"恢恢"实则"疏而不漏"①的囚笼。

111

为何说是监狱制造了罪犯？②为何说不可能存在慎独的客体？

112

"检察当局认为这个案子是铁证如山，而案子之所以还审了那么长的一段时日，是因为侦办此案的检察官当时正要出马竞选众议员，有意给大家留下深刻的印象。"③——美国司法官员蹂躏民主、民主蹂躏司法程序、司法程序充分保障犯罪嫌疑人辩护权的一个典型例子。

113

在监狱里喝啤酒，会觉得自己是一个自由人。④喝啤酒时想象自己正在蹲监狱，会觉得自己是一个非理性的人。

114

"我曾经试图描述过，逐渐为监狱体制所制约是什么样的情况。起先，你无法容忍被四面墙困住的感觉，然后你逐步可以忍受这种生活，进而接受

---

① 《道德经》第七十三章："天网恢恢，疏而不失。"
② 苏力：《阅读秩序》，山东教育出版社 1999 年版，第 137 页。
③ ［美］斯蒂芬·金：《肖申克的救赎》，施寄青等译，人民文学出版社 2006 年版，第 4—5 页。
④ ［美］斯蒂芬·金：《肖申克的救赎》，施寄青等译，人民文学出版社 2006 年版，第 29 页。

这种生活……接下来，当你的身心都逐渐调整适应后，你甚至开始喜欢这种生活了。"①

——体制化征候。既温暖又残忍的体制化。温水煮青蛙。

——监狱、婚姻、军营、学院、修道院都属于广义的"监狱体制"的一部分。②

——凡不向体制妥协的人，体制也不会向他妥协，甚至将之无情地摒斥于外。但不向体制妥协的人，有可能是在默默为后人打造一种难以跨越的壁垒。他在复仇——向世人，也是向自己。一个拒绝宽恕别人的人注定无法原谅自己。③一个愿意宽恕别人的人，也未必会原谅自己。

115

我希望太平洋就和我梦中所见一样蔚蓝。④

我希望是自己写出了《罗马书》⑤。

我希望自己背得出整部《罗马帝国衰亡史》⑥。

我希望忙着赶路、赶考、帮闲的人，

在撒哈拉沙漠迷路的人，

在艾略特的"荒原"行走的人，

在时间之河中漂流的人，

都能读到狄金森的金色诗句——

---

① ［美］斯蒂芬·金：《肖申克的救赎》，施寄青等译，人民文学出版社 2006 年版，第 69 页。

② "大学不再只是——其实从来也不只是——一个接受知识的地方，它也是，甚至更是一个训练人的机构，一个将现代生活知识和纪律注入你们身体的机构。在这一点上，它和现代的工厂、军营、机关，没有根本的区别。"参见苏力：《走不出的风景：大学里的致辞，以及修辞》，北京大学出版社 2011 年版，第 28 页。

③ "让他们怨恨去，我也一个都不宽恕。"鲁迅：《鲁迅散文诗歌全集》，北京燕山出版社 2011 年版，第 445 页。

④ ［美］斯蒂芬·金：《肖申克的救赎》，施寄青等译，人民文学出版社 2006 年版，第 76 页。

⑤ 指《圣经·罗马书》。

⑥ 指英国历史学家爱德华·吉本著的《罗马帝国衰亡史》（席代岳译本，共 12 册，浙江大学出版社 2018 年版）。

Hope is the thing with feathers. ①

既然上帝面前人人平等，

法律面前人人平等，

那么，诗歌面前，自然也是人人平等。

116

王尔德在狱中给情人写信："道德帮不了我。我生来就是个异类，我从来都只会离经叛道而不会循规蹈矩。然而，我却明白了，一个人的错误不在于他做了什么，而在于他变成了怎样的一个人。好在我终于明白了这一点。"②一个人的错误，一个人的正确，都在于他变成了怎样的一个人。

117

存在一个有杜甫没有苏力的世界（公元 8 世纪）③，

却不存在一个有苏力没有杜甫的世界。

既有苏力又有杜甫的世界是一个完整的世界——最起码对于我来说是如此。瞧！"两个诗人鸣翠柳，一行学者上青天"。

118

三种世界：

（1）一个法律更多但秩序更少的世界；④

（2）一个法律更少但秩序更多的世界；

（3）一个法律很少但秩序更少的世界。

① ［美］狄金森：《狄金森诗选：英汉对照》，江枫译，外语教学与研究出版社 2012 年版，第 122—123 页。"'希望'是个好东西，也许是世间最好的东西，好的东西永远不会消逝的。"参见［美］斯蒂芬·金：《肖申克的救赎》，施寄青等译，人民文学出版社 2006 年版，第 75 页。

② ［英］奥斯卡·王尔德：《狱中记》，高修娟译，安徽人民出版社 2012 年版，第 61 页。

③ "如果抽掉杜甫的作品，一部《全唐诗》会不会有塌下来的样子。"木心讲述，陈丹青笔录：《文学回忆录》，广西师范大学出版社 2013 年版，第 266 页。

④ 苏力：《阅读秩序》，山东教育出版社 1999 年版，第 147 页。

第三种世界是英雄辈出的世界（如 208—220 ①），却是具有强烈社会责任感的我所不欲、也不敢欲的世界。

119

我不是堂吉诃德，也不是堂吉诃德式的英雄。

我只是一个在乡土社会中发掘秩序、法治以及关于风车、风筝和台风记忆 ②的人。

120

诸葛亮曾经深入法律不曾进入的"不毛之地"。③

"不毛之地"其实也是有法律的，只是与现代法学家想象的法律不太一样。永恒法和习惯法永恒存在。

121

据《旧唐书》卷六记载，唐太宗李世民对每个死刑案卷都要亲自审读五次。

现代人难免会觉得有点不可思议。倘若用现代的司法程序或人权理论释之，是否有驴唇不对马嘴之嫌？

122

以前的县令清闲，有足够的时间吟诗作画。④

现在的县长尽管忙碌，但也不至于没有时间吟诗作画。只是，现在的许

---

① 208 年是赤壁之战发生的年份，220 年是曹操去世的年份。

② 堂吉诃德大战风车是塞万提斯经典小说《堂吉诃德》中的经典场景（杨绛译本，人民文学出版社 1987 年版，第 44—46 页）；《风筝》是鲁迅的一篇回忆体散文（《鲁迅散文诗歌全集》，北京燕山出版社 2011 年版，第 113—115 页）；台风"苏力"具有强度大、波及范围广的特点。

③ 苏力：《阅读秩序》，山东教育出版社 1999 年版，第 155 页。"五月渡泸，深入不毛。"参见［三国］诸葛亮：《诸葛亮文集译注》，罗志霖译注，巴蜀书社 2011 年版，第 18 页。

④ 苏力：《阅读秩序》，山东教育出版社 1999 年版，第 158 页。

多县长已经不会吟诗作画了。

123

乡土社会的普遍同质性①、帝国和平之下的普遍同质性②、网络社会的普遍同质性，不是同一种性质的"同质性"。

124

现代性是一项尚未完成的工程。后现代性也是一项尚未完成的工程。一切"××性"都是尚未完成的工程。

125

起初是"跑得了和尚跑不了庙"；后来是，和尚跑得了，庙也跑得了；再后来是，和尚跑不了，庙也跑不了——因为有了摄像头、天眼和大数据的"监视"。福柯死得太早（1984 年病逝），倘若他活到"监视"技术更加发达的今天，就有机会见证何谓真正的"全景敞视主义"③。

126

失去了的东西，才觉得珍贵，才显得珍贵。如时间、女友、礼治④，以及亲自护送占星图时的奇妙心境⑤。

---

① 苏力：《阅读秩序》，山东教育出版社 1999 年版，第 159 页。

② "帝国迟早要在政治上将民族国家吞并掉。"参见［法］科耶夫等：《科耶夫的新拉丁帝国》，邱立波译，华夏出版社 2008 年版，第 6 页。

③ 关于全景敞视主义，参见［法］米歇尔·福柯：《规训与惩罚》，刘北成、杨远婴译，生活·读书·新知三联书店 2003 年版，第 219—256 页。

④ "法治秩序的好处未得，而破坏礼治秩序的弊病却已先发生了。"参见费孝通：《乡土中国　生育制度》，北京大学出版社 1998 年版，第 58 页。又参见苏力：《阅读秩序》，山东教育出版社 1999 年版，第 177 页。

⑤ "请告诉她我要亲自把占星图给她送去。"参见［英］托·斯·艾略特：《荒原》，汤永宽、裘小龙等译，上海译文出版社 2012 年版，第 82 页。

127

苏力说："法律本身并不能创造秩序，而是秩序创造法律。"①

其实法律什么都创造不了，它属于"被造物"。人也属于被造物，尽管是一种能造"物"的被造物。

128

苏力说："一个人最应当小心下断言的就是当下的历史。"②

以此推论，则研究法律史的法学家有福了，他们大可对畴昔的历史发表断言。可是，比苏力名气更大的克罗齐说过，一切历史都是当代史。③

"你这是诡辩！""是的，我承认。"

"名气更大不等于见识更高！""是的，我也承认。"

"有什么是你不承认的？""凡是我没有承认过的东西，则一概不承认。"

129

法学家埃利克森和怡红公子贾宝玉都说："缺乏眼力的眼睛不过是死珠子。"④

130

能准确地写出所感觉到的东西，是一件非常幸福的事。然而，词不达意、落入言筌，乃写作中的常态。⑤

---

① 苏力：《阅读秩序》，山东教育出版社 1999 年版，第 191 页。

② 苏力：《阅读秩序》，山东教育出版社 1999 年版，第 192 页。

③ ［意］贝奈戴托·克罗齐：《历史学的理论与实际》，傅任敢译，商务印书馆 1982 年版，第 8 页。

④ 苏力：《阅读秩序》，山东教育出版社 1999 年版，第 147、193 页。贾宝玉说："女孩儿未出嫁是颗无价之宝珠；出了嫁，不知怎么就变出许多的不好的毛病来，虽是颗珠子，却没有光彩宝色，是颗死珠子了。"参见［清］曹雪芹：《红楼梦》，北京燕山出版社 2009 年版，第 197 页。

⑤ 语言不可能"具有完全描述力"。参见苏力：《阅读秩序》，山东教育出版社 1999 年版，第 279 页。"社会生活中许多知识是无法用言语或一般命题表达的（而只是会做），要表达也是拙劣的。"参见苏力：《送法下乡：中国基层司法制度研究》，中国政法大学出版社 2000 年版，自序。

131

所有抽象的政治学说（如主权学说、"三权分立"学说）都只是泥足巨人，①坚实不变的是"一千零一"这个数字和发生在一千零一夜里的故事。

132

尼采说："一个伟大的民族决不会满足于一个次要的角色，一个本身富有影响的角色也不能令它满足；它绝对需要头等角色。放弃此种信念的民族也就放弃了生存。"②说出此番话的人所属的民族已然是一个伟大的民族了。伟大的民族也一定会诞生敢公开说出此番话的"疯子"。

133

艺术和政治都是"使生命成为可能的伟大力量""是生命的伟大诱惑者，是生命的伟大兴奋剂"。③我们应该聆听艺术家谈政治、政治家谈艺术，而不是聆听政治家谈政治、艺术家谈艺术。一个人不应只谈论自己擅长的事情。一个开放的心灵会把心灵永远开放给未知的宇宙和空间。

134

并非所有"大厦"都是由设计师预先设计好才开始铸造的。比如，里尔克的诗④、伟大的美国宪法⑤以及更伟大的中国长城。

---

① 苏力：《阅读秩序》，山东教育出版社 1999 年版，第 209 页。
② ［德］尼采：《权力意志——1885—1889 年遗稿》（上、下卷），孙周兴译，商务印书馆 2007 年版，第 855 页。
③ ［德］尼采：《权力意志——1885—1889 年遗稿》（上、下卷），孙周兴译，商务印书馆 2007 年版，第 1286—1287 页。
④ "谁这时没有房屋，就不必建筑。"参见 ［奥］赖纳·马利亚·里尔克：《里尔克读本》，冯至、绿原等译，人民文学出版社 2011 年版，第 53 页。
⑤ "美国宪法是一个由许多不同时代的有不同价值的学者、法官、政治家、律师共同构建的大厦（然而，这是一个很可疑的隐喻，有可能使人在不经意时就接受了美国宪法是一个事先有整体设计的假设，并将之作为讨论问题的出发点）。"参见苏力：《阅读秩序》，山东教育出版社 1999 年版，第 209 页。

135

维特根斯坦说：“对于不可说的东西我们必须保持沉默。”①沉默的目的有二：（1）爆发；（2）还是爆发（而非灭亡 ②）。

136

维特根斯坦说：“所有命题都是同等价值的。”③以此逻辑，则——

“法治是地方性的”与“法治是普遍性的”这两个命题具有同等价值；

“所有命题都是同等价值的”与“所有命题都不是同等价值的”这两个命题具有同等价值；

“苏力是杰出学者”与“张三是杰出学者”这两个命题具有同等价值；

“活着更好”与“死去更好”这两个命题具有同等价值。

任何逻辑推衍至极端都必然滑向相对主义、虚无主义和解构主义。所以，有时候，“解剖麻雀”也比学逻辑学有意义。

137

人们可以假定一个学者的思想是一贯的（“有一个内在的体系和结构”④），却不可以假定一位诗人或哲人的思想是一贯的、没有矛盾的。

138

杨振宁说：“要有自由的眼光（free perception），必须能够同时近观和远看同一课题。”⑤

学术思维，倾向于近观；诗性思维，倾向于远看。

苏力之杰出，在于他既近观，又远看。不理解作为诗人的苏力，就无法

---

① ［奥］维特根斯坦：《逻辑哲学论》，贺绍甲译，商务印书馆 1996 年版，第108 页。

② “不在沉默中爆发，就在沉默中灭亡。”参见鲁迅：《鲁迅散文诗歌全集》，北京燕山出版社 2011 年版，第229 页。

③ ［奥］维特根斯坦：《逻辑哲学论》，贺绍甲译，商务印书馆 1996 年版，第105 页。

④ 苏力：《阅读秩序》，山东教育出版社 1999 年版，第212 页。

⑤ 杨振宁：《曙光集》，翁帆编译，生活·读书·新知三联书店 2008 年版，第380 页。

理解作为学者的苏力。反之亦然。

139

杨振宁说："诗是思想的浓缩。"①

依此标准，则当代中国诗歌中的 99% 都称不上是真正的诗。无思想之故也。

140

你吃了一个鸡蛋觉得味道不错，一般不会想去认识那下蛋的鸡。②

但你读到一篇好的作品，却有一睹作者真颜甚至结识作者的冲动（倘若他仍然在世的话）。③

141

英国思想家弗格森写道："中国的政策是普通政府改良所希望达到的部署的最完美榜样。该帝国的臣民在最大的程度上拥有普通人所认为的决定民族幸福和强大的那些艺术。该国拥有的人口和其他战争资源是史无前例的。"④然而，1840 年英国就对拥有史无前例的人口和战争资源的中国发动了战争，并将古老的东方帝国给打败了。但有一点始终未变：中国拥有的人口和战争资源是史无前例的——尽管有时是以潜能的形式存在。1941 年，美国因日本偷袭珍珠港损失惨重。刚刚参战之际，美国地缘政治学家斯皮克曼就前瞻性地看到战后亚洲的主要难题不是日本而是中国，"历史上的'天朝大国'拥有的力量潜能比'樱花之国'绝对要大得多，而且一旦这些潜能转化为实际的军事力量，亚洲大陆附近的这个战败岛国的位置就会十分尴尬。当远程轰炸机可从山东半岛或海参崴（符拉迪沃斯托克）发动攻击时，日本'纸城'的火灾发生率就要骤涨了""一个拥有 4.5 亿人口的现代的、有活力的而且

---

① 杨振宁著：《曙光集》，翁帆编译，生活·读书·新知三联书店 2008 年版，第156 页。

② 苏力：《阅读秩序》，山东教育出版社 1999 年版，第 229 页。

③ 苏力：《阅读的衰落?》，《求索》2015 年第 11 期。

④ ［英］弗格森：《文明社会史论》，林本椿、王绍祥译，辽宁教育出版社 1999 年版，第 249—250 页。

军事化的中国不仅是日本的一大威胁，也挑战着西方列强在亚洲地中海的地位""中国一旦崛起，它对亚洲的经济渗透肯定会表现到政治方面""未来亚洲权力平衡的天平将倾向中国""美国将不得不采取同样的政策保护日本"。①

我们皆有幸，亲睹了"潜能"转化为"现实"的一天。

当然，我们是真诚的和平主义者。拥有核武器、太空武器和战略轰炸机的国民才有资格自称"真诚的和平主义者"。

有刀俎可以不用；而没刀俎，则"我为鱼肉"。

142

无需社会契约理论的佐助，就能完成历史中国与当代中国政治权力的合法性论证。

也无须从中国传统的政治学说中挖掘"契约性因子"。纵使有，也是"中国式的契约学说"（比如"天人感应"），与西方契约理论迥异。

倒是在"家国说"方面，中西政治学说具有更多的共通性。认为"家国说"为中国所特有，"实在是出于对西方政治学说史的无知、盲点或为批判中国文化而虚构出来的一种政治迷思"②。而且，"家长制并不天生具有我们今天已习以为常的那种贬义，作为国家理论的家国说之所以被认为应当废弃仅仅是因为我们把家庭同一个其实在家庭生活中并不经常出现的现象或形象——武断、粗暴的父亲——联系起来，并将之固化了"③。此外，不管父亲是否武断、粗暴（父之"严"不能同"武断、粗暴"画等号），但父亲大都疼爱自己的孩子，不对吗？

143

与人立约还是与上帝立约，关乎一个东方诗人是否属于"自我的主权

---

① ［美］尼古拉斯·斯皮克曼：《世界政治中的美国战略：美国与权力平衡》，王珊、郭鑫雨译，上海人民出版社 2018 年版，第 444—445 页。

② 苏力：《阅读秩序》，山东教育出版社 1999 年版，第 236 页。苏力在该页注释中详细列举了亚里士多德、柏拉图、洛克、休谟等人的"家国说"（如休谟："国王安居于他的臣民之中，像父亲生活在自己的孩子中一样"）。

③ 苏力：《阅读秩序》，山东教育出版社 1999 年版，第 272 页。

者"，是否有资格跻身"义人"的行列。①

144

霍布斯是"英国的孔子""英国的费孝通"，因为他曾经说"己所不欲，勿施于人"的自然律无疑是"永恒的神律"②。

145

有人化腐朽为神奇，③有人化神奇为腐朽。

其实，"化神奇为腐朽"的人是不懂何谓神奇、何谓腐朽的，是"化腐朽为神奇"的人眼睁睁地看着他们"化神奇为腐朽"。

神奇，藏在永恒的自然中。

神奇，像夜色中少女一刹那的娇羞，非一般人可以捕捉、"亵玩"。

146

让上帝的归上帝，让凯撒的归凯撒，让隐喻的归隐喻。④

147

"让隐喻的归隐喻"几乎是不可能的，因为在日常生活中隐喻无所不在，我们的思想和行为所依据的概念系统本身以隐喻为基础。下面是一些隐喻的例子：⑤

（1）他处于权力阶梯的上方，位高权重；（方位隐喻）

（2）在美国政界中，中产阶级是一支强大的沉默力量；（本体隐喻）

---

① "有人对于自己不服从主权者一事所提出的借口是他们和上帝，而不是和人订立了新信约，这也是不义的。"参见［英］霍布斯：《利维坦》，黎思复、黎廷弼译，商务印书馆1985年版，第134页。

② ［英］霍布斯：《利维坦》，黎思复、黎廷弼译，商务印书馆1985年版，第401页。

③ 苏力：《阅读秩序》，山东教育出版社1999年版，第273页。

④ "国家就是国家，任何隐喻也仅仅是隐喻，说国家像什么，恰恰是因为国家不是什么。"参见苏力：《阅读秩序》，山东教育出版社1999年版，第273—274页。

⑤ ［美］乔治·莱考夫、马克·约翰逊：《我们赖以生存的隐喻》，何文忠译，浙江大学出版社2015年版，第13、24、33、72、73、85页。

（3）我们组织需要新鲜血液；（转喻）

（4）我们国家诞生于对自由的渴望；（出生隐喻）

（5）他因对秩序充满激情而成了数学家；（"浮现"隐喻）

（6）一场争论是一次旅行。（单一隐喻）

苏力之所以解构"隐喻"，其实是想揭开被重重隐喻掩盖的存在真相和生活真相。苏力是一位过于真实因此显得有点"可怕"的存在主义哲学家。

148

我们可以说"苏力是学术界的狮子"（这是一种隐喻）、"狮子王一般的存在"（这是一种比喻）。

我们也可以说"苏力真像狮子"（这是一种比喻），其意思是"苏力不完全像狮子""苏力不是狮子"。①

149

德国人莱辛说："对于山水风景画家来说，人的形体在他的作品中除掉显示高级生活之外，还有一层重要的功用，那就是用作衡量画中其他对象的大小尺寸以及彼此之间距离的标准。"②

我不知道中国的山水风景画家中有多少人读过莱辛这段话。

我不知道中国的法学家中有多少人读过莱辛这段话。

中国的山水风景画家和法学家们，大多没有读过这段话，也顺利地成了名家。但我还是希望他们"读书一直杂乱"③，唯此，才能"显示高级生活"。

150

"高级生活"的表现之一：拒绝媚俗，绝不会"到国外浮光掠影几年，就以为学到了真理"④。

---

① 参见钱锺书对"他真像狮子"的语言学分析。钱锺书：《七缀集》，生活·读书·新知三联书店 2002 年版，第 43 页。

② ［德］莱辛：《拉奥孔》，朱光潜译，人民文学出版社 1979 年版，第 204 页。

③ 苏力：《大国宪制：历史中国的制度构成》，北京大学出版社 2018 年版，序。

④ 苏力：《阅读秩序》，山东教育出版社 1999 年版，第 279 页。

151

有人怀着乡愁，寻找家园；

有人怀着乡愁，寻找宇宙；

有人怀着宇宙，寻找有灵气的书名或句子。①

152

如果一个人，像堂吉诃德一样"好抬杠"②，

像庄子一样"与物齐"，

庶几可以言"有大觉而后知此其大梦""振于无竟，故寓诸无竟""予尝为汝妄言之，汝亦以妄听之"③吧。

---

① "法律、法学类书籍的书名历来不好起；字典除外，可能要算最难的。切题就不容易有'灵气'；轻灵一点、听着'亮'一点，则容易离题，或误导读者。"参见苏力：《阅读秩序》，山东教育出版社 1999 年版，第 285 页。

② 苏力说自己"喜欢抬杠""好抬杠"。参见苏力：《阅读秩序》，山东教育出版社 1999 年版，第 283、285 页；苏力：《送法下乡：中国基层司法制度研究》，中国政法大学出版社 2000 年版，第 93 页。

③ 《庄子·齐物论》。

1

苏力想到自己正在 20 世纪的末日——也是两千纪的末日——交代自己的心情，怎能不激动呢？"这是一个壮丽的时刻！"①他想到了彼岸的亲人、同事和学生；想到了"独在异乡为异客"的王维②、奥德修斯③和阿尔贝·加缪④；想到了整整一百年前（1899）坐在疯人院里静默不语的尼采；想到了整整一千年前（999）诞生于庐州城、不知道自己将被后世符号化的包拯⑤；想到了诸葛孔明的最后一个黎明；想到了有文字记载以来所有英雄的最后一个黎明；想到了"人过留名，雁过留声"的俗语；想到了枉担一个虚名的晴雯小姐；⑥想

① 苏力：《送法下乡：中国基层司法制度研究》，中国政法大学出版社 2000 年版，自序。

② 王维《九月九日忆山东兄弟》："独在异乡为异客，每逢佳节倍思亲。"

③ 奥德修斯是古希腊神话中的英雄、史诗《奥德赛》的主角，献计攻克了特洛伊。战争结束后，他在海上漂泊了十年，历尽艰辛才终于返回故乡。

④ 阿尔贝·加缪（1913—1960）是法国著名作家、哲学家，著有小说《异乡人》（又译《局外人》）。他曾写道："在布满预兆与星星的夜空下，我第一次敞开心胸，欣然接受这世界温柔的冷漠。体会到我与这份冷漠有多么近似，简直亲如手足。我感觉自己曾经很快乐，而今也依旧如是。"参见［法］阿尔贝·加缪：《异乡人》，张一乔译，北京大学出版社 2015 年版，第 126 页。

⑤ "就可能实践的现代的司法独立而言，我们今天无论如何不能满足于那种'包青天'的理解：一个刚直不阿、敢于'为民做主'的法官依据法律（或在法律没有规定时依据习惯和个人内心确信）自由地对其审理的案件作出决断。"参见苏力：《送法下乡：中国基层司法制度研究》，中国政法大学出版社 2000 年版，第 139 页。

⑥ ［清］曹雪芹：《红楼梦》，北京燕山出版社 2009 年版，第 635—636 页。

到了一切虚名都只不过是虚名，恰如"虚空的虚空，一切都是虚空""一切有为法，如梦幻泡影"；想到了"为什么我的眼里常含泪水"的诗句，有些人的眼泪注定比别人更多；想到了每一个心跳的日子；想到了自己最好的朋友，"一位有罕见才华、眼光独到""对自己的学术思路的形成和发展有重大影响"的人；①想到了坎布里奇的每一道沟沟坎坎，那里边流淌着冰冷的脏水、印第安人的热血和一个崭新民族的建国神话；想到了法兰西的内战和荣光；想到了全新的历史创举注定遭受误解的命运；②想到了规训和异化的可怕；想到了挣扎于红与黑之间的小城青年；想到自己正像一只雄鹰翱翔于夜空，③俯瞰正在书房里为新书撰写序言的自己。

2

有人送法下乡——一个司法者的故事。

有人送《送法下乡：中国基层司法制度研究》下乡——一个启蒙者的故事。

有人送《送法下乡：中国基层司法制度研究》的作者下乡——一个充满温情的故事。

3

有人雪中送炭，有人送雪给炭。雪无言，炭无言，人亦无言。

4

苏力真心感谢对他的批评，他说："批你也算是看得起你了：至少你的观点、论证让他/她感到有点激动，感到不吐不快，非要同你干上一架不可。"④

---

① 苏力：《送法下乡：中国基层司法制度研究》，中国政法大学出版社 2000 年版，致谢。

② "新的历史创举通常遭到的命运就是被误认为是对旧的，甚至已经过时的社会生活形式的抄袭，只要它们稍微与这些形式有点相似。"参见中共中央马克思、恩格斯、列宁、斯大林著作编译局编：《马克思恩格斯选集》（第二卷），人民出版社 1972 年版，第 376 页。

③ "于连看见一只鹰从头顶上那些大块的山岩中飞出，静静地盘旋，不时画出一个个巨大的圆圈。于连的眼睛不由自主地跟随着这只猛禽。这只猛禽的动作安详宁静，浑厚有力，深深地打动了他，他羡慕这种力量，羡慕这种孤独。这曾经是拿破仑的命运，有一天这也将是他的命运吗？"［法］斯丹达尔：《红与黑》，郭宏安译，译林出版社 1994 年版，第 48 页。

④ 苏力：《送法下乡：中国基层司法制度研究》，中国政法大学出版社 2000 年版，自序。

确实如此，对一个人最大的蔑视是视而不见、不搭理。鲁迅说："凡有一人的主张，得了赞和，是促其前进的，得了反对，是促其奋斗的，独有叫喊于生人中，而生人并无反应，既非赞同，也无反对，如置身毫无边际的荒原，无可措手的了，这是怎样的悲哀呵，我于是以我所感到者为寂寞。这寂寞又一天一天地长大起来，如大毒蛇，缠住了我的灵魂了。"①

苏力有时也感到颇为寂寞，他说："我多少也还有些失望，我觉得很多批评甚至包括某些赞扬都基于一些大而化之的误解，并且往往都只关注诸如像'本土资源'这样的词。"②只是，苏力先生，难道您不晓得"知名度来自误解"③"所有名人都注定要被标签化"这样的浅显道理吗？

苏力怎能不知！要不然就不是通透的苏力了。

5

不仅"法学不是一个自给自足的学科"④，所有学科都不是自给自足的学科。最多只能说，法学的自给自足性最差。

6

只有看到了别人，才能理解自己。⑤

有些人在别人身上看到的仍是自己，故而终生都无法理解自己。

还有些人呢，是自以为看到了别人，理解了自己。

7

他人的"不义而富且贵"，于我如浮云。⑥

① 鲁迅：《鲁迅小说全集》，北京燕山出版社 2011 年版，第 5 页。

② 苏力：《送法下乡：中国基层司法制度研究》，中国政法大学出版社 2000 年版，自序。

③ 木心：《鱼丽之宴》，广西师范大学出版社 2007 年版，第 97 页。

④ 苏力：《送法下乡：中国基层司法制度研究》，中国政法大学出版社 2000 年版，自序。"法律压根儿是一门技能或社会经验，跟走街串巷修伞补锅一样，不算学问（当然，用学问钻研它是另一回事）。"冯象：《木腿正义》（增订版），北京大学出版社 2007 年版，第一版前言，第 6—7 页。

⑤ 苏力：《送法下乡：中国基层司法制度研究》，中国政法大学出版社 2000 年版，自序。

⑥ 《论语·述而》。

8

我是很知道理论的局限的，也是很知道实践的局限的，更是很知道"局限"这个词的局限的。

9

学术"八股"和学术"新八股"都要不得。然而，想"改造我们的学习"，谈何容易！

10

"言必称希腊"①也不是不可以，但首先要搞清楚希腊是怎么回事，其次别忘了自己脚下的大地并非希腊。

11

毛泽东在1941年指出："几十年来，很多留学生都犯过这种毛病。他们从欧美日本回来，只知生吞活剥地谈外国。他们起了留声机的作用，忘记了自己认识新鲜事物和创造新鲜事物的责任。"②80多年过去了，情形似乎并没有根本改变。大多数留学生（特指文科，尤其是法科留学生）仍然只是"起了留声机的作用"。从英美回来的，大谈哈特、德沃金、庞德、奥斯丁；从德国回来的，大谈凯尔森、耶里内克、卢曼、托依布纳；从日本回来的，大谈穗积陈重、美浓部达吉、我妻荣、芦部信喜。"他们一心向往的，就是从先生那里学来的据说是万古不变的教条。"③

12

苏力说："一个民族的生活创造其法治，法学家创造的最多只是对这种法治的一种理论正当化。"

---

① 毛泽东：《毛泽东选集》（第三卷），人民出版社1991年版，第797页。
② 毛泽东：《毛泽东选集》（第三卷），人民出版社1991年版，第798页。
③ 毛泽东：《毛泽东选集》（第三卷），人民出版社1991年版，第799页。

这被有些以"为生民立命""为万世开太平"为己任的法学家①视作"保守""御用",认为把自己看得太轻了。

苏力确实反对"把自己看得太重"②。

然而,反对"把自己看得太重"不等于轻盈地活着。苏力正是因为深谙"轻"与"重"的辩证法,才以轻盈的身体(也只有一百多斤),果敢地挑起"创造新鲜事物"的重担。"最沉重的负担同时也成了最强盛的生命力的影像。负担越重,我们的生命越贴近大地,它就越真切实在。"③

13

与其大而不当地论辩东西文化之差异,不如具体而微地考察东西方地理环境、生产方式的不同。

14

苏力说:"我是实用主义者,强调法律的制度功能,而不看重它的'名分'。"④

一个人可以同时是实用主义者和浪漫主义者——在该用实用主义的地方用实用主义,在该用浪漫主义的地方用浪漫主义。

15

不在其位,不谋其政——隐者。

在其位,谋其政——王者。

---

① "'为万世修太平'的理想隐含的是一种权力意志,追求的至少是知识的霸权,隐含着对他人对后代的权利的剥夺。然而,我们怎么可以想象后代甚或我们的同辈会按照我的意志去做呢?"参见苏力:《送法下乡:中国基层司法制度研究》,中国政法大学出版社 2000 年版,第 12—13 页。"有可能为万世开太平吗?这可以是个人的追求和理想,但法律人必须务实和清醒。"参见苏力:《批评与自恋:读书与写作》(增订本),北京大学出版社 2018 年版,第 421 页。

② 苏力:《送法下乡:中国基层司法制度研究》,中国政法大学出版社 2000 年版,自序。

③ [捷] 米兰·昆德拉:《不能承受的生命之轻》,许钧译,上海译文出版社 2010 年版,第 5 页。

④ 苏力:《送法下乡:中国基层司法制度研究》,中国政法大学出版社 2000 年版,自序。

不在其位，谋其政——素王（孔子、康有为）。

在其位，不谋其政——纣王？"左牵黄，右擎苍"的苏东坡？诗人？

16

苏力说："学术是一种高度个人化的实践。"①循此标准，则两人（含）以上合著的文科论著，皆非学术。

17

真正的智慧不仅可以创造和改变学术传统，②而且可以吸引黄昏、猫头鹰和"女黑格尔"一起降临于自家的窗台。

18

夕阳未落时，心已悲黄昏。

19

我也迷信——"信仰"的"信"③，"人无信不立"的"信"，爱因斯坦写给五千年后子孙的"信"④。

20

有四样东西（存在、死亡、未来、人），人若认真去想，不如干脆不出娘胎。

———————————

① 苏力：《送法下乡：中国基层司法制度研究》，中国政法大学出版社 2000 年版，自序。

② 苏力：《送法下乡：中国基层司法制度研究》，中国政法大学出版社 2000 年版，自序。

③ "信仰从来都不是、也无需一种言辞的表白，而是一个人的活动所展现的他/她的存在方式。"参见苏力：《制度是如何形成的》，北京大学出版社 2007 年版，第 209 页。

④ "我们这个时代产生了许多天才人物……我相信后代会以一种自豪的心情和正当的优越感来读这封信。"参见许良英等编译：《爱因斯坦文集》（第三卷），商务印书馆1979 年版，第 159 页。

21

莎士比亚说："该做的第一件事，就是把律师杀个精光。"①

律师心态平和，从没想过杀光诗人，因为所有人（包括诗人）都是潜在的客户，都是拥有金钱的"上帝"。

22

卡夫卡报考法律专业纯粹是屈从父亲的意志，称学习法律犹如嚼锯木屑。②

23

在我们这个学术一天比一天规范化的时代，认真提问、思考、想象和写作是需要付出代价的。③

24

1997 年，冯象评论道："中国的法学'研究'，滥起来没有让美国佬占先的道理。"④

25

他以出世的精神入世，以入世的精神出世。不错，说的正是苏力。

---

① 转引自冯象：《木腿正义》（增订版），北京大学出版社 2007 年版，第 17 页。又参见苏力：《送法下乡：中国基层司法制度研究》，中国政法大学出版社 2000 年版，第 299 页。"城里……有十二名律师。律师中，只有六名有活干；他们在呈送法院的公文上，相互刻薄地诋毁诽谤，一有机会，便煽起陈谷子烂芝麻的旧事，挑起可怜的群众彼此打斗，好让他们害怕，摸出几个钱来。"参见［西］阿左林：《著名的衰落》，林一安译，花城出版社 2018 年版，第 221 页。

② 冯象：《木腿正义》（增订版），北京大学出版社 2007 年版，第 20 页。

③ 冯象：《木腿正义》（增订版），北京大学出版社 2007 年版，第 33 页。

④ 冯象：《木腿正义》（增订版），北京大学出版社 2007 年版，第 52 页。

26

"法律之手"插在谁的口袋里？①美联储主席，沙漠边缘某个村庄的村长，抑或一位从不带伞的和尚？

27

"法律之门"向谁敞开？卡夫卡，地球上的女科学家，抑或来自织女星的一串素数序列组成的讯号？

28

同"老好人"一样，抽象原则是没什么用处的。

29

所有生命（庄子、蟪蛄②、弗兰肯斯坦③等）、所有知识（法律、技术、语言等），都只是人类时间系统中的一个链条。

30

苏力说："如果历史真的不会重复，那么就必须接受这样的结论，从过去的历史中得出的原则将永远不足以应付未来。"④

历史也有可能重复的，佛家和尼采都提出"永恒轮回"学说。

尼采是唯一的。即使再诞生一个尼采（不一定诞生在德国），也不是原来那个尼采了。

尽管"从过去的历史中得出的原则将永远不足以应付未来"，但瞻望未来却是人的伟大本能。

---

① 冯象：《木腿正义》（增订版），北京大学出版社 2007 年版，第 58 页。

② 《庄子·逍遥游》："朝菌不知晦朔，蟪蛄不知春秋。"

③ 弗兰肯斯坦是英国女作家玛丽·雪莱塑造的"科学怪人"。参见［英］玛丽·雪莱：《科学怪人》，于而彦译，作家出版社 2010 年版。

④ 苏力：《送法下乡：中国基层司法制度研究》，中国政法大学出版社 2000 年版，第 3 页。

31

从先验中无法抽象得出终极真理。从经验中也无法抽象得出终极真理。①终极真理根本就不存在。

32

一部宪法或一位哲人所宣告的规则并不是为了正在消逝的片刻，而是为了不断延展的未来。②

33

在美国，让一位法官的工作千古流传或许比较容易，③但是在有的国家，却像骆驼穿过针眼一样困难。

34

爱上东施的男人，也会"情人眼里出西施"。

东施亦有东施之美。东施效颦的错误在于"不了解自己，没有找到适合自己的美"，在于没有碰到发现自己美的男人。

35

没有什么不会终结，包括历史。但此处的"历史终结"与弗朗西斯·福山所讲的"历史终结"④不是一码事。

---

① 苏力：《送法下乡：中国基层司法制度研究》，中国政法大学出版社 2000 年版，第 3 页。

② ［美］本杰明·卡多佐：《司法过程的性质》，苏力译，商务印书馆 1998 年版，第 51 页。

③ ［美］本杰明·卡多佐：《司法过程的性质》，苏力译，商务印书馆 1998 年版，第 112 页。

④ "自由民主制度也许是'人类意识形态发展的终点'和'人类最后一种统治形式'，并因此构成'历史的终结'。"参见［美］弗朗西斯·福山：《历史的终结及最后之人》，黄胜强、许铭原译，中国社会科学出版社 2003 年版，第 1 页。

36

中国的诗人"生活在别处"是可以的，法学人却不可以，他必须研究中国的、"地方性"的问题。但这并不意味着他无法建构出具有普遍意义的知识，因为"从地方性到普遍性之间从来都没有而且永远都不会有一个截然的界限"①。

37

他知道自己就是"那个说出这些出色的语句的孩子"②，就是那个说皇帝什么衣服都没有穿的孩子，就是那个没有被"卡夫卡家族的生活意志、经商意志、占领意志"③占领的孩子，就是那个进入了悲剧之中的孩子，就是那个冷静又热烈的永远长不大的孩子，④就是那个梦见斯大林的笑声在客厅里幽幽颤动的孩子，⑤就是那个"在现象学家之前就实践了现象学（对人类处境本质的探寻）"⑥的孩子，就是那个看到胜利女神和资产阶级正在退出历史舞台的孩子，⑦就是那个决心"在寂静中活下去，为了寂静活下去"⑧的孩子，就是那个喜欢虚构，比身边人早两百年、四百年、八百年意识到"世界堕落了"的孩子，⑨就是那个梦见了由音符汇聚成的洪水和斯特拉文斯基尸身的孩子，⑩就是

---

① 苏力：《送法下乡：中国基层司法制度研究》，中国政法大学出版社 2000 年版，第 13 页。

② ［捷］米兰·昆德拉：《生活在别处》，袁筱一译，上海译文出版社 2014 年版，第 22 页。

③ 林骧华主编：《卡夫卡文集》（4），安徽文艺出版社 1997 年版，第 313 页。

④ 苏力：《送法下乡：中国基层司法制度研究》，中国政法大学出版社 2000 年版，第 20 页。

⑤ ［捷］米兰·昆德拉：《庆祝无意义》，马振骋译，上海译文出版社 2014 年版，第 82 页。

⑥ ［捷］米兰·昆德拉：《小说的艺术》，董强译，上海译文出版社 2011 年版，第 41 页。

⑦ ［捷］米兰·昆德拉：《玩笑》，蔡若明译，上海译文出版社 2011 年版，第 107 页。

⑧ ［捷］米兰·昆德拉：《笑忘录》，王东亮译，上海译文出版社 2011 年版，第 148 页。

⑨ ［捷］米兰·昆德拉：《雅克和他的主人》，郭宏安译，上海译文出版社 2003 年版，第 114 页。

⑩ ［捷］米兰·昆德拉：《无知》，许钧译，上海译文出版社 2004 年版，第 149 页。

那个在游戏中变得不自由的孩子，①就是那个告诉自己的启蒙老师"政权来来去去，可是文明的边界会持续下去"②的孩子，就是那个将政治比喻为一个封闭的科学实验室的孩子，③就是那个发现了"卡夫卡时期的官僚主义"相比于今天"简直是个无辜的孩子"的孩子，④就是那个偶尔穿着睡衣消失在水底下的孩子，⑤就是那个让火葬场的火焰递来名片的孩子，⑥就是那个告诫尼采研究者"尼采的思想不可能从尼采的散文中提炼"的孩子，⑦就是那个把俄罗斯看成精神祖国的孩子，⑧就是那个在汴京地下室的废纸堆中与尚是灰姑娘的"灰姑娘"讨论荷马预言、《查拉图斯特拉如是说》、《道德经》、同经典著作共命运的"耗子"、非洲"该隐"、乌镇"兰波"、不亚于任何一场战争的精神战争、变成了上帝的风筝以及"永恒大厦的忧伤"的那个孩子。⑨

38

苏力说："在这样一个也许我的努力从一开始就注定会以失败告终的时代，我希望尽自己所能为这个制度作一种前人从来没有进行过的理论的和功能的分析……我也许会为自己的失败做证。"⑩

---

①　［捷］米兰·昆德拉：《好笑的爱》，余中先、郭昌京译，上海译文出版社 2013 年版，第 113 页。

②　［捷］米兰·昆德拉：《相遇》，尉迟秀译，上海译文出版社 2010 年版，第 99 页。

③　"如果说，科学和艺术实际上是历史真正的和本来的竞技场，那么，政治则相反，是一个封闭的科学实验室。"参见［捷］米兰·昆德拉：《告别圆舞曲》，余中先译，上海译文出版社 2014 年版，第 135 页。

④　［捷］米兰·昆德拉：《帷幕》，董强译，上海译文出版社 2014 年版，第 171 页。

⑤　［捷］米兰·昆德拉：《慢》，马振骋译，上海译文出版社 2011 年版，第 135 页。

⑥　［捷］米兰·昆德拉：《身份》，董强译，上海译文出版社 2011 年版，第 62 页。

⑦　"人们能不能从尼采散文的文笔中提炼尼采的思想呢？当然不能。思想、表达、结构是不可分离的。"参见［捷］米兰·昆德拉：《被背叛的遗嘱》，余中先译，上海译文出版社 2012 年版，第 207 页。

⑧　"值得玩味的是贝蒂娜的赞赏者里尔克也赞赏俄国，甚至有一阵子把俄国看成他的精神祖国。因为俄国的确是基督教多愁善感的典范。"参见［捷］米兰·昆德拉：《不朽》，王振孙、郑克鲁译，上海译文出版社 2013 年版，第 227 页。

⑨　［捷］博胡米尔·赫拉巴尔：《过于喧嚣的孤独》，杨乐云译，北京十月文艺出版社 2011 年版，第 6—7、15、19、22、30、55、87 页。

⑩　苏力：《送法下乡：中国基层司法制度研究》，中国政法大学出版社 2000 年版，第 21 页。

说出如此真诚和虔诚之语的人，①怕是没有机会为自己的失败做证了。倒有可能为别人的失败做证。

39

苏力说："这些分析都是具有某种先锋性的。"②

先锋性＝先见之明＋锋芒＋智性。"先锋性"并非只存在于先锋性小说或文学理论里。

40

权力只有在权力与权力的碰撞中才能看见；③

权利只有在权利与权利的碰撞中才能看见；

帝国只有在帝国与帝国的碰撞中才能看见；

意识形态只有在意识形态与意识形态的碰撞中才能看见；

爱欲只有在爱欲与爱欲的碰撞中才能看见；

智慧只有在智慧与智慧的碰撞中才能看见——力的作用从来是相互的，唯有智者才能发现智者。

41

暂时栖居边缘也无甚不好，④总有一天会走向中心的。苏力想。⑤

---

① "虔诚赋予的敏捷和轻灵，在艺术上就是灵感。这是些轻灵的瞬间，灵感的无比幸福的瞬间。事物对于我们来说，看来没有什么秘密。我们开始慢慢地写作。我们缓慢地，然而坚定地走着路。"参见〔西〕阿左林：《著名的衰落》，林一安译，花城出版社2018年版，第357—358页。

② 苏力：《送法下乡：中国基层司法制度研究》，中国政法大学出版社2000年版，第23页。

③ 苏力：《送法下乡：中国基层司法制度研究》，中国政法大学出版社2000年版，第37页。

④ "我没参加过法理学年会或诸如此类的法理学术讨论会，自我逃避，因此也就自我放逐或自我边缘化了。"参见苏力：《走不出的风景：大学里的致辞，以及修辞》，北京大学出版社2011年版，第141页。

⑤ "在学术研究上，如果要追求无限风光，就只能是在险峰上攀登，甚至必须走向边缘，就必定不可能、至少是当即不可能成为主流，就必定要承受某种世俗的孤独。"参见苏力：《波斯纳及其他：译书之后》（增订本），北京大学出版社2018年版，第24页。"我

皇帝不急，太监不急，宫娥不急，《宫娥》的作者委拉斯凯兹也不急，他当然就更不急了。

42

条条大路通罗马。然而，罗马的权力却无法延伸到每一条通向它的大路的尽头。"当罗马的统治局限在意大利的时候，共和国是容易维持下去的""但是当军团越过了阿尔卑斯山和大海的时候""罗马再也无法知道，在行省中率领着军队的人物到底是它的将领还是它的敌人了"。[1]

强弩之末，势不能穿鲁缟。

苏力也强调，"必须重视空间位置对权力的实际运作可能产生的影响"，自然空间和人文空间都有可能改变中心与边缘的权力关系。[2]

43

有论者指出，奥斯曼帝国的崩溃"释放出了极其强大的分裂力量""一个世纪之后，世界还在处置这个大分裂造成的后果"。[3]

如此说来，帝国的崩溃是一个错误？

对此，沙漠群峰、晶莹剔透的沙粒、灰色与绿色的金雀花丛 [4] 和看着三兄弟结义的桃花[5]是毫不在意的。

（接上页）在法学界一直坚持一种批评的学术态度，坚持一种相对边缘化的学术立场，或多或少在法学界有点'异端'，甚至'怪胎'。"参见苏力：《批评与自恋：读书与写作》（增订本），北京大学出版社 2018 年版，出版序。

① ［法］孟德斯鸠：《罗马盛衰原因论》，婉玲译，商务印书馆 1962 年版，第 48—49 页。

② 苏力：《送法下乡：中国基层司法制度研究》，中国政法大学出版社 2000 年版，第 37—38 页。

③ ［美］斯科特·安德森：《阿拉伯的劳伦斯：战争、谎言、帝国愚行与现代中东的形成》，陆大鹏译，社会科学文献出版社 2014 年版，第 17 页。

④ ［英］T. E. 劳伦斯：《智慧七柱I》，蔡悯生译，上海文艺出版社 2016 年版，第 76—77 页。

⑤ ［明］罗贯中：《三国演义》，春风文艺出版社 1994 年版，第 5 页。

44

每天都有人寿终正寝或"阵亡"。"苟活残存者知道，自己只是上帝舞台中的一具行尸走肉""一种活着的死亡"。①

45

有人与侵略者打游击，有人与反动派打游击，有人与死神打游击；有人同时与三者打游击。

"安得倚天抽宝剑，把汝裁为三截?"②毛泽东是真正的游击队理论大师。

"对于从游击队方面思考问题的毛泽东而言，今天的和平只是一种实际的敌对关系的表现形式。即便在所谓冷战中，也仍然存在敌对关系。因此，冷战并非半战半和，而是实际的敌对关系以不同于公开暴力的另类手段进行的与事态相适应的活动。只有软骨头和幻想家才会对此视而不见"。③

46

从大历史的视角来看，任何权力支配关系都是"局部的""暂时的"。④

47

知己知彼，"百战亦殆"。帝国之勃兴、灭亡，皆源于好战。这也是没办法的事。"祖上也阔过"就好。

48

熟人社会有适应熟人社会的法律，陌生人社会有适应陌生人社会的法律。无需法学家操心。

---

① ［英］T. E. 劳伦斯：《智慧七柱I》，蔡悯生译，上海文艺出版社 2016 年版，第 4、6 页。

② 《念奴娇·昆仑》。

③ ［德］卡尔·施米特：《政治的概念》，刘宗坤等译，上海人民出版社 2004 年版，第 308 页。

④ 苏力：《送法下乡：中国基层司法制度研究》，中国政法大学出版社 2000 年版，第 42 页。

49

就连鲁迅也没有想到，出身高贵的王子"居然落到这种地步"①——连周粟也没有，只能靠"采薇"勉强维持生命。②

50

中国知识分子是否还有前途，不在于他们是否能改变社会结构或文化氛围，而要看他们能否把自然知识、技术知识和规范知识"总合成一体"。③

51

梁漱溟说："中国历史自秦汉后，即入于一治一乱之循环，而不见有革命。"④

这一说法未免太缺乏"审视历史"的眼光。然而，对当代绝大多数中国法学家而言，这一命题已成为不容置疑的教条。

52

言之无文，行而不远。人类的思想，只有化为贴切的比喻或广为流传的故事，才具备穿越时间长河的力量，"而这样的情形庶几稀矣"。⑤

53

对于革命者来说，更重要的是改变社会领域的结构，而不是政治领域的结构。⑥

———————

① 苏力：《送法下乡：中国基层司法制度研究》，中国政法大学出版社2000年版，第50页。

② 鲁迅：《鲁迅小说全集》，北京燕山出版社2011年版，第327—346页。

③ 费孝通、吴晗等：《皇权与绅权》（增补本），华东师范大学出版社2015年版，第17页。

④ 曹锦清编选：《儒学复兴之路——梁漱溟文选》，上海远东出版社1994年版，第302页。

⑤ ［美］汉娜·阿伦特：《论革命》，陈周旺译，译林出版社2007年版，第9页。

⑥ ［美］汉娜·阿伦特：《论革命》，陈周旺译，译林出版社2007年版，第14页。

国民党之失败，在于只改变政治领域的结构（按照黄仁宇的说法，国民党打造了一个现代上层结构①），而没有触动、改变（底层/基层）社会领域的结构。国民党的结构属于"倒金字塔形"，或如毛泽东所言，"墙上芦苇，头重脚轻根底浅"②。对于一个革命政党而言，倘若无法深入社会、改变社会结构的话，其在政治领域的改变恐怕也是十分有限的，因为改造社会与改造政治的逻辑是一致的。国民党之失败，在于"革命性"和"代表性"的丧失，失去了改变的勇气和能力。

54

黄仁宇说，"现今领导人的任务"是"在上下之间敷设法制性的联系，使整个系统发挥功效"。③

黄仁宇说，中国缺乏西方式法制，既有坏处也有好处。④

黄仁宇反对史家从自身的爱憎去褒贬一个现存的政权，认为"与自己身份不符"。⑤

55

1972 年，毛泽东对来访的尼克松说：我并没有改变中国，只是改变了北京附近一些的地方。⑥

这既是谦辞，又不是谦辞。

我们必须意识到，中国是一个超大规模的国家，自然空间和人文空间都超级大。如何将之糅合成有机、更有机的共同体，任重而道远。当代中国宪法学者心里装的应该是整个中国的巨大空间，而不是貌似系统、实则琐碎的宪法教义学。

---

① 黄仁宇：《中国大历史》，生活·读书·新知三联书店 1997 年版，第 295 页。
② 毛泽东：《毛泽东选集》（第三卷），人民出版社 1991 年版，第 800 页。
③ 黄仁宇：《中国大历史》，生活·读书·新知三联书店 1997 年版，第 295 页。
④ 黄仁宇：《中国大历史》，生活·读书·新知三联书店 1997 年版，第 303 页。
⑤ 黄仁宇：《中国大历史》，生活·读书·新知三联书店 1997 年版，第 306 页。
⑥ 苏力：《送法下乡：中国基层司法制度研究》，中国政法大学出版社 2000 年版，第 52 页。

56

"问苍茫大地，谁主沉浮？"①——发问的人，往往心中已经有了答案。

57

白天的一切令我不安。

我对任何人没有恶意，

却常被视为背叛者、忘恩负义之徒。

我希望爱侣可以感受，

我在挫败时期展现的自尊心，

也希望将自己的宽广视野，

展现给中国和美国的学术界。

必须蔑视学院分工制度。

必须看清自由民主的地理印记。②

必须以"阴""阳"互渗的方式保持尊严。

"苦海余生"与"甜海余生"没有太大不同，

我早已学会省钱或者说货币管理技巧，

恰如扬州、山西和意大利城邦的狡狯商人。③

58

曹操自述初心只是"封侯作征西将军，然后题墓道言'汉故征西将军曹

---

① 《沁园春·长沙》。

② "美国的自由民主仍带有地理的印记。美国之所以成功，是由于从普利茅茨殖民区不断往西扩张，疆域包括大湖、平原、草原、山脉和沙漠，一直延伸到太平洋彼岸。""理想的完美境界只是抽象的概念。实际上，其具体实现必须混合一国的地理和历史因素，并受制于这些条件。"参见黄仁宇：《黄河青山》，张逸安译，生活·读书·新知三联书店2001年版，第503—504页。"追求完美的心态是必要的；但是，之所以有这种心态又恰恰是因为每一个现实的制度都是不完美的。"参见苏力：《送法下乡：中国基层司法制度研究》，中国政法大学出版社2000年版，第92页。

③ 黄仁宇：《黄河青山》，张逸安译，生活·读书·新知三联书店2001年版，第500—504页。

侯之墓'"①。最后却成了观沧海的魏武帝。

黄仁宇自述初心只是"对一个小型文学院的学生概述通史""不过是寻求舒适和隐私，并无太大的野心"，可"问题在于，在过程中我逐渐卷入比生命更宽广的历史。到最后，我避免放肆时，就显得很不诚实；我压制自己的反对意见时，就显得很虚伪"②。

有些人从未忘却初心，不知不觉间，比初心走得更远。

有些人（太多人），偏离了初心，最终变成年少立志时讨厌的那种人。③既然变了，也就不觉得自己讨厌了。

59

"我历史观点中的实用价值让我无法维持缄默。"④这话很像是苏力说的。

60

与苏力一样，杜赞奇也受到福柯的影响，他写道："影响本研究至深的'权力'概念来自福柯（《规训与惩罚》《性史》）。从福柯的观点中我意识到，权力关系并不源自某一特别的因素，而是来自多元……某一时期的体制（特别是制度化的知识）有着自己独特的方式……权力并不经常、必须是压迫性的，它还具有创造性和启发性。"⑤

---

① ［三国］曹操：《曹操集》，中华书局编辑部编，中华书局 2012 年版，第 41 页。

② 黄仁宇：《黄河青山》，张逸安译，生活·读书·新知三联书店 2001 年版，第 509 页。黄仁宇喜欢表达反对意见，类似苏力的"好抬杠"。关于生命与历史，苏力也说："学者的生命在某种意义上就是要不断逾越已知的界限。"参见苏力：《送法下乡：中国基层司法制度研究》，中国政法大学出版社 2000 年版，第 91 页。

③ "我发现很多人的失落，是忘却了违背了自己少年时的立志，自认为练达，自认为精明，从前多幼稚，总算看透了，想穿了——就此变成自己少年时最憎恶的那种人。"参见木心：《鱼丽之宴》，广西师范大学出版社 2007 年版，第 27 页。

④ 黄仁宇：《黄河青山》，张逸安译，生活·读书·新知三联书店 2001 年版，第 509 页。

⑤ ［美］杜赞奇：《文化、权力与国家：1900—1942 年的华北农村》，王福明译，江苏人民出版社 2008 年版，第 11 页。权力并非"总是很糟糕的、很坏的东西"，也"可以是建设性的，关键看你如何使用；即使是政治性的权力也是如此"。参见苏力：《送法下乡：中国基层司法制度研究》，中国政法大学出版社 2000 年版，第 439 页。

61

狗见了主人会摇动尾巴，"正义"作为一个没有时间、没有生命、没有主体性的概念，却是不会"摇动尾巴的"。①

62

苏力说，在中国，"可以看到西方经典法律化与无法涵盖概括的法律运作"②。

试比较黄仁宇的类似说法："现在中国所产生的问题和她背景上几百年甚至几千年的生活条件攸关，因此也有不尽能由西方经验所产生的语词全部笼罩之事例。"③

本是常识的东西却需要反复重申，只说明一件事：（苏力和黄仁宇所针对的）学者心性败坏程度之深。

63

聚焦于"规范性的法律研究"的学者何时能少发一篇没人看的法学论文，自学一点儿行为主义政治学呢？④

64

往往是"不干净"的司法政治影响了重大案件的判决，甚至历史进程。⑤

---

① 苏力：《送法下乡：中国基层司法制度研究》，中国政法大学出版社2000年版，第55页。"世界的道德秩序的幻想——并不存在什么永恒的正义，这种正义要求一切罪过都将受到惩罚和付出代价——相信存在着这样一种正义乃是一种可怕的和没有多大用处的幻想。"参见［德］尼采：《曙光》，田立年译，漓江出版社2007年版，第285页。

② 苏力：《送法下乡：中国基层司法制度研究》，中国政法大学出版社2000年版，第59页。

③ 黄仁宇：《中国大历史》，生活·读书·新知三联书店1997年版，第303—304页。

④ 苏力：《送法下乡：中国基层司法制度研究》，中国政法大学出版社2000年版，第65页。

⑤ 任东来、陈伟、白雪峰等：《美国宪政历程：影响美国的25个司法大案》，中国法制出版社2013年版。

65

有人静坐七天七夜格菩提树（释迦牟尼），成了佛；

有人静坐七天七夜格竹子（王阳明），没结果；

有人静坐七天七夜格苏力的一首诗，终于明白苏力何以成为苏力了——但他藏心里，不与人说（因为无法言说）。

66

在太阳看来，"太阳底下无新事"。在人类看来，每天的太阳也都一样。

但我知道，每一刻，每一秒，每一种事物都在悄无声息地变化。同人类一样，太阳也有死去的一天。

67

旧瓶装新酒是（晚清以前的）经学大师创新时和人类社会制度变迁中的普遍现象。①

能创新的经学/国学大师，现在是没有的。

现在所谓"经学/国学大师"（自封的和他封的），要么是旧瓶装旧酒，要么是新瓶装旧酒。

68

有时，旧瓶确实装不了新酒。②杜甫若生在今天，也得写自由诗，也得读柏拉图、海德格尔和博尔赫斯的作品。

69

现在若想创新，最好是把瓶子摔了，或"眼中无瓶"。眼中有瓶也是可

---

① 苏力：《送法下乡：中国基层司法制度研究》，中国政法大学出版社 2000 年版，第 95 页。

② "许多接触了新学或西学的中国学人已经感到传统学术不能适应现代中国社会变迁的需要""毛泽东本人非常喜欢旧体诗词""但他一生不提倡旧体诗""毛泽东看到了这一知识类型变迁的必然性和必要性"。参见苏力：《制度是如何形成的》，北京大学出版社 2007 年版，第 194 页。

以的，但必须"一瓶一世界"。

70

比利时人的做法有比利时人的道理，刚果人的做法有刚果人的道理，两者谁都代替不了谁。①

71

"以道观之，物无贵贱"是偶然现象；"以物观之，自贵而相贱"是普遍现象。

"以俗观之，贵贱不在己"是让曹雪芹、晴雯、梵高、洛尔迦②、茨维塔耶娃③一度为之抽泣的现象。④

72

一位诗人对另一位诗人说："当我们将来会见的时候，是山与山的相逢。"⑤

73

一位学者对另一位学者说："当我们将来会见的时候，是大海与大海的相逢。"

74

"作为开头的结尾"⑥的意思是，"晚霞追赶上朝霞"⑦。

① 苏力：《送法下乡：中国基层司法制度研究》，中国政法大学出版社 2000 年版，第 145 页。

② 洛尔迦（1898—1936），西班牙著名诗人，在西班牙内战期间被弗朗哥手下处决。

③ 茨维塔耶娃（1892—1941），俄罗斯著名女诗人，也是 20 世纪最伟大的诗人之一，晚景凄凉，在饥寒交迫中自杀。

④ 《庄子·秋水》。

⑤ 茨维塔耶娃致帕斯捷尔纳克的信。参见［俄］玛丽娜·茨维塔耶娃：《致一百年以后的你：茨维塔耶娃诗选》，苏杭译，广西师范大学出版社 2012 年版，前言，第 9 页。

⑥ 苏力：《送法下乡：中国基层司法制度研究》，中国政法大学出版社 2000 年版，第 171 页。

⑦ ［俄］玛丽娜·茨维塔耶娃：《致一百年以后的你：茨维塔耶娃诗选》，苏杭译，广西师范大学出版社 2012 年版，第 42 页。

75

尼采说："如果我们证明一件事物具有最高的效用，我们并没有因此说出关于这件事物的起源的任何东西。"①我们爱一个美丽的女人，不必知道她刚出生时的样子——不会比一只大老鼠或丑小鸭好看多少。

76

在一个如此聒噪的时代，我们为了保护自己，必须拥有一种不同寻常的自负，一种充耳不闻的智慧。②

77

当代中国的一位"麦克白夫人"说："我厌倦了太阳和月亮还留在空中，我巴不得法律只剩下三章③，我恨不得一炮将高塔、吉他、战车、阿根廷蚂蚁、树上的麻将和看不见的城市轰得粉碎。"④

78

构成生命的是，
一些关于生命、阴影和立体几何的命题。
人要么在孤独中沉思，
要么在沉思中孤独。
太极端！
生活是声色犬马，
是每年书写对句给冬天，

---

①　［德］尼采：《曙光》，田立年译，漓江出版社2007年版，第28页。

②　［德］尼采：《曙光》，田立年译，漓江出版社2007年版，第520—521页。

③　《汉书·刑法志》："高祖初入关，约法三章。"

④　［意］伊塔洛·卡尔维诺：《命运交叉的城堡》，张密译，译林出版社2012年版，第158页。

同时编制令人愉悦的深奥论文。①

79

"倘若一位诗人与爱因斯坦同年生、同年死，到底是诗人的幸运，还是爱因斯坦的幸运？"②

"爱因斯坦也是一位诗人呀！"

80

我自己就是那个我漫游的世界，就是穿越太平洋的巨轮的罗盘，就是让一个人想起斑驳的瓷器（china）的前奏曲。③

81

谁会在意蛐蛐平凡的一生呢？谁会在意骑士平凡的一生呢？谁会在意地球宁静平凡的一生呢？④

82

假设，由苏力和"全国十大杰出青年法学家"中的六位（共七人）共同组成审判委员会，对某个农村的案件——因一头耕牛的所有权和使用权发生的争议⑤——进行裁决，其公正性和社会的接受度，会比一个县法院的审判委员会作出的裁决更强吗？

① 苏力：《送法下乡：中国基层司法制度研究》，中国政法大学出版社 2000 年版，第 175 页；[美] 华莱士·史蒂文斯：《最高虚构笔记：史蒂文斯诗文集》，陈东飚、张枣译，华东师范大学出版社 2009 年版，第 25 页。

② 华莱士·史蒂文斯（1879—1955，与爱因斯坦同年生、同年死），美国诗人。就读于哈佛大学，后在纽约法学院获法律学位，曾做过十几年律师，后出任保险公司高管（副总裁），直至退休。

③ [美] 华莱士·史蒂文斯：《最高虚构笔记：史蒂文斯诗文集》，陈东飚、张枣译，华东师范大学出版社 2009 年版，第 91 页。

④ [美] 华莱士·史蒂文斯：《最高虚构笔记：史蒂文斯诗文集》，陈东飚、张枣译，华东师范大学出版社 2009 年版，第 228—229 页。

⑤ 案件的具体情形，参见苏力：《送法下乡：中国基层司法制度研究》，中国政法大学出版社 2000 年版，第 201—211 页。

答曰"不会"。但有一点我相信，即由苏力独任裁决，效果会更好些。

但苏力可能会因此被另外六位"杰出青年法学家"扣上"反法治"的帽子。因为他公开说"仅仅就耕牛案作为一个纠纷处理而言，并不需要复杂的法律分析""中国基层和乡土社会中大量的纠纷都很难被纳入目前主要是移植进来的法律概念体系（而不是法律）中，很难经受那种法条主义的概念分析"。①

83

不应从法律意义上而要从社会学意义上（经验效力的角度），理解法律秩序。②

不应从法律意义上而要从荣誉的角度，理解决斗。③

不应从法律意义上而要从权力意志的角度，理解在一个陌生的、异己的政治版图中殖民的行为。④

84

自动售货机可以出售红茶、可乐、面包，却无法出售一份耕牛纠纷案的裁决书。

85

我无法做到"常无欲"，所以无法领悟《劫余录》的妙处。⑤

---

① 苏力：《送法下乡：中国基层司法制度研究》，中国政法大学出版社 2000 年版，第 214—215 页。

② ［德］马克斯·韦伯：《经济与社会》（第 1 卷），阎克文译，上海人民出版社 2019 年版，第 524 页。

③ "如果要求把决斗这样的特殊违法行为作为'蓄意谋杀'或者人身伤害罪予以惩处，的确是一种走火入魔的法律推理。"参见［德］马克斯·韦伯：《经济与社会》（第 1 卷），阎克文译，上海人民出版社 2019 年版，第 531 页。

④ ［德］马克斯·韦伯：《经济与社会》（第 1 卷），阎克文译，上海人民出版社 2019 年版，第 621 页。

⑤ 《道德经》第一章："故常无欲，以观其妙。"《劫余录》是后人编辑的中世纪哲学家阿伯拉尔（1079—1142）与爱洛依丝的通信录。少女爱洛依丝与家庭教师阿伯拉尔相爱并生下一子，爱洛依丝的叔父（也是她的监护人）恼羞成怒，带人将阿伯拉尔阉割了。阿伯拉尔和爱洛依丝后来皆担任修道院院长，保持通信。1817 年，两人的遗体被合葬于巴黎的拉雪兹神父公墓。

爱洛依丝致阿伯拉尔："我承认，你有两种能够立即令所有女人倾心的特殊才能——写诗和作曲。"

阿伯拉尔致爱洛依丝："上帝是我们之父，他对他儿女的爱肯定高于大卫王对于一个向他发出恳求的妇人的爱。"①

86

如果马克斯·韦伯娶了秋菊会怎样？他或许能吃上地道的陕西肉夹馍，却没有楚楚动人的女子为他撰写传记了。②

87

苏力说："韦伯并不是忧天的杞人。"③

确实，韦伯只是一位社会学家，尚未上升至"杞人"——宇宙学家、科学家、哲学家——的高度。

88

任何法律、婚姻和定理都是不完全确定的，包括哥德尔的不完全性定理④。

89

关于哲学和政治判断，存在一些无论经过怎样的努力都无法解决的分歧。不相容的判断都可能被当作客观的，都可能是真的。⑤

90

撒向罗素伤口（逻辑学伤口、哲学伤口、物理学伤口）上的三粒盐：哥

① ［法］阿伯拉尔：《劫余录》，孙亮译，商务印书馆 2013 年版，第 111、117 页。

② 马克斯·韦伯的妻子玛丽安妮·韦伯为他撰写了一部厚厚的传记，中译本达 800 多页。（《马克斯·韦伯传》，阎克文等译，江苏人民出版社 2002 年版）

③ 苏力：《送法下乡：中国基层司法制度研究》，中国政法大学出版社 2000 年版，第 199 页。

④ 苏力：《送法下乡：中国基层司法制度研究》，中国政法大学出版社 2000 年版，第 185 页。

⑤ ［美］王浩：《逻辑之旅：从哥德尔到哲学》，邢滔滔等译，浙江大学出版社 2009 年版，第 458 页。

德尔、维特根斯坦、爱因斯坦。罗素晚年写道："在红极一时之后，发现自己被人认为是过气的古董。任何人都很难优雅地接受这种经验。"①

91

两种写作风格：（1）"宙斯般的宣言"（巴曼尼得斯、尼采、维特根斯坦）；（2）"教诲的、拟科学的散文"（亚里士多德、阿奎那、罗素）。②

92

数论、逻辑、相对论和侵权责任在每个可想象的世界里都是一样的吗？③

93

有人从鲜血中看到"玫瑰色的美丽，法治的现代化"，有人从玫瑰和十字架中看到鲜血的颜色。④

94

如果不打算在每一次走上司法舞台时
受到法律的嘲弄，⑤
如果不打算在每一次走上戏剧舞台时
受到萍踪不定的哲学漫游者的嘲弄，⑥
如果不打算在每一次走上记忆舞台时

① ［美］帕利·尤格拉：《没有时间的世界：爱因斯坦与哥德尔被遗忘的财富》，尤斯德、马自恒译，电子工业出版社2013年版，第129页。
② ［美］帕利·尤格拉：《没有时间的世界：爱因斯坦与哥德尔被遗忘的财富》，尤斯德、马自恒译，电子工业出版社2013年版，第129页。
③ ［美］侯世达：《哥德尔、埃舍尔、巴赫——集异璧之大成》，严勇等译，商务印书馆1997年版，第133—134页。
④ 苏力：《送法下乡：中国基层司法制度研究》，中国政法大学出版社2000年版，第237页。
⑤ 苏力：《送法下乡：中国基层司法制度研究》，中国政法大学出版社2000年版，第237页。
⑥ ［德］尼采：《希腊悲剧时代的哲学》，周国平译，译林出版社2011年版，第52页。

受到向所有方向开放的虚拟现实和虚拟图像的嘲弄，
就必须坚决地抵抗"格式化"。

95

帝国创建过程中的每一次短兵相接，

与异域文化的每一次短兵相接，

司法上的每一次短兵相接，

梦中的每一次短兵相接，

每一次短兵相接，

都具有超越自身的意义，而对这一意义的诠释，则构成非物质世界里的快感的源泉。

96

当兵太劳累时会觉得"关禁闭"也不错。写论文太劳神时会羡慕"搬砖的"。

97

苏力既是一名中医，深谙中国人灵魂和肉体里的习惯；又是一名外科医生，能够以一种"充满激情的冷酷来对当代中国的社会和法律进行分析、解剖"④。

当代中国，内外兼修的医生和学者都太少了。比凤毛和麟角还少。

---

① ［法］让·波德里亚：《冷记忆：1995—2000》，张新木、陈凌娟译，南京大学出版社 2013 年版，第 148、158 页。

② 苏力：《送法下乡：中国基层司法制度研究》，中国政法大学出版社 2000 年版，第 237 页。

③ 苏力：《送法下乡：中国基层司法制度研究》，中国政法大学出版社 2000 年版，第 253 页。

④ 苏力：《送法下乡：中国基层司法制度研究》，中国政法大学出版社 2000 年版，第 252 页。苏力希望"以法学家的冷酷眼光来考察"。参见苏力：《制度是如何形成的》，北京大学出版社 2007 年版，原版序。

98

如果国家是可供"任意作践"、踩在脚下的靴子，那么，法律则是抹在靴子上防止它漏水的油。①

99

波斯纳多次强调，法官并不必然从法学院最优秀的学生中挑选，因为司法不是比智力（智力过于优越者往往不近人情），而是更要理解普通人的喜怒哀乐。做法官、从政（尤其是从政），不需要智商太高，只要是个正常人就可以了。"生活在民众之中要比上法律图书馆寻找答案更为至关重要。"②

其实适合高智商者从事的工作不多。

贝多芬除了作曲能做什么呢？里尔克除了写诗能做什么呢？爱因斯坦除了审查专利和教书能做什么呢？

100

让贝多芬去审案子，好比"高射炮打蚊子，并非高射炮出了问题，而是知识不配套"③。

101

有些人有屠龙术，却无龙可屠，只好以教授法理学为生。

102

古语曰："士为知己者死。"④现在是"士"没有了，"知己"也没有了。

---

① ［英］威廉·莎士比亚：《亨利四世》（上），张顺赴、辜正坤译，外语教学与研究出版社 2015 年版，第 37 页。

② 苏力：《送法下乡：中国基层司法制度研究》，中国政法大学出版社 2000 年版，第 370、389 页。

③ 苏力：《送法下乡：中国基层司法制度研究》，中国政法大学出版社 2000 年版，第 371 页。

④ 《战国策·赵策一》。

103

我愿化作春泥，但不是为了护花（花有什么好护的，早晚是要蔫的），而是为了融入大地。

104

风萧萧兮汴水寒，诗人一去兮不复还。

105

有过这样的时代吗，公众认为社会道德水准正在提高？[①]

有过这样的时代吗，中产阶层普遍认为自己是爱诗的？

有过这样的时代吗，每一个人都知道自己从哪里来，往哪里去，对"生长着、发展着的'Being'（存在）"[②]兴趣盎然？

106

托克维尔说："谁要是只研究和考察法国，谁就永远无法理解法国革命。"[③]

我们同样也可以说：

谁要是只研究和考察中国，谁就永远无法理解中国革命；

谁要是只研究和考察美国，谁就永远无法理解美国内战；

谁要是只研究和考察苏力的论文和著作，谁就永远无法理解苏力何以有胆量只身驱赶"三只猛虎"。[④]

---

① 苏力：《送法下乡：中国基层司法制度研究》，中国政法大学出版社 2000 年版，第 393 页。

② 黄平、姚洋、韩毓海：《我们的时代——现实中国从哪里来，往哪里去？》，中央编译出版社 2006 年版，第 238 页。

③ ［法］托克维尔：《旧制度与大革命》，冯棠译，商务印书馆 1996 年版，第 58 页。

④ 媒体的炒作，"'三人成虎'，这就很容易造成一种到处司法不公、腐败的印象"。参见苏力：《送法下乡：中国基层司法制度研究》，中国政法大学出版社 2000 年版，第 417 页。

107

被滥用的民主和学术民主（同行评价），正在毁灭创造性。①

108

在社会调查研究这样的"场域"中，知识的产生取决于经济资本、社会资本和文化资本的调动和运用。②《资本论》永远都不会过时。

109

布尔迪厄比我幸运，毕竟他赢得了"令人反感的成功"③。

110

"权力场"无所不在，它是各种类型的资本或行动者之间力量关系的空间。

不同类型的"权力场"和资本之间存在"汇兑率"，尽管无法做到像人民币与美元之间的"汇兑率"那般精确。④

111

语言学是最自然的社会科学，⑤法学是最不自然的社会科学。

---

① "我的这一分析，会得罪很多人，无论是普通百姓，还是政府官员；无论是法学家，还是新闻传媒。"参见苏力：《送法下乡：中国基层司法制度研究》，中国政法大学出版社 2000 年版，第 419 页。

② 苏力：《送法下乡：中国基层司法制度研究》，中国政法大学出版社 2000 年版，第 428 页。

③ ［法］皮埃尔·布尔迪厄：《文化资本与社会炼金术——布尔迪厄访谈录》，包亚明译，上海人民出版社 1997 年版，第 96 页。

④ ［法］皮埃尔·布尔迪厄：《实践理性：关于行为理论》，谭立德译，生活·读书·新知三联书店 2007 年版，第 39—40 页。

⑤ ［法］皮埃尔·布尔迪厄：《言语意味着什么——语言交换的经济》，褚思真、刘晖译，商务印书馆 2005 年版，第 3 页。

112

不管是在学术领域还是在艺术领域，大器晚成都是很罕见的。①

然而，早成的"大器"就真的是"大器"？②

"大器"——多么伧俗的一个词，人人皆可论定。

"成了"——多么沉重的一个词，只有上帝才有资格言说。值得上帝言说的词与物是不多的。

113

历史疏通了一些道路，又关闭了一些道路。③在道路与道路的交叉口，一只形同枯叶的蛱蝶在翩翩飞。④

114

文学有时在作者中，有时在读者中，更多时候在作者与读者的互动中。

115

诗性生活或许可以作为日常生活的补充方式，它不是也不应当是一种替代方式。

116

不要前行！前面是法律词语的密林，

古老的智慧树被遮蔽，

---

① 苏力说："我的学术兴趣形成要比我们时代的其他学者晚很多。"参见苏力：《波斯纳及其他：译书之后》（增订本），北京大学出版社 2018 年版，第 237 页。

② "研究人员越是知名（通过学院体系，或是通过学者圈），他们就越能出成果，并且越能长期保持这种势头。"参见［法］皮埃尔·布尔迪厄：《科学之科学与反观性》，陈圣生等译，广西师范大学出版社 2006 年版，第 23 页。

③ ［美］罗伯特·D. 帕特南：《使民主运转起来》，王列、赖海榕译，江西人民出版社 2001 年版，第 212 页。

④ 杜甫《曲江二首·其一》："穿花蛱蝶深深见，点水蜻蜓款款飞。"又参见［法］奈瓦尔：《幻象集》，余中先译，人民文学出版社 2016 年版，第 66 页。

空间被缠缚得半死半生，
漏不下一丝星空。
你怯怯地不敢放下第二步，
你在等待第一步的回声……
你终于明白，
绕道，活下去，
是第四个哈姆雷特的卑微使命。①

① "人类始终只能独白。科学家、哲学家、艺术家，三个哈姆雷特在一个戏台上同时独白。"参见木心：《鱼丽之宴》，广西师范大学出版社2007年版，第37页。

制度是如
何形成的

1

　　制度是如何形成的？明朝的信是如何穿越时空抵达 20 世纪的圣彼得堡的？①北方佳人是如何幽居深谷的？②南方美人是如何迟暮的？《楚辞》中的草木是如何摇撼摄影师心灵的？③《人权宣言》是如何扭曲政治社会体系的复杂性的？④牛顿是如何与无限虚空中的微粒建立联系的？⑤世界的迷人之处是如何飘逝的？⑥超凡魅力的常规化是如何失败的？⑦黑夜是如何变得历经整整

---

　　①　蔡天新主编：《现代诗 110 首》（蓝卷），生活·读书·新知三联书店 2014 年版，第 292—294 页。

　　②　杜甫《佳人》："绝代有佳人，幽居在空谷。"

　　③　潘富俊：《草木零落，美人迟暮：楚辞植物图鉴》，潘富俊、吕胜由摄，九州出版社 2014 年版。

　　④　［英］迈克尔·欧克肖特：《政治中的理性主义》，张汝伦译，上海译文出版社 2003 年版，第 45 页。

　　⑤　［法］亚历山大·柯瓦雷：《牛顿研究》，张卜天译，北京大学出版社 2003 年版，第 9 页。

　　⑥　"在科学革命之后的几个世纪里，随着新的世界观越来越站得住脚，诗人们呼天抢地抱怨科学家们让世界失去神秘变得荒芜。'所有迷人之处飘逝/当我们用冷漠的哲学方式思考？'济慈这样诘问。"参见［美］爱德华·多尼克：《机械宇宙——艾萨克·牛顿、皇家学会与现代世界的诞生》，黄珮玲译，社会科学文献出版社 2015 年版，第 94—95 页。

　　⑦　［英］罗德里克·马丁：《权力社会学》，丰子义等译，生活·读书·新知三联书店 1992 年版，第 168 页。"任何魅力型政治都不可避免地会导致'常规化'。"参见苏力：《制度是如何形成的》，北京大学出版社 2007 年版，第 218 页。

一代人的（"小孩在黑夜里诞生、在黑夜里长大、在黑夜里死亡"①）？语言学是如何为政治服务的？②飞鸟是如何向天空示爱的？后现代文化和非组织化资本主义是如何终结的？③

2

苏力说："八年的时光更验证了当年的一些粗陋分析和预测。它们不合时宜，却因此没有过时。"④

注意关键词"因此"。因"不合时宜"才没有过时。

合时宜的，大多（如果不是全部）过时了。

当然，不合时宜的，大多也过时了。像苏力、尼采、高尔基那样"不合时宜"的，才不会过时。

3

尼采说："一种巨大的胜利就是一种巨大的危险。"⑤实际上，承受胜利比承受失败困难得多，也更考验人。

4

高尔基感叹道，战争让"多少颗敏感的心灵停止了跳动"！⑥

是啊，"敏感的心灵"是罕见且珍贵的。它们本来应该去爱值得爱的女人、从事艺术创作或研究战争史的。

---

① ［美］乔治·R. R. 马丁：《冰与火之歌2》（卷一·权力的游戏·中），谭光磊等译，重庆出版社2012年版，第260页。

② ［法］罗兰·巴尔特：《中国行日记》，怀宇译，中国人民大学出版社2012年版，第298页。

③ ［美］斯科特·拉什、约翰·厄里：《组织化资本主义的终结》，征庚圣等译，江苏人民出版社2001年版，第373—410页。

④ 苏力：《制度是如何形成的》，北京大学出版社2007年版，增订版前言。

⑤ ［德］尼采：《不合时宜的沉思》，李秋零译，华东师范大学出版社2007年版，第31页。

⑥ ［俄］马克西姆·马克西莫维奇·高尔基：《不合时宜的思想：关于革命与文化的思考》，朱希渝译，江苏人民出版社1998年版，第5页。

5

"一个空谈家生出了一批空谈家"①，一个崇尚教义（教条）的法学院教授"生"（培养）出了一批崇尚教义（教条）的教授。徒子又生徒孙，徒孙又生徒曾孙，徒曾孙又生……"子子孙孙，无穷匮也"②。"学者这种'母鸡'现在是大批机械化饲养的，它们的产蛋量日益增加，叫得越来越欢，可鸡蛋却越来越小，里边的营养越来越稀薄。尼采说这不是文明，这是野蛮。"③

6

在现代学院体制下，知识外在于生命，成了压抑"冲动"的东西。有点"欲练此功，必先自宫"④的意味了。

7

中国人说"文质彬彬，然后君子"⑤；按照希腊人的观念，"文化就是生命、思想、外表和意志的和谐一致"。⑥现在的许多博士或教授肯定是"知识人"，却未必是"文化人"。

8

我寻求的不是上帝的眼光，⑦

---

① ［俄］马克西姆·马克西莫维奇·高尔基：《不合时宜的思想：关于革命与文化的思考》，朱希渝译，江苏人民出版社 1998 年版，第 12 页。

② 《列子·汤问》。

③ 张旭东：《全球化时代的文化认同：西方普遍主义话语的历史批判》，北京大学出版社 2005 年版，第 148 页。

④ 参见金庸小说《笑傲江湖》。王朔说："我的悲剧是在知识面前失去了自我。我没能抵御住在知识宫殿扮演一个角色的诱惑，结果和别人一样净身当了个太监。"参见王朔：《无知者无畏》，春风文艺出版社 2000 年版，第 108—109 页。

⑤ 《论语·雍也》。又参见苏力：《也许正在发生：转型中国的法学》，法律出版社 2004 年版，第 212 页。

⑥ 尼采语。转引自张旭东：《全球化时代的文化认同：西方普遍主义话语的历史批判》，北京大学出版社 2005 年版，第 162 页。

⑦ 苏力：《制度是如何形成的》，北京大学出版社 2007 年版，原版序。

不是建构法治的大能，

不是走向道德发展的理论，

不是争夺心灵空间的机械CAD①和"算法"，

不是故作通俗，

而只是重建"常识"②，

尽管说我不具备"常识"也没什么不对，

因为关于何谓"常识"，没有共识的人是不可能达成共识的。

9

"人要脱俗是很难的"——并不意味着"脱"不了；很多人觉得难，干脆放弃努力。

"'俗'就是一种约束人的制度"——这种"俗"不需要"脱"。

"市面上流行的俗话、俗语甚至俗事"③——小说的绝佳素材；现代墨家对之兴趣盎然，竖起耳朵听；要善于和流氓交朋友。④

10

大俗若雅、大雅若俗，都是不存在的。俗就是俗，雅就是雅。

俗人就是俗人，雅人就是雅人。尽管一个雅人不可能处处雅、时时雅，一个俗人也不可能处处俗、时时俗。

但上述说法是成问题甚至错误的，因为它把"雅""俗""雅人""俗人"等说法给实在化、本质化了。

鲁迅说："譬如勇士，也战斗，也休息，也饮食，自然也性交。"⑤勇士

---

① CAD：管理软件计算机辅助设计。

② "我常常感到今天中国的学术界特别是法学理论界缺乏常识，而任何强烈实践性的理论，都不能忘记常识。常识是我们生存的、然后是学术的出发点。"参见苏力：《制度是如何形成的》，北京大学出版社2007年版，原版序。

③ 此节三句引文，参见苏力：《制度是如何形成的》，北京大学出版社2007年版，原版序。

④ "一定要是大流氓，或将成为大流氓的苗。可惜中国没有墨子派的大流氓了，眼下只有小瘪三。"参见木心讲述，陈丹青笔录：《文学回忆录》，广西师范大学出版社2013年版，第196页。

⑤ 鲁迅：《鲁迅杂文全集》（上下），北京燕山出版社2013年版，第1215页。

是雅人还是俗人呢？"雅俗之辩"只是庸人自扰。

11

理论就在生活中。它是有形的，像窗外的雪花在飘落；它又是无形的，像已融化成春天的窗外的雪。①

12

绝对真理是不存在的，但仿佛绝对真理在手的语调和叙述方式是存在的，而且广泛存在——"言辞仿佛很是有力，却往往令人敬而远之"②。

有力的言辞不等于"仿佛绝对真理在手"或大哭大叫。

大悲恸不是人前痛哭流涕，而是默默流泪，甚至流血——在心里。

13

有人读了《反对党八股》之后写了一篇读书心得，我读后只觉得"空话连篇，言之无物""语言无味，像个瘪三"③。

14

没有谁能启蒙他人。人都是自我觉醒、自我训练、自我超越，自己同自己（或假想敌）对话、论战。

15

苏力说："我精神分裂似的同自我论战。"

大学者、大思想家大多是精神没有分裂的"精神分裂症患者"④。"美丽

---

① 苏力：《制度是如何形成的》，北京大学出版社 2007 年版，原版序。

② 苏力：《制度是如何形成的》，北京大学出版社 2007 年版，原版序。

③ 这是毛泽东所批评的"党八股"文风的第一条和第四条"罪状"。参见毛泽东：《毛泽东选集》（第三卷），人民出版社 1991 年版，第 833、837 页。

④ "精神分裂症仍然被广泛认为是一种使人癫狂的衰退性疾病，能够自然康复的病例非常少见，经历了像纳什那样漫长而严重的发病期之后更是如此，以至于一旦出现康复的迹象，精神病医生一般都会对原来的诊断产生疑问。"参见［美］西尔维娅·娜萨：《美丽心灵：纳什传》，王尔山译，上海科技教育出版社 2005 年版，第 16 页。

心灵"就是这样诞生的。

16

"美丽心灵"疯狂过，然后再度觉醒。它不会拘泥于"数学人格""法学人格""诗性人格"。①

17

有人用逐渐逼迫自己的方法，证明了无穷"自震荡"的存在性。②

18

您读过茨威格的小说《象棋的故事》吗？③

您是否知道有那么一个偏执的人，他"一辈子都完全围着一个有六十四个黑白方格的空间转"④？

您可曾"深深沉入时代的创伤巨流"⑤？

您体会过成功地克服多余情欲的快乐吗？⑥

您相信大脑潜藏局部解剖学、斯威登堡神秘主义以及"每一副面孔都是一个尚待猜解的哑谜"吗？⑦

您可曾被命运的坚石挡住道路并因此生出超然精神？⑧

您可曾作为人民的代表接见拿破仑？⑨

---

① ［美］西尔维娅·娜萨：《美丽心灵：纳什传》，王尔山译，上海科技教育出版社2005年版，第17—18页。

② 袁向东等编译：《诗魂数学家的沉思》，江苏教育出版社2008年版，第5页。

③ 苏力：《制度是如何形成的》，北京大学出版社2007年版，原版序。

④ ［奥］茨威格：《一个陌生女人的来信：茨威格中篇小说选》，韩耀成等译，上海三联书店2014年版，第587页。

⑤ ［奥］茨威格：《斯台芬·茨威格集：银弦集·早年的花环·新的旅程》，祝彦译，华夏出版社2000年版，第28页。

⑥ ［奥］茨威格：《三作家》，王雪飞译，安徽文艺出版社2000年版，第190页。

⑦ ［奥］茨威格：《三大师》，申文林译，安徽文艺出版社2000年版，第25页。

⑧ ［奥］茨威格：《罗曼·罗兰》，杨善禄等译，安徽文艺出版社2013年版，第1页。

⑨ ［奥］茨威格：《约瑟夫·富歇：一个政治家的肖像》，侯焕闳译，辽宁教育出版社2001年版，第71页。

您是厌倦了欧洲才决定逃亡，并因此成为一名不朽的逃亡者的吗？①

您邂逅过未受摧残的人类吗？（巴西人可不算）②

您扮演过精神瘟疫传播者的角色吗？③

您搭乘过驶向拜占庭的帆船吗？（"那地方可不是老年人待的"④）

您可曾在围墙内等待白昼、等待死亡？⑤

您可曾用明亮的眼睛观察朴素的事？

您可曾意识到墓地才是巴黎最具诗意的地方？

您可曾在凡尔赛宫——一个大理石构造的冰冷牢笼——看见那三位靠弥撒和编织来打发时间的老处女？⑥

您可曾在最不体面的时代接受过最纯洁的诗人赠送的礼物？⑦

19

很多人经历的"沧海"⑧其实只是一摊水。纵使他们登过巫山，也未见识过巫山之云的神采。

20

博尔赫斯说："每个人总是写他所能写的，而不是他想写的东西。"⑨

---

① ［奥］茨威格：《人类群星闪耀时》，高中甫等译，天津人民出版社 2011 年版，第 1、110 页。

② ［奥］茨威格：《巴西：未来之国》，樊星译，上海文艺出版社 2013 年版，第 123 页。

③ ［奥］茨威格：《良心反对暴力》，张全岳译，作家出版社 2001 年版，第 49 页。

④ ［爱］叶芝：《叶芝诗选》，袁可嘉译，外语教学与研究出版社 2012 年版，第 111 页。

⑤ ［奥］茨威格：《一颗心的沦亡：茨威格短篇小说选》，韩耀成等译，上海三联书店 2014 年版，第 364 页。

⑥ ［奥］茨威格：《断头王后——革命与婚姻的双重悲剧》，李芳译，希望出版社 2004 年版，第 31 页。

⑦ "有一天，里尔克来到我的住处，带来了他的散文诗集《旗手克里斯多夫·里尔克的爱与死亡之歌》的手稿，作为送给我的珍贵礼物；至今我仍保存着，并系着捆手稿的绸带子""谁也不会知道他是个大诗人，我们世纪最伟大的诗人之一"。参见 ［奥］茨威格：《昨天的世界——一个欧洲人的回忆录》，徐友敬等译，安徽文艺出版社 2013 年版，第 154 页。

⑧ 元稹《离思五首·其四》："曾经沧海难为水，除却巫山不是云。"

⑨ ［阿］豪尔赫·路易斯·博尔赫斯：《巴比伦彩票——博尔赫斯小说、诗文选》，王永年译，云南人民出版社 1993 年版，第 2 页。

但只要不停止努力（为了"我爱的人"和"爱我的人"①），"想写的东西"就有转化成"能写的东西"的可能。

21

博尔赫斯说："我认为诗歌与美必将获胜。"这说的是什么话？诗歌与美除了能战胜（和超越）自己，什么都战胜（和超越）不了。博尔赫斯说："我厌恶政治。我不属于任何政党。"但没有人是"不党"的，"不党"本身也是一种政治。博尔赫斯还说："我不相信政治与国家。我也不相信富足与贫困。那些东西是假象。"②这或许道出了阿根廷甚至整个拉丁美洲的政治经济都搞不好的诗学原因。

选项一：政治经济一团糟，但大诗人、大文学家层出不穷；③

选项二：政治经济一片大好，就是不出大诗人、大文学家。选哪个？

倘若鱼与熊掌可以兼得，则既要政治经济一片大好，也要大诗人、大文学家层出不穷；不可兼得，则——

如果我是一位诗人，就选一。读诗可以明理。而且，这也是柏拉图的选择。

如果我是一位政治家（曹丕式政治家），就选二。但缺了社会责任感，还称得上是政治家吗？写下"路有冻死骨""遥怜小儿女""国破山河在"的诗句、从不自诩大诗人的大政治家杜甫是不会如此抉择的。

22

我所目睹的雪，是柳宗元"钓"过的雪，④是玉门关的"千树万树梨花

---

① 苏力：《制度是如何形成的》，北京大学出版社 2007 年版，致谢。

② ［美］威利斯·巴恩斯通编：《博尔赫斯谈话录》，西川译，广西师范大学出版社 2014 年版，第 185 页。

③ 如博尔赫斯、马尔克斯、聂鲁达（1904—1973，智利作家，1971 年诺贝尔文学奖得主）、略萨（1936—，秘鲁作家，2010 年诺贝尔文学奖得主）、阿斯图里亚斯（1899—1974，危地马拉作家，1967 年诺贝尔文学奖得主）、米斯特拉尔（1889—1957，智利女作家，1945 年诺贝尔文学奖得主）。清代史家赵翼《题遗山诗》曰："国家不幸诗家幸，赋到沧桑句便工。"又参见苏力：《制度是如何形成的》，北京大学出版社 2007 年版，第 149 页。

④ 柳宗元《江雪》："孤舟蓑笠翁，独钓寒江雪。"

开"①，是鲁迅哀悼过的"死掉的雨"②。

23

我透过父亲手中的放大镜看到了放大的、然而却真确无比的大千世界。

24

尼采说："没有任何制度有可能建立在爱之上。"③同样，也没有任何爱能够建立在制度之上。婚姻是一种制度。

25

恩格斯说："如果说只有以爱情为基础的婚姻才是合乎道德的，那么也只有继续保持爱情的婚姻才合乎道德。"④请注意恩格斯的措辞"如果说"。恩格斯只是假设，而不是断言"婚姻应当以爱情为基础"。恩格斯还说，"结婚的充分自由，只有在消灭了资本主义生产和它所造成的财产关系，从而把今日对选择配偶还有巨大影响的一切附加的经济考虑消除以后，才能普遍实现。到那时，除了相互的爱慕以外，就再也不会有别的动机了"⑤。这也就意味着，只要还存在财产关系和经济考量，只要还没有实现完全的共产主义，婚姻就不可能以"相互的爱慕"为基础。

26

婚姻若以爱情为基础，则婚姻就变成了儿戏——爱情本就是儿戏，能维持几年以上都很罕见。"性爱这种感情不但可以在任何两个男女之间发生，不易拘束，而一旦发生了性爱的男女，这种感情又是不太容易持久的……因为人实在是个 Poly-erotic（多元性感）的动物。"⑥

---

① 《白雪歌送武判官归京》。
② 鲁迅：《鲁迅散文诗歌全集》，北京燕山出版社 2011 年版，第 112 页。
③ 苏力：《制度是如何形成的》，北京大学出版社 2007 年版，第 3 页；苏力：《大国宪制：历史中国的制度构成》，北京大学出版社 2018 年版，第 233 页。
④ ［德］恩格斯：《家庭、私有制和国家的起源》，人民出版社 1999 年版，第 84 页。
⑤ ［德］恩格斯：《家庭、私有制和国家的起源》，人民出版社 1999 年版，第 84 页。
⑥ 费孝通：《乡土中国 生育制度》，北京大学出版社 1998 年版，第 143 页。

一个神话是，结婚越自由，婚姻越幸福，个体的所谓"婚姻质量"就越高。①但结婚自由必然意味着离婚自由，当离婚率已经高达70.56%②时，真不知所谓的"婚姻质量"高在哪里。③

27

卢梭说："意志使自身受未来所束缚，这本来是荒谬的。"④

对艺术、哲学创作来说确实如此。创作意志天马行空，不受任何约束。

但对于社会的运行来讲并非如此，因为通过制度的约束，人们可以更好地安排自己的活动，创造财富和价值。⑤

任何时候都不要忘记，卢梭是（只是）一位伟大的艺术家、哲人，他对社会运行一窍不通。

28

男人说："两情若是久长时，又岂在朝朝暮暮？"女人说："若无朝朝暮暮，两情又如何久长？"⑥

---

① 苏力：《制度是如何形成的》，北京大学出版社2007年版，第18页。

② 一份统计数据表明，2019年第三季度全国离婚率是43.55%，最高的地区是天津市，为70.56%。

③ "如果离婚过于自由，且是一方想离就离，那么谁还会把婚姻当回事呢。"参见苏力：《制度是如何形成的》，北京大学出版社2007年版，第19页。2021年1月1日起实施的《中华人民共和国民法典》规定了"离婚冷静期"，或许能稍微降低离婚率，但恐怕不会有什么根本性改变。这是"意志自由"必然付出的代价。有收益就必然有代价。正如苏力指出的，"任何婚姻制度都有利弊"。参见苏力：《制度是如何形成的》，北京大学出版社2007年版，第19页。

④ ［美］埃尔斯特等编：《宪政与民主——理性与社会变迁研究》，潘勤等译，生活·读书·新知三联书店1997年版，第223页。

⑤ 苏力：《制度是如何形成的》，北京大学出版社2007年版，第19页。

⑥ "如果两情久长确实'岂在朝朝暮暮'（注意，说这话的秦观是个男子；一般而言，女子更希望终身相守），社会又为什么确立了朝暮相守的伴侣婚姻？看来秦观的问题值得深追下去。"参见苏力：《制度是如何形成的》，北京大学出版社2007年版，第5页。

29

贾府大门口的那两个石头狮子也不干净，[1]因为"眼不见为净"，那两个石狮子看到的脏事太多了。

30

对于很多法学家来说，"自由"变成了舌尖上的一个概念。[2]

对于很多经济学家来说，"市场"变成了舌尖上的一个概念。

对于很多诗人来说，"爱"变成了舌尖上的一个概念。

凡舌尖上的东西，要么咽下去、屙出来（请原谅我的粗俗），要么随着唾液飞到脏兮兮的空气中。总之，不会"长留心间"[3]。

31

福柯说："启蒙运动发现了自由，也发明了规训。"[4]

两个关键词：发现、发明。我的疑问是，难道在启蒙运动之前不存在规训？没人发现过自由？

32

"对男子多娶妻室的法律限制对女子是不利的"[5]，如此政治不正确的话也只能由美国的经济学家说出来。

33

鞋子合不合适，脚趾不会像"公知"那样公开"发言"表达意见，却会默默地接受或抗拒。

---

① "你们东府里，除了那两个石头狮子干净，只怕连猫儿、狗儿都不干净。"参见〔清〕曹雪芹：《红楼梦》，北京燕山出版社2009年版，第545页。

② 苏力：《制度是如何形成的》，北京大学出版社2007年版，第5页。

③ "爱我所爱无怨无悔/此情长留心间。"《一剪梅》：陈信义作曲、娃娃作词。

④ 苏力：《制度是如何形成的》，北京大学出版社2007年版，第5页。

⑤ 〔美〕加里·S.贝克尔：《人类行为的经济分析》，王业宇、陈琪译，上海三联书店、上海人民出版社1995年版，第289页。

34

众人昭昭，唯基督昏昏，

"一切都四散了，再也保不住中心……"①

众人察察，唯苏力闷闷，

一切又聚拢了，依旧不见诚恳。

猎鹰啄食主人的肉，

佛舍利做了利维坦的文身，

路上的行人、行者、行为主义者都装作断了魂。

小确幸有小确幸的幸福，

大记忆有大记忆的纯真，②

等了一百年的投胎者也等到了时辰。

1998 年 12 月 30 日是个平常的日子，

那天，狮子与羚羊彼此凝视，

恒星彼此凝视，

而人类，无奈而又深深地互嵌在对方之中。

35

涂尔干和苏力都指出，当社会遇到某些人难以接受的突发事件时，会寻找替罪羊来调整和巩固自身 ③——只需想一想 2020 年新冠肺炎疫情期间美国舆论对中国的无端指责。一位中国科幻小说家对此早有揭示："在瘟疫早期，一些侥幸没有发现这种病毒的国家还在幸灾乐祸地观望，等病毒传到自己国家时又气势汹汹地指责别国采取的措施不力。"④找替罪羊可比反思自身容易多了。

---

① ［爱］叶芝：《叶芝诗选》，袁可嘉译，外语教学与研究出版社 2012 年版，第 99 页。

② 叶芝认为自然、宇宙间存在"大记忆"："我们的记忆是一个大记忆系统中的一部分，即整个大自然的记忆系统""借助象征符号，就能唤醒这种'大心灵'和'大记忆'"。参见［爱］叶芝：《生命之树》，苏艳飞译，四川文艺出版社 2015 年版，第 38 页。这一看法具有浓厚的卡巴拉神秘主义和通灵的意味。

③ 苏力：《制度是如何形成的》，北京大学出版社 2007 年版，第 28 页。

④ 燕垒生：《瘟疫》，四川科学技术出版社 2012 年版，第 2 页。

36

戴安娜王妃利用传媒来"制造"自己的形象，传媒也利用戴安娜王妃的美誉、绯闻和死亡来吸引眼球、赚取利润。那些公开声称拒绝利用"王妃之死"来吸引眼球的传媒恰恰是在利用"王妃之死"来吸引眼球，不过是"另一种有意的甚至下意识的自我炒作""传媒自我形象的另一种塑造和强化"。①

37

苏力声称自己的分析"也许太刻薄、太冷酷了"，并指出"社会本身比这还'刻薄''冷酷'"。②然而，只有对社会、人性和宇宙持温情（激情）态度的人才会说出如此"刻薄""冷酷"的话。③

38

权力并不是哪一个人绝对拥有的"东西"，而是一种可能发生流变的关系。④

正所谓"变动不居，周流六虚。上下无常，刚柔相易"⑤。力的作用是相互的。权力经常反噬权力的掌握者；弱者也有可能"欺凌"强者。

39

鲁迅的匕首固然刺中了社会，但他自己的心也在流血。学医出身的鲁迅只活了50多岁，并非偶然。

40

"又要马儿跑，又要马儿不吃草"只能是某些人的一厢情愿。⑥

———————

① 苏力：《制度是如何形成的》，北京大学出版社2007年版，第33页。

② 苏力：《制度是如何形成的》，北京大学出版社2007年版，第33页。

③ "冷酷的分析和叙述之背后"是"激越的热情"。参见苏力：《道路通向城市：转型中国的法治》，法律出版社2004年版，代序。

④ 苏力：《制度是如何形成的》，北京大学出版社2007年版，第32页。

⑤ 《易经·系辞下传》。

⑥ 苏力：《制度是如何形成的》，北京大学出版社2007年版，第32页。

但"少吃草"是可能的，而且，尽管马儿吃的草不多，挤出的却是奶、血——用来哺育此世的"面向未来的孩子"和未来的"面向未来的孩子"。

41

现代社会固然是"一个也许并不糟糕的社会"，①古代社会又何尝不是呢？

现代社会有一天也会变成"古代社会"。"今不如昔""昔不如今""厚古薄今""厚今薄古"的说辞都不具合法性。

42

苏力说，"在这辽阔的世界，我获得了另一种辽阔""辽阔不只是一个空间的概念，而（还）是一种心灵的感悟"②——比小岛辽阔的是海洋，比海洋辽阔的是天空，比天空辽阔的是人的心灵，比人的心灵辽阔的是小岛上的一栋小宅子。最辽阔、最逼仄的都是人的心灵。只有辽阔的心灵才是辽阔的。

43

雨果说："看断头台行刑是一种震动……断头是法律的体现，它的别名是'镇压'，它不是中立的，也不让人中立。"③——这句话很像福柯说的。

雨果说："只专心注意上帝的法则而不关心人的法律，那是错误的。"④——这句话好像在批评康德。

雨果说："马基雅维利绝不是个凶神，也不是个魔鬼，也不是个无耻的烂污作家，他只是事实罢了。"⑤——这句话契合历史唯物主义。

①　苏力：《制度是如何形成的》，北京大学出版社2007年版，第34页。

②　苏力：《制度是如何形成的》，北京大学出版社2007年版，第68—69页。

③　[法] 雨果：《悲惨世界》（共三册），李丹译，人民文学出版社1992年版，第18—19页。

④　[法] 雨果：《悲惨世界》（共三册），李丹译，人民文学出版社1992年版，第19页。

⑤　[法] 雨果：《悲惨世界》（共三册），李丹译，人民文学出版社1992年版，第829页。

44

有人像大禹一样，见过大水；像玄奘一样，见过天山；像司马迁和约伯一样，见过苦难；像博尔赫斯一样，见过巴比伦；像孙悟空和但丁一样，见过地狱；像弥尔顿、哪吒和安拉一样，见过天堂；像兰陵笑笑生、莎士比亚、巴尔扎克一样，见过人；①像荀子和卢克莱修一样，见过物和物性；像波斯纳、野马和高山下的花环一样，见过"这里没有不动产"②。

45

苏力说："尽管法律移植可欲，但完全意义上的法律移植绝对不可能，最好的结果也只会是'得意忘象''得意忘形'，最糟的是'忘意得形'。"③

其实还有更糟的，那就是："与君虽异物，生而相依附。"④

46

王朔说："假使我现在仍对知识分子时有不敬，并非针对任何人，而是出于对自身的厌恶。"⑤

王朔不仅精通"自省学"，而且精通"接受美学"。

47

有的人在幻想过河之后一马平川。

有的人则在思考过河之策，而且他知道，过河之后还有河、沼泽、峡谷，绝非一马平川。

---

①　［法］雨果：《我生命的附言》，赵克非译，团结出版社2003年版，第143页。

②　"这里属于青藏高原，植被生长缓慢，一旦破坏了很难恢复；此地藏民稀疏，都以游牧为生，所有的家产都在马背上。当地巡回审判的法官告诉我：'这里没有不动产'。"参见苏力：《制度是如何形成的》，北京大学出版社2007年版，第68页。"在多山地区，人们能够保存他们所有的东西，同时，他们所要保存的东西也并不多……因此，自由（迁徙）在崎岖难行的多山地区"，就"占有重要地位"。参见［法］孟德斯鸠：《论法的精神》（上），张雁深译，商务印书馆1961年版，第280页。

③　苏力：《制度是如何形成的》，北京大学出版社2007年版，第75页。

④　《形影神三首》。

⑤　王朔：《无知者无畏》，春风文艺出版社2000年版，第109页。

48

靠打强心剂或吃壮阳药来维持体力的人不过是不足道哉的荏弱之徒。

49

在话语权领域，有一种争叫"不争而争"（低层次），还有一种争叫"争而不争"（高层次）。

50

法律移植经常出现的情形是，"播下的是龙种，收获的是跳蚤"。①

但如果根本就不存在所谓的"龙种"，自然也不会出现"播下的是龙种，收获的是跳蚤"的尴尬。

51

实用主义不是"机会主义"，不是"怎么都行"②，不是"使用主义"，不是"效能和价值全系于对于一定环境的改造或对于某种特殊的困苦和纷扰的排除确是一种工具般的东西"③，而是……就是实用主义。

52

苏力指出，"家族作为制度不是观念、思想的产物，而是对于社会生产环境，对于可利用资源多寡的一种回应，是生存实践的产物"。鄂西山区之所以没有形成家族（制度），与那里的地理和生存状态有关——贫瘠的土地、交通和交流不便、不适合聚居；因为"要诉诸家族的力量"，就必须"有经常的、细密的、贴近的互惠交往"，能够"在短期内有效交流信息，聚集起相当数量的家族成员，并协调行动。显然，在这样一个山区环境中，要建立

---

① 苏力：《制度是如何形成的》，北京大学出版社 2007 年版，第 76 页。

② 苏力：《制度是如何形成的》，北京大学出版社 2007 年版，第 80 页。

③ ［美］杜威：《哲学的改造》，许崇清译，商务印书馆 1997 年版，第 84 页。又参见张祥龙：《当代西方哲学笔记》，北京大学出版社 2005 年版，第 105 页。

这样一个制度，成本太高了"。①

苏力还从地理与生存环境的角度，分析过西藏地区长期存在"一妻多夫制"的原因。②

有必要重温"法兰西夫子"孟德斯鸠的箴言："法律和各民族的谋生方式有着非常密切的关系。"③

53

正因为"前得见古人，后又见来者"，我才"念天地之悠悠，独怆然而涕下"。④

但这样说太矫情。是"太矫情"，不是"显得太矫情"。

也许，我后半辈子的一个任务就是摆脱这种矫情，尽管注定要以失败告终。书读多了、诗写多了的缘故——不可能保持纯朴天性，"一个妓女在她的皮肉生涯中是无法保持贞操的"⑤。

54

尽管他从不摆"非常姿态"⑥，但他确实是一个非常之人。

唯非常人能做非常事。尽管他的"非常"程度，常人是看不太懂的。另一个非常之人懂——懂一些，只是一些。

55

在我读研究生时，没有人告诉我"每一个法律人都应该寻求法律的经济

---

① 苏力：《制度是如何形成的》，北京大学出版社 2007 年版，第 86—89 页。孟德斯鸠有过类似的观察："西伯利亚的民族不懂得过集体的生活，因为如果这样便无法生活（生存）。"参见［法］孟德斯鸠：《论法的精神》（上），张雁深译，商务印书馆 1961 年版，第 285 页。

② 苏力：《藏区的一妻多夫制》，《法律和社会科学》第 13 卷第 2 辑（法律出版社 2014 年版）。

③ ［法］孟德斯鸠：《论法的精神》（上），张雁深译，商务印书馆 1961 年版，第 284 页。

④ 陈子昂《登幽州台歌》："前不见古人，后不见来者。念天地之悠悠，独怆然而涕下。"

⑤ 王朔：《无知者无畏》，春风文艺出版社 2000 年版，第 107 页。

⑥ 苏力：《制度是如何形成的》，北京大学出版社 2007 年版，第 90 页。

学解释，这是实现理想的步骤"①。我也听不懂呀！

56

我们要做的一切是尽可能快地犯伟大的错误。②

57

宇宙线以接近光速的速度从四面八方冲向普林斯顿的一幢配楼③和北大蔚秀园的一间书房。

58

不管是爱德华·吉本的《罗马帝国衰亡史》，还是贝克莱的《人类知识原理》，都有着令人不安的新鲜度。④"贝克莱是马赫和爱因斯坦的先驱。""贝克莱的伟大历史意义在于，他反对了科学中的本质主义解释。"⑤

59

苏力的伟大历史意义在于，他反对了法律科学中的本质主义解释。

---

① ［美］奥利弗·温德尔·霍姆斯：《法律的道路》，李俊晔译，中国法制出版社2018年版，第71页。

② 约翰·惠勒说："我们所要做的一切是尽可能快地犯错误。"参见［英］卡尔·波普尔：《猜想与反驳——科学知识的增长》，傅季重等译，上海译文出版社1986年版，扉页。

③ "当时在普林斯顿，正好有一幢配楼闲置不用，这幢楼在战时曾被沃克·布里克尼（Walker Bleakney）用作冲击波实验室，现在成为宇宙线研究的桥头堡。"参见［美］约翰·惠勒、肯尼斯·福特：《约翰·惠勒自传：京子、黑洞和量子泡沫》，王文浩译，湖南科学技术出版社2018年版，第160页。

④ "《罗马帝国衰亡史》教导我们人性永远不会改变，人类对分群划派的偏好辅以环境和文化差异，这才是决定历史的因素。在这一点上吉本受到孟德斯鸠男爵的影响，后者认为历史不仅仅是政治和观念，而是文化、社会、气候各力量的复合体。"参见［美］罗伯特·D.卡普兰：《无政府时代的来临》，骆伟阳译，山西人民出版社2015年版，第110—111页。

⑤ ［英］卡尔·波普尔：《猜想与反驳——科学知识的增长》，傅季重等译，上海译文出版社1986年版，第237、247页。

60

说出一个词来却又毫无意义，是不配称作法学家的，更没资格跻身自然哲学家的殿堂。

61

波普尔"把物理决定论称为噩梦"，"其所以为噩梦，是因为它断言整个世界连同其中一切事物，乃是一个巨大的自动化结构，而我们只不过是其中小小的嵌齿轮，或者充其量不过是其中的附属自动装置而已"。①我把制度决定论称为噩梦，其所以为噩梦，是因为它断言整个世界连同一切民族国家，只要建立了理想的、标准的制度，就能自动实现永久和平，而在新的世界体系中，法学家拥有至尊地位，负责解释法律和进行裁决，其他人要像机器人一样严格服从。

62

尽管科学家和个别人文学者早已睿智地指出科学不能等同于客观真理，②但中国的绝大多数法学家——暂且称他们为"家"——仍以论证法学的"科学性"或自己所属学科的"科学性"为荣耀。

63

倘若有闲，好；倘若是贵族，好；倘若是哲学家，好；倘若是"有闲的贵族哲学家"③，那当然好之又好、不能再好。但"三位一体"向来是不常见的。大革命越来越少，到了21世纪，近乎绝迹了。

① ［英］卡尔·波普尔：《客观知识——一个进化论的研究》，舒炜光等译，上海译文出版社1987年版，第233页。

② ［日］伊东俊太郎等编：《科学技术史词典》，樊洪业等编译，光明日报出版社1986年版，第395页；苏力：《制度是如何形成的》，北京大学出版社2007年版，第93页。苏力说自己的预期读者并不是那些追求"真理"的法律人或法学人。参见苏力：《道路通向城市：转型中国的法治》，法律出版社2004年版，代序。

③ 苏力：《制度是如何形成的》，北京大学出版社2007年版，第93页。

64

"奸宄杀人历人宥"既可断句为"奸宄杀人，历人宥"，释为"歹徒杀人，过往的行人不承担法律责任"；①亦可断句为"奸宄，杀人，历人，宥"，释为"作乱之人，杀人之人，窝藏罪犯之人，都加以宽宥"。②释义无所谓对错，关键是释义者能否开出有新意且启发人的解释。

65

书写"提供了一种对信息进行编整的工具，这能用于扩大国家机器对物体和个人的行政控制范围"③。

它是一种有形的监控力量，又是一种无形的规训手段。

66

某些人在建构理想宪制时似乎忘了还有"社会成本"这回事。但"我们必须考虑各种社会格局的运行成本（不管它是市场机制还是政府管理机制），以及转成一种新制度的成本。在设计和选择社会格局时，我们应考虑总的效果"，"只有得大于失的行为才是人们所追求的"。④然而，何谓"得"，何谓"失"，"得""失"各为多少，"总体效果"如何，靠的是政治家的决断，无法通过推理或数学模型算出。

67

"科技与法律的关系"（以及"自然科学与自然法的关系"）是绝佳的研究课题，但致力于此的学者实在寥寥。自然科学家认为这个题目太小儿科，不值得研究；法学家大多没有自然科学或哲学的知识储备和思维，意识不到这是一个好题目。中国的法学家之中，有几个会抱着《剑桥科学史》《中华

① 苏力：《制度是如何形成的》，北京大学出版社 2007 年版，第 94—95 页。

② 顾宝田注译：《尚书译注》，吉林文史出版社 1995 年版，第 139 页。

③ ［英］安东尼·吉登斯：《民族—国家与暴力》，胡宗泽、赵力涛等译，生活·读书·新知三联书店 1998 年版，第 54 页。

④ ［美］R. 科斯等：《财产权利与制度变迁——产权学派与新制度学派译文集》，上海三联书店、上海人民出版社 1994 年版，第 52 页。

科学文明史》《十六、十七世纪科学、技术和哲学史》①废寝忘食的呢?

68

福柯说:"我努力使人们看见那些仅因其一目了然而不为所见的东西。"②

但他的努力恐怕要失败了(我也希望他失败),因为"行之而不著焉,习矣而不察焉"③乃常人的秉性,也是对自己的保护。难道要让他们都像福柯那样敏感、神经质甚至"变态"地死去吗?④这世界,"疯子""癫者""痴人"不能太多,尽管许多人都会有那么一点点疯、一点点癫、一点点痴。

69

许慎《说文解字》释"法(灋)"曰:"灋,刑也,平之如水,从水;廌,所以触不直者去之,从去。"但法(灋)字有偏旁"水",并不必然意味着"公平",其意思也有可能是"有水就有法,无水就无法"(注:粤语中"水"指钱)⑤,或"水货"(武汉方言,指差劲、荏弱),或"水月镜像"。词的意义是人赋予的。"很少有几门学科比词源学更引人入胜;因为随着时间的流转,词的原意会发生难以预料的变化。这变化有时几乎不合情理,以至于一个词的起源无法或者很难帮助我们弄明白一个概念。"⑥弄不明白就算了,较真的人,有时很讨厌。

---

① [英]罗伊·波特等主编:《剑桥科学史》(第四、五、七卷),方在庆等译,大象出版社 2008 年、2010 年、2014 年版;[英]李约瑟原著,柯林·罗南改编:《中华科学文明史》(上下),上海交通大学科学史系译,上海人民出版社 2010 年版;[英]亚·沃尔夫:《十六、十七世纪科学、技术和哲学史》(上下)、周昌忠等译,商务印书馆 1985 年版。

② 苏力:《制度是如何形成的》,北京大学出版社 2007 年版,第 131 页。

③ 《孟子·尽心上》。

④ 苏力:《走不出的风景:大学里的致辞,以及修辞》,北京大学出版社 2011 年版,第 159 页。

⑤ 苏力:《制度是如何形成的》,北京大学出版社 2007 年版,第 132—136 页。

⑥ [阿]豪尔赫·路易斯·博尔赫斯:《探讨别集》,王永年等译,上海译文出版社 2015 年版,第 269 页。

70

沸腾的壶里不一定有热水，①恰如信誓旦旦的不一定是忠贞的爱人。

71

波普尔说："神秘的或部落的或集体主义的社会也可以称为封闭社会，而每个人都面临个人决定的社会则称为开放社会。一个封闭社会在其最好的情况下也只能恰当地比作一个有机体。"②

倘若"封闭社会"中的人也是在自主地作出个人决定（事实正是如此，凡成年人，皆是在自主地作出决定），岂非等于说"封闭社会=开放社会"？

倘若"开放社会"中的人也奉行集体主义原则（事实正是如此，任何一个社会/国家都必须首先是一个集体/有机体，否则，它势必分裂或即将分裂），岂非等于说"开放社会=封闭社会"？

72

"开放社会"中的人义愤填膺地说："封闭社会"的人皆处于被奴役状态，怎么可能自主地做出个人决定呢？

这样说的人，已然被奴役了，被一种"软性"因此也更加可怕的意识形态奴役了。

我此时的口气已然有点"义愤填膺"了。但有时，"义愤填膺"只能以"义愤填膺"相对抗。

73

所谓"封闭""开放"，不过是无聊的词语游戏。倘若我性格孤僻，不喜欢和人玩，不喜欢向人倾诉，决定只做自己喜欢且不妨碍别人的事（这正是自由的本意），难道"封闭"自己就有错吗？别人有权用拳头逼我和他玩、向他倾诉？倘若我只喜欢和 A、B 玩，不喜欢和 C、D 玩，C、D 就有资格指

---

① ［奥］维特根斯坦：《哲学研究》，李步楼译，商务印书馆 1996 年版，第 151 页。

② ［英］卡尔·波普尔：《开放社会及其敌人》（第一卷），陆衡等译，中国社会科学出版社 1999 年版，第 325 页。

责我"封闭"？此处的"我"可以置换为"一个社会"或"一个国家"。

74

所谓的"封闭社会"是不存在的。"封闭之人"——脑子僵化的人——倒是真真切切存在，环我皆是也。①

75

经典作品是什么呢？我手头有艾略特、阿诺德、圣伯夫、哈罗德·布鲁姆、卡尔维诺和苏力的定义或解说，但我依旧一头雾水。或许，一部作品为一个人、一个民族甚至几个民族所喜爱（进而成为经典）的原因是一个谜。正如博尔赫斯所说，"一种喜爱很可能带有迷信成分""经典作品并不是一部必须具有某种优点的书"，它只"是一部世世代代的人出于不同理由，以先期的热情和神秘的忠诚阅读的书"。②

> 朋友，这也已足够。
> 倘若你想多读，
> 就去，自己成为文字和本质。③

76

鸠摩罗什说："学我者病。"④弟子不应模仿师父，那是一种"病"（不正常）。

虽说弟子不必不如师，但那只是一种可能。对于开创性的"师"而言，弟子注定不如师。"任何一个大师他的门下高足总不成。""一种学派，无论

---

① 此处改编自欧阳修《醉翁亭记》中的"环滁皆山也"。

② ［阿］豪尔赫·路易斯·博尔赫斯：《探讨别集》，王永年等译，上海译文出版社2015年版，第271、273页。

③ ［阿］豪尔赫·路易斯·博尔赫斯：《探讨别集》，王永年等译，上海译文出版社2015年版，第268页。

④ 牛仰山选注：《天演之声——严复文选》，百花文艺出版社2002年版，第147页。

哲学、文学，皆是愈来愈渺小、愈衰弱，以至于灭亡。"①

77

既非"名师出高徒"②，亦非"严师出高徒"，而是"高徒自然出"——像孙猴子一样从石头里蹦出。天才都是天生的。③

78

对于某些人而言，一诗一文之立，虽不至于"旬月踟蹰"④，却也"惊回千里梦，已三更"⑤。

79

大学者和名人（如严复、苏力）不一定是早熟的，名人传记不一定非得列举"一些他们令人惊讶的早熟事例"⑥。苏力自述他在读大学时才读到费孝通的《生育制度》，而且那时"不太会读书，读书也不细致"⑦。我多么希望苏力在初中时就偶然从父亲的书柜里翻腾出一本《生育制度》，津津有味地读了起来，然后立志成为费孝通那样的大学问家。但这无论如何都不是事实。

---

① 叶嘉莹笔记，顾之京、高献红整理：《顾随讲〈论语〉〈中庸〉》，河北教育出版社 2013 年版，第 14 页。

② "千万不要指望导师——哪怕是名师——会教给你什么成功秘诀。"参见苏力：《走不出的风景：大学里的致辞，以及修辞》，北京大学出版社 2011 年版，第 18 页。

③ "人的智力、创造力与基因是相关的""学术研究是强调天分的"。参见苏力：《也许正在发生：转型中国的法学》，法律出版社 2004 年版，第 171、215 页。"都说艺术来自生活，但我看得更真切的是，杰出、伟大的艺术家更需要天分。"参见苏力：《走不出的风景：大学里的致辞，以及修辞》，北京大学出版社 2011 年版，第 159 页。"真正的人才特别是天才辈出的现象是很少的，甚至不可能……天才这些称呼是社会保留给极少数人的。"参见苏力：《批评与自恋：读书与写作》（增订本），北京大学出版社 2018 年版，第 411 页。"大师可不是教出来的，而是凭借其自身禀赋成才的。"参见［美］霍姆斯：《法学论文集》，姚远译，商务印书馆 2020 年版，第 35 页。

④ 牛仰山选注：《天演之声——严复文选》，百花文艺出版社 2002 年版，第 148 页。

⑤ 《小重山·昨夜寒蛩不住鸣》。

⑥ ［美］本杰明·史华兹：《寻求富强：严复与西方》，叶凤美译，江苏人民出版社 1996 年版，第 20 页。

⑦ 苏力：《制度是如何形成的》，北京大学出版社 2007 年版，第 188 页。

80

辜鸿铭曾评论道，美国人博大、纯朴却不深沉；英国人深沉、纯朴却不博大；德国人深沉、博大却不纯朴；他们都无法真正理解深沉、博大、淳朴以及"灵敏"的中国人。而且，中国拥有一种值得欧美社会羡慕的"良民宗教"——"一种不需教士和军警就能保证全国秩序的宗教"。①对于中国的"秩序性"，苏力是有深刻体察的，他温柔而又严厉地批判了那种认为（传统和现代）中国"无序"的判断。在他看来，不应以心目中的某种秩序规则衡量另一种秩序。②

81

并非读过或读懂了易卜生的《玩偶之家》和鲁迅的《娜拉走后怎样》就不会成为历史变迁中的"玩偶"。③

82

蝉——昆虫中的哲人。从蜕变成蝉的那一刻起，它就意识到自己生命的短暂。

它在飞走前深情地望了望"枝头飘零的蝉蜕"④，那个承载了它黑暗记忆的蝉蜕。尽管"一树碧无情"，它依旧"费声到五更"。⑤

83

当麦克白残忍地杀害国王时，他也杀害了睡眠。⑥想干一番大事的人，多

---

① 辜鸿铭：《中国人的精神》，黄兴涛、宋小庆译，海南出版社1996年版，第4—5、25页。

② 苏力：《制度是如何形成的》，北京大学出版社2007年版，第121页。

③ 苏力：《制度是如何形成的》，北京大学出版社2007年版，第147页。

④ 苏力：《制度是如何形成的》，北京大学出版社2007年版，第147页。

⑤ 李商隐《蝉》："本以高难饱，徒劳恨费声。五更疏欲断，一树碧无情。""恨"字不好，哲人不应"恨"。

⑥ ［英］威廉·莎士比亚：《莎士比亚文集》，朱生豪译，漓江出版社2007年版，第279页。

饱受失眠折磨。①

84

纵使麦克白没有杀害国王，他早晚也会死亡。

85

概念、知识固然被某些人操纵和玩弄，但它们同时又操纵和玩弄那些人。②

86

苏力说："从这条小路上走过来许多法学学者，衍绎出诸多的法学著作，它不但改变了作为一种社会实践和学科的自身，而且改变了赋予它在现代中国的历史使命的这个世界。当然，它也创造了无数的养家糊口的饭碗。"③

重点是后一句，"创造了无数的养家糊口的饭碗"。

毛泽东曾指示："大学还是要办的，我这里主要说的是理工科大学还要办……"④

或许，我们应该从就业、社会稳定和刺激内需的角度来理解当下文科大学/专业存在的正当性。文科知识分子一个个"四体不勤，五谷不分"⑤，既无什么谋生技艺⑥，脸皮又比纸还薄，如果真的都失业了，拥有三千亩之阔的昆明湖也会嫌自己太小，何况，静安先生羞于与他们为伍。⑦

87

有时是"计划没有变化快"⑧，有时是"变化比计划快"。

---

① "九年来，我每周至少有两晚必须吃安眠药才能睡稳。"参见苏力：《走不出的风景：大学里的致辞，以及修辞》，北京大学出版社 2011 年版，第 220 页。"九年来"是指苏力担任北京大学法学院院长的九年。

② 苏力：《制度是如何形成的》，北京大学出版社 2007 年版，第 148 页。

③ 苏力：《制度是如何形成的》，北京大学出版社 2007 年版，第 148 页。

④ 苏力：《制度是如何形成的》，北京大学出版社 2007 年版，第 194 页。

⑤ 《论语·微子》。

⑥ 当然，也有少数例外。如作家阿城是木匠，能做全套结婚家具，还会组装老爷汽车。参见王朔：《无知者无畏》，春风文艺出版社 2000 年版，第 175 页。

⑦ 1927 年 6 月 2 日，王国维于颐和园昆明湖鱼藻轩自沉。

⑧ 苏力：《制度是如何形成的》，北京大学出版社 2007 年版，第 151 页。

88

也许，杜甫之妻并不能领会"今夜鄜州月，闺中只独看"①的意境。阿尔忒弥斯②肯定能，但她无缘与杜甫相识相知。

89

"戴着脚镣跳舞"的不止是法学家，③还有法学家手中、怀中和头顶的《拿破仑法典》。

90

不应忘记法学也和法一样是没有自己的历史的。④

91

齐白石曰："作画妙在似与不似之间，太似为媚俗，不似为欺世。"⑤

我们同样可以说，撰文妙在有诗意与无诗意之间（苏力的文章即如此），太有诗意为矫情，没有诗意为"八股"甚或"垃圾"。

92

齐白石宅门告白："寒鸟，精神尚未寒。"⑥

苏力的文字、分析，貌似冷酷，但灵魂是热的。反观那些喧闹的文字，没有半丝温度，是死的。

---

① 《月夜》。

② 阿尔忒弥斯是古希腊神话中的月神、狩猎之神。

③ 苏力：《制度是如何形成的》，北京大学出版社 2007 年版，第 153 页。

④ "不应忘记法也和宗教一样是没有自己的历史的。"参见中共中央马克思、恩格斯、列宁、斯大林著作编译局编：《马克思恩格斯选集》（第一卷），人民出版社 1972 年版，第 70 页。

⑤ 李祥林编著：《中国书画名家画语图解：齐白石》，中国人民大学出版社 2003 年版，第 18 页。

⑥ 李祥林编著：《中国书画名家画语图解：齐白石》，中国人民大学出版社 2003 年版，第 25 页。

93

齐白石曰："画中要有静气，骨法显露则不静，笔意躁动则不静。"①

撰文与作画不同，不可能不显露骨法。苏力经常进行方法论反思，但他喜欢奔着具体的问题去，把有关方法的考量置于其中，而不是抽象地谈方法。②

总体而言，苏力的文字在静气与热烈之间，动而不躁。

94

齐白石曰："画得好，不求人知而自知。"③

苏力文章写得好，不管人知或不知，他自知。（很多人知道苏力文章写得好，但怎么个好法，未必知道）

95

齐白石曰："用我家笔墨，写我家山水。"④

苏力曰："用我家笔法，写我家文章。"（我杜撰的）

96

苏力说，经典就是人人都承认应当看却都不看的书。⑤苏力或许期望自己的书也落得如此"下场"。

97

卡尔维诺说："一部经典作品是一本每次重读都好像初读那样带来发现

---

① 李祥林编著：《中国书画名家画语图解：齐白石》，中国人民大学出版社 2003 年版，第 30 页。

② 苏力：《岂止方法？——文史传统与中国研究》，《开放时代》2021 年第 1 期。

③ 李祥林编著：《中国书画名家画语图解：齐白石》，中国人民大学出版社 2003 年版，第 78 页。

④ 李祥林编著：《中国书画名家画语图解：齐白石》，中国人民大学出版社 2003 年版，第 147 页。

⑤ 苏力：《制度是如何形成的》，北京大学出版社 2007 年版，第 155 页。

的书。"①

苏力的某些作品给我这种感觉；不是全部，也不可能是全部。歌德、席勒的作品也非部部经典。

98

"黑猩猩突然打破沉静……"②

这一场景既有可能发生在人类诞生以前，也有可能发生在现代人类科学家的实验室里，还有可能发生在未来黑猩猩科学家的人类实验室里。③

99

苏力说："我只是看穿而已。我是绝望者，绝望者无所谓反抗。"④

这明明是一种鲁迅式反抗绝望的哲学、斗争的哲学，它试图在更宽广的世界中探索通向未来的道路。⑤

100

卡夫卡若生在中国，会找"态生两靥之愁"的林黛玉彻夜谈心。⑥

卡拉马佐夫兄弟若生在中国，会爱上"酥臂雪白"的薛宝钗。

毕加索、戈雅和达利若生在中国，会沉醉于《清明上河图》中的美景，直把汴州当"巴州"（巴塞罗那）。

---

① ［意］伊塔洛·卡尔维诺：《为什么读经典》，黄灿然、李桂蜜译，译林出版社 2012 年版，第 3 页。

② ［英］迈克尔·波兰尼：《个人知识——迈向后批判哲学》，许泽民译，贵州人民出版社 2000 年版，第 183 页。

③ 参见 1968 年的科幻电影《人猿星球》的情节。公元 3955 年，人猿统治地球，人类成了"食物"和"试验品"。

④ 苏力：《制度是如何形成的》，北京大学出版社 2007 年版，第 173 页。

⑤ 汪晖：《世纪的诞生：中国革命与政治的逻辑》，生活·读书·新知三联书店 2020 年版，第 77 页。

⑥ "卡夫卡像林黛玉，肺病，也爱焚稿，应该把林黛玉介绍给卡夫卡。"木心讲述，陈丹青笔录：《文学回忆录》，广西师范大学出版社 2013 年版，第 845 页。

101

第二十三条军规："自行决定是否遵守第二十二条军规。"①

这当然是不可能的。一旦上了贼船就下不来了。战争是"贼船"，男人也是"贼船"。（"女之耽兮，不可说也"②）

102

晋商、徽商在传统中国很神气，③为何在当下就不如从前了呢？

103

如果把柏拉图的洞穴改造为图书室，该收藏哪些中国书呢？（限定十种）

104

苏力自述："我的追求在美国就说美国，在中国就说中国。"④

他不像某些"聪明"的中国留学生，在美国研究中国（发挥母语优势），回到中国后则研究美国（发挥留学优势）。

105

以今视古，则传统帝国皆为"停滞的帝国"，为何独独诟病中国？⑤

以后视今，则当下帝国皆为"停滞的帝国"，不必特别诟病美国。

106

王国维谈不上是"千古文心"，但他确实是叔本华和尼采在中国的一个

---

① "世上只有一个圈套，那便是第二十二条军规。"参见［美］约瑟夫·海勒：《第二十二条军规》，吴冰青译，译林出版社 2012 年版，第 509 页。

② 《诗经·卫风·氓》。

③ "山西自明代以来一直是传统中国商业高度发达，人们最善于理财的地区。"参见苏力：《制度是如何形成的》，北京大学出版社 2007 年版，第 185 页。

④ 苏力：《制度是如何形成的》，北京大学出版社 2007 年版，第 189 页。

⑤ ［法］阿兰·佩雷菲特：《停滞的帝国——两个世界的撞击》，王国卿等译，生活·读书·新知三联书店 1993 年版。

知音。"二人者，知力之伟大相似，意志之强烈相似。""尼采之说，如太华三峰，高与天际，而叔本华之说，则其山麓之花岗石也。其所趋虽殊，而性质则一。"①喜欢尼采的必喜欢叔本华，反之亦然。"叔本华执着于对终极目标的否定，因此实际结果是对全部生命意志的否定；而尼采则根据人类进化的事实，发现了一个可能让生命重新自我肯定的目标。"②叔本华与尼采是"绝望者人格"的一体两面，相反相成。

107

鲁迅建议青年人不读或少读中国书。③

那是因为他读了太多。他既深知其益，又深知其弊。他是担心青年人在受益之前已被其弊荼毒。

108

李泽厚概述1990年以来中国学界之"怪"状曰："思想家淡出，学问家凸显。"④

好像以前思想家很多似的。真正的思想家在任何时候都是极罕见的。

就拿民国时期来说吧，我只承认鲁迅的思想家和大师地位。"民国大师热""民国学术热"皆是"虚热"。

109

苏力指出："不能迎合时尚，用一些流行的术语来包装人文研究，必须有一个脱胎换骨的转变。"⑤

何谓脱胎换骨？

就是像哪吒一般，"剖腹、剜肠、剔骨肉""现莲花化身"，唯有如此，才

---

① 姜东斌、刘顺利选注：《千古文心——王国维文选》，百花文艺出版社2002年版，第36—37页。
② ［德］格奥尔格·西美尔：《叔本华与尼采——一组演讲》，莫光华译，上海译文出版社2006年版，第4页。
③ 鲁迅：《鲁迅杂文全集》（上下），北京燕山出版社2013年版，第102、176页。
④ 苏力：《制度是如何形成的》，北京大学出版社2007年版，第197页。
⑤ 苏力：《制度是如何形成的》，北京大学出版社2007年版，第198页。

能"法用先天，气运九转"。①

110

在中国古代是有事实上的"法治"的，即使没有用"法治"这个词。②

在欧洲古代是有事实上的"礼治"的，即使没有用"礼治"这个词。

在欧洲古代是有事实上的"法家""墨家""阴阳家""纵横家"的，即使没有用这几个词。

111

冯象先生在《政法笔记》中创造了一种"陌生化的阅读效果"。"适度的阻隔和陌生化更可能打乱那种意识形态的法治套话，让人们更多去留心周围真实的世界。"③这是一种极高明的修辞策略。

中国学者应认真研读外国学者论中国（历史、法律、政治等）的文字，不是因为他们的研究做得多么好（实际上他们的研究经常有点"隔"④），而是为了那种"陌生化的阅读效果"，它会刺激我们思考周围的真实世界。

112

在文学（尤其是诗歌）领域，有时会出现译文比原文更好的情况，阅读译文就能产生"陌生的效果（strangeness）与美感（beauty）"（博尔赫斯语）。作家阿城曾将自己某部作品的获奖归为译者的功劳。"我的这个奖其实应该是米塔的，一定是米塔的译文好，才促成十一位评委的决定。这不是客气。"⑤木心曾谈及中国作家获得诺贝尔文学奖的前提条件，其中一个是"作品的译文比原文好"。⑥虽说是调侃之语，但"译文比原文好"确实是有的，尽管不太常见。菲茨杰拉德翻译的《鲁拜集》已经成为英语文学的经典，它

① ［明］许仲琳：《封神演义》，二十一世纪出版社 2012 年版，第 89—91 页。

② 苏力：《制度是如何形成的》，北京大学出版社 2007 年版，第 220 页。

③ 苏力：《制度是如何形成的》，北京大学出版社 2007 年版，第 224 页。

④ 关于"隔"与"不隔"，参见王国维：《人间词话》，上海古籍出版社 1998 年版，第 9—10 页。

⑤ 阿城：《威尼斯日记》，江苏凤凰文艺出版社 2016 年版，第 54 页。

⑥ 木心：《鱼丽之宴》，广西师范大学出版社 2007 年版，第 51 页。

开创出了"独特的美感"。是故,博尔赫斯说:"翻译也是某种程度的重新创作。"①

113

一切坚固的东西,从大秦锐士、无稽崖②、《摩奴法典》、登月飞船到戴安娜王妃佩戴的钻石;一切柔软的东西,从波斯毯、人心、生活旋涡、哲学眼光到平静的欲望。③都在我点燃一支烟后烟消云散了。

114

陆游对儿子说:"汝果欲学诗,工夫在诗外。"④

当下的诗人,若非对占星学、集邮、京剧、相对论、莱布尼茨、八卦、缅甸音乐、哈耶克的法哲学、家产制、浮世绘、阿卜杜拉·谢赫⑤、灵芝、《灵知沉沦的编年史》、李煜、汉唐气象、李世民的"御用扫帚"、扫帚星、新乡土中国、开放社会科学原理、经济学帝国主义、资本的帝国、最小危险部门、票据、拟制买卖、无效审判、女神、阴影、刀笔之吏、海瑞、陆游之子没能成为大诗人的诸种解释、量子入侵、乳洞、黑洞、弦理论、哥白尼的幽灵、时间秩序等做一番深入研究,是断然写不出好诗的。

---

① [阿]豪尔赫·路易斯·博尔赫斯:《诗艺》,陈重仁译,上海译文出版社2015年版,第95页。"傅雷先生的巴尔扎克和罗曼·罗兰,李丹/方于先生的《悲惨世界》,我想是没有人能够超越的了。不但语言优美,译者的艺术气质乃至人格理想都与原著契合无间。我是在乡下啃了法文原著,'文革'结束考上大学才读傅雷、李丹/方于的。那真是了不起的创作(翻译也是一种创作),从此懂得了什么叫文学翻译。"参见冯象译注:《摩西五经》,生活·读书·新知三联书店2013年版,附录,第405—406页。

② 无稽崖是《红楼梦》第一回中虚构的地名。

③ [英]休谟:《人性论》,关文运译,商务印书馆1980年版,第455页;汪民安等主编:《现代性基本读本》(下),河南大学出版社2005年版,第660页。

④ 《示子遹》。又参见苏力:《制度是如何形成的》,北京大学出版社2007年版,第250页;苏力:《波斯纳及其他:译书之后》(增订本),北京大学出版社2018年版,第99页。

⑤ 霍香结:《灵的编年史》,作家出版社2018年版,第242页。

1

所有道路都通向城市。

是 1893 年在乡村苦闷闲居时幻想的 "触手般不断扩展的城市" ①，

它的名字叫布鲁塞尔、哥本哈根或长沙，

是瓜分了昼与夜的宝藏、为所有死者感到愧疚的布宜诺斯艾利斯，②

是一条大河波浪宽的武汉，③

是有 "五猖" 在三味书屋私会的绍兴，

是 "一个海" 又不是一个海的上海，④

是抑郁和恐怖笼罩着的莫斯科，⑤

是坚信并无堕落移民的纽约，⑥

---

① ［比］郑克鲁、董衡巽主编：《新编外国现代派作品选》（第 1 编），学林出版社 2008 年版，第 46 页。

② ［阿］豪尔赫·路易斯·博尔赫斯：《布宜诺斯艾利斯激情》，林之木译，上海译文出版社 2016 年版，第 36—37 页。

③ 刘醒龙、李鲁平主编：《武汉印象·2013·散文》，武汉出版社 2013 年版，第 73—77 页。

④ 姜玉珍编著：《上海是一个海》，上海画报出版社 2002 年版，第 169—174 页。

⑤ ［俄］鲍里斯·帕斯捷尔纳克：《日瓦戈医生》，黄燕德译，湖南文艺出版社 2012 年版，第 45 页。

⑥ ［美］艾瑞克·洪伯格：《纽约地标：文化和文学意象中的城市文明》，瞿荔丽译，湖南教育出版社 2008 年版，第 107 页。

是想从蝴蝶回归人形就得付出巨大代价的柏林，①

是适宜隐居但不宜浪漫地颓废的巴黎，②

是被寂寞"凌迟"了的台北，③

是拥有"五角形的乌托邦"④的东京，

是司徒雷登生于斯却没有死于斯的杭州，⑤

是通过地狱之门进入的痛苦之城，⑥

是褫夺了慢生活和精英闲暇的权力之城，⑦

是充斥着信号灯、电子屏和高速公路"大叛乱"的现代之城，⑧

是弥漫着巴洛克、纪念性空间与有机形式混合体的后现代之城，⑨

是"中央计算机"在那儿时刻思索着人类命运的地下之城，⑩

是令银翼杀手、黄色魔术交响乐团、德尔法女祭司、第五元素和赛博朋

---

① "我越是在内心将自己想象成一只蝴蝶，那蝴蝶的一起一落就与人类的一举一动越发相似，最后将这只蝴蝶擒获就仿佛是我为了回归人形而不得不付出的唯一代价。"参见〔德〕瓦尔特·本雅明：《柏林童年》，志晶译，天津人民出版社2015年版，第35页。

② 〔意〕伊塔洛·卡尔维诺：《巴黎隐士》，倪安宇译，译林出版社2009年版，第87页。

③ 王梆：《映城志——电影中的城市》，中国人民大学出版社2004年版，第91—118页。

④ 〔日〕矶达雄、宫泽洋：《重新发现日本：60处日本最美古建筑之旅》，杨林蔚译，北京联合出版公司2016年版，第13页。

⑤ 司徒雷登1876年出生于杭州，父母均为美国在华传教士。自1919年起任燕京大学校长，1946年任美国驻华大使。毛泽东有著名文章《别了，司徒雷登》。关于司徒雷登与杭州，参见王受之：《朝上的城市》，浙江大学出版社2014年版，第29页。

⑥ "通过我，进入痛苦之城。"〔意〕但丁：《神曲》，黄文捷译，华文出版社2010年版，第12页。

⑦ 〔英〕戴维·贾奇等编：《城市政治学理论》，刘晔译，上海人民出版社2009年版，第43—65页。

⑧ 〔英〕彼得·霍尔：《明日之城：一部关于20世纪城市规划与设计的思想史》，童明译，同济大学出版社2009年版，第361—365页。

⑨ 〔德〕迪特·哈森普鲁格：《中国城市密码》，童明等译，清华大学出版社2018年版，第172—173页。

⑩ 〔英〕阿瑟·克拉克：《城市与群星》，周晓贤译，四川科学技术出版社2012年版，第148页。

克的作家们流连忘返的未来之城，①

是已成为记忆的田园之城，②

是凯撒、忽必烈和苏力在睡梦中进入的看不见的城市。③

2

"您看到了什么？"

"我看到了自己的满头华发，没有借助镜子。"

"您为何感叹？"

"我感叹故我在。"

"您当年的文学梦呢？"

"正一步一步实现。不过，不是以纯文学的形式。"

"您如果生在一个世纪之前，会对现实感到绝望吗？"

"我只栖居于当下。"

"我是说如果……"

"古佛去久/倩女离魂/庭前柏树/德山托钵/云天水瓶/无水无舟/寸丝不挂/芥子须弥/骑牛归家/不复来矣。"④

"您这是……"

"抱歉呀，我走神了。"⑤

"您能勾勒一下当代吗？"

---

① ［日］五十岚太郎、矶达雄：《我们梦想的未来都市》，穆德甜译，江苏凤凰科学技术出版社 2019 年版，第 46—48 页；［美］刘易斯·芒福德：《城市发展史——起源、演变和前景》，宋俊岭、倪文彦译，中国建筑工业出版社 2005 年版，第 145 页；［美］凯文·林奇：《城市意象》，方益萍、何晓军译，华夏出版社 2001 年版，第 64—65 页；电影《第五元素》（吕克·贝松执导，1997 年）

② ［英］埃比尼泽·霍华德：《明日的田园城市》，金经元译，商务印书馆 2010 年版。

③ "我相信这本书所唤起的并不仅仅是一个与时间无关的城市概念，而是在书中展开了一种时而含蓄时而清晰的关于现代城市的讨论。"［意］伊塔洛·卡尔维诺：《看不见的城市》，张密译，译林出版社 2012 年版，第 6 页。

④ 陈继生：《禅宗公案》，天津古籍出版社 2008 年版。

⑤ 苏力说自己有爱走神的"毛病"。参见苏力：《也许正在发生：转型中国的法学》，法律出版社 2004 年版，第 201 页。

"上帝、周树人与'外卖小哥'一起行走在王府井大街上。"

"您这样说很后现代。"

"我们这一代都是现代主义者。"

"您对后辈寄予什么希望？"

"我哪有资格要求别人呢？好为人师是一种病。如果非说不可的话，那就是：死感，可以有；迟到感，不可以有。"

"谢谢您接受我的采访。"

"谢谢您听我絮叨半天。"

3

何谓实在宪法？实在宪法——就是实在的。

4

中国的变化真大，本来以为天天混在里面不会觉得…… ①

5

从事"常规事务"或"常规科学"的形式主义者是无法创新的（他们致力于适用既有的规则或"范式"），而所有创造者都是海盗般冷酷的政治冒险家、伟大的实用主义者、黑色的闪电。②一个被捕获的海盗对不可一世的亚历山大大帝说："我做的事和你占领整个世界是一样的意义。"③海盗和创造者的生存法则都是——逆流而上、顺流而下，即使大雨淹没了潘帕斯草原④也要视而不见，绝不靠岸。⑤

---

① 改编自电影《没完没了》（冯小刚执导，1999年）的台词。又参见苏力：《道路通向城市：转型中国的法治》，法律出版社2004年版，第3页。

② ［美］理查德·A. 波斯纳：《法律、实用主义与民主》，凌斌、李国庆译，中国政法大学出版社2005年版，第110页。

③ ［西］西尔维娅·米格恩斯：《海盗简史》，夏侯珺、周默草译，百花文艺出版社2013年版，第15页。

④ 潘帕斯草原又称阿根廷草原，经常出现在博尔赫斯的诗文里。

⑤ 这里的"绝不靠岸"意思是，创造"是一个没有尽头的过程"。参见苏力：《道路通向城市：转型中国的法治》，法律出版社2004年版，第80页。

6

太多的良马被胡乱喂养，①太多的良人悄悄夭殇。是哪位王者，在一砖一石间，独自搭建城邦？

7

孟子曰："五百年必有王者兴。"②贾谊曰："故圣王之起，大以五百为纪。"③韩毓海说："倘若说500年来中国体制里没有好东西，中国革命形成的体制是一团漆黑，非要拆了故宫建白宫，从孙中山到毛泽东一律打倒，乃至非要刨了祖坟而后快，这是不懂自己的历史，这也就是割断自己的历史。这种歪曲历史的行径是绝不能允许的。"④萨米尔·阿明和伊曼纽尔·沃勒斯坦认为现代世界体系"始于500年前""现代世界体系的资本主义生产方式使现代世界体系完全不同于'诸世界帝国'和所有先前的'世界诸体系'——阿明称之为'贡赋性的''世界诸体系'"。⑤"500"真是个有趣的数字，"年"真是个神秘的单位。

8

"侧闻屈原兮，自沉汨罗。造托湘流兮，敬吊先生……已矣！国其莫我知兮，独壹郁其谁语？凤漂漂其高逝兮，固自引而远去。"⑥——贾谊在《吊屈原赋》中吊的哪是屈原呀，分明是在吊自己。

---

① ［古希腊］亚里士多德：《雅典政制》，日知、力野译，商务印书馆1959年版，第52页。

② 《孟子·公孙丑下》。

③ 贾谊：《贾谊集校注》（增订版），吴云、李春台校注，天津古籍出版社2010年版，第28页。

④ 韩毓海：《五百年来谁著史：1500年以来的中国与世界》（第三版），九州出版社2011年版，第一版序言，第33页。

⑤ ［德］安德烈·冈德·弗兰克、巴里·K.吉尔斯主编：《世界体系：500年还是5000年？》，郝名玮译，社会科学文献出版社2004年版，第5页。

⑥ 贾谊：《贾谊集校注》（增订版），吴云、李春台校注，天津古籍出版社2010年版，第331页。

9

思考中国一切政经、法律问题的前提：中国"一直是地域辽阔的大国"①。对此，越南法学家比中国法学家看得真切。墨西哥人说："上帝太远，而美国太近。"越南人说："上帝、妈祖、美国都太远，而中国太近。"墨西哥惧怕美国不过一百多年（美墨战争爆发于1846年），越南惧怕中国则已有两千年。那些对中国作为大国之大认识不足的法学家可有愿意加入越南籍的？

10

苏力说："在中国革命中，党内产生了像毛泽东这样的全党公认的领袖。毛泽东的存在几乎就足以保证党的统一、全国的统一。"②

在很多时候，英雄、领袖或伟人就会让人热泪盈眶和崇拜，其中有深刻的心理根源。③尽管这样说有为"人治"张目的嫌疑，但"人治"本身只是一个中性词，需要认真对待。

人治与法治可以并在。"伟人""领袖""英雄"与法治可以并在。

一个不曾产生伟人的民族绝不可能是一个伟大的民族。卡莱尔绝对地说："世界历史就是伟人们的传记。"④

11

江上有奇峰，锁在云雾中。寻常看不见，偶尔露峥嵘 ⑤——好诗！

好诗就是好诗，不管其作者为谁。

---

① 苏力：《道路通向城市：转型中国的法治》，法律出版社2004年版，第51页。"中国不是一般的大国，而是一个文明大国。"参见苏力：《走不出的风景：大学里的致辞，以及修辞》，北京大学出版社2011年版，第143页。

② 苏力：《道路通向城市：转型中国的法治》，法律出版社2004年版，第57页。

③ ［美］詹姆斯·麦格雷戈·伯恩斯：《领袖论》，刘李胜等译，中国社会科学出版社1996年版，第57—96页。

④ ［英］托马斯·卡莱尔：《论历史上的英雄、英雄崇拜和英雄业绩》，周祖达译，商务印书馆2010年版，第15页。

⑤ 苏力：《道路通向城市：转型中国的法治》，法律出版社2004年版，第78页；苏力：《大国宪制：历史中国的制度构成》，北京大学出版社2018年版，第158页。

好的书法就是好的书法（如秦桧、宋徽宗的书法），不管其作者德行如何。

好的学术思想就是好的学术思想，不管其出自谁，哪怕是一位曾经迫害自己老师的纳粹分子。①

12

苏力说："我分享这种理想，却不分享这种研究进路。"②

学者的差异在于研究进路和研究能力。至于理想，还是勿谈为佳；谈起来会发现——是无法分享（共享）的。

13

有多少位伟大诗人，就有多少种风格。宪法和写诗一样，"并不必定有一个固定的格式或话语"③。

14

老普林尼说："在任何事上，习惯总是极其有效的主人。"西塞罗说："习惯的力量是巨大的。"柏拉图说："习惯可不是小事。"④尽管苏力对这几句名人名言耳熟能详，但它们并没有直接激发他撰写了《当代中国立法中的习惯》一文。

15

不错，新的生活和技术条件会创造新的习惯，但有很多习惯会依循其旧。经过千锤百炼而形成的民族心理、行为习惯和生存智慧怎么可能说变就变？

---

① "海德格尔不仅信仰纳粹主义，而且迫害自己的导师胡塞尔，公德私德都令人难以忍受。但是这并不影响他作为20世纪对哲学贡献最大的哲学家之一。"参见苏力：《也许正在发生：转型中国的法学》，法律出版社2004年版，第179页。子曰："君子不以言举人，不以人废言。"（《论语·卫灵公》）

② 苏力：《道路通向城市：转型中国的法治》，法律出版社2004年版，第79页。

③ 苏力：《道路通向城市：转型中国的法治》，法律出版社2004年版，第80页。

④ ［法］蒙田：《蒙田随笔》，刘一飞译，黑龙江科学技术出版社2012年版，第40—41页。

有些即使变了，往往也只是貌似变了。

16

"学术论文不是提具体建议的地方。"①但"复转进"法学院的教授是可以偶尔为之的。②

17

"破砖"引出"美玉"的情形③是罕见的，更多时候是"美玉"引出"破砖"。

18

合格的法官只需要审判好案子，不必理会"博学可敬"然而"忘却了自己的罪孽"的"秃脑瓜"④之高论。

19

如果把生活视作姐妹，你就能发现——
火车时刻表比《圣经》更具魔力，
庄稼汉和法官也仰望星空，
并非只有诗人和思考者才会"第二次诞生"。⑤

---

① 苏力：《道路通向城市：转型中国的法治》，法律出版社 2004 年版，第 154 页。

② "复转军人没进法院，就进了法学院；而且是北大法学院。"参见苏力：《走不出的风景：大学里的致辞，以及修辞》，北京大学出版社 2011 年版，第 59 页。

③ 苏力：《道路通向城市：转型中国的法治》，法律出版社 2004 年版，第 157 页。

④ "秃脑瓜忘却了自己的罪孽/博学可敬的老脑瓜秃又光。"参见［爱］叶芝：《叶芝诗选》，袁可嘉译，外语教学与研究出版社 2012 年版，第 73 页。

⑤ ［俄］帕斯捷尔纳克：《第二次诞生》，吴笛译，上海人民出版社 2013 年版，第 39—40 页。苏力说，"必须深刻理解生活与人"，坚守"从生活中获得的，而不只是从书本获得的一些基本信念"。参见苏力：《走不出的风景：大学里的致辞，以及修辞》，北京大学出版社 2011 年版，第 36 页。

20

他是贪图享乐的好色之徒，放荡不羁的生活占据了他的绝大部分精力。① 他是搬口弄舌的失意政客，他渐渐明白，"人类的语言对于未来的毋庸置疑的行动来说是如何强有力，而对于目前的、近期的大可怀疑的行动来说又是多么软弱无力"。②他也是使天堂大门为之打开两次的伟大诗人。③

21

苏力说："一般说来，聪明人总要比一般人能更好地应付考试，哪怕这些考试本身非常愚蠢，考试的内容完全没有什么实际的用处（事实也是如此）也会如此；因此，在相同的条件下，考试至少是陌生人社会大规模挑选人才的一种总体有效且公平的方式。"④

注意用词——"非常愚蠢""事实也是如此"。确实，许多考试是非常愚蠢的。

但不存在比考试更公平的人才选拔（准确地说是流动）机制。关键是公平，因公平而广为接受、"总体有效"。至于选拔出来的是不是人才、大才并非那么重要（大才从来不是选拔出来的——大才就是大才）。

假设其他条件相同，通过考试的人最起码比没有通过考试的人擅长考试——多了一项能力。虽然是一项无关紧要的能力。

22

亚里士多德说："青年人不适合听政治学（法学）。他们对于人生的行为缺少经验，而人的行为恰恰是政治学（法学）的前提与题材。此外，青年人受感情左右，他学习政治学（法学）将既不得要领，又无所收获，因为政治

① ［意］薄伽丘、布鲁尼：《但丁传》，周施廷译，广西师范大学出版社2008年版，第70页。

② ［俄］梅列日科夫斯基：《但丁传》，刁绍华译，辽宁教育出版社2000年版，第178页。

③ 冯象：《政法笔记》（增订版），北京大学出版社2012年版，第231页。

④ 苏力：《道路通向城市：转型中国的法治》，法律出版社2004年版，第238页。

学（法学）的目的不是知识而是行为。"①欧克肖特说："实践知识既不能教，也不能学，而只能传授和习得。它只存在于实践中，唯一获得它的方式就是给一个师傅当徒弟——不是因为师傅能教它（他不能），而是因为只有通过与一个不断实践它的人持续接触，才能习得它。"②冯象说："打个比方，您要是造化高来世变个神童，十三岁进大学，您敢学法律？十七岁法律系毕业，谁愿意（谁放心）聘您去讨债、取证、陪法官吃喝？人要是年纪轻轻就往脑子里装那根法律的发条，一拧紧，再别想学其他文化科目了。"③苏力说："他们（法学院学生）最需要的，其实更是实践的司法经验和判断，而这种知识或能力根据其定义就是无法传授的。"④是故，让刚进大学的年轻人学法律是荒唐的，认为通过法学本科和研究生教育就能提高法官的专业素质是不现实的。但冯象先生说的"人要是年纪轻轻就往脑子里装那根法律的发条，一拧紧，再别想学其他文化科目了"显然有点夸张了，秉持实践、世俗理性的中国大学生对文化科目本来就不太感兴趣（少数一根筋的"好学生"除外，他们选择去读博了，因此很有可能终生都搞不懂何谓实践知识以及年轻人为何不该学法学），他们只想拿个学历（"敲门砖"），而且他们一旦进入社会，学习能力和适应能力都特别强。谁让中国人如此聪明呢?!

23

若说没奇缘，为何我报考中文系却被调剂到了法律系？

24

程序正义的"重音"究竟应放在程序上，还是放在正义上？"自绝于人民"的法律和法律人不可能赢得民众的尊重。⑤

---

① ［古希腊］亚里士多德：《尼各马可伦理学》，廖申白译注，商务印书馆 2003 年版，第 7 页。

② ［英］迈克尔·欧克肖特：《政治中的理性主义》，张汝伦译，上海译文出版社 2003 年版，第 10 页。

③ 冯象：《木腿正义》（增订版），北京大学出版社 2007 年版，第一版前言，第 7 页。

④ 苏力：《道路通向城市：转型中国的法治》，法律出版社 2004 年版，第 241 页。

⑤ 苏力：《道路通向城市：转型中国的法治》，法律出版社 2004 年版，第 241 页。

25

他生活在生活中，①
与地球一起转动。

26

"正义"是某些人扔给这个时代的遮羞布。多少罪恶假汝之名以行！

"空前"是这个时代扔给我们的白手套。②多少才智被白白浪费——被浪费的才智就不是才智了。

---

① "我们必须生活在生活中。"参见苏力：《道路通向城市：转型中国的法治》，法律出版社 2004 年版，第 306 页。

② 苏力：《道路通向城市：转型中国的法治》，法律出版社 2004 年版，第 308 页。

1

布兰代兹说："一个没有研究过经济学和社会学的法律人极有可能成为人民公敌。"①

在中国，如此"人民公敌"恐怕寥寥。因为中国的法律人都是研究过经济学和社会学的。在有些人看来，引用过马克思的只言片语（如"经济基础决定上层建筑"）就等于研究过经济学了，翻译过韦伯的《经济与社会》（或翻译得难以卒读的《论经济与社会中的法律》②）就等于研究过社会学了。

2

易卜生说，"人民公敌"极有可能是"世界上最有力量的人"，而"世界上最有力量的人是最孤立的人"。③

3

卡尔·施米特说"敌人乃是公敌，而非仇人"，也就是说，它不是"某

---

① 苏力：《也许正在发生：转型中国的法学》，法律出版社 2004 年版，第 3 页。"经济学的基本原理在我看来是或可能是有关一切人类行为的逻辑。"参见苏力：《走不出的风景：大学里的致辞，以及修辞》，北京大学出版社 2011 年版，第 148 页。

② 苏力：《也许正在发生：转型中国的法学》，法律出版社 2004 年版，第 106 页。

③ ［挪］易卜生：《易卜生精选集》，王忠祥选编，北京燕山出版社 2004 年版，第 391—392 页。

个人所痛恨的私敌"。①

4

由上可见，"人民公敌""公敌""公""敌"皆非实在的、本质主义的概念。布兰代兹、易卜生和卡尔·施米特笔下的"公敌"根本不是一码事。是故，"朋友与敌人这对概念必须在其具体的生存（存在）意义上来理解""它们既非规范性对立，也非'纯粹的精神性'对立"。②

5

不应"以一种虚幻的未来来激励现在的生存勇气"③。现在的生存勇气只能源于和基于现在，"明天自有明天的忧虑"④。

6

"哲学王"的统治不可能成为现实，⑤但哲学界出现几个王者、王者中出现几位哲学家是可能的。

7

魏武帝曹操曰："对酒当歌，人生几何？"⑥这句话极具哲思。

魏文帝曹丕曰："自古及今，未有不亡之国，亦无不掘之墓也。"⑦这句话极具哲思。

"罗马五贤帝"之一的马可·奥勒留说："看看所有的朝代和国家吧，有多少人竭尽全力，建立起卓越的功勋，然而生命短暂，都不免归于死亡，归

---

① ［德］卡尔·施米特：《政治的概念》，刘宗坤等译，上海人民出版社2004年版，第109—110页。

② ［德］卡尔·施米特：《政治的概念》，刘宗坤等译，上海人民出版社2004年版，第109页。

③ 苏力：《也许正在发生：转型中国的法学》，法律出版社2004年版，第22页。

④ 《圣经·马太福音》。

⑤ 苏力：《也许正在发生：转型中国的法学》，法律出版社2004年版，第23页。

⑥ 《观沧海》。

⑦ 《三国志·魏志·文帝纪》。

于尘埃。"①这句话极具哲思。

马可·奥勒留与曹丕竟然异口同声？！

马可·奥勒留是"西方的曹丕"？可他去世七年之后曹丕才出生。

曹丕是"东方的奥勒留"？可他们所处时代的纪年并非相同。既然不具同一性，又怎好类比？是后世的我们自作多情了。一切历史都是"自作多情"史。

8

马可·奥勒留在上文那段话之后接着说："你应该记住，做任何事都要以事情本身的价值来决断。如果你不为鸡毛蒜皮的小事忙碌，你就不会失去信念。"②这让我想起鲁迅先生的一段箴言："中国书虽有劝人入世的话，也多是僵尸的乐观；外国书即使是颓唐和厌世的，但却是活人的颓唐和厌世。"③鲁迅先生未免太极端了。曹操的"老骥伏枥，志在千里"绝非"僵尸的乐观"，曹丕的"颓唐"也有"活人的颓唐"的意味。但我知道，鲁迅先生是在故意说极端的话（他经常这么做），而这，是那些真平和和伪装平和的君子们难以察觉的。"伪装平和的君子"不应缩写为"伪君子"。

9

苏力"超越法律"的学术实践（"社科法学"）好似冰川流动，正处于"缓慢但巨大的变化中"④——这，有可能发生吗？也许正在发生。在这座孤独的星球上，没有不流动的冰川。唯有登过雪山之巅的人才能与冰川、大河和时间合而为一，哪怕只是在诗性想象中。

10

说"万物皆数"可以，说"万物皆爱"则不可以。

---

① ［古罗马］马可·奥勒留：《沉思录》，文爱艺译，中国城市出版社2009年版，第49页。马可·奥勒留为古罗马皇帝（161—180年在位）。

② ［古罗马］马可·奥勒留：《沉思录》，文爱艺译，中国城市出版社2009年版，第49页。

③ 鲁迅：《鲁迅杂文全集》（上下），北京燕山出版社2013年版，第176页。

④ 苏力：《也许正在发生：转型中国的法学》，法律出版社2004年版，第25页。

毕达哥拉斯曾经试图用"数"来解释玫瑰成为爱情符号以及世界总是诞生无与伦比的头脑的原因。① 但他失败了。不比做过同样事情的姬昌更惨。② 但这并不能证明"万物皆数"的命题是错误的。

11

马基雅维利说："偷手帕的进了监狱，偷一个国家则成了公爵。"③

庄子曰："彼窃钩者诛，窃国者为诸侯。"④

这两段不宜作讽喻解。

能"偷""窃"到国家者，就不能称为"偷"或"窃"了——在通过政治正当化（"合法性"）的过程之后，"偷""窃"行为的性质已然发生变化，与"偷手帕""窃钩"的性质迥然不同。春秋时期固然"弑君"的臣子众、"窃国者"众，固然"无义战"，但遍观整个人类史，又有多少政权不是通过"臣弑君"得来，又有多少战争称得上正义？正义本就是一个"虚弱"的词。

12

霍姆斯大法官说："人的主要目的就是提出一些一般性命题，而——我要说——这些命题狗屁不值（worth a damn）。"⑤ 他当然不是在讽刺断案能力匮缺的同僚，亦非批评分析能力羸弱的中国法学家。他在警告自己不要只是沉湎于一般性命题、绝对命令和近乎不可能实现的诸般理想。⑥

13

过分关心"主义"是一种病。⑦ 实用主义其实并非一种主义，是某些

---

① 蔡天新：《数字与玫瑰》（修订版），商务印书馆 2012 年版，扉页题诗。

② 周文王姬昌之演《周易》，亦是用"数"解释万物。

③ 苏力：《也许正在发生：转型中国的法学》，法律出版社 2004 年版，第 30 页。

④ 《庄子·胠箧》。

⑤ 苏力：《也许正在发生：转型中国的法学》，法律出版社 2004 年版，第 34 页。

⑥ "诸般理想就洋溢在我们心头。诸般理想就是绝对命令。诸般理想抗拒着饥渴之饮而岿然不动。"参见 ［美］霍姆斯：《法学论文集》，姚远译，商务印书馆 2020 年版，第 241 页。

⑦ 苏力：《也许正在发生：转型中国的法学》，法律出版社 2004 年版，第 35 页。

"主义主义者"把实用主义给主义化了，他们不恰当地把自称实用主义者，然而并非"主义主义者"的学者（如苏力）主义化、意识形态化了。

14

太多学者用引证代替论证。这是一种懒惰，更是一种无能。因无能，故偷懒。

他们关注的其实是"作者的话语，而不是作者的话语"。①

从某种意义上可以说，越是喜欢引证的学者，越是不入流的学者。当然，《管锥编》的作者钱锺书先生除外。

15

对于人文社科研究而言，慢工不一定出细活。

有些人的慢，并非慢，而是"泄"。劲儿一旦泄了，往往一事无成，成了废物，只能用"慢工出细活"之类的话来自欺欺人。

16

爱因斯坦在 1955 年自述道："学院里的年轻人不得不写大量的科学论文，在写这些毫无意义的论文里慢慢趋于浅薄；当然，也有一些意志坚强的人，顶得住学院的压力。作为一介平民，他只要能完成他的工作就可以了，他的日常的生活并不靠特殊的智慧。假如有人在工作之余对科学深感兴趣，那么在他的本职工作之外，他也可以研究他所爱好的问题。"②正是在专利局工作期间，爱因斯坦发现了狭义相对论。

人须各安其命。学院里的年轻人就是要写论文的，爱因斯坦就是要发现狭义相对论的。

爱因斯坦在 1909 年以后也变成了"学院里的年轻人"，但他又发现了广义相对论。在不在学院，并非那么重要，关键是要有发现。

爱因斯坦不可复制。即使再出现一位爱因斯坦式的人，他也只是爱因斯

---

① 苏力：《也许正在发生：转型中国的法学》，法律出版社 2004 年版，第 40 页。

② ［美］阿尔伯特·爱因斯坦：《爱因斯坦自述》，王强译，陕西师范大学出版社 2010 年版，第 12 页。

坦式的人，并非爱因斯坦。没有人是可以复制的，每一个生命的诞生都是传奇。只不过大多数生命不觉得自己传奇罢了。

17

爱因斯坦对年幼的小儿子如此解释时空弯曲：沿着弯曲的树枝攀爬的甲虫不会意识到自己爬过的路实际上是弯曲的，"我只是有幸看到了甲虫没有注意到的东西"。①苏力也幸运地看到了诸多"学术甲虫"没有注意到的东西。"学术甲虫"虽然努力攀爬（撰写论文），却看不清自己在走弯路，在做无用功。既参与又抽离，是对一个学人的最低要求，也是最高要求。没有抽离的参与是无效的。

18

在康德看来，希望通过家庭、学校和宗教教育造就出善良的公民，只是一种美好的计划罢了，其所愿望的结果是难以期待的。②

这一观点是儒家的，抑或反儒家的？我期待研究康德的专家给我一个叶芝式的解释。

19

（1）"世界总是这个样子的。道德家一点儿也不能改变世界，人都不是十全十美的，或多或少总得弄虚作假，只有傻瓜才说风气好或不好。"（2）"世上没有抽象的原则，只有具体的事实，没有法律，只有执法的情况。"（3）"人民把自由当作偶像，但是世界上哪里的人民是自由的？我的青春晴朗得像没有一片云彩的蓝天。"（4）"我们美好的感情难道不是意志谱写的诗篇吗？"（5）"如果没有纯洁而神圣的爱情来充实生活，那么，渴望得到权力也可以使生活美好，但要摆脱个人的利害得失，而以国家的伟大事业为重。但是大

---

① ［美］加来道雄：《爱因斯坦的宇宙》，徐彬译，湖南科学技术出版社2007年版，第75页。

② ［德］康德：《历史理性批判文集》，何兆武译，商务印书馆1990年版，第161页。

学生还没有通观人生全程的能力，达到作出正确判断的地步。"①这几句睿智之语很像出自苏力之口。

20

在科学史中，新范式常常显得是对危机的一个直接回答。但实际上，在危机出现之前，新范式就已经提出来了，只是被忽视了，或者说没有被真正重视。不能忽视历史条件。当"地心说"体系显得极为合理、能满足人们需要时，人们并不（那么）需要"日心说"体系（早在公元前 3 世纪，古希腊的阿利斯塔克就提出了类似哥白尼"日心说"的观点）。"导致天文学家接受哥白尼体系的因素之一就是存在公认的危机，正是这种危机首先要求创新。托勒密天文学已经不能解决它的问题了；时间为竞争者提供了机会。"②

苏力关于"大国宪制"的研究③亦遭逢了类似"日心说"的命运（实际上，早在此前的论文或演讲中，苏力已反复展示其核心观点）。对于学界（尤其是法学界）而言，2020 年暴发的新冠肺炎疫情危机以及中国展现的高效应对能力本来是一次真正理解苏力的契机，然而事实并非如此，或者说远非如此。或许是由于苏力关于"大国宪制"的论说太过隐晦了吧。好在时间虽然最无情，但又最有情。

21

莎士比亚活着时，没人对他说——他只好自己对自己说——"我渴望聆听您的生命故事"（I long to hear the story of your life）④。莎士比亚的死和他活着时一样，没有引起多大关注。把他送到墓地的只有家人和几个最亲近的朋友，写悼词缅怀他的人也寥寥无几。没有哪个学者或评论家讨论莎士比亚。

① ［法］巴尔扎克：《高老头》，许渊冲译，上海三联书店 2015 年版，第 87—88、90、93、107、179 页。

② ［美］托马斯·库恩：《科学革命的结构》，金吾伦、胡新和译，北京大学出版社2003 年版，第 70 页。

③ 苏力：《大国宪制：历史中国的制度构成》，北京大学出版社 2018 年版。

④ ［英］威廉·莎士比亚：《暴风雨》，彭镜禧译，外语教学与研究出版社 2016 年版，第 98、205 页。

"莎士比亚是仅有的一个为莎士比亚作传的作者。"①莎士比亚去世几百年之后，第一本传记才出版。

22

鲁迅说："文人的遭殃，不在生前的被攻击或被冷落，一瞑之后，言行两亡，于是无聊之徒，谬托知己，是非蜂起，既亦自炫，又以卖钱。连死尸也成了他们的沽名钓利之具，这倒是值得悲哀的。"②鲁迅去世已经80多年了，中国老百姓（包括他笔下的车夫，现在叫出租车司机、网约车司机）的日子过得越来越好，法治也越来越昌明，但文士哲人（真正的文士和哲人）"从来没有过宜于文士哲人享福的好日子"③（当然不是说他们吃不上饭或国家不给他们发工资）。法治能解决的问题非常有限，生活中美好和不美好的事物都永存不移。④

23

专利法的出现和发展仅仅是为了保护知识财产的所有权吗？⑤

24

与其诅咒娼妓一般的命运女神，不如偶遇灵魂无比简洁的哈姆雷特。⑥

25

王朔说："激进的总是比务实的在话语上更具道义优势。"⑦

---

① ［英］彼得·阿克罗伊德：《莎士比亚传》，覃学岚等译，北京师范大学出版社2014年版，第556页。

② 鲁迅：《鲁迅散文诗歌全集》，北京燕山出版社2011年版，第344页。

③ 木心：《即兴判断》，广西师范大学出版社2006年版，第81—82页。

④ 冯象：《木腿正义》（增订版），北京大学出版社2007年版，第60页。

⑤ ［美］道格拉斯·诺斯、罗伯斯·托马斯：《西方世界的兴起》，厉以平、蔡磊译，华夏出版社2009年版，第191页。

⑥ "她（命运女神）本来是一个娼妓""简洁是智慧的灵魂，冗长是肤浅的藻饰"。参见［英］威廉·莎士比亚：《莎士比亚文集》，朱生豪译，漓江出版社2007年版，第47、51页。又参见苏力：《遭遇哈姆雷特》，《读书》2002年第5期。

⑦ 王朔：《无知者无畏》，春风文艺出版社2000年版，第22页。

但也仅仅是道义优势，仅仅是话语。现在，没有几个人会持续关注道德话语的竞赛。

26

政治哲人约翰·罗尔斯说："政治自由主义寻求一种政治的正义观念，我们希望这一观念在它所规导的社会中能够获得各种合乎理性的宗教学说、哲学学说和道德学说的重叠共识的支持。"①但"人和人的魂灵，是不相通的"②。如果某个强势宗教的教徒就是想彻底毁灭另一个弱势宗教的教徒（将之打入"异教徒"行列，毁尸灭迹），不容商量，怎么办？在有些时候、很多时候，多元社会中的所谓"重叠共识"只剩下最低限度的一项，即我们都生活在同一个地球上，同一片蓝天下。

27

"地球上不只一个世界，实际上的不同，比人们空想中的阴阳两界还利（厉）害。"③

鲁迅这一句顶约翰·罗尔斯的一万句。

艺术家之可恶，就在于看得太透或貌似看得太透，用艺术的"四两"轻轻地把学术的"千斤"给拨到一边去了。

28

一个有钱人（A——经济学博士、教授，上市公司的大股东）想雇用一个女保姆，有三个候选人（B、C、D），其中：

B 最穷。A 想："有什么能比帮助最穷的人更重要的呢？"

C 属于家道中落，心理最压抑。A 想："消除不快乐当然是第一位的。"

D 患有慢性病，经济状况改善的话就能接受治疗。A 想："如果雇用她的

① ［美］约翰·罗尔斯：《政治自由主义》，万俊人译，译林出版社 2011 年版，第 10 页。
② 鲁迅：《鲁迅杂文全集》（上下），北京燕山出版社 2013 年版，第 340 页。
③ 鲁迅：《鲁迅全集》（第六卷），人民文学出版社 1981 年版，第 102 页。

话，就可以对免受疾病的自由作出最大的贡献。"①

在三名候选人之中，A 犹豫不定，反复思量。他想到了信息基础与判断、抉择的复杂关联（如果不了解那么多信息就好了，信息太多、太充分反而干扰决断），想到了平等主义（支持他雇用 B），想到了古典功利主义的效用原则（支持他雇用 C），想到了约翰·罗尔斯的正义理论（支持他雇用 D）。既然雇用谁都有深厚的理论基础作为支撑，都足以问心无愧，A 最后决定雇用最年轻漂亮的那个人。

29

语言学家可能拥有很多关于语言的知识，但并不比诗人更懂语言，也并不比法学家更能精确地表达一个法学命题。②

30

一个人即使缺乏文史哲基础知识（讲不出老庄、孔孟、荷马、但丁、歌德、莎士比亚、阿尔法拉比、阿威罗伊、迈蒙尼德 ③），也有可能成为一个很好的社会科学研究者，④但绝不可能成为苏力那样的社会科学研究者。当然，他也没必要成为苏力那样的社会科学研究者。如果人人都成了苏力，苏力也就不是唯一的苏力了。

31

苏力固然"把酒问青天"⑤，但也等着青天"把酒来问他"。

32

女权主义者既反对女人"从一而终"，也反对男人"喜新厌旧"。

---

① 根据经济学家阿马蒂亚·森设想的一个案例（寓言）改编。参见［印］阿马蒂亚·森：《以自由看待发展》，任赜、于真译，中国人民大学出版社 2002 年版，第 46—47 页。

② 苏力：《也许正在发生：转型中国的法学》，法律出版社 2004 年版，第 164 页。

③ 阿尔法拉比：《柏拉图的哲学》，程志敏译，华东师范大学出版社 2006 年版；［阿］阿威罗伊：《阿威罗伊论〈王制〉》，勒纳英译，刘舒译，华夏出版社 2008 年版；［西］摩西·迈蒙尼德：《迷途指津》，傅有德等译，山东大学出版社 1998 年版。

④ 苏力：《也许正在发生：转型中国的法学》，法律出版社 2004 年版，第 165 页。

⑤ 《水调歌头·明月几时有》。

33

某些"大词"和"信念"（如终极关怀、人文底蕴、文史哲不分家）因为被滥用而变成一种意识形态，一种庸俗的东西。

不得不摒弃某些美好的大词和信念是最令人苦恼的事情之一。①

但行走在天路②上的人不会躲避"崇高"——由他本人，而非那些大叫着要躲避"崇高"的人所界定的"崇高"。

34

不要对柔弱的唯心主义者发出警告。③没用的，他们认为自己很强大。

35

好的唯物（经验）主义者并不排斥冥想。"哲学的冥想在其最广阔的视野上并不把宇宙分成两个相互对立的阵营——朋友和仇敌，支援的和敌对的，好的和坏的——它廓然大公，纵观整体。"④

36

所谓纵观，就是"不期望，不恐惧，也不受习惯的信仰和传统的偏见所束缚，恬淡、冷静地去看"⑤，就是像鹰眼看枯草那样去看，⑥就是像大观园

---

① ［美］乔治·桑塔亚纳：《美国的民族性格与信念》，史津海、徐琳译，中国社会科学出版社 2008 年版，第 169 页。

② 《天路》："那是一条神奇的天路。"苏力曾在西藏大学支教。"有许多条路都通到这条路上，它们又弯又阔。不过你就可以凭这个来辨别正路和邪路，只有正的一条又窄又直。"［英］约翰·班扬：《天路历程》，赵沛林、陈亚珂译，东北师范大学出版社 1993 年版，第 32 页。

③ ［美］乔治·桑塔亚纳：《怀疑主义与动物信仰：一个哲学体系的导论》，张沛译，北京大学出版社 2008 年版，第 71 页。

④ ［英］罗素：《哲学问题》，何兆武译，商务印书馆 2007 年版，第 132 页。

⑤ ［英］罗素：《哲学问题》，何兆武译，商务印书馆 2007 年版，第 133 页。

⑥ 王维《观猎》："草枯鹰眼疾，雪尽马蹄轻。"

里的寒塘看鹤影、冷月看花魂 ①那样去看。

37

这是一个不再刻骨铭心的时代。我们已经不大可能刻骨铭心地记住任何人了。②

这是一个不再长夜晦暗的时代。③霓虹灯取代了红烛。

这是一个痴人把自己雪藏的时代，"正如安提戈涅所言，我既不和人类结伴，也不与鬼魂为伍"。④

38

"数学定理的严肃性不在于它的实用效果（实用效果无关紧要），而在于它涉及的那些数学概念的意义。"⑤法律刚好相反。法律的严肃性在于它的实用效果（实用效果至关重要），而不在于它涉及的那些法律概念的意义。

39

塞缪尔·约翰逊说过，"作家生前以他最差的作品来评价，死后则以他最好的作品来评价"。⑥学者近乎相反。学者生前以他最好的作品来评价，死后……无人评价（当然，费希特、费孝通那样的学者除外）。注意，第四个"评价"与另外三个"评价"不是一个意思。

40

学术是城堡，而非被围困的城堡。外面的人冲不进来，里边的人不想逃

---

① 林黛玉与史湘云的联诗："寒塘渡鹤影，冷月葬花魂。"参见［清］曹雪芹：《红楼梦》，北京燕山出版社 2009 年版，第 626—627 页。

② 苏力：《也许正在发生：转型中国的法学》，法律出版社 2004 年版，第 172 页。

③ ［英］狄更斯：《双城记》，张由纪译，上海三联书店 2018 年版，第 3 页。

④ ［英］托马斯·哈代：《无名的裘德》，方华文译，上海三联书店 2015 年版，第 380 页。

⑤ ［英］托马斯·哈代：《一个数学家的辩白》，李文林等编译，大连理工大学出版社 2009 年版，第 37 页。

⑥ ［美］理查德·A. 波斯纳：《超越法律》，苏力译，中国政法大学出版社 2001 年版，第 113 页。

出去。①

41

"让三闾大夫到三闾大学 ②任教如何? 对了, 就教《法律与文学》。你想啊, 他有从政经验, 懂法律, 又是文学家……"

"你希望他被气得再跳汨罗江去?"

"昆明距离汨罗江太远, 何况又逢战乱, 陆路不通, 他就是想跳也跳不成, 想死也死不成!"

"那他不能去跳滇池?"

"滇池太浅, 装不下他。就像俄罗斯的监狱太小, 装不下托尔斯泰一样。"③

"逼人活着真的是好事?"

"活着就是好事。活着, 一切才有可能。自杀的诗人是没出息的——当然, 我这里不是针对屈原, 而是指其他人。"

42

尽管普希金说"过去的一切, 都会变成亲切的回忆"④, 但这一条不适合他这样的俄罗斯诗人。他曾说: "作为一个诗人, 我感到痛苦; 作为一个有偏见的人, 我觉得懊恼——不过, 我对你发誓, 无论给我世界上任何东西,

---

① 婚姻是围城, "城外的人想冲进去, 城里的人想逃出来"。钱锺书:《围城 人·兽·鬼》, 生活·读书·新知三联书店 2009 年版, 第 111 页。

② "三闾大夫"指屈原。"三闾大学"是钱锺书在小说《围城》中虚构的大学, 影射西南联合大学 (由北大、清华、南开三所大学临时联合而成)。苏力也反对神化西南联合大学。"我们不能因对目前状况的不满转而怀念一个或多或少虚构出来的逝去的 '黄金时代'。"参见苏力:《也许正在发生: 转型中国的法学》, 法律出版社 2004 年版, 第173 页。

③ "托尔斯泰当时的国际地位非常高, 一不高兴, 直接写信给皇帝, 劈头就说: '你忏悔吧!' 朝廷要办他, 宪兵将军说, '他的声望太大, 俄罗斯监狱容不下他'。"木心讲述, 陈丹青笔录:《文学回忆录》, 广西师范大学出版社 2013 年版, 第 651 页。

④ [俄] 普希金:《普希金诗选》, 高莽等译, 人民文学出版社 2003 年版, 第 189页。译文略有改动。又参见苏力:《也许正在发生: 转型中国的法学》, 法律出版社 2004年版, 第 173 页。

我都不愿意把我的国家换成别的，我也不要任何不属于我的祖先的历史，这本来就是上帝所赐……"①普希金对俄罗斯爱得炽热。索尔仁尼琴（1970 年诺贝尔文学奖得主）和布罗茨基（1987 年诺贝尔文学奖得主）宁死也不愿离开俄罗斯，他俩都是被驱逐出境的……他们心底都清楚，一旦离开了广袤的、特殊的、无法丈量的、忍耐力无限的、精神无限自由的、由圣母庇佑的、在流浪中寻找无形之城和上帝之真的、充满双重性悖论的俄罗斯，②过去的一切，都会变成更加痛苦的回忆。俄罗斯人的乡愁可比中国人的乡愁浓多了。

43

俄罗斯人的大国意识和中国人的大国意识一样强。

俄罗斯人的优点和缺点都是"弥赛亚意识"太强，③迥异于强调实用主义、实践理性的中美两国人。④

44

弗洛伊德说："《卡拉马佐夫兄弟》是迄今为止最优秀的小说；它所描写的有关宗教大法官的故事情节，达到了世界文学的巅峰，如何赞美都不为过。所以，在创造性艺术家这一问题上，精神分析家还是缴械吧。"⑤对此，有些"红学家"肯定不同意。但在我看来，既不具有弗洛伊德那样的理论原创性，又没有林黛玉和史湘云那样的联诗能力的"红学家"没有不同意的资格。

---

① ［苏］安德烈·塔可夫斯基：《雕刻时光》，陈丽贵、李泳泉译，人民文学出版社2003 年版，第 219 页。

② ［俄］别尔嘉耶夫：《俄罗斯的命运》，汪剑钊译，云南人民出版社 1999 年版，第1—21 页。

③ "许多伟大的民族具有光荣的历史，但这些民族越伟大，也就越不幸，因为他们比别的民族更加强烈地意识到全人类联合的必要性。" 参见 ［俄］陀思妥耶夫斯基：《卡拉马佐夫兄弟》，徐振亚、冯增义译，上海三联书店 2015 年版，第 296 页。

④ "实用主义是一种弥散在美国社会全部日常生活的美国人哲学。" 参见苏力：《波斯纳及其他：译书之后》（增订本），北京大学出版社 2018 年版，第 143 页。

⑤ ［奥］西格蒙德·弗洛伊德：《弗洛伊德论美》，邵迎生、张恒译，金城出版社2010 年版，第 166 页。

45

地上的面包能跟天上的面包相比吗？

人在旅途能跟迷途知返相比吗？

朝三暮四能跟韦编三绝相比吗？

发疯似的扩张舆论和资本的边界能跟"发疯似的克制自己肉体的欲望"② 相比吗？

苏武能跟苏力相比吗？

制造各自的论文能跟制造各自的宇宙相比吗？

46

经常听长者说，做学问首先是做人，文如其人——简直不知所云。

如果道德、人格、骨气能保证一个人成为有学术贡献的、有自己独特风格的学者或思想家，那么，他就不需要进行严格的学术训练了，天赋也将变得不重要，只要上终南山或雷音寺打坐，或以铮铮铁骨的样子示人，就可以了。③

47

苏力指出："当我们被屡屡告诫'莫以成败论英雄'时，也许恰恰是因为这个社会实际上是并总是以成败论英雄的。"④

木心说："政治、生活、爱情都成功，可以是伟大的文学家，譬如歌德。政治、生活、爱情都失败，更可以是伟大的文学家，譬如但丁、屈原。艺术家莫不如此。人生中，庸俗之辈包围，很难成功。爱情最难。亲家成仇家，因为了解，骂起来特别凶。如果你聪明，要准备在政治、人生、爱情上失败，

---

① ［俄］陀思妥耶夫斯基：《卡拉马佐夫兄弟》，徐振亚、冯增义译，上海三联书店2015年版，第292页。

② ［俄］陀思妥耶夫斯基：《卡拉马佐夫兄弟》，徐振亚、冯增义译，上海三联书店2015年版，第301页。

③ 苏力：《也许正在发生：转型中国的法学》，法律出版社2004年版，第177页；苏力：《走不出的风景：大学里的致辞，以及修辞》，北京大学出版社2011年版，第125、130页（"道德的优越并不必然意味着学术的优越"）。

④ 苏力：《也许正在发生：转型中国的法学》，法律出版社2004年版，第180页。

而在艺术上成功。"①

政治、军事与学术、艺术的成败标准是有差别的。苏力与木心讲的并不矛盾。

一个问题：拿破仑是成了还是败了？

苏力强调，在学术评价时，我们只能坚持学术的标准。

这当然没错。但也可以偶尔引入别的标准，比如艺术，以破除学术屏障。"真在境中者，从不见此景。"②

48

不正确的前提也有可能引出或导出正确的结果。③

49

与宇宙的无限性相对立，求益得益；④与宇宙间有限的事物相对立，求益反损。

50

我们既可以说"对立便是有限者与无限者的对立"⑤，亦可以说，有限者与无限者无法形成真正的对立（匹敌）。

有限者只能与有限者对立（匹敌）；无限者只能与无限者对立（匹敌）。

51

沃格林说："布鲁诺的名声更多归功于他在宗教裁判所手中遭受的命运，而不是人们对其成就的理解。人们甚至可以说，令他变得家喻户晓的命运，

① 木心讲述，陈丹青笔录：《文学回忆录》，广西师范大学出版社2013年版，第151—152页。

② 苏力：《走不出的风景：大学里的致辞，以及修辞》，北京大学出版社2011年版，扉页。

③ ［意］乔尔丹诺·布鲁诺：《论无限、宇宙与众世界》，时永松、丰万俊译，商务印书馆2015年版，第99页。

④ ［意］乔尔丹诺·布鲁诺：《论无限、宇宙与众世界》，时永松、丰万俊译，商务印书馆2015年版，第19页。

⑤ ［德］谢林：《布鲁诺》，庄振华译，北京大学出版社2020年版，第65页。

导致了他真正伟大之处遭到遮蔽，因为布鲁诺的罪名包括他接受哥白尼理论并为其辩护，尽管这只是一个次要问题；人们对这个事实的重视与它本身的分量并不相称。"①

布鲁诺自身有其伟大之处。他指出，宇宙无限多的形式都是上帝的偶性，我们通过科学也只能认识到各种现象式的偶性，因此，"认识"宇宙便意味着"认识偶性之偶性"。为了理解宇宙的伟大，这位思辨哲人带着一颗有尺度、有秩序的心灵，在第一因（prima causa）无限多的宇宙表现中，沉思第一因的无限性。他通过一种想象性的扩张行动把关于宇宙的有限经验投射到无限中。②

即使布鲁诺不曾为哥白尼"日心说"理论辩护，不曾被宗教裁判所烧死，也会因其独特的学术和思想贡献而名扬天下。

52

据说柏拉图学园的门上写着"不懂几何，禁止入内"。

新柏拉图主义者走得更远。他们"在数学中发现了开启上帝、灵魂以及世界灵魂即宇宙之基本本性的钥匙"③。

不限于数学（几何），从法学中也能窥见灵魂、世界灵魂以及宇宙基本本性的。问题在于，谁做到了？

53

卢梭，一个有趣的疯子；雪莱同家庭决裂；易卜生缺乏同情别人的能力；托尔斯泰喜欢别人把他视作上帝的兄长；海明威拿着半自动步枪向照片开火；萨特同时周旋于四位情妇之间（其中一位只有 17 岁）；牛顿，一个充满荒谬

---

① ［美］沃格林：《宗教与现代性的兴起》（修订版），霍伟岸译，华东师范大学出版社 2019 年版，第 207 页。"如果不是因为被教会烧死了，今天又有谁会记得那个捍卫科学更为坚定的布鲁诺呢——甚至我们根本不知道他有什么学术贡献？"参见苏力：《也许正在发生：转型中国的法学》，法律出版社 2004 年版，第 180 页。

② ［美］沃格林：《宗教与现代性的兴起》（修订版），霍伟岸译，华东师范大学出版社 2019 年版，第 212—213 页。

③ ［美］托马斯·库恩：《哥白尼革命——西方思想发展中的行星天文学》，吴国盛等译，北京大学出版社 2003 年版，第 126 页。

想法的炼金术士；贝多芬，一个处处以自我为中心、自大张狂的家伙；狄更斯非常情绪化，自称古老巫师的化身；梵高，一个躁狂的外星人，没有什么东西能让他平静下来……①这些著名人物要么荒唐怪诞，要么人格分裂，要么卑鄙无耻，总之，精神或品性都有问题，因此距离儒家的理想人格甚远，但他们的创造性举世公认。

54

苏力说："我知道有些法治健全的国家其实没有或基本上没有原创性的法律理论家，例如新加坡。"②新加坡没有产生原创性法律理论家的原因很简单：它是一个只有 500 多万人口的小国（比开封市人口稍微多一点儿）。"小国的法治基本上只有法律实践问题，它们的法学基本附属于某个文明大国或文明中心，很难产生什么有影响的系统的法学理论，除非它进入并借助了其附属的文明。"③

55

苏力称自己的一些反思"往往也只能是反思，很少能真正在生活实践中全面贯彻"。

对反思进行反思的人，堪称大智者。

注意关键词——"全面"。并不是没有贯彻，而是很难做到"全面"。之所以如此，有主观原因，亦有客观原因。

56

韦伯所言的"专家没有灵魂"④是错误的，对专家的偏见太深。专家也是有灵魂的——专家式的灵魂。

---

① ［英］保罗·约翰逊：《知识分子》，杨正润等译，江苏人民出版社 2000 年版；［美］朱立安·李布、D. 杰布罗·赫士曼：《躁狂抑郁多才俊》，郭永茂译，上海三联书店 2007 年版。

② 苏力：《也许正在发生：转型中国的法学》，法律出版社 2004 年版，第 180 页。

③ 苏力：《走不出的风景：大学里的致辞，以及修辞》，北京大学出版社 2011 年版，第 137 页。

④ 苏力：《也许正在发生：转型中国的法学》，法律出版社 2004 年版，第 181 页。

57

如果真的存在"社会良心",那也只可能是有担当的政治家或官员,而非以"社会良心"自居的人文社科知识分子。不当家不知柴米油盐贵。有公共意识不代表有能力就公共政策或公共议题发言。小心!不要一头栽倒在江边或山下的粪土里。"感情的真实并不等于事物的真理,真诚也不保证真确。"①

58

太多的人文社科知识分子,"明乎礼义而陋于知人心"②,以"真善美"的名义自绝于"真善美"。

59

生为东方文化之子,在研究世界史时,必然且应当提出如下问题,即在——且仅在——东方世界,曾出现朝着(至少我们认为)具有普遍性意义及价值的方向发展的某些文化现象,这到底该归诸怎样的因果关系呢?③

60

苏力说:"诗人有可能直观地感受并表达某个命题,但往往是下意识的。"④

注意关键词——"下意识"。有时确实如此,一首诗、一段话经诗人之

---

① 苏力:《也许正在发生:转型中国的法学》,法律出版社 2004 年版,第 181 页。

② 《庄子·天子方》。苏力既"明乎礼义"又"知人心"。他说:"人总是愿意听赞美的话的,也往往容易高估自己。"参见苏力:《也许正在发生:转型中国的法学》,法律出版社 2004 年版,第 189 页。由己推人就可以做到"知人心"。前提是慎独、反省自躬,而这,非一般人可以做到。

③ 这是戏仿韦伯说过的一句话。"生为欧洲文化之子,在研究世界史时,必然且应当提出如下问题,即在——且仅在——西方世界,曾出现朝着(至少我们认为)具有普遍性意义及价值的方向发展的某些文化现象,这到底该归诸怎样的因果关系呢?"参见〔德〕马克斯·韦伯:《新教伦理与资本主义精神》,康乐、简惠美译,广西师范大学出版社 2010 年版,第 1 页。

④ 苏力:《也许正在发生:转型中国的法学》,法律出版社 2004 年版,第 164 页。

手诞生了，但诗人只是一个"生产"工具，中间没有一丝理性的参与。柯尔律治的《忽必烈汗》①是在梦中诞生的，他醒来后记忆仍然清晰，忙取笔录下。

"下意识"往往很难进行论证——没必要，诗人也不屑。这就是尼采后期的作品只剩下呓语的原因。

尼采前期的作品，如《悲剧的诞生》《古修辞学描述》《历史的用途与滥用》《希腊悲剧时代的哲学》《论我们教育机构的未来》等，仍属于学术论著。那时的尼采，还比较"正常"，更多的是学者（一位杰出的学者）而非诗人（诗性哲学家）。但到了1879年，尼采给一位朋友写信说："三十五岁，正是人生的中点，但丁在这个年龄写出《神曲》，而我却已被死神包围，随时会被带走。"②他辞去教授职务，永远退出大学讲坛，开始了萍踪不定的漂泊生涯。

61

苏力指出："杰出的学者（无论是社会科学还是人文学科）往往都是杰出的写手，他们甚至会以自己的文字表达改变约定俗成的东西，而不是相反。"③

大学者、大思想家、大诗人、大作家往往（甚至必然）是文体家。

所谓"文体"，即一看就知道是他（如鲁迅、博尔赫斯）写的，有他的"味儿"（风格即人——布封）。别人很难学得来。

62

"大江东去，浪淘尽，千古风流人物"——宏壮（壮美）。

"今宵酒醒何处？杨柳岸，晓风残月"——优美。④

① ［英］柯尔律治：《柯尔律治诗选》，杨德豫译，外语教学与研究出版社2013年版，第213—217页。

② 周国平主编：《诗人哲学家》，上海人民出版社2005年版，第165页。

③ 苏力：《也许正在发生：转型中国的法学》，法律出版社2004年版，第164页。

④ 关于"宏壮"和"优美"，参见王国维：《人间词话》，上海古籍出版社1998年版，第2页。

我们无法用统计学方法测度哪一句的美感度更高，①但一个人可以有自己的倾向和偏好。

63

我只能走一段路，②一段我自己踩出来的路。③

64

我关心的是那个踏出第一步的人，小径独徘徊的人，④"岂效穷途之哭"⑤的人，过河就拆桥的人。

65

诗人徘徊在"程序正义"与"实质正义"之间、"宿命"与"反宿命"之间、"无情的渊博学识"与"有情的人间世"之间。⑥

66

箴言式写作由于缺乏语境的展开而令人费解，有点"装"。

或许，一切文字表达都有"装"的成分。

一个以文字为生的人，只应考虑"装"得是否漂亮，是否能够触动人。尽管有时只能触动寥寥数人。⑦

---

① 苏力：《也许正在发生：转型中国的法学》，法律出版社 2004 年版，第 185 页。

② 苏力：《也许正在发生：转型中国的法学》，法律出版社 2004 年版，第 213 页。

③ "其实地上本没路，走的人多了，也便成了路。"参见鲁迅：《鲁迅小说全集》，北京燕山出版社 2011 年版，第 67 页。

④ 晏殊《浣溪沙·一曲新词酒一杯》："小园香径独徘徊。"

⑤ 《滕王阁序》。

⑥ 苏力：《也许正在发生：转型中国的法学》，法律出版社 2004 年版，第 264—265 页。

⑦ 被苏力称为"天才"的只有寥寥数人。参见苏力：《也许正在发生：转型中国的法学》，法律出版社 2004 年版，第 266 页。

苏力的文字之所以触动我、感动我，是因为它们清晰、精准而且艺术地表达了我长久以来的心声。

老子说："信言不美，美言不信。"①然而，苏力的一次毕业迎新致辞既"信"且"美"，堪称例外。②他的好多文字都是例外。

我也希望像"花和尚"鲁智深一样占据一座山寨，整日"置酒设宴"③。酒肉穿肠过，佛祖心中留。鲁智深如果活在当下，一定是最时髦的和尚。

法理课上，不应只是讲授亚里士多德、波斯纳、《赵氏孤儿》，还要与他

---

① 《道德经》第八十一章。

② 苏力：《走不出的风景：大学里的致辞，以及修辞》，北京大学出版社 2011 年版，冯象序。苏力说："我不接受'信言不美，美言不信'这样的一般性命题，不认为修辞'完全是一套欺骗'。"（同前书，第 293 页）修辞"完全是一套欺骗"的说法来自洛克。他说："修辞学的一切技术（秩序和明晰除外），和演说术中所发明的一切技巧的迂回的文字用法，都只能暗示错误的观念，都只能够动人的感情，都只能够迷惑人的判断，因此，它们完全是一套欺骗。"参见［英］洛克：《人类理解论》（全两册），关文运译，商务印书馆 1959 年版，第 497 页。

③ ［明］施耐庵：《金圣叹批评本水浒传》，［清］金圣叹批评，罗德荣校点，岳麓书社 2006 年版，第 188 页。

（它）们挨个儿对话。①

4

"北大最强工友"系列：（1）看门人：季羡林；②（2）暖气维修工：朱苏力；（3）保安：王铁崖。

5

季羡林的日记（1932年8月27日）："听窗外淅淅的雨声，风在树里走路声。"③

前半句有诗意但不是诗，后半句既有诗意又是诗。

6

季羡林的日记（1932年10月13日）："听胡适之先生演讲……我总觉得胡先生（大不敬！）浅薄，无论读他的文字，听他的说话……我们看西洋，领导一派新思潮的人，自己的思想常常不深刻，胡先生也或者是这样罢。"④

苏力："如果从学术上看，胡适的贡献有多大？最多是开风气之先而已。他的'大胆假设，小心求证'的所谓方法论，仅仅是一个命题而已，并没有多少方法论的分析和阐述，哪怕不用细致辨析，也会发现有很多问题；他的所谓'实用主义'，其实就是引入了一个新词而已，远不如皮尔士、杜威、詹姆斯的分析论证细致，也不如他们深刻。"⑤

至今仍有不少崇尚自由的自由主义知识分子深陷对胡适的迷思之中不能

---

① 苏力：《走不出的风景：大学里的致辞，以及修辞》，北京大学出版社2011年版，冯象序。

② 冯象说：我们念书那时，新生报到，以为他（季羡林）是东语系看门的师傅，让他照看一下行李，老先生就老老实实地在那儿守了半天。参见苏力：《走不出的风景：大学里的致辞，以及修辞》，北京大学出版社2011年版，冯象序。

③ 季羡林：《清华园日记》，青岛出版社2015年版，第87页。

④ 季羡林：《清华园日记》，青岛出版社2015年版，第120页。

⑤ 苏力：《也许正在发生：转型中国的法学》，法律出版社2004年版，第170页。

自拔。胡适评传出了一本又一本，①研究论文更无论焉。

至于我自己，30 岁之前，曾受胡适"蛊惑"；30 岁之后，渐渐明白还是鲁迅伟大。

夫子曰，三十而立。诚哉斯言！一直追捧胡适的人是长不大的，一直敬爱鲁迅的人，可为我的良友。②

7

季羡林在清华园读书时与篮球架对话，③蹲牛棚时与牛对话。④总之，精力旺盛的他从来不会闲着。

8

现在已经不是季羡林先生撰写回忆录的 20 世纪 80 年代了，知识分子没有多少"愤懑"和"憋屈"需要宣泄，物质待遇也不再是"非常菲薄"，为何还总是"说些怪话"呢？⑤当然，当事人是不以为怪的。

9

季羡林说（1988）："要求知识面广，大概没有人反对。因为，不管你探究的范围多么狭窄，多么专门，只有在知识广博的基础上，你的眼光才能放远，你的研究才能深入。这样说已经近于常识，不必再做过多的论证了。我想在这里强调一点，这就是，我们从事人文科学和社会科学研究的人，应该

---

①　相对较好的一本，参见罗志田：《再造文明之梦：胡适传》（修订本），社会科学文献出版社 2015 年版（该书初版在 2000 年）。

②　"大哉，鲁迅一人，凡爱读鲁迅文者都可能成为我的良友。"参见木心：《鲁迅祭》，《南方周末》2006 年 12 月 14 日。

③　季羡林的日记（1933 年 12 月 2 日）："过午看女子篮球赛，不是去看打篮球，我想，只是去看大腿。"参见季羡林：《清华园日记》，青岛出版社 2015 年版，第 251 页。

④　"'牛棚'这个词儿，大家一听就知道是什么意思。但是，它是否就是法定名称，却谁也说不清楚。我们现在一切讲'法治'。讲'法治'，必先正名。但是'牛棚'的名怎么正呢？牛棚的创建本身就是同法'对着干的'。"参见季羡林：《牛棚杂忆》，中共中央党校出版社 2005 年版，第 7 页。

⑤　季羡林：《牛棚杂忆》，中共中央党校出版社 2005 年版，第 181 页。

学一点科学技术知识，能够精通一门自然科学，那就更好。"①

老先生所谈的常识，现在几人具备？

经常是这样：先生认真讲，学生认真听，但学生只是听而已。知而不行，等于不知。

现在的文科师生，不要说精通一门自然科学，就是让他们抽一点时间（心情）学习科技知识都难。他们太忙了，如匆匆过客，匆匆……

10

"火车奔驰在松嫩平原上……在我眼中，草原蓦地变成了大海，火车成了轮船。"②

然而，起初，在游牧民族眼中，草原就是草原，不可能"蓦地变成了大海"。

世界史是一部各大帝国永不停息地拓展边疆的历史，一部游牧精神与海洋精神"对峙"和"齐一"的历史。

11

精神从来就只拥有一种可笑的沉重。③精神现象学是一门精神僭越了现象的学问。

12

"逼娼为良"的时代和"逼良为娼"的时代，④哪一个更适合卢梭式文人探索修辞意象的流变史？

---

① 季羡林著、季羡林研究所编：《季羡林谈读书治学》，当代中国出版社 2006 年版，第 29 页。

② 季羡林：《我的求学之路》，百花文艺出版社 2002 年版，第 126 页。

③ ［法］德勒兹、加塔利：《资本主义与精神分裂（卷 2）：千高原》，姜宇辉译，上海书店出版社 2010 年版，第 541 页。

④ 苏力：《走不出的风景：大学里的致辞，以及修辞》，北京大学出版社 2011 年版，冯象序。

13

苏力文字的妙处不是骄傲者所能体味的，也不是青年学生 ①所能领会的，入门时觉得"做作""保守"，越往后越觉得真挚、深沉，而且四面垂着雄奥的帷幕。②寡陋者被挡在帷幕之外。

14

"学界四态"，同时也是"人世四态"——

（1）既哗了众，又取了宠；

（2）哗了众，却没取了宠；

（3）没有哗众，竟然取了宠；

（4）没有哗众，也没取了宠，只好自己宠自己。

15

冯象说："苏力的致辞，实际是在一个普遍堕落的社会关系场域即大学里，展示了一种截然不同（但也不直接对抗）的职业伦理与理想人格。他的'贴心'抒情的'政治修辞'，只是那伦理人格的风格化的呈现。"③

此处"普遍堕落"的意思其实是"普遍上进"。这样充满悖论的修辞，恐怕只适合用来评价今日的大学而非别的机构了。

所谓智者，就是拥有截然不同但也不直接对抗的智慧的人，就是即使年过花甲仍对一切新生事物充满好奇的人（活到老，好奇到老），就是具备理

---

① 苏力说，"还有一个是读者或受众的问题。不要指望有多少师长辈阅读""同辈也未必会关心，除非非常出色，所讨论的问题直接与他面对的问题有关""因此中国的读者大多是一些有纯知识兴趣的学生，但不限于法学院的学生。这种学生永远不可能太多，并且大多集中在一些比较好的大学"。参见苏力：《好的研究与实证研究》，《法学》2013年第4期。青年学生（以及青年教师）有足够的知识储备和悟性理解苏力吗？我表示怀疑。

② 此处摹写了奥古斯丁的表述。参见［古罗马］奥古斯丁：《忏悔录》，周士良译，商务印书馆1963年版，第11页。又参见苏力：《走不出的风景：大学里的致辞，以及修辞》，北京大学出版社2011年版，冯象序。

③ 苏力：《走不出的风景：大学里的致辞，以及修辞》，北京大学出版社2011年版，冯象序。

想人格，并宿命般地以风格化的方式呈现出来的人。

16

某人的双脚如有神助，走到哪里，哪里就"仿佛一条蓝宝石大道铺开去，一片澄碧，胜似晴空"①。

17

不仅要拒绝公共知识分子"公共益多、知识益少"的通病，②还要拒绝专业知识分子"知识益多、思想益少"的苟且。

18

职业可以抛却，天职无法放弃。

19

大部分知识人注定只能扮演信徒的角色，他们用缤纷但不多彩的措辞真诚地重复着某些普遍真理。

20

缺乏雄心，谈不上是一种悲剧。每个人都有自己的"正剧"。

21

法学院、北大和中国是我们共同的走不出的风景。③
炫博的塔、尚未命名的湖和密西西比河是我们共同的走不出的风景。

---

① 冯象译注：《摩西五经》，生活·读书·新知三联书店 2013 年版，第 159 页。
② 苏力：《走不出的风景：大学里的致辞，以及修辞》，北京大学出版社 2011 年版，自序。
③ 苏力：《走不出的风景：大学里的致辞，以及修辞》，北京大学出版社 2011 年版，自序。

金字塔中心银光闪闪的蛛网 、宇宙钟的发条 和走廊尽头瞅着我们的镜子 是我们共同的走不出的风景。

走不出也得走，强行者有志。

22

"铁打的营盘流水的兵"是情感史，"铁打的地球流水的营盘"是文明史。

23

如果北大抱着"思想自由，兼容并包"的信条不放（不是说此信条不好），便不是"常为新的" 。

24

"中了很多暗箭" ⑤的往往是巨人，侏儒是不大容易被射中的。

25

把初恋掷进未名湖——湖不会拒绝的；"湖纳百爱"，有容乃大。失去了

---

① ［阿］豪尔赫·路易斯·博尔赫斯：《阿莱夫》，王永年译，上海译文出版社 2015 年版，第 194 页。

② "我们可以用一个渐渐走得慢下来的钟来比作宇宙。这台钟的运动最终不可避免地要停下，除非有某种外因使它重新上紧发条。但是，有什么机制能够再把宇宙钟的发条上紧，而同时自己又不会受到不可逆变化的支配呢？"参见［澳］保尔·戴维斯：《宇宙的最后三分钟》，傅承启译，上海科学技术出版社 1995 年版，第 110 页。

③ ［阿］豪尔赫·路易斯·博尔赫斯：《小径分岔的花园》，王永年译，上海译文出版社 2015 年版，第 1—2 页。

④ 鲁迅：《鲁迅杂文全集》（上下），北京燕山出版社 2013 年版，第 273 页。苏力指出，"兼容并包""宽容"之类的大词一旦被意识形态化，就容易变成一种姿态，而且，"兼容并包"完全有可能堕落为"没有立场"（"良莠不分""和稀泥"）；从社会（和旁观者）的角度而言，学术必定也应当是兼容并包的，但对于一个真正的研究者来说，他必须有击败一切学术竞争者的勇气和决心，不应以"兼容并包"作为自己的追求。参见苏力：《波斯纳及其他：译书之后》（增订本），北京大学出版社 2018 年版，第 94—95 页。

⑤ 鲁迅：《鲁迅杂文全集》（上下），北京燕山出版社 2013 年版，第 273 页。"人越伟大就越容易中箭，中讽刺之箭。射中侏儒就难一些了。"参见杨武能编选：《海涅精选集》，北京燕山出版社 2008 年版，第 672 页。

一个恋人，却获得了另一个恋人。

26

"众里寻他千百度。"①再珍贵的东西或人，也不值得千百度地寻索（最多七八度）——违反经济学中的效率原则。人的一生时间有限，也没那个耐心。

27

"群贤毕至"②是夸张的说法，不可能都是"贤"，总有几个是滥竽充数的。

28

法学是一门因其高度务实才有了点神圣意味的学问③——这句话适合公开致辞。

法学是一门因有几个神圣人物参与才有了点神圣意味的学问——这句话适合私下言说。

法学是一门毫无神圣意味的学问——这句话适合对自己说。

29

如果你想知道一万年有多久，只需拥吻朱丽叶家中阳台上的冷冷月光。④

30

普希金说："俄国如水中之轮，在斧头的劈砍声和大炮的轰鸣声中驶进

① 《青玉案·元夕》。

② 苏力：《走不出的风景：大学里的致辞，以及修辞》，北京大学出版社 2011 年版，第 6 页。

③ 苏力：《走不出的风景：大学里的致辞，以及修辞》，北京大学出版社 2011 年版，第 8 页。

④ "如果非要在这份爱上加一个期限，我希望是——一万年。"香港电影《大话西游之月光宝盒》（1994）中的对白。又参见苏力：《走不出的风景：大学里的致辞，以及修辞》，北京大学出版社 2011 年版，第 12 页。

了欧洲。"①

普希金的诗是附着在水中之轮上挤入欧罗巴的。一个伟大的民族可以没有文学代言人，但一定要有斧钺和大炮。

31

北方的河，只能流淌在北方。

32

张承志说："爱情是那么不准确的概念。"——爱情怎么能是概念呢？

张承志说："从此应该是天涯互远，从此更要走完全相异的道路。"——这才是平凡的残酷。

张承志说："生存中再没有纠缠的枝蔓杂草。"②——但还有纠缠的荆棘灌木。

33

三国时期的袁绍尽管出身名门，本质上却是一个"小资"（知识分子）："色厉胆薄，好谋无断；干大事而惜身，见小利而忘命。"③他不宜统兵，倒适合在当下做个大学教授，教"燕赵英雄史"和"韩愈诗文选读"④。

34

既然来到了这个也许并不值得热爱的世界，就得发现你的热爱——
在希夏邦马峰下的峡谷里，⑤

---

① ［俄］普希金：《皇村回忆》，苏昀晗等译，江苏凤凰文艺出版社 2015 年版，第 56 页。

② 张承志：《张承志文集：无援的思想——思想随笔卷》，湖南文艺出版社 1999 年版，第 5、6 页。

③ ［明］罗贯中：《三国演义》，春风文艺出版社 1994 年版，第 190 页。

④ 韩愈《送董邵南游河北序》："燕赵古称多感慨悲歌之士。"

⑤ 2002 年 8 月，北大"山鹰社"登山队在攀登希夏邦马峰的过程中，遭遇雪崩，5 名学生遇难。

在"五方""五声""五味""五祀"①"五帝"里，

在法兰西雄鹰被囚禁时翻烂了的《少年维特之烦恼》里，②

在关于"挑战者"号航天飞机事故的少数派调查报告里，③

在厄尔·沃伦大法官对"布朗诉托皮卡教育委员会案"的判决理由里，

在商女不知的亡国恨里，

在茶花女采撷的茶花里，

在宫崎骏④绘制的毫无侵略性的插画里，

在上帝掷向圆明园、中途岛和第三次波粒战争⑤的骰子里，

在华尔街、伦敦或深圳证券交易所之邻播放着《克罗地亚狂想曲》的咖啡厅里，

在脑机的接口里，

在众神的战车里，

在荒原狼的春梦里，⑥

在苏力教授的诗、致辞、论著和泪水里。

35

号称"天生我材必有用"的李白，放在今天，也进不了北大当诗歌学教授，因为他没有博士学位，也没在《文学评论》上发表过论文。

---

① "五祀"指井、灶、门、户、中溜。参见叶舒宪、田大宪：《中国古代神秘数字》，社会科学文献出版社 1998 年版，第 97 页。

② 拿破仑喜欢歌德的这本小说。

③ ［美］理查德·费曼：《发现的乐趣》，朱宁雁译，北京联合出版公司 2016 年版，第 153—172 页。

④ 宫崎骏（1941— ），日本漫画家、动画导演。

⑤ "'第三次波粒战争'全面爆发了。卷土重来的微粒军团装备了最先进的武器：光电效应和康普顿效应。这两门大炮威力无穷，令波动守军难以抵挡，节节败退。但是，波动方面军近百年苦心经营的阵地毕竟不是那么容易突破的，麦克斯韦理论和整个经典物理体系的强大后援使得他们仍然立于不败之地。"参见曹天元：《上帝掷骰子吗？：量子物理史话》，辽宁教育出版社 2011 年版，第 62 页。

⑥ "如今我独自奔走，心念麋鹿；如今我心念小兔，独自奔走。"参见 ［德］ 赫尔曼·黑塞：《荒原狼》，张睿君译，安徽文艺出版社 2016 年版，第 35 页。

36

苏力说："安分守己并不是一个贬义词，甚至不是一个中性词；'安分'不容易，在这个时代，'守己'则更难！"①

然而，天才必定是不安分的、躁动不安的。

"守己"，我的理解是守住初心、理想、自己的天命（如果有的话）。不能等同于"慎独"。

37

要做就做个非典型学人、非典型诗人吧。

38

屠夫眼中的世界和垂死的黑猪眼中的世界是同一个世界。②

39

淋湿过拜伦、下午、未名湖的细雨如今又淋湿了行走在雅典街头的你。

40

苏力说："不错，知识改变命运，也确实改变了你的命运；但如同从老子、卢梭到王朔和波斯纳说过的那样，知识也会败坏人的纯朴天性。"③

41

"五色令人目盲"，但不会令孙悟空、博尔赫斯目盲；

"五音令人耳聋"，但不会令贝多芬耳聋；

① 苏力：《走不出的风景：大学里的致辞，以及修辞》，北京大学出版社 2011 年版，第 24 页。

② 陆步轩：《屠夫看世界》，北京十月文艺出版社 2005 年版。

③ 苏力：《走不出的风景：大学里的致辞，以及修辞》，北京大学出版社 2011 年版，第 32 页。

"五味令人口爽"，①但不会令吃惯了苦瓜的"苦瓜和尚"口爽。②

42

苦瓜和尚曰："太古无法，太朴不散；太朴一散，而法立矣。"③

法律（立法）是人的纯朴天性丧失的结果，也是原因。《红楼梦》的理想，就是回归"鸿蒙"时代④——不可能了。

43

卢梭说，"科学、文学和艺术（它们虽不那么专制，但也许更为强而有力）便给人们身上的枷锁装点许多花环，从而泯灭了人们对他们为之而生的天然的自由的爱，使他们喜欢他们的奴隶状态，使他们变成了所谓的'文明人'""必须进行一场革命，才能把人类重新带回到常识的轨道上来"。⑤

"文明人"自称天生爱自由，否认自己身陷奴隶状态。

"文明人"凭常识幸福生活着，否认自己偏离了正轨。

革命？革命将会导向什么——想一想法兰西革命的血腥！想一想可怕的断头台！"文明人"愤愤然起来。偏执的卢梭注定不讨"文明人"喜欢。

44

鲁迅谈两个时代："一、想做奴隶而不得的时代；二、暂时做稳了奴隶的时代。"⑥

鲁迅此处谈的不仅仅是政治（有些人从鲁迅身上习惯性地只看到政治），更是文明和宇宙。结合上文卢梭所论，才能看明白。

---

① 《道德经》第十二章。

② "苦瓜和尚"指石涛（1642—1708），清代著名画家。

③ ［清］石涛：《苦瓜和尚画语录》，周远斌点校纂注，山东画报出版社 2007 年版，第 3 页。

④ 《红楼梦曲·引子》："开辟鸿蒙，谁为情种？"参见［清］曹雪芹：《红楼梦》，北京燕山出版社 2009 年版，第 48 页。

⑤ ［法］卢梭：《论科学与艺术的复兴是否有助于使风俗日趋纯朴》，李平沤译，商务印书馆 2011 年版，第 9—10 页。

⑥ 鲁迅：《鲁迅散文诗歌全集》，北京燕山出版社 2011 年版，第 195 页。

45

王朔说："我没受过正规的高等教育，这本来是件好事。我以为中国高校的文科教育其结果不过于训练出一班知识的奴隶。看看那些教授及其高徒写的文章，无论他们把话说得多绕嘴多不通顺，一句话是很明了的，那就是卫道。"①

在受过高等教育的人看来，王朔纯粹是酸葡萄心理作怪。同样的话（嘲讽）由留美博士苏力来说，才有说服力？

由苏力来说也有问题。就像马云说不在乎钱，苏力当然也可以说博士学位、博学多识一文不值，怎么办？

46

我也卫道，但"卫"的是老子和卢子（卢梭）的"道"。

就文字、文体来说，老子的太凝练，只留下五千言，不可学；卢子的较啰唆，可学。

47

不能满足于当个"知道分子"，②还要做一个知"道"分子、行"道"分子。行行重行行。

48

学者、艺术家和电影制作人由于显而易见的原因敌视审查制度，并对作为外行的检察官（或法官）感到沮丧，③但他们往往拒绝自我省察（由于"太自我"），且缺乏真正的社会责任感（还是由于"太自我"）。

---

① 王朔：《无知者无畏》，春风文艺出版社 2000 年版，第 106 页。

② 苏力：《走不出的风景：大学里的致辞，以及修辞》，北京大学出版社 2011 年版，第 32 页。

③ ［美］理查德·A.波斯纳：《公共知识分子——衰落之研究》，徐昕译，中国政法大学出版社 2002 年版，第 464 页。

49

梦里亦知身是客。①

50

"老吾老"，易（但久病床前无孝子）；"以及人之老"，难。

在公交车上给老人让座，称不上"及人之老"。"及人之老"是一种崇高却无用的天下情怀——天下虽大，资源却永远稀缺。

"爱吾爱以及人之爱"倒容易，但此言有辱圣人之教，且有"下流"之嫌——尽管揭示了人性中的隐秘欲望。

51

绵延于你身后的，除了校园、群山、大河、戈壁、荒漠、沼泽，还有可测量的太史公脚印和不可测量的意识流。②

52

他正在做前人从来没有做过的极其光荣伟大的事业。

53

法学教授说："法学院的职守在于，教人领略法律的万千气象，并成就伟大的法律人。"③

政治学教授说："政府管理学院的职守在于，教人领略政治的万千气象，并成就伟大的政治人。"

文学院教授说："文学院的职守在于，教人领略文学的万千气象，并成就伟大的诗人、作家或文学评论家。"

物理学教授说："理学院的职守在于，教人领略万物之理的万千气象，

---

① 李煜《浪淘沙令·帘外雨潺潺》："梦里不知身是客，一晌贪欢。"

② "纯绵延是完全性质式的。除非被象征地表示于空间，它是不可测量的。"参见[法] 柏格森：《时间与自由意志》，吴士栋译，商务印书馆 1958 年版，第 77 页。

③ ［美］霍姆斯：《法学论文集》，姚远译，商务印书馆 2020 年版，第 35 页。

并成就伟大的物理学家，甚至第二个爱因斯坦。"

但演讲者、授课者心里都清楚，全部或近乎全部的学生，注定与"伟大"二字无缘。①

他们是在说谎吗？不！他们只是在真诚地说谎。

54

法律的伟大所隐含的就是超越法律。②人的伟大所隐含的就是超越人。超越人的人即"超人"。

"超人"是混合了冷峻神性和仁慈兽性的"非人"，致力于探索"在身体和地球的限度之外找到人类幸存的办法"。其因"非人性"而"是忠诚于人的"。③

55

今天，你的这个"ing"也走到了"g"，④

可你竟然还没读过兰波这两行诗——

A 黑，E 白，I 红，U 绿，O 蓝：元音，

终有一天我要道破你们隐秘的身世⑤。

还没倾听过星星的呻吟；

---

① "100 年来，我们的法学院（指北大法学院）涌现了一批批最杰出、最优秀的法学学者，但我们还没有产生一位可以称之为伟大的法学家。"参见苏力：《走不出的风景：大学里的致辞，以及修辞》，北京大学出版社 2011 年版，第 97 页。

② ［美］理查德·A. 波斯纳：《法理学问题》，苏力译，中国政法大学出版社 2002年版，第 564 页。

③ ［法］让-弗朗索瓦·利奥塔：《非人：漫谈时间》，夏小燕译，西南师范大学出版社 2019 年版，导言，第 5 页。"失去人性，失去很多；失去兽性，失去一切。"参见刘慈欣：《三体Ⅲ：死神永生》，重庆出版社 2010 年版，第 382 页。参见苏力：《批评与自恋：读书与写作》（增订本），北京大学出版社 2018 年版，第 457 页。

④ 苏力：《走不出的风景：大学里的致辞，以及修辞》，北京大学出版社 2011 年版，第 38 页。

⑤ ［法］阿尔蒂尔·兰波：《兰波作品全集》，王以培译，作家出版社 2011 年版，第102 页。

还没与哲人阔谈过寒蕊、肉身和棉花帝国①；

还没帮哈姆雷特诠释"being"；

还没一亲奥菲利娅②的芳泽；

还没在陕北窑洞捉过虱子③，尽管自诩"行了万里路"；

还没探访过芝加哥的贫民窟；

还不曾作为中国的代表"逼迫"美元升值；

还不曾失恋过；④

还不曾为"无用之物"献过身；

还不曾体味孤苦无依的孤儿心境；

还不曾加入出关的大军穿越井陉；

还不曾与魔菲斯特"签约"，

以换取一部东方《浮士德》和六尺见方的青青柏下陵……

难道要等到84岁⑤再去干这些事吗？

56

他说："我呢，就站在那混账的悬崖边。我的职责是在那儿守望，要是有哪个有天赋的孩子往悬崖边奔来，我就把他拦住。"⑥

57

甲说："生活的真相是，既有爱也有污秽凄苦。"

---

① ［美］斯文·贝克特：《棉花帝国：一部资本主义全球史》，徐轶杰、杨燕译，民主与建设出版社2019年版。

② 奥菲利娅是莎士比亚悲剧《哈姆雷特》的女主角。

③ "记得有一天我和毛泽东谈话的时候，看见他心不在焉地松下了裤带，搜寻着什么寄生物（虱子）。"参见［美］埃德加·斯诺：《西行漫记》，董乐山译，生活·读书·新知三联书店1979年版，第69页。

④ "管他到哪一天，至少也会有人失恋吧？一个没人失恋的世界该多么无味?!"参见苏力：《走不出的风景：大学里的致辞，以及修辞》，北京大学出版社2011年版，第39—40页。

⑤ 歌德（1749—1832）活了84岁（虚岁）。中国民间有"七十三，八十四，阎王不叫自个去"的说法。

⑥ 改编自［美］J. D. 塞林格：《麦田里的守望者》，施咸荣译，译林出版社2011年版，第188页。

乙说："生活的真相是，既有污秽凄苦也有爱。"

丙面无表情，没有参与对话（争论）。他一边抚摸怀里的黑猫，一边凝视窗外的凄风冷雨。①

58

他想起了炼狱。他从不后悔撞过青春的"腰"。

59

天地不仁，以万物为刍狗。政治家仁，以刍狗为天地。

60

他听见阳光的碰撞 ②，听见阳关城外柳色的碰撞 ③，听见古往今来所有传道书的碰撞 ④。

61

苏力说："永远不要低估这些至今没有多少改变的人类弱点。"

苏力对听众（读者）太仁慈了。要我说，应该是——永远不要低估这些至今没有任何改变的人类弱点。

62

一个人、一个民族，不是因为善良才强大，而是因为强大才（有可能）善良。

善良不是一种品性，而是一种能力。面对饥馁，面对凶残的狼群，羊的

---

① ［美］J. D. 塞林格：《九故事》，李文俊、何上峰译，上海文艺出版社 2013 年版，第 95 页。

② 苏力：《走不出的风景：大学里的致辞，以及修辞》，北京大学出版社 2011 年版，第 62 页。

③ 王维《送元二使安西》："渭城朝雨浥轻尘，客舍青青柳色新。劝君更尽一杯酒，西出阳关无故人。"

④ 每一种经典文明都有自己的"传道书"，最著名的一部大概是《圣经·传道书》吧。

善良没有任何意义。

63

"罗斯福是天生当总统的""罗斯福每天收到的群众来信，少则五千，多则八千，十倍于胡佛的。有个众议员把他同耶稣相比；根据在纽约小学生中进行的一次民意测验，他最受欢迎，上帝其次，得票远不如他""当时总共有四十一首流行歌曲是歌颂他的"。①

谁说美国只有法治，没有个人崇拜？

个人崇拜有多种类型：自发的，强加的；积极的，消极的；等等。个人崇拜不是一个本质主义的概念，一如法治、人治。

64

光荣只可能属于拥有梦想，并为此差一点"光荣"②掉的人。套用一句流行语：不疯魔，不成活。

65

苏力说："不要只用规范的眼光看世界。"③

这句话是说给法学院的学生听的，更是说给那些"只用规范的眼光看世界"的规范法学家听的。

66

苏力说："就算民主法治能让国家长治久安，也消除不了办公室的钩心斗角。"④

或许正是因为受不了办公室政治、日常生活的无聊和冷板凳之"冷"，

---

① ［美］威廉·曼彻斯特：《光荣与梦想：1932—1972 年美国实录》（第一册），广州外国语学院美英问题研究室翻译组译，商务印书馆 1978 年版，第 114—116 页。

② 此处"光荣"是"死"的意思。

③ 苏力：《走不出的风景：大学里的致辞，以及修辞》，北京大学出版社 2011 年版，第 78 页。

④ 苏力：《走不出的风景：大学里的致辞，以及修辞》，北京大学出版社 2011 年版，第 79 页。

班超才弃笔从戎吧。

67

弃笔从戎和弃戎从笔，哪个更可欲？

其实并不矛盾。凯撒戎马倥偬之际，写下那个时代文笔最佳的《高卢战记》《内战记》。

68

孔子曰："君子有三戒：少之时，血气未定，戒之在色；及其壮也，血气方刚，戒之在斗；及其老也，血气既衰，戒之在得。"①猪八戒从不自诩君子（尽管亦非普通人），自然不愿意戒色。他说："哪个没有三房四妾？就再多几个，你女婿也笑纳了。我幼年间也曾学一鏖战之法，管情一个个伏（服）侍得她欢喜。"②结果是猪八戒受到了（幻化成老妇人的观音菩萨的）戏弄。但猪八戒却是中国人喜欢的角色，因为真实。有人说，"八戒"的意思是"不吃五荤三厌"③，并不涵括戒色之意。但这只是字面解释、狭义解释。在佛教戒律中，"八戒"是指一戒杀生；二戒偷盗；三戒淫；四戒妄语；五戒饮酒；六戒着香华；七戒坐卧高广大床；八戒非时食（过午不食）。

猪八戒因为没能戒色而成了"春光灿烂"的猪八戒。④

唐僧因为戒了色而成了"同乾坤之覆载，齐风雨之鼓润""导圣导凡"⑤的唐僧（尽管他曾动摇过）。

69

鲁迅说："骆宾王作《讨武曌檄》……相传武后看到这里，不过微微一笑。是的，如此而已，又能怎样呢？声罪致讨的明文，那力量往往远不如交

---

① 《论语·季氏》。又参见苏力：《走不出的风景：大学里的致辞，以及修辞》，北京大学出版社 2011 年版，第 88 页。

② ［明］吴承恩：《西游记》，三秦出版社 1992 年版，第 177 页。

③ 唐僧对猪悟能说："你既是不吃五荤三厌，我再与你起个别名，唤为八戒。"参见［明］吴承恩：《西游记》，三秦出版社 1992 年版，第 145 页。

④ 参见电视剧《春光灿烂猪八戒》（2000 年）。

⑤ 董志翘译注：《大唐西域记》，中华书局 2012 年版，第 22、24 页。

头接耳的密语，因为一是分明，一是莫测的。"①

"分明"意味着"显白"，"莫测"意味着"隐微"。莫测的、隐微的，更有力量。这大概是某些学人倡导隐微教诲的原因吧。然而，隐微教诲一旦说（解读）出，不就变成显白教诲了吗，还有力量？鲁迅晓得语言、政治以及语言政治的边界在哪里，倡导隐微教诲的人却不懂得。

70

鲁迅说："捣鬼有术，也有效，然而有限，所以以此成大事者，古来无有。"②

那些小时候和我一样爱捣鬼的伙伴（朋友），长大后大多成了白领，不爱捣鬼了。我差点走这一步，终尔没有。我现在"爱捣神"。

71

我也想大呼"虽千万人，吾往矣！"③但我不配，也没必要。

72

苏力 60 多岁了，还是那样，"有点天真，却不只有天真"④。

按我们老家的习俗，"六十六，吃大肉"。我很想请他吃一顿红烧肉——毛泽东爱吃的那种红烧肉。

73

穿过光诞生的瞬间，
穿过摇篮，
穿过河和桥，砀和山，
穿过小镇的喧嚣，

① 鲁迅：《鲁迅杂文全集》（上下），北京燕山出版社 2013 年版，第 762 页。
② 鲁迅：《鲁迅杂文全集》（上下），北京燕山出版社 2013 年版，第 763 页。
③ 《孟子·公孙丑上》。
④ 苏力：《走不出的风景：大学里的致辞，以及修辞》，北京大学出版社 2011 年版，第 89 页。

穿过寂寞的旧书摊，

穿过武侠小说里拔出又回鞘的锋利宝剑，

穿过双唇的温柔，

穿过波心荡的帷幔，

穿过黑夜里比狗还忠贞的誓言，①

穿过岌岌可危的保险公司大楼，

穿过纽伦堡国际法庭的自我申辩，②

穿过无尽的黄昏，

穿过古老的吉村，

穿过一个个祖先的基因，③

穿过大槐树的传说和真实，

穿过谷歌街景，

穿过九泉之下的幽魂

和九泉之上的墓地，

经过了整整一百年的跋涉啊，

我才最终迎来了你!④

74

实在累得扛不住了，就陶醉于"小资情调"吧。⑤喂喂流浪猫，翻翻名人日记，享受一下不喜欢的人们的殷勤⑥。

---

① ［俄］玛丽娜·茨维塔耶娃：《致一百年以后的你：茨维塔耶娃诗选》，苏杭译，广西师范大学出版社 2012 年版，第 57 页。

② 陈金桂主编：《世界著名法庭论辩演说精粹》，百花洲文艺出版社 1997 年版，第 249—252 页。

③ 苏力：《走不出的风景：大学里的致辞，以及修辞》，北京大学出版社 2011 年版，第 90 页。

④ ［俄］玛丽娜·茨维塔耶娃：《致一百年以后的你：茨维塔耶娃诗选》，苏杭译，广西师范大学出版社 2012 年版，第 90 页。

⑤ 苏力：《走不出的风景：大学里的致辞，以及修辞》，北京大学出版社 2011 年版，第 90 页。"这些年来，自己还算努力，常常感到很累""夜半人静时，也感到心虚"。参见苏力：《走不出的风景：大学里的致辞，以及修辞》，北京大学出版社 2011 年版，第 122 页。

⑥ 丁玲：《莎菲女士的日记》，译林出版社 2013 年版，第 65 页。

75

苏力说："漏网的是大鱼。"①此处的"网"，指的是现代科举和学院体制。

76

在学术上，只关心自己那一亩三分地的学者可能是极大气的，而跑马圈地的学者可能是有小农意识的。②

77

苏力："我情愿做一块被废弃的石头，以个人的失败为这个民族的成功奠基。"③

《圣经·诗篇》："瓦匠废弃的石头，反成了基石。"④

《红楼梦》第一回："女娲氏炼石补天之时……只单单的剩了一块未用，便弃在此山青埂峰下。谁知此石自经锻炼之后，灵性已通。"

苏力的虚心实际上是一种骄傲。但他的骄傲，令人感动。

再说——就骄傲了，"爱谁谁!"⑤

虚心的人有福了！因为未来是他们的；温柔的人有福了！因为他们必承

---

① 苏力：《走不出的风景：大学里的致辞，以及修辞》，北京大学出版社 2011 年版，第 117 页。

② 苏力：《走不出的风景：大学里的致辞，以及修辞》，北京大学出版社 2011 年版，第 141 页。苏力称只关心自己的"一亩三分地"，然而他那"一亩三分地"比贝加尔湖、青藏高原还辽阔。苏力痛心地指出："在中国法学界，跑马占地是一种普遍的现象。各人自我界定，划一个圈子，不容别人——弟子除外——染指，最严重的是别人也自动谢绝染指。"参见苏力：《波斯纳及其他：译书之后》（增订本），北京大学出版社 2018 年版，第 103 页。

③ 苏力：《走不出的风景：大学里的致辞，以及修辞》，北京大学出版社 2011 年版，第 144 页。

④ 这是苏力的译法。《圣经》（思高本）译为："匠人弃而不用的废石，反而成了屋角的基石。"《圣经》（和合本）译为："匠人所弃的石头，已成了房角的头块石头。"相比于"基石"，"头块石头"的译法虽然听来有点别扭，却新颖、精确、有力。

⑤ 苏力：《走不出的风景：大学里的致辞，以及修辞》，北京大学出版社 2011 年版，第 89 页。

受这片古老的东方土地。

78

每一个自在的事物莫不费尽全力保持其独特存在。①

老虎只想做老虎，苏力只想做苏力，新思想只想做新思想。"每一新思想都具有自我完善的能力。"②

79

雪莱说："想象是创造力，亦即综合的能力，它的对象是宇宙万物与存在本身所共有的形象；推理是推断力，亦即分析的能力，它的作用是把事物的关系只当作关系来看，它不是从思想的整体来考察思想，而是把思想看作导向某些一般结论的代数符号。推理列举已知的量，想象则从个别和从全体来领悟这些量的价值。"③

苏力既重视具体的因果关系分析，又注重"领悟""整体考察"。

苏力的论著实现了"想象"和"推理"（分析）的有机结合，如果不是完美结合的话。

世间不存在完美的事物，但存在趋于完美的事物。"一个人找出了方法来改善万物之灵，以原来没有的完美性赋予万物之灵，他的功绩要远超于那些闲着没事专门制造无聊的体系，或者虽然孜孜矻矻，却做些百无一用的研究的人。"④

80

雪莱说："自有人类便有诗。"⑤劳动与诗一起创造了人。

———————————

① ［荷］斯宾诺莎：《伦理学》，贺麟译，商务印书馆1983年版，第105页。

② 章安祺编订：《缪灵珠美学译文集》（第三卷），中国人民大学出版社1998年版，第135页。

③ 章安祺编订：《缪灵珠美学译文集》（第三卷），中国人民大学出版社1998年版，第135页。

④ ［法］拉·梅特里：《人是机器》，顾寿观译，商务印书馆1959年版，第31页。

⑤ 章安祺编订：《缪灵珠美学译文集》（第三卷），中国人民大学出版社1998年版，第135页。

81

悲观的乐观主义者说，人是一种机器；乐观的悲观主义者说，人是一种乐器。

82

迥异于上古社会，现在诗人不再是"立法者或先知"①。这是诗人的大幸，可以安心"躲进小楼成一统"了。

83

上古的诗，有饱满的情感。如"昔我往矣，杨柳依依""路漫漫其修远兮，吾将上下而求索"。

现在的诗，只是、只能是思想的片段。这是诗的退化，也是进步。理性时代只应写理性的诗。

情感泛滥又无思想性的诗，不过是语言（文字）的"滥淫"②。

84

鲁迅说："我只很确切地知道一个终点，就是：坟。然而这是大家都知道的，无须谁指引。问题是在从此到那的道路。"③

"然而这是大家都知道的，无须谁指引"，这句话冷酷、幽默，讲了一个事实，却像诗一样值得玩味。"问题是在从此到那的道路"，道路是无法指引的，尽管时常有青年渴盼"导师"给出答案。

坟就在前方。有人走着去，有人跑着去，有人爬着去。

路上，有人偷赵家的梁，有人换爱新觉罗家的柱，有人暂栖于博物馆，有人徘徊于坟冢。

---

① 章安祺编订：《缪灵珠美学译文集》（第三卷），中国人民大学出版社 1998 年版，第 138 页。

② "世之好淫者，不过悦容貌，喜歌舞，调笑无厌，云雨无时，恨不能尽天下之美女供我片时之趣兴，此皆皮肤滥淫之蠢物耳。"参见 ［清］曹雪芹：《红楼梦》，北京燕山出版社 2009 年版，第 51 页。

③ 鲁迅：《鲁迅杂文全集》（上下），北京燕山出版社 2013 年版，第 100 页。

85

法律全球化的前提是，地球人统一使用中华牌草莓味牙膏，且每人每天必须刷牙三次，每次三分钟，违者处死。

这当然是开玩笑。"法律全球化"是一个无聊的概念，除了利于制造论文，无任何意义。

86

苏力在2004年质问道："中国法学因此面临了一个问题，能不能随着中国的崛起为人类作出相应的贡献?"①

我对这句话的解读是：中国崛起无需法理学。

87

"今天的中国法学家大都已经与真理并肩存在了，因此也就大都很少甚至根本不读书了。"②

在他们读过"很少"的书里边，肯定不包括奥斯汀小说《傲慢与偏见》《理智与情感》。

让没有读过《傲慢与偏见》《理智与情感》的中国法学家"理解中国人的情感、理智和判断"③比蛇吞象还难。

"与英国小说何干?!"一位中国法学家傲慢地反击。

作为中国人的苏力与一位中国法学家的差别，可能比他与一位已离世200年的英国女小说家的差别还要大。

---

① 苏力：《走不出的风景：大学里的致辞，以及修辞》，北京大学出版社2011年版，第173—174页。

② 苏力：《波斯纳及其他：译书之后》（增订本），北京大学出版社2018年版，第6页。

③ 苏力：《走不出的风景：大学里的致辞，以及修辞》，北京大学出版社2011年版，第174页。

88

帕斯卡尔说："敢嘲笑哲学者，方为真哲学家。"①同理，敢嘲笑法学者，方为真法学家。

89

正当的中国法治实践——就是正当的。无须证明。②

90

一个常识：美国人民正致力于建设有美国特色的资本主义。我们必须尊重美国人民选择自己道路的权利。

91

"追逐流行和反对流行都可能是媚俗。"③批判和反思媚俗都可能是媚俗。难道只能沉默不语？

92

如果担任通识课的教授不具备通识，又如何能教出具备通识的学生？何况，教育的作用十分有限。

93

苏力说："强调'悟'，好处是对聪明人的，文字也可以更简洁；但'悟'的最大问题，就是很难同普通大众沟通、交流和分享。"

那就不分享、自娱自乐呗。

---

① 苏力：《走不出的风景：大学里的致辞，以及修辞》，北京大学出版社 2011 年版，第 192 页。

② 苏力：《走不出的风景：大学里的致辞，以及修辞》，北京大学出版社 2011 年版，第 197 页。

③ 苏力：《走不出的风景：大学里的致辞，以及修辞》，北京大学出版社 2011 年版，第 210 页。

然而，这样说肯定是瞎话。文字就是要分享的，没有读者的写作毫无意义。苏力此语，我心有戚戚。

我发现，中国四大古典名著中，《西游记》的读者最少。盖因"孙悟空"的影视形象太成功、太深入人心，使阅读小说变得不甚必要。或许还有一因，即《西游记》是一部处处需要悟，因而很难享受阅读快感的小说。

94

博雅教育与小资教育是一枚硬币的两面。博雅教育实际上强化了原本小资化的大学教育（精英教育）。

95

在阅读苏力之前必须想清楚，阅读苏力意味着什么。

96

巴黎植物园。一只豹来回巡视着，"它眼里只有千条的铁栏杆"①。

每一条铁栏杆上都刻着一个平常的名字，从泰勒斯到泰戈尔，从李白到里尔克，从斯大林到博尔赫斯。

千百年过去了，至今尚未刻满。刻满之前，豹不会离去。

97

修辞术是修理辞令的艺术，②就像战争是修理地球的艺术。

98

塞林格和苏力不会激励年轻人为了事业而苟活着，③尽管他们自己如此抉择。

① ［奥］赖纳·马利亚·里尔克：《里尔克读本》，冯至、绿原等译，人民文学出版社2011年版，第54页。译文略有改动。

② 苏力说过，"并不存在一个本质上必须如此的修辞学定义"（《走不出的风景：大学里的致辞，以及修辞》）。我们都有定义的权利。

③ 苏力：《走不出的风景：大学里的致辞，以及修辞》，北京大学出版社2011年版，第233页。

王尔德不会劝诫年轻人即使躺在阴沟里也要仰望星空。他没空。他正奋笔疾书美学论文——《谎言的衰落——王尔德艺术批评文选》。

99

大师首先体现在对生活体验的热衷，其次为节制，再次为不追求但也不破坏形式的完美性。①

100

"高处不胜寒"这类大话是不宜公开说出口的。何况高处并不寒，愈高就愈接近太阳，也就愈炽热。飞得太高的伊卡洛斯就是被太阳晒化了翅膀，坠地而死的。

如果是东方的伊卡洛斯，便应该贴地飞行。

如果是西方的苏东坡，便应该放弃重整乾坤的责任。诗人的使命是写诗。

如果是东西方之间的查拉图斯特拉，便应该引着狮子、骆驼和孩子，坚定地走向波斯高原的篝火。

101

苏力说："世界上各个现象之间的联系从来不是天生的或固有的；已有的联系，也不是固定的或不可变的，都是有心人以自己的思想的磁流将之聚合、组织、凝聚起来的。"②

"有心人"——世上的有心人不多，无心之错倒比比皆是。

"思想的磁流"——一种宇宙场。吾心即宇宙，宇宙即吾心。

恰恰是最深刻的唯物论者对唯心论有着最深刻的认知、判断和领悟。心和物的关系，时而一元，时而二元，时而不相干。关键在于有心人的组构和不组构。

---

① ［英］奥斯卡·王尔德：《谎言的衰落——王尔德艺术批评文选》，萧易译，江苏教育出版社 2004 年版，第 19 页。

② 苏力：《走不出的风景：大学里的致辞，以及修辞》，北京大学出版社 2011 年版，第 244 页。

102

外面的世界并不是很精彩，而是同样单调、无奈。①所谓旅行，不过是到别人（动物）活腻的地方去看看。

103

尽管是一名诗人（小诗人），但我无法同意大学者亚里士多德提出的一个命题——"诗比历史更真实"②。因为在我看来，历史也是诗的一种，而史与诗，在真实性上，是无法比较的。

104

好的白话诗不太适合朗诵——尤其是在"革命之后"的时代。"文字风格是一种完全不同于语言风格但更加难得的东西。"③

105

小心引用！好的引用可能也是坏的引用，哪怕只是一小段引文，由于它的卓越，可能使一整页甚至整本书黯然失色。

106

尼采的断言：教师（而非政府），一种"必要的恶"。④

---

① 苏力：《走不出的风景：大学里的致辞，以及修辞》，北京大学出版社 2011 年版，第 246 页。

② 苏力：《走不出的风景：大学里的致辞，以及修辞》，北京大学出版社 2011 年版，第 250 页。陈中梅将亚里士多德此句译为"诗是一种比历史更严肃的艺术"。参见［古希腊］亚里士多德：《诗学》，陈中梅译注，商务印书馆 1996 年版，第 81 页。

③ ［德］尼采：《人性的，太人性的：一本献给自由精灵的书》，杨恒达译，中国人民大学出版社 2005 年版，第 487 页。

④ ［德］尼采：《人性的，太人性的：一本献给自由精灵的书》，杨恒达译，中国人民大学出版社 2005 年版，第 550 页。

107

这样的山才真正叫山，巍峨、磅礴、怪石飞旋、怒耸九天；①

这样的台风才真正叫台风，死鸟横飞、天翻地倾；②

这样的人才真正叫人，尽管没有褐色的肩膀、褐色的胸膛，③却比苏武坚毅，比大卫有力。

108

亚里士多德说："当演说者的话令人相信的时候，他是凭他的性格来说服人，因为我们在任何事情上都更相信好人……"④依循此理，被人们相信是好人，比实际上是好人要重要得多。

109

修辞学时而冒充政治学，时而貌似政治学，时而就是政治学。

110

蒋介石和毛泽东都是修辞大师。一败一成的关键在于，蒋介石更多地用之记日记，与看不见的上帝对话（既然他看不见上帝，上帝自然也看不见他）；毛泽东更多地用之和"看得见"的陕北百姓拉家常。

111

政治的程式化、仪式化必然降低修辞术的功用，精英们变得谨言慎行起来。就像花必落，这也是无可奈何的事。

之于政治家而言，谨慎是美德。他只扮演应该扮演的角色。

但对于一个真正的诗人而言，每一天都是"激情燃烧的岁月"——悄悄

---

① 李瑛：《李瑛抒情诗选》，人民文学出版社1983年版，第141页。

② 李瑛：《李瑛抒情诗选》，人民文学出版社1983年版，第293页。

③ 李瑛：《李瑛抒情诗选》，人民文学出版社1983年版，第295页。

④ ［古希腊］亚里士多德：《修辞学》，罗念生译，生活·读书·新知三联书店1991年版，第25页。

地激情，慢慢地燃烧。

112

注定（但并不可悲）只有极少数人会"重视并珍视一个伟大年代留给我们的政治修辞实践和传统"①。

113

当下中国最有力的修辞实践是"网红"直播带货，"鲜明、生动，富有感染力"②，比大学里的修辞学（逻辑学）课堂高明太多了。

114

洛克说："一个人如果想指导别人，劝谕别人，则他在一切谈话中，所常用的文字，应该常有同一的意义。"③

"同一"？洛克陷入了概念和意义的本质化陷阱。而且，他大概昧于因材施教的道理。一个人如果真的想指导别人，劝谕别人（尽管常常是无用功），就必须见人说人话，见鬼说鬼话。④同样一个字、一个词，在不同语境下，意义可能有所差异，甚至完全相反。任何同一化的举动都是痴人说梦。

115

基督徒的心事："还是相信自己有罪比相信自己无罪要好。"⑤
儒教徒的心事："还是相信自己是君子比较好。"
佛教徒的心事："还是相信自己并不存在比较好。"

---

① 苏力：《走不出的风景：大学里的致辞，以及修辞》，北京大学出版社 2011 年版，第 289 页。

② 苏力：《走不出的风景：大学里的致辞，以及修辞》，北京大学出版社 2011 年版，第 288 页。

③ ［英］洛克：《人类理解论》（全两册），关文运译，商务印书馆 1959 年版，第 513 页。

④ "实行'一致性原则'并不等于人们就完全不能按照说话的具体情况和对象，适当地调整自己的语气、措辞和风格""言辞以受众为转移"。参见刘亚猛：《追求象征的力量：关于西方修辞思想的思考》，生活·读书·新知三联书店 2004 年版，第 104—105 页。

⑤ ［德］尼采：《曙光》，田立年译，漓江出版社 2007 年版，第 50 页。

116

一个聪明或智慧的文明人总是倾向于用很文明的词来装饰自己不够文明的身体或心灵。①

117

修辞术的功能不在于说服人，②而在于说服具体的人。

118

亚里士多德说："夸大法最适用于典礼演说。例证法最适用于政治演说。修辞式推论最适用于诉讼演说。"③然而，在当下中国的某些情形下，聪慧而狡猾的律师在诉讼演说中并非致力于修辞式推论，而是诉诸道德和情感（为此激情昂扬，或声泪俱下———一种真诚的表演），并将之适时地、有选择地传至网络，从而达到影响和操纵民意，进而实现可欲的裁判结果之目的。

119

与洛克一样，"柏拉图对修辞学有着强烈的厌恶感：他称其为技术，某种具有外在魅惑力的诀窍，措辞或声调中含具的快感，并将之贬入迎合之地，与烹调术、装饰术、诡辩术相比肩"④。然而，柏拉图却是一位地地道道的修辞学大师。恰如尽管他厌恶诗人，自己却也是一位地地道道的诗人一样。诗人没有不"厌恶"自己的，这其实是另一种肯定自己存在的方式。

---

① ［美］理查德·A. 波斯纳：《超越法律》，苏力译，中国政法大学出版社 2001 年版，第 579 页。

② ［古希腊］亚里士多德：《修辞学》，罗念生译，生活·读书·新知三联书店 1991 年版，第 24 页。

③ ［古希腊］亚里士多德：《修辞学》，罗念生译，生活·读书·新知三联书店 1991 年版，第 47 页。

④ ［德］尼采：《古修辞学描述（外一种）》，屠友祥译，上海人民出版社 2001 年版，第 6 页。

120

人（一个叫普罗泰戈拉的古希腊人）说："人是万物的尺度，是存在的事物存在的尺度，也是不存在的事物不存在的尺度。"①

然而，人之说，对于人都不一定作数，何况对于其他物种。

在狼的眼中，肯定是"狼是万物的尺度，是存在的事物、存在的尺度，也是不存在的事物、不存在的尺度"。只是，我们听得懂人话，听不懂狼语罢了。②

121

女子无才便是德——此处的"德"，须放到古典语境下诠释。"女子无才便是德"更多是对女性的尊重、保护，而非歧视。

122

一切皆寂静，此际，我是汹涌的；一切皆汹涌，此际，我是寂静的。③

123

法国大革命时期，吉伦特派的加代在被逮捕时作了如下虽然夸张但并不滑稽的声明："是的，我就是加代。刽子手，执行主子的命令吧！把我的头颅带给国家的暴君们吧，它将永远使他们面无血色；砍下的头颅会让他们的面色变得更加惨白。"没有这种适用于一切革命者的夸张姿态，革命就不可能成为一种神秘而瑰玮的壮举。"在生命的重要情景中姿态含有夸张的真实

---

① ［德］尼采：《古修辞学描述（外一种）》，屠友祥译，上海人民出版社 2001 年版，第 12 页。

② 大猩猩可能会觉得人类中的美人很丑。参见苏力：《波斯纳及其他：译书之后》（增订本），北京大学出版社 2018 年版，第 53 页。霍姆斯大法官也说，"我也看不出有任何理由赋予人比其他万物更大的宇宙的重要性""当人们冷静思考时，我感到没有理由赋予人一种与属于一只狒狒或一粒沙子的根本不同的重要性"。参见苏力：《法律与文学：以中国传统戏剧为材料》，生活·读书·新知三联书店 2017 年版，第 51 页。

③ ［德］尼采：《古修辞学描述（外一种）》，屠友祥译，上海人民出版社 2001 年版，第 71 页。

性"。（波德莱尔语）①

124
▽

在所有的洞穴隐喻中，如果将人清除，让洞穴纯粹是洞穴，它们将成为秘境之眼。

在所有的航海神话里，如果将人清除，让船纯粹是船，它们将成为漂移之眼。②

人用眼睛，与电影明星的脸、汽车、广告、葡萄酒、鳄鱼、天火、星空等世界表象作象征性的斗争。

125
▽

全部日本人都会集在一座车站里。"车站是庞大的有机体……贯穿着数以千计的功能性通道——从旅行到购物，从服饰到饮食：一列火车突然从一个鞋店冒出来。"③因此，整个日本就是一座车站。

126
▽

罗兰·巴特说，在现代社会，货币只是一种符号，没有气味，不标记任何东西（贵族证书、名门大族或代表制），它消除了来源（起源）的神圣性，"自标志更换至符号，即取消终极（或初原）的界限，撤去起源、基础、支柱"。④

但中国早在两千年前就已实现了这一点。

明白人说：中国早熟。学者道：我们要挖掘古典中国的现代性。诗人曰：客从远方来，遗我一书札。

---

① ［法］罗兰·巴尔特：《写作的零度》，李幼蒸译，中国人民大学出版社 2008 年版，第 15—16 页。

② ［法］罗兰·巴特：《神话修辞术》，屠友祥译，上海人民出版社 2016 年版，第 63 页。

③ ［法］罗兰·巴尔特：《符号帝国》，汤明洁译，中国人民大学出版社 2018 年版，第 42—43 页。

④ ［法］罗兰·巴特：《S/Z》，屠友祥译，上海人民出版社 2016 年版，第 59 页。

127

《论语·卫灵公》："子曰：'辞达而已矣'。"周振甫认为，孔子这里谈的是"修辞的总的要求"①。它也是苏力对自己的要求。②看似完全没有修辞痕迹的"辞达"，乃修辞的至高境界。雄辩艺术存在一种固有的"自我韬晦"（self-effacement or sprezzatura），即努力不使人察觉其运作和力量的倾向。③

128

我曾见过好德如好色者也。

129

人即使有远虑，亦免不了近忧。

130

小不忍则乱大谋；小不忍则乱小谋；小不忍什么也乱不了。"小不忍"与"乱大谋"没有必然联系。

131

人能弘道，道亦能弘人。

132

君子忧道亦忧贫。或，君子忧贫更忧道。

133

有时是"事实胜于雄辩"，有时是"雄辩胜于事实"。更多时候是"事实

---

①　周振甫：《中国修辞学史》，商务印书馆 2004 年版，第 10 页。

②　苏力：《走不出的风景：大学里的致辞，以及修辞》，北京大学出版社 2011 年版，第 293 页。

③　刘亚猛：《追求象征的力量：关于西方修辞思想的思考》，生活·读书·新知三联书店 2004 年版，第 23 页。

就是雄辩，雄辩就是事实"。①

134

我们经常说"要以理服人，不要以势压人"。但"以理压人"和"以势服人"也并非不可思议。倘若有"理"在手，就可以咄咄逼人，迫使对方屈服（不管他服不服）。倘若身居高位（政治上或文化上），"势"就转化为一种强大的修辞资源，具有特别的说服力。美国第 26 任总统西奥多·罗斯福将总统职位称为"bully pulpit"（直译为"霸气十足的布道坛"）。②同样的见解、观点，出自苏力之口，显然比出自商丘师范学院法律系的一位普通老师之口，更有说服力（大家认为更有说服力）。

135

"高贵的青年学子们……不要像哲学家那样，迷失于纯粹自身的求知欲中，人人隐逸，终身埋葬于幽暗之中，以使其精神享受着安逸宁静。我对你们有远为高尚的要求和期望。那是什么呢……乃是在学问研究领域辛勤耕耘，并以此来展现你们的英雄心灵，培育为人类谋福利的智慧。"③这段话有点像，但又不像苏力说的。

136

童年本应欢乐，但内心的自我总是提醒我道德义务与心理事实的不同，以及不要从俗随流。④

---

① "事实胜于雄辩"是一个貌似颠扑不破，其实毫无意义的命题；"事实"与"雄辩"并非是分别自成一体的，任何事实的确立都是有关它的某一表述被广泛接受的结果。参见刘亚猛：《追求象征的力量：关于西方修辞思想的思考》，生活·读书·新知三联书店2004 年版，第 57—59 页。

② 刘亚猛：《追求象征的力量：关于西方修辞思想的思考》，生活·读书·新知三联书店 2004 年版，第 160—163 页。

③ ［意］维柯：《维柯论人文教育：大学开学典礼演讲集》，张小勇译，广西师范大学出版社 2005 年版，第 240—241 页。

④ ［英］乔治·奥威尔：《奥威尔文集》，董乐山译，中央编译出版社 2010 年版，第358 页。

137

普通人都是失败的圣人和英雄①——这句话是可疑的，因为许多人真诚地不想做圣人和英雄。

138

漫无目的地生活最生机盎然。②理想主义者总是有一副沧桑的脸孔。

不要规劝青年人树立远大理想，因为所谓远大前程只是画在生死簿上的甜饼——好看，但不能吃。

但自己可以做一个理想主义者，而且，死不悔改。③

没有什么风景、困境和"有我之境"是走不出的。真在境中者，时时见此景。

---

① ［英］乔治·奥威尔：《奥威尔文集》，董乐山译，中央编译出版社 2010 年版，第417 页。

② ［英］乔治·奥威尔：《奥威尔文集》，董乐山译，中央编译出版社 2010 年版，第461 页。

③ "我是一个死不悔改的理想主义者和英雄主义者。" 参见苏力：《走不出的风景：大学里的致辞，以及修辞》，北京大学出版社 2011 年版，第 222 页。

1

理解大河之波，就是理解大河、坎卦①和"直挂云帆济沧海"②的大禹子孙。

理解斯大林，就是理解有史以来世界各地的"沙皇"的难言苦衷。

理解纳妾、纳鞋底和纳税人，就是理解永不沉沦的东方灵魂。

理解波斯，就是理解不死的智慧及其化身。

理解波斯纳，就是理解时运③、喜感、复杂性、司法逻辑、激励和约束，以及彼岸日常生活中的天堂和地狱④。

理解苏力笔下的波斯纳就是理解苏力⑤和我们自己。

---

① 《易经·坎》："习坎：有孚，维心亨；行有尚。"《坎》卦象征重重险阻：只要胸怀信实，就能使内心亨通，努力前行必被崇尚。

② 李白《行路难·其一》："乘风破浪会有时，直挂云帆济沧海。"

③ 波斯纳自述道，1981 年 6 月的一天，美国司法部的一位官员（波斯纳的朋友和前同事）打电话给我，问我"是否有兴趣被任命为第七巡回区法官。我说没兴趣，他说，早就想到我会这么回答他。但就在他要挂电话时，我又说，得，让我想 24 小时，他说行"。参见［美］理查德·A. 波斯纳：《波斯纳法官司法反思录》，苏力译，北京大学出版社 2014 年，第 32 页。

④ 1994 年上演的电视剧《北京人在纽约》旁白："如果你爱他，就把他送到纽约（美国），因为那里是天堂；如果你恨他，就把他送到纽约（美国），因为那里是地狱。"

⑤ 苏力自述道，1992 年刚回国时，"我基本上还是一个康德主义者""真正喜欢上波斯纳是在回国之后""他（波斯纳）的冷静背后有一种激情"。在国外众多名家之中，"只有波斯纳和霍姆斯的文字打动过我，能让我感受到法学的温度和魅力""恕我大胆，如

2

尽管文字（如法治、民主、理想等"大词"）本身并不是神圣的，但使用文字进行正确思考的学人却常常摆出一副不可侵犯的架势。

3

波斯纳法官的一位同事说："他（波斯纳）撰写的书要比许多人毕生阅读过的还多。"①

这是美国的一个"怪现状"。中国的一个怪现状是，不少法律学者写的书比他本人阅读过的还多。

4

苏力本人，如同尼采和波斯纳，认为对于一个人来说，只有英雄的和创造性的成就才重要，必须在人生的苦役和虚无中创造意义。②

因此，他不过劳动节。或者说，天天过"劳动"节。③

5

踉踉跄跄的过客闯进了夜色。夜色只好踉踉跄跄地跟在过客身后。④

（接上页）果今天世界法学界只能推选一个人作为法律学术界之代表，几乎非波斯纳莫属""在翻译波斯纳的过程中，我的学术能力有很大提高"。参见苏力：《波斯纳及其他：译书之后》（增订本），北京大学出版社 2018 年版，第 236—243 页。

① 苏力：《波斯纳及其他：译书之后》（增订本），北京大学出版社 2018 年版，第 11 页。

② 苏力：《波斯纳及其他：译书之后》（增订本），北京大学出版社 2018 年版，第 12 页。

③ "寒假期间，我保持着每天翻译 1 万字以上的速度，即使是除夕和大年初一，我也在办公室翻译了 5000 字和 8000 字；有一天，我在办公室足足待了 16 小时，翻译了 16000 字！""终于赶在'五一'假日结束之前完成波斯纳《超越法律》一书的译稿校对，尽管窗外点点细雨，心中却一片晴朗。对我来说，这也算是一个名副其实的'劳动'节。"参见〔美〕理查德·A.波斯纳：《超越法律》，苏力译，中国政法大学出版社 2001 年版，译者序。

④ 鲁迅：《鲁迅散文诗歌全集》，北京燕山出版社 2011 年版，第 124 页。

6

过客没有名字，就叫他"浪游者"吧。

浪游者在离开之前，曾告诫饱受信仰折磨的世人（包括我）："倘若众神存在，他们也不关心我们。"①

7

苏力本人，如同尼采和波斯纳，厌恶循规蹈矩和常规科学，是一位多产的偶像破坏者；他从没想过给人添堵，尽管事实上经常这样；他令过于简单的双方都很失望，他对自己也很失望——为做不到更加精当地表达所思而失望；他不是故意追求"语不惊人死不休"的效果，他只是诚实而已。②

8

如果一个诗人把精力浪费在纯诗歌上，就会在权力、大政治、世界贸易、军事史、反物质等方面有所缺失。若此，他就仅仅囿于抒情诗，意识不到自己的精神本能正日益枯萎的真相。③

9

不少译者是作者的"叛徒"，苏力绝对不是。但他是一位即使译文不比原文更传神也一样传神的杰出"叛徒"。

10

当代中国法学家建构的法理学体系大多只是没血没肉的骨架（好一点的，"瘦骨嶙峋"），不仅特别难看，而且没有生命力——木乃伊好歹有保存

---

① ［比］梅特林克等：《沙漏——外国哲理散文选》，田智等译，生活·读书·新知三联书店1992年版，第60页。尼采此文和鲁迅《过客》一文，都属于对话体散文。从鲁迅文中能看到尼采的影子。

② 苏力：《波斯纳及其他：译书之后》（增订本），北京大学出版社2018年版，第12—15页。

③ ［德］尼采：《偶像的黄昏：或怎样用锤子从事哲学》，李超杰译，商务印书馆2009年版，第60—61页。

到博物馆，供人瞻仰和研究的价值，而它们，诞生的过程就是死亡的过程、腐烂的过程，连木乃伊都不如。

11

好的法律实用主义者让实用主义水到渠成，好的哲理诗人让诗句自然地呈现。总之，都不做作。

12

好的哲理诗人让诗句自然地

普通法——就是普通的，是霍姆斯、波斯纳这样的特别人物让它变（显）得特别。

13

对于作为行动者的法律人而言，审慎甚至保守是美德；对于作为思考者的法律人而言，激越甚至激进是美德。①

14

求仁得仁，求剑得剑。有人刻剑求剑，而非刻舟求剑。

那柄宝剑被他刻上独特的、古怪的符号，是唯一的。纵使千年之后被打捞上来，依旧闪亮如初。

15

我们根据我们现在是什么以及能干什么的感觉，来创造往昔。

16

英国诗人艾略特告诫道："不是要划得很好，但要向前划，水手们!"②

---

① 苏力：《波斯纳及其他：译书之后》（增订本），北京大学出版社 2018 年版，第22 页。

② ［美］理查德·A. 波斯纳：《超越法律》，苏力译，中国政法大学出版社 2001 年版，第 4 页；另一种更好的译法："不是划得漂亮，而是向前划，水手们!" 参见苏力：《大国宪制：历史中国的制度构成》，北京大学出版社 2018 年版，序，第 6 页。

郑智化有一首歌叫《水手》，词曰："耳畔又传来汽笛声和水手的笑语/永远在内心的最深处听见水手说/他说风雨中这点痛算什么。"

1999 年秋，苏力访美时，参观过一艘刚刚靠岸的从 20 世纪开来的帆船——

船长：林肯。

水手：惠特曼、梅尔维尔、马克·吐温、爱伦·坡、马休·佩里、尼米兹、艾略特。①

17

桑塔亚纳说："忘记昔日的人注定重复历史。"②不忘前事的人，难道就不重复历史了？

18

实用主义者既可以是能动的，也可以是消极（保守）的。

实用主义者既可以是实用的，也可以是"不实用"（诗意）的。实用主义不是一种僵化的主义或态度。

19

认为"以反对多数至上为前提的合宪性民主是可欲的"③是一条常识的人，未必都觉得"一个文化中普遍分享的信仰（即常识的命令），在一个复

---

① 惠特曼（1819—1892）是美国诗人，有诗《哦，船长，我的船长！》（在林肯被刺后为祭奠林肯而作）。梅尔维尔（1819—1891）是美国作家，著有小说《白鲸》，讲的是亚哈船长追逐并杀死白鲸的故事。马克·吐温（1835—1890）是美国作家，他的《哈克贝利·费恩历险记》讲的是主人公在密西西比河上的历险故事。爱伦·坡（1809—1849）是美国诗人、小说家，他的小说《阿瑟·戈登·皮姆历险记》讲的是主人公在海上漂泊到南极的冒险故事。马休·佩里（1794—1858），美国海军将领，于 1853 年率领黑船打开日本的国门。尼米兹（1885—1966），美国海军名将，"二战"时任太平洋地区盟军总司令；美国有尼米兹级航空母舰（核动力航空母舰）。

② ［美］理查德·A. 波斯纳：《超越法律》，苏力译，中国政法大学出版社 2001 年版，第 4 页。

③ ［美］罗纳德·德沃金：《自由的法：对美国宪法的道德解读》，刘丽君译，上海人民出版社 2001 年版，第 25 页。

杂的、多质的像美国这样的社会中，并没有穷尽一个个体的参照系的全部内容"①也是一条常识。认为"食色，性也"②是一条常识的人，未必都觉得"人的生命可贵，不应在微小的事情上抛掷光阴"③也是一条常识。认为"天行有常，不为尧存，不为桀亡"④是一条常识的人，未必都觉得"太阳明天还会升起"也是一条常识。

"常识"不是本质化的命题，是可变的甚至"无常"的。

实用主义既赞成某些常识，同时又反对被某些人（如"黑白无常"⑤）认可的常识。

20

苏力故意"冷淡那些非常漂亮但没有什么力量的理论"⑥。

难道理论不能既有力量，又很漂亮？可以的！他想。这也正是他默默地努力创造着的。

21

一位美国的中产阶层人士很难相信那些落后的穷国（小国）有什么高级文化，如果你向他"展示一本由尼日利亚人或牙买加人写的出色长篇小说，他会拒绝阅读"⑦。今日中国的中产阶层已然"进化"到这个层次了。

22

一位尼日利亚作家写道："祖先们的灵魂一拥而入，把围在教堂院子四

---

① ［美］理查德·A. 波斯纳：《超越法律》，苏力译，中国政法大学出版社 2001 年版，第 6 页。

② 《孟子·告子上》。

③ ［美］托马斯·潘恩：《常识》，何实译，华夏出版社 2004 年版，第 90 页。

④ 《荀子·天论》。

⑤ "黑白无常"是中国神话中的一对神祇。《红楼梦》第五回有曲子《恨无常》："喜荣华正好，恨无常又到。"参见 ［清］曹雪芹：《红楼梦》，北京燕山出版社 2009 年版，第 48 页。

⑥ ［美］理查德·A. 波斯纳：《超越法律》，苏力译，中国政法大学出版社 2001 年版，第 8 页。

⑦ ［美］理查德·A. 波斯纳：《超越法律》，苏力译，中国政法大学出版社 2001 年版，第 9 页。

周的竹篱冲倒了一长排。"①

这些灵魂其实也是白种人、黄种人的祖先们的灵魂。在远古，白种人、黄种人的祖先都是因为果敢地走出非洲才变了肤色。

孔夫子不谈鬼神（"未能事人，焉能事鬼"②）。孔子——一位天生的考古学家和体质人类学家，却拒绝直面人类的起源。

23

一位黑人男性对一位白人女性说："我告诉过你了，夫人，我是联合国教科文组织的建筑设计师兼法律顾问，耶鲁的哲学博士。"③

24

在当代中国，大多数法理学者从不曾对自己正在践行着的"广义的康德主义法学研究"的正当性前提进行反思，尽管他们并不称自己是形式主义的，却依旧摇晃着那面早已破烂不堪的锦旗招摇过市。

25

不要为洒了的牛奶而哭泣。④

不要为没能蜕变为一个精致的"经济人"而闷闷不乐。

不要为没能精通常规法律史⑤而自责或羞愧不已，以致遗忘了与常规生活斗争的技巧——没有技巧，只有坚持。

---

① ［尼］钦努阿·阿契贝：《这个世界土崩瓦解了》，高宗禹译，南海出版公司2014年版，第216页。

② 《论语·先进》。

③ 改编自［尼］沃莱·索因卡：《诠释者》，沈静、石羽山译，北京燕山出版社2015年版，第183页。

④ ［美］理查德·A. 波斯纳：《超越法律》，苏力译，中国政法大学出版社2001年版，第8页。

⑤ "常规法律史讲的法律故事总是，现代法律学说如何如何从古代法律学说中演化出来，而不说，在每一历史阶段，法律学说如何为社会需要或社会内强力群体之压力所建构。"［美］理查德·A. 波斯纳：《超越法律》，苏力译，中国政法大学出版社2001年版，第21页。

26

科学，包括好的社会科学，都是事实和理论的统一。

学者，包括好的人文学者，都是唯名与唯实的统一。

直觉，包括艺术直觉，都是自由直觉和功利直觉的统一，没有法律程序能够褫夺这种直觉。

27

自由主义的边缘、社群主义的内涵以及历史教训的外延都是非常模糊的，任何清晰化的努力都注定是无用功。

28

爱默生式理想——"希望自己独特""希望拥有自我""希望去生活，而不只是终生扮演一个角色或终生只完成一种职能""希望发现'真实的我'，成为自己理想中的而不是成为他人理想中的那个自我"——被当下中国的"小资"给"玩坏了"。

"小资"没有什么大能力，就是特别擅长把美好甚至伟大的事物"小资化"。

中国的康德主义法学（尤其是"人是目的"这一命题的变种）的实质是"小资"法学；平庸、褊狭、小气。

29

霍姆斯说："道德和法律的混淆毫无必要，如果能够从中摆脱，将非常有助于把我们的思想梳理清晰。"

然而，这对于糨糊般的脑子而言太难了。

---

① ［美］理查德·A. 波斯纳：《超越法律》，苏力译，中国政法大学出版社 2001 年版，第 23 页。

② ［美］理查德·A. 波斯纳：《超越法律》，苏力译，中国政法大学出版社 2001 年版，第 33—34 页。

③ ［美］奥利弗·温德尔·霍姆斯：《法律的道路》，李俊晔译，中国法制出版社 2018 年版，第 31 页。

将道德和法律混淆的法律学者并不认为自己将它们混淆了。他们自称是"为学术而学术"的纯粹学者，属于纯粹法学派。

30

我也想在"惶恐滩头"聆听一个名叫文天祥的文士（也是一位志士——文士中的志士是不多的）解说"惶恐"与"叫魂"的起源、流变和区别。①

31

宏大理论远去了，宏大理论又回归了。②学者们或失望或兴奋，但袅袅的秋风、落叶和洞庭波对此从不理会。

32

不错，人言确实可畏，但学者之言并不可畏，因为他们的深刻理论很难抵达大众的眼睛和耳朵。学术语词的暴力和征服性非常有限。

33

"因此，你的失败就是你的胜利，你的挫折就已经证明了你的成功，而且你还获得了一种安全的壮烈——人活着就已经享受了烈士的待遇，多好的感觉啊！"③

苏力这句话，本意是讽刺那些高扬"法治""人权""正义"大旗，坚

---

① 文天祥《过零丁洋》："惶恐滩头说惶恐，零丁洋里叹零丁。人生自古谁无死？留取丹心照汗青。"

② "一个接受了法学院知识传统之训练，并且深深嵌在这个实践知识传统中的法律人，很难摆脱传统的法律同政治哲学、道德哲学以及这些哲学影响下的宪法理论——简而言之'宏大理论'——的框架""如果对学术成就的最高评价仍然是传统的政治哲学、道德哲学和宪法理论，那么当年的年轻叛逆者在他不再年轻的年月里也未必不会——如宋江一样——接受招安。"参见苏力：《波斯纳及其他：译书之后》（增订本），北京大学出版社2018年版，第30页。在美国社会学家C.赖特·米尔斯看来，20世纪以来，"宏大理论"——一种寻求构建关于"人与社会本性"的系统理论的学术信仰——构成对人文科学发展的重大障碍。参见［英］昆廷·斯金纳主编：《人文科学宏大理论的回归》，张小勇、李贯峰译，格致出版社、上海人民出版社2016年版，第1页。

③ 苏力：《波斯纳及其他：译书之后》（增订本），北京大学出版社2018年版，第32页。

信美国宪法文本的无所不能和道德神圣，强调"自然法""为权利而斗争""正义的最后一道防线"的道德主义者和大词爱好者。然而，如果抽离语境，单独审视这句话，其用来形容一位生前不如意的大艺术家（如梵高）也是可以的。

这正是苏力在修辞上的厉害之处。名人名言就是这样诞生的。

鲁迅的很多文字既可以放在文章的具体语境中分析，亦可以抽离出来，作为具有普遍意义的格言来品味。

34

最后的莫希干人脸上没有忧伤和悲痛，尽管他的忧伤和悲痛是不难想象的。①

最后的独裁者只能自裁而死——没人能杀死他。

最后的自由国度到处是眼睛、高墙、士兵、篝火和狂吠的狗。②

最后的普遍史，一如既往号称自己是普遍的——比黑格尔的普遍史还普遍。

最后的议会辩论围绕堕胎权展开。③

最后的流动盛宴，以及盛宴上的女郎，皆诱惑不了我。

最后的坏蛋和圣徒（我指的是陀思妥耶夫斯基——"他最擅长写坏蛋和圣徒"④）一口吞下最后一个鸡蛋和整个餐桌。

最后的约定只有一个人前去赴约。

最后的色彩拼了命地斑斓。

---

① ［美］库柏：《最后的莫希干人》，宋兆霖译，光明日报出版社 2007 年版，第213 页。

② ［英］V. S. 奈保尔：《自由国度》，吴正译，南海出版公司 2013 年版，第 282 页。

③ "在美国当代政治生活中，有许多体现获得认可的欲望的例子。例如，人工堕胎一直是美国社会过去几代人都感到头痛的问题，而它几乎没有任何经济意义。在堕胎这个问题上，胎儿和妇女之间的权利相互对立，但实际上反映了一个更深的歧见，一面是传统家庭及妇女在其中的地位的尊严；一面是自食其力的职业妇女的尊严。"参见［美］弗朗西斯·福山：《历史的终结及最后之人》，黄胜强、许铭原译，中国社会科学出版社 2003 年版，第 200 页。

④ ［美］海明威：《流动的盛宴》，汤永宽译，上海译文出版社 2016 年版，第110 页。

最后的裸像是刈除了技法的活生生的自然。

最后的伊索送给世人最后一个关于男性气概的故事（"他的男性气概不是那种纵横睥睨或英雄无畏，而是机智、狡黠，带有一份嘲讽和对妥协的抗拒。这抗拒不是出于固执，而是因为一个人阅世既深，知道自己已经没有什么可以失去"①）。

最后的蝼蚁和千里之堤一起溃烂。②

最后的梦游者在键盘上漫无目的地敲打。

最后的工作台再也没有诞生名著。

最后的醉汉是真醉。

最后一个字母 Q（Queen 的"Q"），凡胎肉眼几乎看不见。③

最后的寂寞半埋在结硬的冰雪里。④

最后的宇宙弃儿犹豫要不要跨进阔别 20 年的家门。⑤

最后的善言只是弥留之际的人自以为善。

最后的灵车穿过悲伤的街和喜气洋洋的人群。⑥

最后的婴儿床、牛奶的香味、晃动的模糊面孔、记忆、太阳和黑暗都消失了，一切归于虚无。⑦

---

① ［英］约翰·伯格：《约定》，黄华侨译，广西师范大学出版社 2009 年版，第 69 页。

② 《韩非子·喻老》："千丈之堤，以蝼蚁之穴溃。"

③ ［英］弗吉尼亚·伍尔夫：《到灯塔去》，瞿世镜译，上海译文出版社 2011 年版，第 31 页。

④ ［美］F. S. 菲茨杰拉德：《了不起的盖茨比》，巫宁坤等译，上海译文出版社 2011 年版，第 295 页。

⑤ "我们这个神秘的世界，表面上看十分混乱。每个人都被精细地协调到一个体系之中。各个体系之间以及每一体系与整体之间都被协调得十分妥帖，以致一个人只要离开本位一步，哪怕仅仅是离开片刻，他就有永远失去自己地位的危险。像韦克菲尔德那样，他原本可能成为——就像实际情况那样——宇宙的弃儿。"参见 ［美］纳撒尼尔·霍桑：《霍桑短篇小说精选》，林之鹤译，安徽文艺出版社 2012 年版，第 24 页。

⑥ ［美］亨利·米勒：《宇宙哲学的眼光》，潘小松译，中国人民大学出版社 2004 年版，第 204—205 页。

⑦ ［美］菲茨杰拉德：《本杰明·巴顿奇事》，柳如菲译，立信会计出版社 2012 年版，第 64—65 页。

35

我正在撰写的这本书的风格，属于苏力所言的"直觉化感受方式和诗化表达方式"①。

36

仗义每多屠狗辈，负心多是读书人。知识分子通常比一般人更缺乏道德践行的能力。②

那些倡导"知行合一"的知识分子，往往是既没有"知"，也没有"行"——因缺乏道德践行能力而无所谓知不知。

他们倡导的"知行合一"是要求别人的，与自己无涉。

37

不只是君子三省吾身，伪君子也三省吾身——"由于熟练掌握了道德理论，有了更强的反思能力"，他"非但更有能力回避道德直觉的指导，还更能为自己的非道德行为寻找道德理由"。③

38

尽管满口男盗女娼的人粗鄙，却比满口道德仁义的人真实。

39

尽管人类社会共享某些"普适道德律"，诸如不要总是说谎，不能不分青红皂白地杀害亲戚或邻人，但它们实在是太抽象了，无法作为衡量标准

---

① 苏力：《波斯纳及其他：译书之后》（增订本），北京大学出版社 2018 年版，第 33 页。

② 苏力：《波斯纳及其他：译书之后》（增订本），北京大学出版社 2018 年版，第 33 页。

③ 苏力：《波斯纳及其他：译书之后》（增订本），北京大学出版社 2018 年版，第 33 页。

（因此毫无意义）。①

作一类比。一个人说"我喜欢吃面"——问题在于是什么面。

烩面、热干面、拉面、刀削面、炸酱面、锅盖面、油泼面、冷面、奥灶面、担担面、饸饹面都是面，做法和味道有很大差别，一个开封人说"我喜欢吃面"，意思最可能（不排除别的可能）是"我喜欢吃烩面或开封拉面"（开封拉面与兰州拉面做法不一样）。如同吃的面一样，道德也是地方性的。

40

道德词汇、学术和泼妇在很大程度上都是在"打嘴仗"②，嗓门越大的可能（不是必然）越虚伪、越心虚。

41

象牙塔里，除了象牙，什么都有——尤其是道德哲学家。③

42

波斯纳愿意接受稀释了的道德主观主义、道德怀疑主义和非认知主义；④我是极端的，无法接受任何苏力厌恶的主义。

43

通过阅读关于道德的经典作品，你也许会发现，自己是卢梭的一位传人。⑤

---

① ［美］理查德·A. 波斯纳：《道德和法律理论的疑问》，苏力译，中国政法大学出版社 2001 年版，第 6—7 页。

② ［美］理查德·A. 波斯纳：《道德和法律理论的疑问》，苏力译，中国政法大学出版社 2001 年版，第 7 页。

③ 较早的道德哲学家大部分不是教授，在他们生活的时代，知识还不那么专门化和深奥，理论与实践的界限也很不清晰；而现代道德哲学家已被牢牢地关在象牙塔中了。参见［美］理查德·A. 波斯纳：《道德和法律理论的疑问》，苏力译，中国政法大学出版社 2001 年版，第 9 页。

④ ［美］理查德·A. 波斯纳：《道德和法律理论的疑问》，苏力译，中国政法大学出版社 2001 年版，第 14 页。

⑤ ［美］理查德·A. 波斯纳：《道德和法律理论的疑问》，苏力译，中国政法大学出版社 2001 年版，第 36 页。

通过阅读《植物学通信》，你也许会发现，自己是卢梭送给表妹的一株风信子。①

通过阅读《漫步遐思录》，你也许突然发现，自己就是那位爱好幽静和沉思，经常到动物中间寻找在人类当中见不到的友善目光的人。②

44

柏拉图的《会饮篇》因为赞美同性恋，长期以来被学者或道德哲学家有选择地忽略了（他们私下里窥看和研究，却不会公开引用），直至社会性道德发生改变。③

这意味着，早晚有一天，它会再次遭受被忽略的待遇。"草上之风必偃。"④

45

既然存在会唱歌的小鸟，就必然存在"会唱歌的理性"⑤。

46

大学墙外的死胡同里，一群规范性道德哲学（法律理论）的追随者（而非建构者）正在自娱自乐。⑥旁边堆满了乌鸦的尸体。

---

① ［法］卢梭：《植物学通信》（第二版），熊姣译，北京大学出版社 2013 年版，第14 页。

② ［法］卢梭：《漫步遐思录》，米尔译，汕头大学出版社 2010 年版，第 199 页。

③ ［美］理查德·A. 波斯纳：《道德和法律理论的疑问》，苏力译，中国政法大学出版社 2001 年版，第 37 页。

④ 《论语·颜渊》。

⑤ ［美］理查德·A. 波斯纳：《道德和法律理论的疑问》，苏力译，中国政法大学出版社 2001 年版，第 230 页。

⑥ "法律需要理论，但那是社会科学的理论……无人需要的是规范性的道德哲学，或建立在规范道德理论或后现代反理论基础上的、或与之并行不悖的那样一种法律理论。如果我们以实用主义的光芒为指导，我们就可以避免这些死胡同。" 参见 ［美］理查德·A. 波斯纳：《道德和法律理论的疑问》，苏力译，中国政法大学出版社 2001 年版，第 359 页。

47

抽象地说语词精确或不精确是荒唐的。①

抽象地说保守正当或不正当是荒唐的。②

抽象地说抽象可欲或不可欲也是荒唐的——让抽象的归抽象，让具体的归具体，让抽象与具体之间的继续蛰藏在空间的罅隙之中。

48

一个常识：对文字敏感和精细的人定然是一个敏感、精细的人，一个大气的人（如波斯纳和苏力）。

49

"木秀于林"不是故意的，"风必摧之"是必然的。

50

"有志者事竟成"不过是对成功者因为"认死理"乃至成功的另一种形容而已。③

太多的"有志者"事未成。打开金石，靠的从来都不是"精诚所至"，而是夺自盘古的那把金刚斧。

51

走自己的路，让别人去说吧！然而，这条路既可能通向但丁的天堂，也可能通向郊区的臭水渠。

---

① 苏力：《波斯纳及其他：译书之后》（增订本），北京大学出版社 2018 年版，第 52 页。

② "千万不要把波斯纳的这一分析视为简单的保守主义。作为某种'主义'的保守主义其实恰恰是他坚决反对的。"参见苏力：《波斯纳及其他：译书之后》（增订本），北京大学出版社 2018 年版，第 59 页。

③ 苏力：《波斯纳及其他：译书之后》（增订本），北京大学出版社 2018 年版，第 56 页。

52

有的人因为忍耐住了孤独，才落得个"孤独求败"的凄凉境地。

53

一将功成万骨枯？在学术市场竞争，经常是"万骨枯"了，却"一将未成"。

该成的将自然会成（如隐居石船山、没有参与学术市场竞争的王夫之），不屑于踩踏万骨。

54

强龙不压地头蛇？如果龙足够强，就敢、也能够压制地头蛇。

55

在学术市场竞争，专业化便利了——但常常也毁灭了——竞争者。竞争者对自己的毁灭有一个渐进的认识和接受过程，往往随着退休（这意味着发表论著不再有任何"数目字管理"的意义）才最终完成。

56

正是"向往绝境的虚荣心"①使某些人毅然投入火热的、充满竞争和风险的现世生活。

57

与历史的旁观者相比，历史的创造者总是处于不利地位——旁观者看起来有着更多的智慧和远见。②

①　［德］尼采：《人性的，太人性的——一本献给自由精灵的书》，杨恒达译，中国人民大学出版社 2005 年版，第 505 页。

②　［德］尼采：《历史的用途与滥用》，陈涛、周辉荣译，上海人民出版社 2020 年版，第 24 页。

58

苏力说："我甚至是相信有解说人类行为的一般的统一理论的。"

这个断言很有爱因斯坦的风格。爱因斯坦的后半生致力于探索统一场论，希望把上帝撕碎的东西重新拼合起来。①

59

"青春，是那样无限美好！当情欲还没有萌发，只是从急速的心跳中被隐约地感觉到的时候；当无意间触及爱人胸脯的手像受惊一样地颤抖并快速移开的时候……"②

青春在回忆中才无限美好。到了靠回忆过活时，青春已不再。

青年人自由自在地享受青春，也因此对青春缺乏感受。这是一种幸福，也是一种遗憾。

那些自言"人生焕发第二春"的人多少显得有些矫情——"无意间触及爱人胸脯"时的心跳不会再有。

60

青春对每个人来说都是美好的，对我来说尤其美好。因为我有一些特别的禀赋。③譬如，我嗅觉之灵，可以闻到小人书的墨香和蝴蝶兰的幽香；听力之佳，可以在夜里听到三公里之外青蛙的"呱呱"声和"乌衣巷堂前燕"④的"叽叽"声；目力之好，可以看到牛郎织女星在天上相会，俄罗斯古风盎然的驿道旁一棵白柳树上有一只活像一段烧焦木头的乌鸦（它已经活了好几百年）⑤，

---

① ［美］加来道雄：《爱因斯坦的宇宙》，徐彬译，湖南科学技术出版社 2007 年版，第 131 页。"爱因斯坦的终极目标是揭示出量子理论的不完善之处，利用新的统一场论来完善它。事实上，统一场论的一个标准是在某些模糊量上能够产生不确定性原理。"（第 149 页）

② ［苏］尼古拉·奥斯特洛夫斯基：《钢铁是怎样炼成的》，周炳辰译，吉林文史出版社 2017 年版，第 118 页。

③ ［俄］伊凡·蒲宁：《阿尔谢尼耶夫的青春年华》，戴骢译，花城出版社 2016 年版，第 120 页。

④ 刘禹锡《乌衣巷》："旧时王谢堂前燕，飞入寻常百姓家。"

⑤ ［俄］伊凡·蒲宁：《阿尔谢尼耶夫的青春年华》，戴骢译，花城出版社 2016 年版，第 74 页。

以及曾祖父拜堂时的场景。

61

你要是想知道梨子、性和天鹅湖的滋味，就得……亲自尝一尝。

62

有时是，分析（理性）迫使情感—直觉缴械；① 有时是，情感—直觉盖过了分析（理性）的风头。（哪怕只是暂时的）

63

1363 年的鄱阳湖水战，朱元璋不仅是凭理性，更是靠直觉打败宿敌陈友谅的（双方兵力对比悬殊）。②

战略大师、大诗人（如毛泽东），都有着惊人的直觉。

64

尽管有些人意识到"人有时必须保留某些虚幻，才可能幸福"③，但仍无法做到保留虚幻，像幸福的人那样幸福着。

65

太多的法学学者专注于"法性"的研究，遗忘了还有"人性"（"沉重的肉身"）这回事。④

---

① 苏力：《波斯纳及其他：译书之后》（增订本），北京大学出版社 2018 年版，第 68 页。

② 参见《明史·太祖本纪》、电视剧《朱元璋》（胡军主演，2004 年出品）第 16—18 集。

③ 苏力：《波斯纳及其他：译书之后》（增订本），北京大学出版社 2018 年版，第 68 页。

④ "法学研究不考虑'人性'是不可思议的""'性'并不像许多大义凛然乃至忘记了自己还有个'沉重的肉身'的道德学家或法律人认为的那样，是一个不重要的领域""由于法律的修辞学特征，以及我们习惯的语言库藏，都很容易奢谈正义，忘记了我们人类一直拖着的那个沉重的肉身，忘记性的各种形式的社会规制涉及的都不仅仅是我们这些知识分子"。参见苏力：《波斯纳及其他：译书之后》（增订本），北京大学出版社 2018 年版，第 70—71、80 页。

此处的"人性"绝非"性善论""性恶论"意义上的人性。抽象地谈论"人性"和"性"，等于什么也没谈。①

66

江山易改，知识分子的本性难移。

67

社会生活领域和法学研究领域的"暗物质"（不等于"潜规则"）并非不可见，只是某些人看不见罢了。

68

苏力说："有说服力，当然不等于正确，也不等于我们都应当接受。"②

有说服力且正确的结论，也未必会被接受。因为，它可能与人——整体的人群或具体的人——内化的道德直觉相冲突。人有时会毫无来由地喜欢或厌恶某个人、某样东西。"第一印象"确实很重要。

69

浮士德起初也没有想到自己有一天会成为浮士德。

丑小鸭起初也没有想到自己有一天会变成白天鹅。

苏力起初也没有想到自己有一天会变成苏力。苏力是在漫步人生路的过程中逐渐成为苏力的。③

70

萨德侯爵起初也没有想到自己有一天会变成让无数现代和后现代性学专

---

① 波斯纳认为，必须拒绝"性善论""性恶论"这样的本质主义研究进路，要在更具体、更语境化因此也更具经验性的层面上细致地研究性以及人性的具体表现，采取相应的法律对策。参见苏力：《波斯纳及其他：译书之后》（增订本），北京大学出版社2018年版，第72页。

② 苏力：《波斯纳及其他：译书之后》（增订本），北京大学出版社2018年版，第75页。

③ "越过高峰，另一峰却又见/目标推远，让理想永远在前面。"参见歌曲《漫步人生路》：郑国江作词、中岛美雪作曲。

家羡慕、嫉妒的一支"鹅毛笔"。①

71

波伏瓦说:"多亏了写作,美德在被揭露为伪善和愚蠢的那一瞬间还保留着它危在旦夕的威望。"②

为何总是美德而非伪善和愚蠢,陷于危在旦夕之境?

72

苏力说:"在社会领域,作为一个法律学人,我不认为一定要意识形态地、教条地坚持知识创新的优先,而是强调制度的重要性。但是,在知识的领域,作为一个法律学人,我则认为,必须坚持知识创新的优先。据此,我们一定要清醒地区分社会领域与知识领域、公共生活领域与私人生活领域(知识的创新首先更多属于私人领域),尽管不可能完全分开,尽管区分了也不可能完全消灭两者之间的冲突。"③

苏力具有陀思妥耶夫斯基意义上的双重乃至多重人格。

苏力经常与自己对话。苏力的文字,也经常与自己对话,具有巴赫金所言的"复调"特征。④

无论苏力成为什么,都绝非工业和网络社会中"单向度的人"⑤。

苏力心灵的丰富性,在中国法学界乃至整个学界,罕有人能匹敌("无人能匹")。他轻轻松松地就挑战了其他学人不敢、也没有能力挑战的禁忌和边界。

---

① 萨德侯爵(1740—1814)是法国著名情色小说作家,电影《鹅毛笔》(菲利普·考夫曼执导,2000年上映)讲的是他的故事。

② [法]西蒙娜·德·波伏瓦:《要焚毁萨德吗》,周莽译,上海译文出版社2012年版,第45页。

③ 苏力:《波斯纳及其他:译书之后》(增订本),北京大学出版社2018年版,第77页。

④ 张杰编选:《巴赫金集》,上海远东出版社1998年版,第35页。

⑤ [美]赫伯特·马尔库塞:《单向度的人——发达工业社会意识形态研究》,刘继译,上海译文出版社2008年版。

73

所谓"单向度的人"——形式逻辑的典范，辩证逻辑的障碍。①

74

波斯纳说："性是人类快乐与痛苦（后者包括了艾滋病出现很久以前就有的死亡）、人类制度、政治纷争甚或是民族兴衰的一个主要来源，它很值得我们付出最佳的智识努力。"②但愿意为此付出智识努力（更别提最佳智识努力）的中国学人还太少，唯恐一不小心触犯了禁忌（有些事还是不公开谈论为妙），研究出来的东西也不易发表，而不发表，就意味着完蛋（Publish or Perish）③。

75

不少中国人的性观念仍停留在"一见短袖子，立刻想到白臂膊，立刻想到全裸体，立刻想到生殖器，立刻想到性交，立刻想到杂交，立刻想到私生子"的层面上，"中国人的想像惟在这一层能够如此跃进"。④想象力发达是好事，意淫更是被允许的（想入非非、腹诽皆不为罪）。问题在于，想象力和意淫的结果（成果）是什么，一部新《红楼梦》（刻画了一个比"情天情海幻情身"的秦可卿更具象征意味的文学形象）？一部可以媲美福柯《性经验史》、魏宁格《性与性格》或弗洛伊德《性学三论》的学术论著？⑤一种比

---

① 电视剧《天道》（张前执导，2006 年上演）中的台词。男主角丁元英说"女人是形式逻辑的典范，辩证逻辑的障碍"。

② ［美］理查德·A. 波斯纳：《性与理性》，苏力译，中国政法大学出版社 2002 年版，第 13 页。

③ 苏力：《也许正在发生：转型中国的法学》，法律出版社 2004 年版，第 67 页。

④ 鲁迅：《鲁迅散文诗歌全集》，北京燕山出版社 2011 年版，第 235 页。

⑤ ［法］米歇尔·福柯：《性经验史》，佘碧平译，上海人民出版社 2005 年版；［奥］奥托·魏宁格：《性与性格》，肖聿译，北京联合出版公司 2013 年版；［奥］西格蒙德·弗洛伊德：《性学三论》，廖玉笛译，台海出版社 2018 年版。

陀思妥耶夫斯基的"第三次爱情"更加畸形却更加幸福的爱情？①

76

不必说"冲冠一怒为红颜"②，吴三桂并非至情至性之人（他只是政治投机分子）；

不必说"一树梨花压海棠"，那不过是无聊雅人的俗事；

不必说"洛丽塔是我的生命之光、欲望之火，同时也是我的罪恶、我的灵魂"③——将小萝莉视作生命之光的男子，不可能秉具雄性之魂。

77

溺婴并非一定是自愿的（不管是在古罗马，还是在古代的其他地方），因为这样做，有时是为了让活着的人（尤其是其他孩子）在资源（食物）匮乏时能活着，或活得稍好、更好一些。

78

直到 1967 年，美国最高法院才通过判决废除了已延续几个世纪的《弗吉尼亚州种族通婚法》（该法第五条规定："本州的任何白人只能与白人或者拥有白人血统而无其他混合血统……拥有十六分之一或更少的美洲印第安人血统且没有任何非高加索血统的人结婚"），并指出，种族差别是"刻意制造出来用以证明白人的优越性的"，因此"有悖于我们这个建立在平等原则之

---

① 陀思妥耶夫斯基的前两次爱情（婚姻）都非常不幸，直至在 45 岁那年遇到了速记员安娜·格里戈里耶夫娜。"随着他的娶妻和成家，他的病将可以从情感、肉体、性欲等方面获得治疗，在私生活和家庭生活中他可以摆脱由自己的心象和观念、无法遏制的恋情和烧灼般的痛苦构成的幻想世界的困扰。此外，他始终有一个秘密的期望，不愿自己显得与众不同，他不愿当天才、癫痫病人、寻神派、苦役犯、色鬼、空想家——他愿意成为和大家一样的人。"参见［美］马克·斯洛尼姆：《陀思妥耶夫斯基的三次爱情》，吴兴勇译，广西师范大学出版社 2003 年版，第 224 页。

② 吴伟业《圆圆曲》："恸哭六军俱缟素，冲冠一怒为红颜。"

③ ［美］弗拉基米尔·纳博科夫：《洛丽塔》，主万译，上海译文出版社 2005 年版，第 9 页。

上的国家的信条"。①但这并不意味着1967年之前的美国不是建立在平等原则之上的国家，因为"平等"的意涵一直在变，此平等已非彼平等也；更不意味着白人否认了自己是优等人种的内心判断。

79

在美国，同性恋不仅是性取向问题，更是法律和公共政策问题。一项大规模民意调查显示，77.2%的回答者认为应当禁止同性恋者担任法官。联邦以及许多州的反歧视法律都不保护同性恋者，使其不受基于偏好的歧视。

然而，公开批评同性恋却是一种禁忌。②

美国是一个非常复杂、充满矛盾（悖论）的国家，恰如俄罗斯。凡是大国，都有一本难念的经。

80

伯特兰·罗素认为，造就幸福婚姻的一个必要条件是"单身或独处女人的稀少及男人与其他女人社交机会的匮乏"③。

这无疑等于宣布现代幸福婚姻的虚弱甚至不可能——一个太悲观的臆断！

幸福是一个主观观念，婚姻幸福与"单身或独处女人的稀少及男人与其他女人社交机会的匮乏"之间，是否存在必然的因果关系，是无法推究的——一位单身女教授撰写的一篇题为《县域"剩女"现象研究——以××省××县为例》的调查报告得出如此结论。

81

"张五常"④释义——

① ［加］伊丽莎白·阿伯特：《婚姻史》，孙璐译，中央编译出版社2014年版，第262—263页。

② ［美］理查德·A. 波斯纳：《性与理性》，苏力译，中国政法大学出版社2002年版，第390—391页。

③ ［英］伯特兰·罗素：《性爱与婚姻》，文良文化译，中央编译出版社2009年版，第146页。

④ 张五常（1935—），经济学家，著有《佃农理论》《经济解释》《中国的经济制度》等。

"张"，长长的弓；此弓射出之箭，力度够大，可一箭穿透佃农的柑橘、草原的猛鸷、《谏太宗十思疏》和长平之战的战鼓。

"五常"，"五个常识"之意，所有智者都由"五个常识"（或曰"五个神话"）支撑起来，其中之一为：这世上原来就没有什么神话，所谓的神话，不过是常人的思维所不易理解的平常事。①

82

"热爱诗歌会有什么好处吗？"

"是的，是的。德国总是留心美好的东西。德国也许由于愚蠢丢掉了美，或者曲解了美，但是德国总是会把美引进德国的生活。"②

"热爱法律会有什么好处吗？"

"是的，是的。我们英国人没有德国人幸福，就是因为我们比他们更具理性，不会被看似美好的东西迷惑了头脑。"

83

波斯纳认为，法律的技巧和想象从一开始就弥散在西方文化中。③

但他所言泛泛，忽略了一个事实——同为西方国家的英国和德国在法律文化方面存在巨大差异。就像同为东方国家的中国和日本在"忠"的政治文化方面存在巨大差异一样。

84

苏力说，进入文学需要有一些"天分"，"例如对语言的敏感，对细节的直觉把握"。④

但这些天分也是进入法学（甚至任何学术领域）必须具备的，否则，即

---

① 电视剧《天道》（张前执导，2006 年上演）中的台词。

② ［英］E. M. 福斯特：《福斯特读本》，冯涛等译，人民文学出版社 2011 年版，第66 页。

③ 苏力：《波斯纳及其他：译书之后》（增订本），北京大学出版社 2018 年版，第102 页。

④ 苏力：《波斯纳及其他：译书之后》（增订本），北京大学出版社 2018 年版，第105 页。

使登了堂，也入不了室。

85

A："何谓色情？"B："由色生情，传情入色而已。"

A："何谓色？"B："不空而已。"

A："何谓空？"B："闭眼而已。"

A："何谓学术？"B："词语而已。"

A："何谓语？"B："人言吾，吾言人而已。"

A："何谓人？"B："色和情而已。"

A："何谓剪不断理还乱？"B："因空见色，自色悟空，色不异空，空不异色，色即是空，空即是色而已。"

86

苏力"思想大胆而美好"，他"从偶然的喜剧里，把自己的角色辞掉"，促成了"一种可怖的美"的诞生。①

唯有真正的思考者才能领悟到苏力的可怖本质。

凡真正的、深沉的思考者皆可怖——因难以超越而可怖。后来者"不敢高声语，恐惊天上人"②。

87

撒旦之所以果敢地反抗上帝，乃因他"不单要求自由，这个要求太低了；还要求主权、光荣、声名等更高的东西"③。

亚当和夏娃是得了"喜果"和"喜房"的喜剧人物（不管生活在伊甸园抑或被逐出），成了人类的先祖。撒旦是悲愤、悲壮的悲剧人物，成了被贬谪到人间的天才、疯子和浮士德的隐喻（任何追求权力意志和永恒名声的

---

① ［爱］叶芝：《叶芝诗选》，袁可嘉译，外语教学与研究出版社2012年版，第87—89页。

② 《夜宿山寺》。

③ ［英］约翰·弥尔顿：《失乐园》，朱维之译，译林出版社2013年版，第215页。

人，都是某种意义上的撒旦）。

88

大众文化有时会降低大众的智力。①

小众文化有时会降低小众的智力。

苏力既不属于大众，亦不属于小众，他只是一位澄明者。澄明者自澄明。

89

专业的分工解脱了知识分子实际操作的责任以及对后果的关切——他们可以"站着说话不腰疼"了。②

他们中的有些人，就是长坐③着说话也不腰疼。他们的腰从来就没疼过。

与其坐而论道，不如"锄禾日当午"。

90

有的人即使站着说话也腰疼——写作太辛苦的缘故。但没人知道他腰疼。因为，再疼他也不吭声。一吭声，就俗了。④

91

"深入浅出"是一个矛盾的词汇。"深入"的，注定"浅出"不了——只是看上去浅而已。

92

一位不可救药的唯物主义信徒认识到专业化、职业化是当代中国市场经济和社会转型所需的，但他超越了专业化和职业化——以实实在在的新知

---

① 苏力：《波斯纳及其他：译书之后》（增订本），北京大学出版社 2018 年版，第112 页。

② 苏力：《波斯纳及其他：译书之后》（增订本），北京大学出版社 2018 年版，第113 页。

③ 一种坐姿，膝盖跪于地，双足垫于臀下。

④ "我不大喜欢嚷病，也颇漠视生命，淡然处之，所以也几乎没有人知道。"参见徐文斗、徐苗青选注：《鲁迅选集·书信卷》，山东文艺出版社 1991 年版，第 491 页。

（新思）借助于公共舆论，"指点江山""激扬文字"。①

93

一位不可救药的唯心主义信徒应该意识到战略想象力、英雄心境是当代中国世俗社会和大国转型所需的。否则，纵使旧船能驶进太平洋，也禁不住新浪的摧残。

94

一位时而信奉唯物主义，时而信奉唯心主义的非主义信徒，以自己的思想行动超越了心物二元的对立、心物一元的融合。

95

现在的"有终身教职的牛虻"②和古希腊的"牛虻"（他的名字叫苏格拉底）尽管存在不少共同点，却绝非一码事。区别在于：前者基于纯粹的私人收益，纠缠并认识必然的社会；后者基于不纯粹的社会成本，探索并唾弃偶然的自己。

96

"年轻人难以理解老人为什么为了便宜几块钱而跑很远。但是这种行为是理性的。退休后人的时间成本非常低。"③

老年人和年轻人，各有各的理性，就像各有各的烦恼一样。

关键词：时间成本。人这一生，时间和成本其实是最重要的两个变量。

---

① 苏力：《波斯纳及其他：译书之后》（增订本），北京大学出版社2018年版，第122页。"知识的专门化绝非一件坏事；实际上恰恰相反。然而，并不是知识专门化的全部后果皆完美无缺""知识的专门化毕竟导致知识的深度以牺牲其广度为代价"。参见 ［美］理查德·A. 波斯纳：《公共知识分子——衰落之研究》，徐昕译，中国政法大学出版社2002年版，第5页。

② ［美］理查德·A. 波斯纳：《公共知识分子——衰落之研究》，徐昕译，中国政法大学出版社2002年版，第37页。

③ ［美］理查德·A. 波斯纳：《衰老与老龄》，周云译，中国政法大学出版社2002年版，第163页。

既然时间不可操控，聪明人就纷纷去估量（控制）成本了。

97

"不知老之将至"①是一种自在，"知老之将至"是一种自觉。

自在与自觉，哪一个境界更高、更可欲——当我如此思忖时，已落入言语道断的困境，不够自觉，亦不自在。

98

任何制度都无法要求民众个个都审慎思考，这是强人所难。是故，尽管"慎议民主"看上去很美，却不如"精英民主"具有操作性。②

99

政治危机只能"政治化"地加以解决，尽管有时以"法律解决"的形式呈现。

100

讲求功利（效用）不等于浅俗。③讲求理想（价值）不等于深刻。一个人想深刻与他能否（是否）深刻是两码事。

101

尽管"思想必定附着于具体时空中的某个身体，因此最终来说是社会生活和实践的产物"④，但思想的直接来源有可能是另一种思想。

思想催生思想，思想挤对思想，乃人类思想史的常态。

---

① 《论语·述而》。又参见苏力：《波斯纳及其他：译书之后》（增订本），北京大学出版社 2018 年版，第 136 页。

② 苏力：《波斯纳及其他：译书之后》（增订本），北京大学出版社 2018 年版，第 142 页。

③ 苏力：《波斯纳及其他：译书之后》（增订本），北京大学出版社 2018 年版，第 147 页。

④ 苏力：《波斯纳及其他：译书之后》（增订本），北京大学出版社 2018 年版，第 152 页。

莫扎特的音乐和牛顿的公式中有思想吗？如果有，来自哪里？他们年少时可都是对社会生活和实践懵懂的人哪。

102

实践理性在任何时候都是基于实践的。纯粹理性在有些时候是纯粹的。①

103

司法，必须经验地研究；②否则，就难抵开阔之境。

宗教，必须经验地信仰；否则，就是盲信。

诗歌，无所谓经验不经验，无所谓先验不先验，无所谓超验不超验；无所谓经验、先验、超验之辩。

104

并不是每个物理爱好者只要努力，终有一天就能成为爱因斯坦的。

并不是每个法学博士生只要努力，终有一天就能成为苏力的。

并不是每个人只要努力，就能成为无可替代之人的。③那窄而又窄的窄门，永远比我们想象的要窄。

105

苏力"憎恶精神上的疲倦，知道它全由烦闷而起"；他让自己的"视象在每一瞬间都是新的"；他默默地"担当人性中最大的可能"。④

---

① "政治需要智力和能力，需要文字和口头表达能力，但更多需要实践理性，而非纯粹理性。"参见苏力：《大国宪制：历史中国的制度构成》，北京大学出版社 2018 年版，第 421 页。

② 苏力：《波斯纳及其他：译书之后》（增订本），北京大学出版社 2018 年版，第 156 页。

③ "别人能做得跟你同样好的事情，你就不必去做；别人能写得跟你同样好的文章，你就不必去写。凡是你感到自身独具、别处所无的东西，才值得你眷恋。啊！既要急切又要耐心地塑造你自己，把自己塑造成为无法替代的人。"参见［法］安德烈·纪德：《纪德散文精选》，李玉民等译，人民日报出版社 1999 年版，第 143—144 页。

④ ［法］安德烈·纪德：《地粮》，盛澄华译，上海译文出版社 2015 年版，第 12、20、65 页。《地粮》一般译为《人间食粮》。

106

爱因斯坦致友人信："我……日日夜夜地折磨自己。一个人被工作弄得神魂颠倒直至生命的最后一息，这的确是幸运。否则，世人的荒唐和愚蠢，主要在政治上表现出来的荒唐和愚蠢，就会使他痛苦得难以忍受。"①

这或许解释了爱因斯坦不愿担任以色列总统的原因。

爱因斯坦没去蹚政治的浑水，无疑是幸运的。但伟大的政治家也像伟大的科学家一样，日日夜夜地折磨自己——在浑水中。

107

美国纸牌依循的是美国的游戏规则，中国象棋只有中国人玩得好。

是故，美国法官与中国法官可以快乐地分享对法条主义、民粹、司法的政治性等问题的理解，却很难一块儿玩牌或对弈——那会痛苦不堪。

108

一个具体的人应该接受法律的规制，但也可以成为"偶尔的立法者"②。

遭车裂的商鞅，饮下毒酒的苏格拉底，不知自己从哪里来的保罗·高更，都是这样的立法者。

109

某人下乡，见牲口吃庄稼，想赶走，未果；想呼吁他人参与，但不知是何牲口、何庄稼，于是高呼："快来人呀，动物吃植物了!"

苏力曾经借助这个笑话，讽刺那些"基于高度抽象因此不着边际的学术研究模式和话语方式"③。

但笑话中的这个人还算是好的，毕竟他知道下乡看看，且不是高呼：

---

① 许良英等编译：《爱因斯坦文集》（第三卷），商务印书馆 1979 年版，第 479 页。

② 苏力：《波斯纳及其他：译书之后》（增订本），北京大学出版社 2018 年版，第178 页。

③ 苏力：《波斯纳及其他：译书之后》（增订本），北京大学出版社 2018 年版，第184 页。

"快来人呀，一个生命吃另一个生命了！"

110
▽

波斯纳法官对一位律师说："如果他显然有罪，你哪来那么多鬼话呢？"①

111
▽

波斯纳法官对一位教授说："如果一篇文章就能说清楚，你哪来那么多精力写下那么多书呢？"

112
▽

苏力："一种思想的封闭——以外国的权威替代对问题的分析和对后果的考察""这种思维习惯在中国法学界实在太普遍了"。②

苏力又在批判法学家？！

但他显然批判错了。因为他批判的那些人，根本没有思想，自然也就谈不上"思想的封闭"。

113
▽

人招架不住诱惑。③很多时候，也没必要抗拒诱惑。

苏力不抗拒智识的诱惑。

王尔德不抗拒成为王尔德的诱惑。

罗马大将安东尼不抗拒蛇蝎心肠、势必将他带向死亡之地——他对此了然于心——的埃及艳后的诱惑。④

---

① 苏力：《波斯纳及其他：译书之后》（增订本），北京大学出版社 2018 年版，第 186 页。

② 苏力：《波斯纳及其他：译书之后》（增订本），北京大学出版社 2018 年版，第 186 页。

③ 苏力：《波斯纳及其他：译书之后》（增订本），北京大学出版社 2018 年版，第 188 页。

④ 参见莎士比亚戏剧《安东尼与克莉奥佩特拉》、电影《埃及艳后》（曼凯维奇执导，1963 年上映）、图书《古希腊罗马名人传》（北京理工大学出版社 2013 年版）。

114

罗纳德·科斯对学人的刻薄："当他们发现自己没能力分析真实世界中发生的事情时，就发明一个自己有能力处置的想象的世界。"①

其实，有些学人连发明一个"想象的世界"的能力也没有。"想象的世界"岂是好发明的？

那需要"为伊消得人憔悴，衣带渐宽终不悔"。

需要"欲穷千里目，更上一层楼"。

需要"不畏浮云遮望眼"②。

需要写得出"为伊消得人憔悴，衣带渐宽终不悔""欲穷千里目，更上一层楼""不畏浮云遮望眼"之类诗句的才华。

115

当他们发现自己没能力发明一个想象的世界时，就致力于处置真实世界中发生的事情。

这样说芸芸众生算不算刻薄？

芸芸众生岂是、岂应是刻薄的对象？！正因为他们的存在，虚幻世界对真实世界的一次次入侵才成为可能。

116

野天鹅飞过寂寥的柯尔庄园，

吻别叶芝和十月的黄昏；③

飞过美国联邦第七巡回上诉法院的窗口，

衔走一页判决书；

飞过阿拉伯人的宫殿，

① 苏力：《波斯纳及其他：译书之后》（增订本），北京大学出版社 2018 年版，第190—191 页。

② 此三句诗分别出自柳永《蝶恋花·伫倚危楼风细细》、王之涣《登鹳雀楼》、王安石《登飞来峰》。

③ ［爱］叶芝：《叶芝诗选》，袁可嘉译，外语教学与研究出版社 2012 年版，第67 页。

吐下"芝麻开门"的咒语；

飞过颐和园，

扔下几粒英吉利石子；

飞过颐和园路五号，

与一只可爱的瞎猫握了握手；①

飞过大江以西的南村，

与素心人共度几个晨夕；②

飞过大河以南的铁塔，

望了一眼塔下的焚稿人；

飞过拜占庭的废墟，

飞过巴比伦的市集，

飞过被海豚撕裂、钟声蹂躏的海洋，③

飞过第一本译书所在的岛屿，

飞过第二个特洛伊，

飞过第三座"三位一体"的铜像，

飞过四战之地、圆锥体、巨大的物镜，以及时间十字架上的狮身人面像……

117

无论是谁，都有可能暂时忘却忙碌，在大道尽头的小树林里驻足片刻，慎终追远、遐想无限，但这绝不意味着他成了"三分钟的哲人"。

118

葛底斯堡既是战斗的起点，也是法律的起点，更是那个与西方的上帝签下死约的民族的生命起点。

---

① "我知道自己的一生也就（只）能像瞎猫一样，到处乱逛，能有那么一两次碰到死老鼠就行了。也许《波斯纳文丛》就是我碰到的一只，觉得味道还不错。"参见苏力：《波斯纳及其他：译书之后》（增订本），北京大学出版社 2018 年版，第 245 页。

② 陶渊明《移居二首·其一》："昔欲居南村，非为卜其宅。闻多素心人，乐与数晨夕。"

③ ［爱］叶芝：《叶芝诗选》，袁可嘉译，外语教学与研究出版社 2012 年版，第 181 页。

119

一个法律事件，唯有经过神话化和符号化，才能进入历史。

是故，中国的法律人，没几个知道詹姆斯·奥提斯和《协助法令》①，却对"马伯里诉麦迪逊"一案耳熟能详。

120

有时是"思考之空洞与思想之抽象成正比"②，有时是"思考之空洞与思想之具体成正比"。

121

霍姆斯说："伟人代表的是一个社会的伟大神经中枢，换一种说法，代表的是历史战役中的战略转折，他之所以伟大，部分就在于他曾在那里。"③

约翰·马歇尔曾在联邦最高法院。

亚伯拉罕·林肯曾在华盛顿福特剧院。

富兰克林·罗斯福曾在佐治亚温泉、轮椅和太平洋。

毛泽东曾在赤水、遵义、延安窑洞、西柏坡、天安门城楼、魏武挥鞭处④和"东方红一号"之上的太空。

122

苏力出生于中国安徽省合肥市（祖籍为江苏省东台市），就实践而言，他"注定是地方的"，但他的思考"大气""且无所偏倚"。⑤

---

① 苏力：《波斯纳及其他：译书之后》（增订本），北京大学出版社 2018 年版，第 249 页。

② 苏力：《波斯纳及其他：译书之后》（增订本），北京大学出版社 2018 年版，第 250 页。

③ 苏力：《波斯纳及其他：译书之后》（增订本），北京大学出版社 2018 年版，第 250 页。

④ 毛泽东《浪淘沙·北戴河》："往事越千年，魏武挥鞭，东临碣石有遗篇。"

⑤ 苏力：《波斯纳及其他：译书之后》（增订本），北京大学出版社 2018 年版，第 251 页。

123

不少所谓的"杰出之士"对苏力只是小有触动，那是因为他们不懂得何谓原创（思路的原创、思想的原创），以及苏力意味着什么。确实，我们不宜割裂苏力和他的时空（语境），但如果仅仅聚焦于苏力的时空（语境），我们是无法理解他的——必须超越时空。我不信我的判断会丝毫不变，但此刻我的心灵是激动的、颤抖的。"我们活着，需要象征；而一个视觉形象究竟象征了什么，这取决于目击者的心灵。"①一个活着的人，应在活着时找到自己，避免如同飘浮在乌云里一样的麻木状态。找到自己的方法有很多，但"我不知道还有什么方法比省悟他的教育家和塑造家更好"②。苏力正是这样一位导师和教育家，他以其行动而非言辞，教导我们回归简单、诚实、坚韧。与苏力生活在同一时代，是我之大幸，也是我读过的每一本书之大幸。

124

对于一个缺乏诗意的人来说，国旗只是一块布。③

对于一个缺乏判断力的人来说，法治只是"rule of law"。

对于一个缺乏诗意和判断力的人来说，苏力只是曾经的北大法学院院长、一位有点矫情且长得不够帅的法学家。

125

你不能说，写点假古文、装成大师就一定错了。④

---

① 苏力：《波斯纳及其他：译书之后》（增订本），北京大学出版社 2018 年版，第 251 页。

② ［德］尼采：《作为教育家的叔本华》，周国平译，译林出版社 2012 年版，第 5 页。

③ 苏力：《波斯纳及其他：译书之后》（增订本），北京大学出版社 2018 年版，第 252 页。

④ "有些人总想表现自己文字不错，就容易装腔作势，还爱写点假古文，四个字一句、四个字一句，以为那就是古文了。在我看来，那是因为他写不出一个能让人看得下去的白话文，就只能用假古文来装。"参见苏力：《批评与自恋：读书与写作》（增订本），北京大学出版社 2018 年版，第 433 页。

你也不能说，爱好西方式的表达方式就是"装孙子"。①"兵者，诡道也""后人发，先人至"②，孙子说。

126

文者，诡道也。如果一个文士不能透过面具看到盐的咸味、鸟的啼啭和《牛津法律大辞典》，便不配写诗著文。

---

① 改编自王朔《我讨厌的词》，参见苏力：《波斯纳及其他：译书之后》（增订本），北京大学出版社 2018 年版，扉页。

② 李零译注：《孙子译注》，中华书局 2007 年版，第 6、64 页。

1

天使在出门约会前照着镜子吃了个红苹果。

亚当的肋骨蠢蠢欲动。①

汴京公园的雏菊踌躇是今晚静悄悄地开，还是明早装模作样地开。

棋子犹豫落于棋盘的哪个交叉点。

信在信封里等得有点不耐烦。②

字典中的"欲"字想吻一下"望"字。

一位自称莎士比亚之妹的女权主义者在思量如何改编《威尼斯商人》《驯悍记》《梁山伯与祝英台》。

新的反垄断法预测自己将被表决通过。

摇篮曲在小小的摇篮里荡漾着。

秋菊忙着给即将出生的孩子取名字。

著作等身的波斯纳在酝酿一本新著。

---

① 《亚当的肋骨》是 1949 年上映的一部美国电影。参见 ［美］保罗·伯格曼、迈克尔·艾斯默：《影像中的正义：从电影故事看美国法律文化》，朱靖江译，海南出版社 2003 年版，第 138—144 页。关于"尘土亚当"的故事，参见冯象：《木腿正义》（增订版），北京大学出版社 2007 年版，第 305 页。

② ［美］理查德·A.波斯纳：《法律与文学》（增订版），李国庆译，中国政法大学出版社 2002 年版，第 378 页。

测绘兵苏力想象自己登上峰巅，大汗淋漓，蓦然回首来路。①

总之，万物各有期许。

2

谭嗣同说："二千年来之政，秦政也，皆大盗也；二千年来之学，荀学也，皆乡愿也。惟大盗利用乡愿；惟乡愿工媚大盗。"②

乡愿、大盗和士兵，哪一个的真诚更多一些？

乡愿升华后就是教士，大盗升华后就是帝王，士兵升华后就是统帅；"三位一体"的人乃哲学王。

3

"知"分两种："有言之知"和"无言之知"③。领会"有言之知"者为有相之人，领会"无言之知"者为无相之人。

4

《明会典》第一百三十三卷载，"天下险阻要冲，在职方皆有图本，今不能尽载，而边事持重，故载镇戍总图一、九边图九""（镇戍总图）东起朝鲜，西至嘉峪关，滨大海，连沙漠，道路纤萦，各万里余风"。④我不敢猜度或想象苏力在当测绘兵的时候读过这段史料。不管他是否读过，他肯定真实地触摸过山海关和嘉峪关的墙砖，像博尔赫斯那样在想象中触摸过长城的每

---

① 苏力：《法律与文学：以中国传统戏剧为材料》，生活·读书·新知三联书店 2017 年版，序。

② 谭嗣同：《仁学》，印永清评注，中州古籍出版社 1998 年版，第 169 页。可对照雷海宗先生的观点，"中国社会自汉以下只有两种比较强大的组织，就是士大夫和流氓""一二流氓的头目因老于世故，知人善任，于大乱时期间或能成伟人，甚至创造帝业……他们成事最少一部分须靠士大夫的帮助，成事之后更必须靠士大夫的力量保守成业，天下的权力于是无形中又由流氓移到士大夫的手里"。参见雷海宗：《中国文化与中国的兵》，商务印书馆 2001 年版，第 112 页。

③ 苏力：《法律与文学：以中国传统戏剧为材料》，生活·读书·新知三联书店 2017 年版，序。

④ 《中国测绘史》编辑委员会编：《中国测绘史》（第二卷），测绘出版社 1995 年版，第 33—34 页。

一块墙砖一样，否则，后来成为教授的他就不会从宪制视角对长城进行功能分析，并得出如下结论："世界上本来就没有一种绝对保险的制度，长城实现其功能自然需要其他制度的配合，即中原王朝的有效治理。"①

5

一柄没有喋血的剑，

大概不能叫作"剑"，

剑的真实饱满需要被杀者与它共同完成②。

一本没有读者的书，

大概不能叫作"书"，

书的经典化需要读者与它共同完成。

而所谓读者——

莎士比亚的读者是歌德③；

歌德的读者是尼采④；

尼采的读者是乔治·勃兰兑斯。⑤

---

① 苏力：《大国宪制：历史中国的制度构成》，北京大学出版社 2018 年版，第 203 页。

② 苏力：《法律与文学：以中国传统戏剧为材料》，生活·读书·新知三联书店 2017 年版，第 3 页。

③ "他（莎士比亚）的著作我刚读第一页，就令我对他终生折服，而当我读完他的第一个剧本时，我觉得自己好像原本是一个先天的盲人，是一双神奇的手刹那间使我得见天日。"参见王卫新主编：《世界著名作家演说精粹》，百花洲文艺出版社 1994 年版，第 8 页。

④ "'我痛恨一切只是教导我却不能丰富或直接激励我行动的事物。'歌德的这句话，正像是他山之玉，完全可以立于我关于历史有无价值的思考的前沿。"参见［德］尼采：《历史的用途与滥用》，陈涛、周辉荣译，上海人民出版社 2020 年版，序，第 1 页。（另一版译本略有修正。参见［德］尼采：《历史对于人生的利弊》，杨东柱、王哲译，北京出版社 2010 年版，序言，第 1 页。）

⑤ 1888 年 4 月，尼采收到一封意想不到的来信。丹麦大批评家乔治·勃兰兑斯准备系统开设一组关于尼采哲学的讲座，并写信告诉了他。乔治·勃兰兑斯写道："一想到这里没有一个人知道你，我感到非常苦恼，因此我希望这里的人一下子认识你。"尼采回信说："亲爱的先生，这确实令人感到意外。你从哪儿来的这么大勇气，胆敢向公众介绍一个糊涂虫呢……你大概以为我在自己的祖国是尽人皆知的。其实，他们把我看作某种乖戾荒诞、根本没有必要认真加以对待的东西。"参见［法］丹尼尔·哈列维：《尼采传》，谈蓓芳译，百花洲文艺出版社 1995 年版，第 282—283 页。乔治·勃兰兑斯的讲座内容后来

6

法律捍卫可能的生活，而文学"是对不可能之生活的一种弥补"①。

7

有一些问题不是理论能解决的，也不是人事更替能解决的，甚至连时间和自然的力量也无法解决。

8

我用我们民族的母语写诗，

母语中出现土地、森林和最简单的火。

有些字令我感动，

但我读不出声。②

我用异族异域的意象写诗，

其中出现荒原、冰岛和最复杂的迷宫。

我只能理性地默诵，

但我知道它们令另一些人感动。

9

中国法学家的任务在于通过理论实践让某些已经失声的"字"（如礼、势、王、霸、经、权、家）重新亮起来，进入通行的学术话语。③

（接上页）结集出版，他说："在我看来，尼采是当前德国文学中最有趣的作家。他的名字，即便在自己的国家里，也还鲜为人知；然而，他是一位高层次的思想家。他完全值得研究，值得讨论、驳斥和理解。他正在将自己的心境传达给别人，并推动他们进行思考。而这一点，不过是他众多美好品质中的一种。"参见［丹］乔治·勃兰兑斯：《尼采》，安延明译，工人出版社1985年版，第25页。

① 苏力：《法律与文学：以中国传统戏剧为材料》，生活·读书·新知三联书店2017年版，第10页。

② 苏力：《法律与文学：以中国传统戏剧为材料》，生活·读书·新知三联书店2017年版，第17页。

③ 苏力：《法律与文学：以中国传统戏剧为材料》，生活·读书·新知三联书店2017年版，第17页。

中国诗人的任务在于通过颠覆性的排列组合让某些已经僵死的"词"（如数以万计的中国成语 ①）重新活过来，加入民族语言的新传统。

10

懂理论的，未必能干事；能干事的，未必懂理论。

既懂理论又能干事的学者（如苏力），在进入法律与文学这一研究领域时，从一开始就必然是创造的、实践的。

11

纸上得来终觉浅。但，亲历就能把人变深刻吗？

太多人是不觉、不智。觉与智（而非知）成正比。

一个法律人必须培养自己"对真实世界的敏感，对事实的敏感，对人的敏感，熟悉生活中的法律是如何运作的"②。

12

故隐忍就功名，非烈丈夫孰能致此哉？③

故隐忍避功名，非烈丈夫孰能致此哉？

相比于"隐忍就功名"，"隐忍避功名"若非更高，亦是同样高的境界。只是，现在并非春秋战国那样的乱世，即使有烈丈夫，也显现不出来。

13

埃斯库罗斯——"古代的莎士比亚"、莎士比亚之前的莎士比亚。

---

① 《中国成语大辞典》（上海辞书出版社 2007 年版）收录成语 18000 余条。苏力对使用成语存在的问题有过深刻反思，他说，"我不喜欢用成语""我觉得我追求的就是贴近普通人的理解，而成语的最大问题就是读者不容易直接感知成语的真正意思。至少我阅读很多人的书的时候，用到成语时，眼光直接就跳过去了，我感觉不到一种力量""我喜欢追求尼采式的那种语言的感觉，有意避开使用成语"。参见苏力：《批评与自恋：读书与写作》（增订本），北京大学出版社 2018 年版，第 436 页。

② 苏力：《法律与文学：以中国传统戏剧为材料》，生活·读书·新知三联书店 2017年版，第 16 页。

③ 《史记·伍子胥列传》。

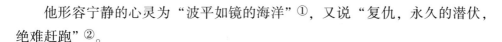

他形容宁静的心灵为"波平如镜的海洋"①，又说"复仇，永久的潜伏，绝难赶跑"②。

14

苏力指出，"复仇，特别是制度化的复仇，其实是一种文明、理性的产物""人类的文明、理智越是发达，复仇越残酷"。③

制度化的复仇，是一种文明的野蛮、野蛮的文明。

然而，绞刑架和注射死刑总不如手刃仇人来得痛快。④

人类何其聪慧呵，早已找到这种快感的替代品——战场杀敌。为了使这种复仇正当化，人类发明了"正义战争""国际法""公敌""想象的共同体"等"高大上"的词汇。

15

"十步杀一人，千里不留行"⑤是古典的。

"儒以文乱法，侠以武犯禁"⑥是现代的。

"风萧萧兮易水寒，壮士一去兮不复还"⑦无所谓古典或现代，是超越时空的。

16

"万乘之君"不应"以匹夫从仇"。⑧屠龙不该用牛刀。而天数，不要以

---

① ［法］维克多·雨果：《威廉·莎士比亚》，丁世忠译，团结出版社 2001 年版，第 96 页。

② ［古希腊］埃斯库罗斯：《埃斯库罗斯悲剧集》，陈中梅译，辽宁教育出版社 1999 年版，第 355 页。

③ 苏力：《法律与文学：以中国传统戏剧为材料》，生活·读书·新知三联书店 2017 年版，第 46 页。

④ "法律取代复仇是作为一种制度而不是作为一种感情。"参见［美］理查德·A.波斯纳：《法律与文学》（增订版），李国庆译，中国政法大学出版社 2002 年版，第 75 页。

⑤ 《侠客行》。

⑥ 《韩非子·五蠹》。

⑦ 《易水歌》。

⑧ 《庄子·则阳》。译文：大国的国君不应用百姓使用的手段去报仇（此处指公孙衍批评魏惠王不应派人刺杀齐威王）。

为打开世界上的所有窗户就能参悟。①

17

我们似乎很少"遭遇激情"了。②

是日复一日的时光、无处不在的规训以及"两厢情愿"的契约，抑制——甚至扼杀——了我们的激情。

18

"君子报仇，十年不晚"的意思是，倘若在十年内没有成功地复仇（对天地的复仇、对"形而上学"的复仇、对人类惰性的复仇），就称不上是君子。

19

凡是为了保证生存或更好生存的精神活动都属于文化的范畴。③

诗书风雅是文化，复仇是文化，征服也是一种文化。不带点草莽气的书生，只是一介书生而已。

20

人类并非完全被迫地成为有限利他主义者，美德也有与生俱来的成分，④所谓"恻隐之心，人皆有之；羞恶之心，人皆有之；恭敬之心，人皆有之；是非之心，人皆有之"⑤。成为一个有限的利他主义者并不难，难的是成为一个绝对的利己主义者（孤独主义者）——他若非十全十美的神，便是十恶不赦的魔。

---

① "即使打开世界上的所有窗户也于事无补。晚了。你再也找不到月亮的踪迹。"参见〔阿〕豪尔赫·路易斯·博尔赫斯：《天数》，林之木译，上海译文出版社 2017 年版，第 101 页。

② 苏力：《法律与文学：以中国传统戏剧为材料》，生活·读书·新知三联书店 2017 年版，第 49 页。

③ 苏力：《法律与文学：以中国传统戏剧为材料》，生活·读书·新知三联书店 2017 年版，第 53 页。

④ 〔美〕麦特·里德雷：《美德的起源：人类本能与协作的进化》，刘珩译，中央编译出版社 2004 年版，第 151 页。

⑤ 《孟子·告子上》。

21

任何人都不可能几十年如一日地在炽热的复仇激情中生活。①

任何人都不可能几十年如一日地与盘根错节的因果纠缠不清。

任何人都不可能几十年如一日地重复同一个梦——梦中与一位失明的囚徒讨论帝国的兴衰、永恒的形式以及镜子里的宝剑与天平。

22

苏力指出："法学家必须同时兼有仁慈之情和冷酷之心。仅仅懂得仁慈的不是务实的学者，而是意识形态化的道德学家或蛊惑者，或者是琼瑶小说中多情伤感的'小女人'。"②

小女人常见，大丈夫不常有。

不食嗟来之食者常见，超越意识形态蛊惑者不常有。

"女为悦己者容"常见，因为"女"和"悦女者"皆众；"士为知己者死"不常有，因为"士"和"知己者"皆稀。

23

给某些中国法学家的建议：与其"随美国的波""逐欧洲的流"，不如跳到长江、黄河里洗一洗自己那"天真的心"。

24

苏力指出："为了保证刑法制度的实践有效性，同样需要建立一套相应的以保证确定性为主要追求目标的制度。在这一点上，也许科学技术将并正在扮演重要角色。"③然而，纵使"山无陵，江水为竭""夏雨雪，天地合"，中

---

① 苏力：《法律与文学：以中国传统戏剧为材料》，生活·读书·新知三联书店 2017年版，第 62 页。

② 苏力：《法律与文学：以中国传统戏剧为材料》，生活·读书·新知三联书店 2017年版，第 78 页。

③ 苏力：《法律与文学：以中国传统戏剧为材料》，生活·读书·新知三联书店 2017年版，第 78—79 页。

国的法学家之中，恐怕也不会有几个肯去了解科技发展前沿，或拿起《特斯拉自传》《费曼讲物理：相对论》《寻路者：阿拉伯科学的黄金时代》①钻研一番。

25

北京大学和清华大学的物理学家之中，可有津津有味地阅读霍姆斯法官与留美学生吴经熊的通信②的？

26

梁山伯与祝英台，罗密欧与朱丽叶，博尔赫斯与玛丽亚·儿玉，均属于"同声相应，同气相求"的亲密关系。梁山伯与祝英台共赴纽约大学东亚研究系留学，博士学位论文的选题都围绕着"《同窗记》与中国婚姻制度"。罗密欧与朱丽叶一起拜访《莎士比亚全集》的中文译者朱生豪先生。博尔赫斯与玛丽亚·儿玉一起搭乘热气球进行环球旅行，体尝"和风拂面、与飞鸟为伍、亲自参与的真正飞翔的感觉"③。

27

结婚不仅仅是性的问题，还是一种社会制度。④

地图册不仅仅是为了方便旅行，还关涉地缘政治和存亡之道。

纽伦堡审判不仅仅是以看得见的方式宣示（实现）正义，还拷问了审判者的黑暗心灵和"犯罪"的战争技术本身。⑤

---

① ［美］尼古拉·特斯拉：《特斯拉自传：世界最后一个科学先知》，夏宜、倪玲玲译，北京时代华文书局 2014 年版；［美］理查德·费曼：《费曼讲物理：相对论》，周国荣译，湖南科学技术出版社 2019 年版；［英］吉姆·哈利利：《寻路者：阿拉伯科学的黄金时代》，李果译，中国画报出版社 2020 年版。

② 两人之间的多封通信全文，参见吴经熊：《超越东西方》，周伟驰译，社会科学文献出版社 2002 年版，第 95—144 页。

③ ［阿］豪尔赫·路易斯·博尔赫斯：《地图册》，王永年译，上海译文出版社 2016 年版，第 26 页。

④ 苏力：《法律与文学：以中国传统戏剧为材料》，生活·读书·新知三联书店 2017 年版，第 99 页。

⑤ ［美］汉娜·阿伦特等：《〈耶路撒冷的艾希曼〉：伦理的现代困境》，孙传钊译，吉林人民出版社 2003 年版，第 26 页。

28

自然和自然权利并非天然正当。而且，现代的自然已经是社会文明支持下的自然、人文化了的自然 ①——"自然"不再自然。

29

不少学者的概念和思想实在乏味得很，就像太监的性冲动，而且他们从不寻找能够使其恢复生气的东西。怪不得克尔凯戈尔宁肯与长舌妇、精神病人攀谈，也不愿搭理装腔作势的学者。②

30

克尔凯戈尔说："人们几乎从未运用已经拥有的自由，比如思想自由；相反倒去要求什么言论自由。"③

"从未运用已经拥有的自由"的表述在逻辑上是矛盾的甚至不成立的。

自由是一种品性，不是实体。不曾运用它，便等于"不曾拥有"。

你不能说一个从未写过诗的人是诗人（写过诗的人也未必是诗人），即使他正"诗意地"栖居着。

31

克尔凯戈尔说："我的悲哀巨大而无限；除了在天的上帝，没有人知道我的悲哀。"④

一个人的悲哀或许巨大，但不可能无限——就连宇宙也非无限。

① 苏力：《法律与文学：以中国传统戏剧为材料》，生活·读书·新知三联书店 2017 年版，第 105 页。

② ［丹］索伦·克尔凯戈尔：《克尔凯戈尔日记选》，晏可佳、姚蓓琴译，上海社会科学院出版社 2002 年版，第 4 页。

③ ［丹］索伦·克尔凯戈尔：《克尔凯戈尔日记选》，晏可佳、姚蓓琴译，上海社会科学院出版社 2002 年版，第 9 页。我们不可能指望每个人甚或是多数人具有思想的能力、反思制度功能的能力。参见苏力：《法律与文学：以中国传统戏剧为材料》，生活·读书·新知三联书店 2017 年版，第 110 页。

④ ［丹］索伦·克尔凯戈尔：《克尔凯戈尔日记选》，晏可佳、姚蓓琴译，上海社会科学院出版社 2002 年版，第 9 页。

除了上帝，最起码还有三个人知道（读懂了）克尔凯戈尔的悲哀——尼采、苏力以及一个尚未诞生的人。

32

"我们事实上总是希望生活中有什么意外的欣喜"①，比如——

买彩票中了大奖；被青春撞了一下腰；有幸充任梁山伯的伴郎（祝英台的伴娘是苏珊·桑塔格）。

33

倘若窦娥嫁给苏格拉底，两人或许会真心真意、幸福地过一生。（苏格拉底的原配是个悍妇，而窦娥温柔贤惠）

"那窦娥得懂古希腊语才行。"有人泼来一碗冷水。

"那就让窦娥在嫁给理性、冷静和博爱的苏格拉底之前，先到您所任教的××大学、××书院，接受完整的通识教育，听说你们的课程涵括古希腊语、拉丁语、罗马文化史、葡萄酒艺术、卢梭的自然教育……"

34

"无罪推定"并非什么神圣的永恒真理（因此不应意识形态化）。当然，"有罪推定"也不是。

35

人在水中才能学会游泳。②同样，裁判、决断和爱，也都属于实践理性，必须在具体行动中才可以看出一个人是否真的具备这种"知识"或能力。③可总有人喜欢纸上谈法、纸上谈兵、纸上谈爱……

---

① 苏力：《法律与文学：以中国传统戏剧为材料》，生活·读书·新知三联书店 2017 年版，第 110 页。

② "我是否会游泳不能光听我是否能熟练地重复别人说过的关于游泳的理论和原则，而是下水试一试。"参见苏力：《批评与自恋：读书与写作》（增订本），北京大学出版社 2018 年版，第 349 页。

③ 苏力：《法律与文学：以中国传统戏剧为材料》，生活·读书·新知三联书店 2017 年版，第 138 页。

36

《周礼·秋官司寇·小司寇》："以五声听狱讼，求民情。一曰辞听，二曰色听，三曰气听，四曰耳听，五曰目听。"①波德莱尔《交感》诗曰："宛若远处融合的连串回声／汇成阴森而又深邃的整体／像黑暗和光明那样无垠／香、色、声交织在一起。"②一位卓越的法官有否可能同时是一位杰出的诗人？白天办案，夜晚写诗？白天也懂夜的黑？——有可能，但只是可能。

37

中国古代百姓普遍"厌诉"，重视"和为贵"，强调"忍"。这根本不是什么"文化"的产物，不是一种处于文化自觉状态下的主动选择，而是在制度、技术和生存生活环境制约下被选择的文化。③

"厌诉"恰恰是在"为权利而斗争"，是为了更好地实现自己的权利——此处的"权利"应理解为一种广义的生活秩序。"权利"不仅仅是一个法律概念，它还是、更是一个生活概念。

38

《包龙图智赚合同文字》中称包拯"清耿耿水一似，明朗朗镜不如"。

清官之"清"的含义是什么？从"公"抑或从"私"的意义上理解？（公德与私德不同）

仅靠清廉就能做到公正地审案吗？必须考虑到古代刑侦（取证）技术有限。清廉而平庸（昏庸）的官员不在少数。④

---

① 苏力：《法律与文学：以中国传统戏剧为材料》，生活·读书·新知三联书店 2017 年版，第 141 页。

② ［法］夏尔·波德莱尔：《恶之花》，刘楠祺译，新世界出版社 2011 年版，第 37 页。

③ 苏力：《法律与文学：以中国传统戏剧为材料》，生活·读书·新知三联书店 2017 年版，第 152 页。

④ 苏力：《法律与文学：以中国传统戏剧为材料》，生活·读书·新知三联书店 2017 年版，第 192—193 页。

39

清官难断家务事。

40

贪官难断家务事。①

41

凡"家务事"皆难"断"，因为家不是一个讲理或讲法的地方。"家务事"不应也没法在家里以"断"的方式解决。

42

仅有统治和治理的愿望是不够的，还必须具备甚至主动去创造相应的物质性资源和符号性资源。②仅有为民众代言的愿望是不够的，还必须卷起裤管下乡，腿、脸、手和心灵都沾点甩不掉的泥巴。仅呼唤遥远的救世主是不够的，还必须有遇佛杀佛、遇基督杀基督、遇老虎杀老虎的勇气。

43

道德意识与因果联系意识的此消彼长。③因果联系意识随道德意识的增加而减少。

社会科学家必须远离这样一种人，他们动辄把道德而非因果联系作为评价他人和社会——自己除外——的标准。

---

① "在当代中国司法中，法官的家人确实是一个容易令众人生疑的重要因素，事实上也是腐败的一个重要通道。"参见苏力：《批评与自恋：读书与写作》（增订本），北京大学出版社 2018 年版，第 110 页。

② 苏力：《法律与文学：以中国传统戏剧为材料》，生活·读书·新知三联书店 2017 年版，第 241 页。

③ ［德］尼采：《曙光》，田立年译，漓江出版社 2007 年版，第 13 页。

44

自我折磨的美德 ①——对把自我折磨视作美德的人而言。

45

我们拥有犯错误的权利。②但一个智慧的人没有走歧路的权利——人生苦短，无法重来。

"转世"是不可能的；即使可能，那也是另一个人了。

如果一个人到了生命的尽头才徒然感叹"双负箫心与剑名"③"自是人生长恨水长东"④，那他绝非智慧之人。

46

人之将死，其言无益。"人之将死，其言也善"不过是将死之人的自我安慰，还是多留点遗产更实在。

47

"文以载道"的限度——倘若"道"太多、太沉，是会把"文"压死的。"文以载道"的前提是"言之有文"。

48

王国维说："凡一代有一代之文学：楚之骚，汉之赋，六代之骈语，唐之诗，宋之词，元之曲，皆所谓一代之文学，而后世莫能继焉者也。"⑤

不知为何，静安先生竟遗漏了"明清之小说"。

什么是专属于我们这一代人、后世莫能继承的文学？白话诗（自由诗），

---

① ［德］尼采：《曙光》，田立年译，漓江出版社 2007 年版，第 17 页。

② ［德］尼采：《曙光》，田立年译，漓江出版社 2007 年版，第 71 页。

③ 龚自珍《丑奴儿令·沉思十五年中事》："沉思十五年中事，才也纵横，泪也纵横，双负箫心与剑名。"

④ 李煜《相见欢·林花谢了春红》："胭脂泪，相留醉，几时重。自是人生长恨水长东。"

⑤ 王国维：《宋元戏曲史》，百花文艺出版社 2002 年版，序，第 1 页。

诗化散文，哲理随笔？

中国的尼采在哪里，中国的博尔赫斯在哪里？

有人暗示自己就是中国的尼采、中国的博尔赫斯；有人则说，中国不需要尼采、不需要博尔赫斯。

49

王国维说："元人之曲，为时既近，托体稍卑，故两朝史志与《四库》集部，均不著于录；后世儒硕，皆鄙弃不复道。"[1]

"为时既近"——时空距离太近，是无法产生美感的。[2]

"托体稍卑"——幸好现在是民主社会，文体平等了。

当年为儒硕"鄙弃不复道"的元曲现在也登上大雅之堂，成为一门显学了。

在一个学术昌盛的时代，似乎没有什么不能成为显学的。毕竟，教授（或博士生）多如过河之鲫，而论文又被逼着"创新"，没有什么选题会侥幸成为漏网之鱼。

50

苏力说："戏剧效果越好，艺术感染力越强（越'真实'），观众就越容易为这种情感所左右，就越不容易理性、冷静体察和感受裁判者的视角。"[3]

进入剧场的观众首先是情感动物，而非理性之人。

观众不是、也不想成为凝神观看的裁判者，而是、也只能是被观之众——被上帝观，被上帝的"代言人"观。

51

大艺术家（尤其是戏剧作家）莫不拥有多重脸谱，时而红脸，时而黑

---

① 王国维：《宋元戏曲史》，百花文艺出版社 2002 年版，序，第 1 页。

② 苏力也说，"有距离其实不是坏事，有……距离才可能和而不同"。参见苏力：《批评与自恋：读书与写作》（增订本），北京大学出版社 2018 年版，第 405 页。

③ 苏力：《法律与文学：以中国传统戏剧为材料》，生活·读书·新知三联书店 2017 年版，第 281 页。

脸，时而白脸，时而黄脸，时而蓝脸。

但他们也是无脸人①、长眼的人②、隐藏最深的人。

52

同自然科学家一样，社会科学家也需要做实验——思想实验。所谓思想实验，就是反复调理"思"与"想"；就是反复进行沙盘推演（或逆向推演）；就是想象不甘失败的失败者的爱恨悲欢；就是待在只有一个人的乌托邦，心平气和地接待每个世纪都会有的来访者。③

53

三种神圣慈悲的时刻：（1）一个罪犯莫名其妙地听从了天堂的召唤；④（2）一个恶棍谈笑间把罪恶勾当拔高至"解放行动"；（3）一位被追随者认为出卖了灵魂的革命领袖在莱布尼茨的"和谐学说"、孔多塞的"十进制历史学"和隐秘的"时间形式"的直接影响下，签署了宣判自己死刑的判决书。⑤

54

命运给哈姆雷特、窦娥和李煜带来致命的创伤。理解命运在政治和人事中的地位，乃是悲剧哲学的核心。⑥

---

① 无脸人（无脸男）是日本动画大师宫崎骏的电影作品《千与千寻》中的角色，他象征了孤独，属于最原始且并无善恶之分的存在。

② 西方的司法、正义女神雅典娜是一个蒙上眼睛的女神，而中国传统社会中，人们心目中的正义之神（如果可以这样说的话）——老天爷——似乎必须是"长眼的"。参见苏力：《法律与文学：以中国传统戏剧为材料》，生活·读书·新知三联书店 2017 年版，第 296 页。

③ ［阿］豪尔赫·路易斯·博尔赫斯：《沙之书》，王永年译，上海译文出版社 2015 年版，第 93 页。

④ ［英］威廉·莎士比亚：《莎士比亚文集》，朱生豪译，漓江出版社 2007 年版，第 20 页。

⑤ ［阿］豪尔赫·路易斯·博尔赫斯：《杜撰集》，王永年译，上海译文出版社 2015 年版，第 27—29 页。

⑥ 罗峰编译：《丹麦王子与马基雅维利》，华夏出版社 2011 年版，第 2 页。

55

让民众觉得法律是公正的，

让"坏人"扯掉所有标签，

让卓越之士对分工、纠纷和惩罚心不在焉，

让异教徒逃脱正教徒的包围，

让斗争领域回归"中立化"本色，①

让谣言止于书斋中颠踬的智者，

让霸王再一次"别姬"，

让狮子和狐狸结为伉俪，

让戏剧空间入侵真实历史，

让有复仇使命的王子沦为激情的奴隶，

让理性的诗人更加理性，

让忏悔者痛苦地直面忏悔的不可能，

让印度菩萨和欧洲佛陀赴东土取经，

让席勒写给歌德的信陪月亮一起进入黑夜的旅程，

让时钟叹服键盘的勤奋，

让鼻尖怀念笔尖的沙沙声，

让熊熊欲火只是熊熊欲火，②

让春梦在春梦中了结，

让第一个舞台叙事者沉入孤独的恒河 ③……

---

① ［德］吕迪格尔·萨弗朗斯基：《恶——或者自由的戏剧》，卫茅平译，云南人民出版社 2001 年版，第 156 页。"无论是宪法原则、实证主义法理，还是国际标准和惯例，都不可能为我们提供非语境化的、不间断的中立（或'放之四海而皆准'）的阅读。"参见冯象：《木腿正义》（增订版），北京大学出版社 2007 年版，第 25 页。

② "一开始，维系西门庆与潘金莲关系的是以熊熊欲火为主。但当他们的热情进入偏重于夫妇地位之争，每一方都想控制对方的阶段，除了肉体关系之外，中心就转向同时要求在心理上取得主宰地位。"参见 ［美］浦安迪：《明代小说四大奇书》，沈亨寿译，生活·读书·新知三联书店 2015 年版，第 91 页。

③ ［德］彼得·斯丛狄：《现代戏剧理论（1880—1950）》，王建译，北京大学出版社 2006 年版，第 49 页。

56

苏力说："事实上，许多我们确信的历史事实有（而不是'是'）基于当今一些假定的我们的想象。"①

倘若缺乏想象力，不仅无法编撰小说，而且无法书写历史。

并非史学家，而是史诗性的小说家（如司马迁），才是历史神话的建构者和终结者。"史学家没有、也不可能在永恒的外表下，作为客观的观察者和分析者置身于他的研究对象之外。"②

57

叙事性的历史话语在本质上是一种意识形态制作，更准确地说是一种想象制作。

对过去事件的历史叙述与史诗、小说和戏剧中的想象叙述并不存在什么真正的、特别的、不容置疑的差别。③

58

我们可以假设或想象自己与马克思、兰克和布克哈特的信仰是相同的，而且"拥有共同的自负"④。

---

① 苏力：《法律与文学：以中国传统戏剧为材料》，生活·读书·新知三联书店 2017 年版，第 313 页。

② ［英］埃里克·霍布斯鲍姆：《史学家：历史神话的终结者》，马俊亚、郭英剑译，上海人民出版社 2002 年版，第 320 页。

③ 此处转述了罗兰·巴特的观点。参见［美］海登·怀特：《后现代历史叙事学》，陈永国、张万娟译，中国社会科学出版社 2003 年版，第 348 页。苏力也指出，如果用今天的常识、现代社会科学对《梁祝》故事进行阐释和重构，我们就能对古代社会婚姻制度的一般特点和弱点有了另一种也许更深刻的理解和把握，"《梁祝》也就从一部'小资'钟爱的古代言情剧变成了一部有助于理解历史的真正悲剧""历史与文学（诗）在这里的边界完全模糊了"。参见苏力：《法律与文学：以中国传统戏剧为材料》，生活·读书·新知三联书店 2017 年版，第 317 页。

④ 陈启能、倪为国主编：《书写历史》（第一辑），上海三联书店 2003 年版，第 16 页。

59

同骆驼、大象和巨龙一样，毛毛虫、蝴蝶和尺蠖也有许多优点。"专门史家的真相是小写的真相。"①

60

既然有回头的浪子，就一定有不回头的浪子。②

既然有篡权的奸臣，就一定有篡权的良臣。

既然有非法的禅让，就一定有合法的禅让。

既然有狭义的政治文化，就一定有将自然、地理、气候、人性、长时段皆纳入考量的广义的文化政治。

61

陈寅恪对文学作品的史学运用仍局限于将之作为比较传统的"史料"，而苏力更看重理论和视角对历史或事实的构成作用——很多史料"只有在一种对社会和理论的宏大把握下才具有活力，并产生新的结论"。③

史料是死的，人是活的。活人不应让死的史料"憋死"。

确实有一些专门史学家被"憋死"了（尽管还喘着气，但已经"死"了）。他们没有资格参观巴黎先贤祠。

62

苏力的意义既是其本身内在的（名为"诗"的那部分），也是意义之网

---

① 陈启能、倪为国主编：《历史与当下》（第二辑），上海三联书店2005年版，第192页。

② 苏力：《法律与文学：以中国传统戏剧为材料》，生活·读书·新知三联书店2017年版，第315页。"勇敢点；忘掉我们；忘掉我。但愿你不至于回来……慢慢地走下去""长年累月地走过，野蛮的大地"。参见［法］安德烈·纪德：《浪子回家集》，卞之琳译，上海译文出版社2015年版，第132、134页。

③ 苏力：《法律与文学：以中国传统戏剧为材料》，生活·读书·新知三联书店2017年版，第318页。

的产物（称之为“社会科学”的那部分）。①

63

她不愧为出身高贵之人——

她蔑视众神的法、城邦的令，

她诅咒金钱不能收买、

武力不能征服的命运，

她把风暴带入灵魂，

她做令人胆寒的事，以火热的心。②

她不愧为出身高贵之人——

她远离“此恨绵绵”，

她独立空堂思黯然③，

她好似清风月朗鹤唳空④，

她不惧塞北雕弓硬⑤，

她冷却火热的心，以历史深处的冰。

她不愧为出身高贵之人——

她登上凌歊台怀古，⑥

她驱赶干尸到该去的去处，⑦

① 苏力：《法律与文学：以中国传统戏剧为材料》，生活·读书·新知三联书店 2017 年版，第 322 页。

② ［古希腊］埃斯库罗斯、索福克勒斯：《古希腊悲剧喜剧集》（上、下部），张竹明、王焕生译，译林出版社 2011 年版，第 342—343、390、392 页。

③ 顾学颉选注：《元人杂剧选》，人民文学出版社 1998 年版，第 34 页。

④ ［清］金圣叹：《贯华堂第六才子书西厢记》，周锡山编校，万卷出版公司 2009 年版，第 147 页。

⑤ 顾学颉选注：《元人杂剧选》，人民文学出版社 1998 年版，第 143 页。

⑥ 陈邦炎主编：《曲苑观止》，上海古籍出版社 1997 年版，第 167 页。

⑦ ［智］伊莎贝尔·阿连德：《幽灵之家》，刘习良等译，译林出版社 2007 年版，第 234 页。

她充任地下室女王，①
她在资本时代，
活成路易十五时代的式样。②

她不愧为出身高贵之人——
她的青春在额际辉映，③
她活像草丛中的蚱蜢，④
她作为美丽的崇拜者，
帮他誊抄注定要传世的稿件，⑤
她放纵自己的好奇心，
在自然中搜寻艺术、
在艺术中考察自然，⑥
她白天在尼采指导下
展示舞蹈和狂欢，
夜晚就着一杯淡牛奶，
细细研读《纯粹理性批判》。⑦

她不愧为出身高贵之人——
只需借助一个眼神、
一个小小动作，

---

① ［法］妙莉叶·芭贝里：《刺猬的优雅》，史妍、刘阳译，南京大学出版社 2010 年版，第 21 页。
② ［法］福楼拜：《一颗简单的心：福楼拜中短篇小说选》，李健吾等译，上海三联书店 2014 年版，第 159 页。
③ ［法］拉马丁：《葛莱齐拉》，陆蠡译，安徽人民出版社 2012 年版，第 109 页。
④ ［法］皮埃尔·洛蒂：《冰岛渔夫　菊子夫人》，艾珉译，人民文学出版社 2006 年版，第 73 页。
⑤ ［美］阿瑟·埃尔森：《音乐世界中的女性》，许蕾译，山东大学出版社 2014 年版，第 41 页。
⑥ ［法］贝尔特朗：《夜之加斯帕尔》，黄建华译，华东师范大学出版社 2017 年版，第 5 页。
⑦ ［美］伊莎多拉·邓肯：《我的爱，我的自由》，唐海译，辽宁教育出版社 2010 年版，第 128 页。

就从交际花变成最纯洁的处女……①

64

苏力说："悲剧并不是因为他们个人的痛苦或死亡，而是在于在历史面前个人的渺小、无知和无奈。也是从这一层面来看，（国王）克瑞翁更是一个悲剧性的人物。"②

与政治家的悲剧性相比，小女子和诗人的悲剧性只是"小巫见大巫"。

可无知的群氓和文士往往同情弱者，而意识不到强者（如曹丕③、拿破仑和基督）才是更值得同情的人。④

65

不止他一个"跳蚤"在跳；⑤不止他一个人滞留于文字迷宫；不止他一个人想过、却过不上普通人的生活。⑥

66

中国成为文明大国的标志之一：中国学者在西学领域即使没有盖过西方学者，也堪与西方学者匹敌。

---

① ［法］小仲马：《茶花女》，李玉民译，北京燕山出版社 2003 年版，第 55 页。

② 苏力：《法律与文学：以中国传统戏剧为材料》，生活·读书·新知三联书店 2017 年版，第 342 页。

③ "俗情抑扬，雷同一响，遂令文帝以位尊减才，思王以势窘益价，未为笃论。"参见王志彬译注：《文心雕龙》，中华书局 2012 年版，第 539 页。

④ 在陀思妥耶夫斯基的笔下，弱者是拒绝"选择负担"（自由）的"幸福的孩子"，而强者是"背负着不辨善恶的恶名的受难者"。参见［俄］陀思妥耶夫斯基：《卡拉马佐夫兄弟》，徐振亚·冯增义译，上海三联书店 2015 年版，第 299 页。

⑤ 王朔：《无知者无畏》，春风文艺出版社 2000 年版，第 105 页。

⑥ "追求超越的生活其实不是普通人的存在方式。"参见苏力：《法律与文学：以中国传统戏剧为材料》，生活·读书·新知三联书店 2017 年版，第 358 页。艺术家有时会自我憎恨，嫉妒普通人不用思考的生活方式。参见［美］理查德·A. 波斯纳：《法律与文学》（增订版），李国庆译，中国政法大学出版社 2002 年版，第 246 页。

67

砸烂西学的枷锁，拆掉国学的围墙，①还学术世界朗朗乾坤。

68

真实的世界是一个爪子里有血、牙缝里有肉的世界；②

是权利、法治和程序正义被意识形态化了的世界；

是赞美或亵渎上帝都无关紧要的世界；③

是杏花感觉到的世界；④

是老鼠、虱子和人类共同统治，

瘟疫、怪圈和等级制反复循环，

"健康人"一次次"再造病人"的世界；⑤

是方程式的世界；

是二维、三维、四维并存的世界；⑥

是梵天和逻各斯按照各自法则运行的世界；⑦

是"未来就是现在"的世界；

---

① "不应当自说自话，用所谓的'国学'这个围墙来把自己封闭起来。"参见苏力：《法律与文学：以中国传统戏剧为材料》，生活·读书·新知三联书店 2017 年版，第 366 页。

② 苏力：《法律与文学：以中国传统戏剧为材料》，生活·读书·新知三联书店 2017 年版，第 366 页。

③ ［德］莱布尼茨：《神正论》，段德智译，商务印书馆 2016 年版，第 361 页。

④ 《西游记》中有"杏仙"一角，擅长迷魂术及诗词歌赋。

⑤ "治理社会变成了一种'医疗'行为，尽管这种'再生'式的治疗明显是模仿的结果。单个病体的治愈被放大为一种群体乃至国家的行动。"参见杨念群：《再造"病人"：中西医冲突下的空间政治（1832—1985）》，中国人民大学出版社 2006 年版，导言，第 3 页。

⑥ "四维世界中任意方向上的物体的扩展通过比较该方向上的弯曲半径来确定，这个结论有一个奇特的结果，只要四维世界中的方向是空间类型的便不会有困难。但是只要我们转到时间类型的方向（在绝对的过去和绝对的将来的圆锥形内），方向半径就是一个想象的长度。"参见［英］A. S. 爱丁顿：《物理世界的本质》，张建文译，中国大地出版社 2017 年版，第 119 页。

⑦ ［英］赫胥黎：《进化论与伦理学（全译本）》（附《天演论》），宋启林等译，北京大学出版社 2010 年版，第 43 页。

是不真实的世界。

69

一位名叫卡门的吉卜赛女郎宣布，"卡门永远是自由的"①"爱情是波西米亚的浪荡儿，从来就不懂什么叫法律"。②

这不仅是爱情宣言，还是艺术宣言。

但反抗法则（法律）"科学化"的浪漫化努力必遭失败。卡门之死，死得其所。

卡门被杀死她的情人葬在远离尘嚣的密林里，没人知道具体位置所在。西班牙警察找了100多年③，仍未找到其尸体。

70

"路遥知人力，日久见文心。"判断一部文学作品是否伟大，需要很长的时间——50年（这是叔本华设定的最低标准）、100年甚至数代人的时间。"时间检验表明的就是认识论上的民主""今天许多知识分子都觉得自己生活在垃圾时代，但这可能是因为时间还没有来得及对当代作品去莠存良而造成的假象"。④

71

波斯纳认为，莎士比亚"可能认为自己的戏剧都是平庸之作，只是一种赚钱的方式而已"⑤。

只是可能。更大的可能是"不可能"。完全自在的大艺术家固然存在，但更多的是自在且自觉的。

———————————

① 郑永慧编选：《梅里美精选集》，北京燕山出版社2010年版，第448页。

② 四幕歌剧《卡门》中的唱词。转引自冯象：《木腿正义》（增订版），北京大学出版社2007年版，第25页。

③ 《卡门》创作于1845年。

④ ［美］理查德·A.波斯纳：《法律与文学》（增订版），李国庆译，中国政法大学出版社2002年版，第15—16页。

⑤ ［美］理查德·A.波斯纳：《法律与文学》（增订版），李国庆译，中国政法大学出版社2002年版，第25页。

我怀疑卡夫卡临终前嘱咐好友烧掉自己尚未出版的作品这一传闻（故事）的真实性。因为，倘若他真的想烧掉，不至于在病逝前的这段时间里连火柴都拿不动。如果说卡夫卡因为在垂危之际（他此时已衰弱得无法动弹）产生深深的绝望和虚无感而呓语、胡言乱语，倒是可信的。

72

文学和法律对冲突的态度是迥异的。文学的属性是戏剧性，所以冲突并不可少，甚至要有意地制造和加剧冲突——在《哈姆雷特》这样的伟大悲剧作品中，直到所有主角死亡，冲突才告终（也是一种"解决"）。而法律审判，尽管可能有戏剧结构，其中，一些著名审判还具有亚里士多德归于悲剧的那种宣泄功能，但法律的基本精神并不具有戏剧性，其目的是解决冲突，恢复和谐秩序。①

73

法律人得到法律的正义，诗人得到诗性的正义——各得其所。

74

法国作家阿尔贝·加缪塑造了米赫索这一杀人犯和局外人形象。他"尼采似的拒绝宗教、内省、罪恶感和忏悔；他拒绝在母亲的葬礼上落泪；他拒绝接受会把他调到巴黎的晋升机会（所以他也拒绝了资本主义的价值观）；他拒绝承认法律和宗教的道德权威以及对死亡的畏惧（按照霍布斯的观点，这是人类组成社会的原动力的基础）——这些拒绝在一个临终愿望里达到了顶点，它充满了得意的自负和阿喀琉斯一样勇敢的挑衅，这个愿望就是'在我被处死的那一天应该有一大群围观的人，并且他们要用咒骂的号叫声来欢迎我'"②。

如果让波斯纳担任米赫索杀人案的主审法官，他会怎么审判呢？

---

① ［美］理查德·A. 波斯纳：《法律与文学》（增订版），李国庆译，中国政法大学出版社2002年版，第27—29页。

② ［美］理查德·A. 波斯纳：《法律与文学》（增订版），李国庆译，中国政法大学出版社2002年版，第59页。

恐怕他也只能像审判米赫索的法国法官那样审判（他必须做一个主流社会的正常法官该做的事），但他肯定会找个合适的机会（这样的机会是很多的）和米赫索好好谈一谈，因为，跟聪明人谈谈也是有趣的——谈谈并非毫无意义的荒谬感，谈谈丧失了兽性的阿拉伯囚徒，谈谈心灵的隐蔽角落，谈谈仿佛不食人间烟火的饮酒者，谈谈"监狱是人生最后归宿"的隐喻①。

75

加缪说："我觉得，整个审讯就像是一个阴谋，我被排除在外，没有任何发言权，我的命运只能由别人来控制，而我自己却不能决定。"②

在命运和宇宙的审讯面前，哪个人有发言权呢？

而且，没有阴谋，全是阳谋。如果觉得是阴谋，只不过是因为对太阳底下的事麻木不仁久矣。

76

一个人在被判处死刑时产生"重新拟定法律，废除死刑"的幻想是十分正常的，尽管不够理智，有点荒诞。③

77

登上埃菲尔铁塔，整个世界尽收眼底。——巴黎是"世界之都"。

78

爬上断头台，整个世界尽收眼底④——断头台是"宇宙的中心"。

① ［法］阿尔贝·加缪：《鼠疫·局外人》，刘红利、倪思洁译，长江文艺出版社2012 年版，第 244 页。

② ［法］阿尔贝·加缪：《鼠疫·局外人》，刘红利、倪思洁译，长江文艺出版社2012 年版，第 261 页。

③ ［法］阿尔贝·加缪：《鼠疫·局外人》，刘红利、倪思洁译，长江文艺出版社2012 年版，第 268 页。

④ ［法］阿尔贝·加缪：《鼠疫·局外人》，刘红利、倪思洁译，长江文艺出版社2012 年版，第 269 页。

79

若没有勇气成为以挑衅精神给世人留下深刻印象的拒绝者和反抗传统者，那就做一个躲在长亭外、古道边 ①的静观者和内在流放者吧！

80

你的眼力不行，只能看见瞬间的哲学家，看不见"伟大的也许" ②。

81

哪一个引起过骚动、被广泛报道和讨论的讼案不是很快就被人忘记了呢?!

82

英俊的杀人犯在法庭受审时镇定自若，他对远道而来的旁听人群除了旷达的怜悯外，并无别的感情。③

83

他毕业于一所一流大学。

他工作时沉默寡言。

他用死神般的双眼，

观察当事人、嫌疑犯和法官。

他精通雪莱的法理学戏剧。

他经常莫名地陷入忧郁。

他趁周末或假期寻找废墟，

蹲在其中享受冥思苦想的乐趣。④

---

① 《送别》：约翰·庞德·奥特维作曲、李叔同作词。

② 法国作家拉伯雷（1494—1553）在临终时说："我要去寻找一个伟大的也许。"参见［法］斯丹达尔：《红与黑》，郭宏安译，译林出版社1994年版，第361页。

③ ［法］斯丹达尔：《红与黑》，郭宏安译，译林出版社1994年版，第366页。

④ "巴特尔比居然在此（办公室）安家，独自目睹这里从熙熙攘攘变成冷冷清清的景象——如同一个从未犯罪的转世马里乌斯坐在迦太基城废墟上冥思苦想。"参见［美］

他了然城市和噩梦的变形。
他深谙事物和边缘的神秘性。
他有时在夤夜、正午和黄昏，
感到钻心之疼。
他只是一名法律从业者，
认识他的人都知道；
他还是一位活着的哲人，
认识他的人，无人知晓。

84

苏力“没有那种重形式轻内容的文学爱好”，他“避开滥调套语，襟怀坦荡，通晓人情事理，对现实进行哲理性阐发”。[①]

85

我们这些锱铢必较的文明人，有资格审视或审判那些对死亡没有非理性恐惧的原生态人吗？

86

卡夫卡式的绝望——对现代生活的断裂感（想变成一只甲虫而不得）；别人对我们的精神骚动漠不关心；即使摆脱了市场的魔爪和官僚制度的牢笼亦无法获得幸福（从根本上质疑幸福的可能性）。[②]

87

父亲对卡夫卡说：“现在你明白了，世上不光只有你，直到现在，你只知道你自己！你原本是个无辜的孩子，其实却更是个魔鬼——所以你听着：

（接上页）赫尔曼·梅尔维尔：《水手比利·巴德：梅尔维尔中短篇小说精选》，陈晓霜译，新华出版社 2015 年版，第 19 页。

① ［美］赫尔曼·梅尔维尔：《水手比利·巴德：梅尔维尔中短篇小说精选》，陈晓霜译，新华出版社 2015 年版，第 282 页。

② ［美］理查德·A. 波斯纳：《法律与文学》（增订版），李国庆译，中国政法大学出版社 2002 年版，第 251 页。

我现在就判你溺死！"①卡夫卡没有吭声，看了父亲一眼，就转身急匆匆下楼。他不小心踩了正上楼的宠物狗一脚，迎面撞上暗恋他许久的女仆，又撞倒了大门外前来乞讨的耶稣（耶稣本想拉住他交谈几句，但忍住了）。卡夫卡静了静神，小心翼翼地穿过车流、人流，走向路那边被灌木丛遮掩着的约旦河，河水一如既往地静默着。

88

诗人说："流放地意味着故乡，我们不愿失去故乡。"②

89

或许，最好是像比塞弗勒斯律师和马伦格博士那样，埋头研读法典。③

他们自由自在，肋腹两侧免受骑士大腿的挤压之苦。他们还可以随时购买机票，飞到北京拜访苏力教授——其实是苏力梦见了他们。

90

如果一个人对饥饿没有亲身感受，就无法讲清楚饥饿艺术。④

一个人对爱和死亡没有亲身感受，就无法讲清楚爱、死亡和机器人的艺术。⑤

一个人对"逃跑并不能找到出路"⑥没有亲身感受，就无法讲清楚自由只是一种幻想的艺术。

---

① ［奥］卡夫卡：《卡夫卡小说全集Ⅲ》，韩瑞详等译，人民文学出版社2003年版，第36页。

② 军官说："军服意味着故乡，我们不愿失去故乡。"参见 ［奥］卡夫卡：《卡夫卡小说全集Ⅲ》，韩瑞详等译，人民文学出版社2003年版，第37页。

③ ［奥］卡夫卡：《卡夫卡小说全集Ⅲ》，韩瑞详等译，人民文学出版社2003年版，第57页。比塞弗勒斯、马伦格分别是亚历山大、拿破仑的战马的名字。

④ ［奥］卡夫卡：《卡夫卡小说全集Ⅲ》，韩瑞详等译，人民文学出版社2003年版，第57页。

⑤ 《爱、死亡和机器人》是美国NetFlix公司出品的成人向动画短片集（2019年第一季首播），类型涵括科幻、奇幻、恐怖和喜剧等。

⑥ ［奥］卡夫卡：《卡夫卡小说全集Ⅲ》，韩瑞详等译，人民文学出版社2003年版，第87页。

91

不要充任他人的辩护人，更不要充任自己的辩护人。

一旦走上一条路，无论如何一定要坚持下去；回头意味着失败。阶梯不会完结，永远向上衍生。①

92

偶尔的枉法裁判不是罪过，贫穷不是罪过，作家动辄对人大吼"我要写文章讽刺你们"也不是罪过。②无法避免即合理——而非"存在即合理"③。

93

他——陀思妥耶夫斯基——"有一颗金子般的心"④。但那又能怎样呢？还不是照样被侮辱、被伤害、被流放、服苦役、被认为是"白痴"，还不是连一块能换来面包的金子都没有。

94

有的人是飞蛾，却拒绝扑火，而是扑向青藏高原的寥廓、马克思的哲学和陀思妥耶夫斯基的小说。

95

陀思妥耶夫斯基说："这种从良心上允许流血的观点，这……在我看来，

---

① ［奥］卡夫卡：《卡夫卡小说全集Ⅲ》，韩瑞详等译，人民文学出版社 2003 年版，第 288—289 页。

② ［俄］陀思妥耶夫斯基：《罪与罚》，曾思艺译，上海三联书店 2015 年版，第 106—107 页。

③ 苏力说："在我看来，'存在即合理'谈的是因果关系上的合理，不是正当性或可欲不可欲上的合理。许多人把这两种合理混为一谈，就容易出问题。"参见苏力：《批评与自恋：读书与写作》（增订本），北京大学出版社 2018 年版，第 401 页。

④ ［俄］陀思妥耶夫斯基：《罪与罚》，曾思艺译，上海三联书店 2015 年版，第 107 页。

这比官方允许的流血和法律允许的流血更为可怕……"①然而他本人正是一个从良心上允许流血的人——尽管他异常仁慈，一点都不"可怕"。

96

只有缺乏生活经验和数理逻辑常识的法律学人才会坚持"得到的罪证能搞得像二加二等于四那样准确无误！必须是丁一卯二、无可争辩的证据"②。

97

拉斯科尔尼科夫说："谁意志坚强，智慧超群，谁就能主宰他们！谁敢作敢为，他们就唯谁马首是瞻。谁摒弃的东西越多，谁就是他们的立法者，而谁敢胆大妄为，谁就最正确！自古及今，都是如此，将来也永远会如此！只有瞎子才视而不见！"③

陀思妥耶夫斯基在小说中，借拉斯科尔尼科夫之口，说出了自己想说而不敢说的话。

陀思妥耶夫斯基自封为立法者？难道，他在代表小说家在同诗人争夺"未被承认的立法者"④地位？

陀思妥耶夫斯基只是观念的立法者而已。观念的立法永远无法代替真实的立法——反之亦然。

98

陀思妥耶夫斯基说："受苦受难是一个伟大的举动……受苦受难出思想。"⑤

---

① ［俄］陀思妥耶夫斯基：《罪与罚》，曾思艺译，上海三联书店 2015 年版，第289页。

② ［俄］陀思妥耶夫斯基：《罪与罚》，曾思艺译，上海三联书店 2015 年版，第374页。

③ ［俄］陀思妥耶夫斯基：《罪与罚》，曾思艺译，上海三联书店 2015 年版，第464页。

④ 英国诗人奥登则说："诗不能使任何事情发生。"参见冯象：《木腿正义》（增订版），北京大学出版社 2007 年版，第30页。

⑤ ［俄］陀思妥耶夫斯基：《罪与罚》，曾思艺译，上海三联书店 2015 年版，第513页。

然而，绝大多数——近乎全部——受苦受难都只是受苦受难而已，既不"出思想"，也谈不上伟大。

唯有陀思妥耶夫斯基和甘地那样的受苦受难才称得上伟大。

99

陀思妥耶夫斯基说："知识青年由于闲得无聊，沉浸在无法实现的美梦和幻想之中，被各种理论弄成智残。"①——必须让中国的知识青年（尤其是年轻的法学硕士生、博士生）远离柏拉图的"理想国"、德沃金的道德理论和科耶夫的路标，以免误了自己。

100

陀思妥耶夫斯基说："俄罗斯人都是胸怀广阔的人，就像他们的国土一样广阔，热衷于幻想，喜欢杂乱无章；然而胸怀广阔而无特殊才能是一种灾难。"②——这大概就是俄罗斯大作家、大思想家的国民性反思吧。鲁迅偏爱俄罗斯文学并非无根由。如果陀思妥耶夫斯基到过 1936 年的上海该有多好！

101

怎样才能与大地结成永久的同盟？

怎样才能遏制教会的国家化进程？③

怎样才能避免人心成为上帝与魔鬼搏斗的战场？

怎样才能让绝对的"零"大放光芒？

怎样才能以秋菊的方式打赢官司？

怎样才能毫无愧疚地不告而别？

---

① ［俄］陀思妥耶夫斯基：《罪与罚》，曾思艺译，上海三联书店 2015 年版，第535 页。

② ［俄］陀思妥耶夫斯基：《罪与罚》，曾思艺译，上海三联书店 2015 年版，第547 页。

③ "多数情况下已经根本不存在什么教会，只剩下那些教职人员和富丽堂皇的教堂，教会本身早已热衷于从低级形态转化为高级形态，转化为国家，以便最终完全消融在国家里面。"参见［俄］陀思妥耶夫斯基：《卡拉马佐夫兄弟》，徐振亚、冯增义译，上海三联书店 2015 年版，第 67 页。

怎样才能让上帝的好仆人为上帝而不是为国王而死？①

怎样才能安然度过帝国的混乱时期？②

怎样才能叩开贾府、呼啸山庄和普希金家的窄门？

怎样才能抹掉威权铭文？

怎样才能爱得诚恳？

怎样才能经受住证据和时间的考问？

怎样才能驳倒关于无意识、精神分析和叙述性回避的观点？③

怎样才能把摘下满天星的抱负撇在一边？

怎样才能像但丁一样，

在人生的中途"屏除丝竹入中年"④？

怎样在巨石上书写离合悲欢？

---

① 托马斯·莫尔（1478—1535）站在断头台上时说，自己"作为国王的好仆人而死，但上帝始终是第一位的"。参见 ［美］保罗·伯格曼、迈克尔·艾斯默：《影像中的正义：从电影故事看美国法律文化》，朱靖江译，海南出版社 2003 年版，第 62 页。

② ［美］理查德·A. 波斯纳：《法律与文学》（增订版），李国庆译，中国政法大学出版社 2002 年版，第 265 页。

③ ［英］玛丽亚·阿里斯托戴默：《法律与文学：从她走向永恒》，薛朝凤译，北京大学出版社 2017 年版，第 4、46 页。

④ 黄仲则《绮怀·其十六》："结束铅华归少作，屏除丝竹入中年。"

1

屈原曰:"鸷鸟之不群兮,自前世而固然。"①凯撒说:"我来,我见,我征服。"②可有人批评他们自恋。绝大多数人的自恋确实只是自恋,但之于屈原、凯撒和苏力而言,自恋其实是自爱的意思。③不爱惜自己羽毛的鸷鸟,不可能飞上青天,也无缘与阿波罗相对而坐,讨论太阳和宇宙的起源。

2

苏力说:"你的文字中必须有你自己!"④——苏力未免太苛责了,哪能每个人都是文体家、都有一颗赤子之心、都像苏格拉底所说的那样"发现你自己"呢(包括那些动辄把"发现你自己"放在嘴边的人)?苏力不应以自己践行的标准要求别人,这是"己之所欲,施之于人",违背儒家"恕"之精神。

---

① 《离骚》。

② 木心:《琼美卡随想录》,广西师范大学出版社 2006 年版,第 9 页。

③ "自恋不就是自爱吗?在如今这个世界上,即便是在学术上,自爱一点,有什么不好?再说,也不是每个人想自爱就都能自爱的。"参见苏力:《批评与自恋:读书与写作》(增订本),北京大学出版社 2018 年版,初版序。

④ 苏力:《批评与自恋:读书与写作》(增订本),北京大学出版社 2018 年版,初版序。

3

苏力说："要有文字的分寸感——哪怕是写作时激情如潮。要注意，这种分寸感并不是说什么话都留三分，那不是分寸感，而是'乡愿'。真正的分寸感是好就说好，不好就说不好，一定要说到位，包括到极端——如果必要的话。"①

说话可以偶尔极端，甚至故意极端（"矫枉"必须"过正"）。

撰文则要平和、有分寸感。像鲁迅那样经常"愤慨"以致"有失分寸"也是可以的，但脾气大的前提是才华大且胸怀利器。

常人多是凭借浓度不同的乡愿度过了平平安安的一生。百年修得同船渡，"超人"和常人都应珍惜这一同船的缘分。

4

"逮谁批谁"是容易的，"找一个最爱的、深爱的、相爱的、亲爱的人"②来爱却很难。

5

学人最渴望的其实是理解，而不是"粉丝"。③

我在努力理解苏力。我理解了吗？理解和误解的成分各占多少？误解也是一种理解？④

6

有人放逐了以钟表标记的时间。⑤

---

① 苏力：《批评与自恋：读书与写作》（增订本），北京大学出版社2018年版，初版序。

② 《单身情歌》：易家扬作词、陈耀川作曲。

③ 苏力：《批评与自恋：读书与写作》（增订本），北京大学出版社2018年版，第3—4页。

④ "我不反对任何人批评我，包括基于误解哪怕是有意误读的批评……批评你是看得起你。"参见苏力：《批评与自恋：读书与写作》（增订本），北京大学出版社2018年版，第91页。

⑤ 苏力：《批评与自恋：读书与写作》（增订本），北京大学出版社2018年版，第5页。

有人放逐了人为建构的研究对象。

有人放逐了地图册。

有人放逐了身份意识。

有人放逐了规范性的力量。

有人放逐了江南的衣冠礼乐与塞北的精悍血气。①

有人放逐了刀剑的罪行。

有人放逐了东半球和西半球的金字塔。

有人放逐了悲伤的大提琴。

有人放逐了一切不神秘的事物。

有人放逐了失眠的觉者、猫头鹰和精神现象学。

7

苏力说："并非新世纪的学人就一定属于新世纪，就会有新学术，就一定能'长江后浪推前浪'。"②

朱熹和王阳明是后浪，他们"推"孔子和孟子了吗？朱熹和王阳明的弟子们是后浪，他们"推"朱熹和王阳明了吗？

所谓"新"，创新之意；不等于纯粹的时间或线性演进。

朱熹、王阳明、康德因新世纪注疏者的存在而"属于"新世纪，但这些注疏者却未必——几乎肯定不——属于新世纪。

8

到底是家族支持了法律，还是法律支持了家族？③

到底是简洁支持了智慧，还是智慧支持了简洁？④

---

① 施展：《枢纽：3000 年的中国》，广西师范大学出版社 2018 年版，第 161—171 页。

② 苏力：《批评与自恋：读书与写作》（增订本），北京大学出版社 2018 年版，第 8 页。

③ 苏力：《批评与自恋：读书与写作》（增订本），北京大学出版社 2018 年版，第 10 页。

④ 苏力说自己"喜欢从极简的经验命题分析展开复杂的社会现象，包括之前没人分析过的现象。"参见苏力：《批评与自恋：读书与写作》（增订本），北京大学出版社 2018 年版，第 340 页。

到底是读者支持了作者，还是作者支持了读者？

对于萨特或帕斯捷尔纳克那样的作家来说，拒绝读者要比拒绝诺贝尔奖这个"致命的荣誉"①困难得多。

9

苏力说："刻意追求无意识形态说不定恰恰是在迎合某种意识形态。"②或许，根本就不存在无意识形态的人。此处的"意识形态"是中性词。

10

"版图的扩大不一定意味着帝国的巩固和长久，而很可能意味着崩溃。"③——帝国、诗和尼采的鞭子都有其边界，也应当有边界。

11

苏力说，"对于冯象来说，在作出判断时直接诉诸直觉、思辨和'理性'的费用要比经验考察的费用低（包括更便利）。这一般来说不是问题；只是在那些只有通过经验考察才能予以判断的问题上，放弃经验考察就会有误判或简化因果关系的风险；当这种风险概率较高时，我们就会称其为轻率""冯象的论证方式常常比较简约，喜欢用意象、故事、寓言、隐喻来替代细密的论证，因此有诗性的跳跃"。④

费用高或低、便利与否，并非绝对的、本质主义的。对一位诗人而言，诉诸直觉的费用低且便利。对一位哲学家而言，诉诸思辨和理性的费用低且便利。对一位擅长经验考察（分析）的学者而言，诉诸经验考察的费用低且便利。假如，让杜甫或里尔克进入北京大学社会学系攻读博士学位，在进行

---

① ［美］苏珊·桑塔格：《反对阐释》，程巍译，上海译文出版社 2011 年版，第 59 页。

② 苏力：《批评与自恋：读书与写作》（增订本），北京大学出版社 2018 年版，第 13 页。

③ 苏力：《批评与自恋：读书与写作》（增订本），北京大学出版社 2018 年版，第 44 页。

④ 苏力：《批评与自恋：读书与写作》（增订本），北京大学出版社 2018 年版，第 48 页。

一番学术训练后，他们撰写出能发表在《社会学研究》上的文章是可能的。但是让北京大学社会学系擅长经验分析的教授写一首足以媲美杜甫《望岳》或里尔克《豹》的诗，比登天还难。

确实，有些问题——尤其是细枝末节的问题——必须经过经验考察才能予以判断。但必须限定为"有些问题"或"只有通过经验考察才能予以判断的问题"。实际上，某些经验性质（涉及因果关系）的问题，靠直觉有时比考察分析之后作出的判断更准确。卓越的学者（如苏力本人）都是将直觉、思辨与经验、考察并用的。而冯象并非一般意义上的学者，他的气质更接近一位诗人，因此不免"论证方式常常比较简约"，时不时来一下"诗性的跳跃"。苏力也是一位诗人，心灵深处对冯象不存在"狐葡情结"，两人更多是惺惺相惜。但苏力身上，偶尔存在学者和诗人两种角色"打架"的情形，尽管更多时候是相互支撑的，是谐和的。

一个不太准确的论断：冯象是学者型诗人，苏力是诗人型学者。

苏力看破了红尘中的学界，冯象"看破了学界红尘"①。

苏力和冯象一起完美诠释了何为"朋"：双月为朋，比肩为朋。

苏力和冯象共同构成我们这个时代法学界的双子塔、双子星。他们守候，他们做梦，他们缝制，在高高的天空。②

12

苏力："人们都说说真话比说假话好，但我也知道只有傻子才真的这么做。但我乐意做这样的'傻子'，且屡教不改……"③

苏力就是鲁迅笔下的"傻子"，因为他坚持要砸墙、开窗——帮"奴才们"开一个窗。④

但他是幸运的，最起码比鲁迅幸运。他没有被"一群奴才"赶走，也比

①　苏力：《批评与自恋：读书与写作》（增订本），北京大学出版社 2018 年版，第53 页。

②　［俄］鲍利斯·帕斯捷尔纳克：《双子星座——帕斯捷尔纳克诗选》，智量译，花城出版社 2012 年版，第 22—23 页。

③　苏力：《批评与自恋：读书与写作》（增订本），北京大学出版社 2018 年版，第92 页。

④　鲁迅：《鲁迅散文诗歌全集》，北京燕山出版社 2011 年版，第 144—146 页。

鲁迅高寿。我希望苏力先生活到百岁，万寿无疆更好。

13

驿外断桥边，有"西风瘦马"，有"黄昏独自愁"①的梅花，还有从三味书屋中伸过来的长长的影子。

14

苏力："'两耳不闻窗外事'可以是一部分法律人安身立命的方式，但不可能是所有法律人，即便是学术法律人的生存方式。"②

两种表面相似但实质上截然不同的生活（精神）状态：第一，两耳不闻窗外事；第二，不窥牖，见天道。③

15

托尔斯泰一再阅读《莎士比亚全集》，一再表示对莎士比亚"无法抗拒的反感和厌倦"，指责他甚至够不上是"一个普通作家"。托尔斯泰以《李尔王》为例，认为它愚蠢、啰唆、不自然、不明白、浮夸、庸俗、乏味，充斥着不可信的事情、狂言乱语、不好笑的笑话、时代的错误、无关的枝节、下流的脏话、舞台的俗套等。④

我们很难相信托尔斯泰的文学品位（鉴赏力）如此"低下"，但这既不影响莎士比亚的伟大，也不影响托尔斯泰的伟大。

天才偶尔愚蠢，但仍然是天才。恰如愚夫偶尔智慧，但不改愚夫本色。

16

确实，"我们无法又要马儿跑，又要马儿不吃草"⑤，但我们可以让马儿

---

① 《卜算子·咏梅》。

② 苏力：《批评与自恋：读书与写作》（增订本），北京大学出版社 2018 年版，第114 页。

③ 《道德经》第四十七章。

④ ［英］乔治·奥威尔：《奥威尔文集》，董乐山译，中央编译出版社 2010 年版，第483—484 页。

⑤ 苏力：《批评与自恋：读书与写作》（增订本），北京大学出版社 2018 年版，第130 页。

少吃草，多跑路。

17

《乡土中国》（费孝通）和《送法下乡：中国基层司法制度研究》（苏力）是"任何一个外国学者都无法写出来的""必须是对生活有观察力，同时又眼光开阔的中国学者才能写出来的"①。因此是无可替代的。

18

西方意义上的"专制"≠东方意义上的"专制"。

西方意义上的"民主"≠东方意义上的"民主"。

奥斯曼帝国的"专制"和"民主"≠"中华帝国"的"专制"和"民主"。

同一帝国或文明的人与人的心灵沟通已经如此之难，何况帝国与帝国、文明与文明（的心灵）之间。

19

费孝通和苏力"以最平实的语言写出了不平凡的道理"②。

而太多的学者以最烦冗的、以不让人读懂为目的的语言写出了平凡的甚至违背了常识的"道理"——有些"道理"，无所谓"道"，亦无所谓"理"。

20

苏力说："我们读书，不要看一本书的题目是否有'法'这种字样。"③

苏力所著的书，有的题目就没有"法"字。苏力这是在为自己"辩护"。

苏力不推荐，但也不排斥（甚至欣喜）读者读他的书。读者多多益善。

---

① 苏力：《批评与自恋：读书与写作》（增订本），北京大学出版社 2018 年版，第 185 页。

② 苏力：《批评与自恋：读书与写作》（增订本），北京大学出版社 2018 年版，第 193 页。

③ 苏力：《批评与自恋：读书与写作》（增订本），北京大学出版社 2018 年版，第 195 页。

21

能做到"人不知而不愠"的，岂止是君子，①简直是圣人。

22

苏力说："人会成长变化，因此这种（血缘和亲缘）关系不是恒定的，例如孩子长大后，就可能与父母发生冲突，夫妻之间的爱也会流变。"②

这是常识，也是异常敏锐的洞察力。

多少人——包括我——碰得头破血流之后，才真正明白这一点。"多么痛的领悟"！③

23

无论儒家思想，还是西方思想（从古典自由主义到批判法学），都成了中国学者"练拳"或"借箭"的稻草人。④

24

男女不平等的继承制度和以"父母之命、媒妁之言"为基础的传统婚姻制度，并非天然不合理。同样，男女平等和以自由恋爱为基础的现代婚姻制度，也并不具有先验的道德优越性。一切制度都受到经济社会结构的制约。当离婚率居高不下、城市"剩女"成为一个日益严重的社会问题时，我们才意识到传统婚姻制度的优点和可贵。但这只是一种类似怀乡的情结，并不意味着要返回过去。故乡也好，过去也罢，都回不去了。

25

四体不勤、五谷不分的知识人如果不从书本或"文化"中寻找解决问题

---

① 《论语·学而》。

② 苏力：《批评与自恋：读书与写作》（增订本），北京大学出版社 2018 年版，第204 页。

③ 《领悟》：李宗盛作词、作曲。

④ 苏力：《批评与自恋：读书与写作》（增订本），北京大学出版社 2018 年版，第207 页。

的良方妙药，还能从哪里去寻找呢？

从大地里？从政治里？

在他们看来，农民太"土"，官员太"腐"，唯自己才是既"清"（头脑清楚）且"高"（高明）的。

26

几种典型的昏话：（1）21世纪属于儒家文化；[1]（2）理论贡献心气和追求自我不朽是从事学术研究和作出重大学术贡献的必要条件；（3）天不生仲尼，万古如长夜（仲尼本人从不说这种大话、昏话）；（4）法律越多（健全），正义越多；[2]（5）谦谦君子就是谦虚、不虚荣的君子。[3]

27

世界上最遥远的距离是你想和我彻夜长谈，探讨"山有木兮木有枝，心悦君兮君不知"[4]中的爱欲、政治哲学与微言大义，我却——不得不装作——只关心到哪家"网红店"吃个"摇滚鸡"。[5]

28

拳击场上的有效攻击，学术领域的有效批评，往往都是"攻其一点，不及其余"[6]。

---

① 苏力：《批评与自恋：读书与写作》（增订本），北京大学出版社2018年版，第221页。

② 试比较西塞罗所言的"法律太多，而正义太少"。参见康绍邦主编：《政治名言录》，河北人民出版社1997年版，第135页。

③ 试比较拉罗什福科所言的"没有虚荣心相伴，德行走不了多远"。参见［法］拉罗什福科：《箴言录》，文爱艺译，中国城市出版社2009年版，第50页。

④ ［清］沈德潜编：《古诗源》，中国画报出版社2011年版，第24页。

⑤ 苏力：《批评与自恋：读书与写作》（增订本），北京大学出版社2018年版，第227页。

⑥ 苏力：《批评与自恋：读书与写作》（增订本），北京大学出版社2018年版，第229页。

29

历史中国不止是乡土的，还有"王者无私"的宪法原则和军队中的责任伦理。

历史中国不止是差序格局的，还有团体格局和平等秩序。所谓"同心圆"（的政治社会结构），只是一种话语，一种顽固的想象。①

30

在学术研究领域，除非必要，勿增实体。新词不大可能推进理论，反而有可能增加噪声。②

在诗歌写作中，则要有意制造新词。

现在的词、成语，大都是往昔的诗人（留下名字的和未留下名字的——如《诗经》的作者们）造的。

31

只要不过分顽固，就会发现对经验保持敏感的重要性。

只要不过分顽固，就会发现苏力是一位充满智慧的老人（从年龄上看）、可爱的"老小孩"（从精神状态看）③。

32

苏力既是"一只披着羊皮的狼"（骨子里犀利、冷酷），又是"一只披着狼皮的羊"（内心温柔、仁慈）。④

---

① 苏力：《批评与自恋：读书与写作》（增订本），北京大学出版社 2018 年版，第 233—239 页。

② 苏力：《批评与自恋：读书与写作》（增订本），北京大学出版社 2018 年版，第 240 页。

③ "真正做学问的学者，（是）很有情趣的，充满童心的，充满好奇心的。"参见苏力：《批评与自恋：读书与写作》（增订本），北京大学出版社 2018 年版，第 410 页。

④ 苏力：《批评与自恋：读书与写作》（增订本），北京大学出版社 2018 年版，第 248 页。

33

苏力的文字本应是不少法律人的"解毒剂"①，结果……

34

到前方去！那里有——

全身肌肉暂时松弛下来的睡着的战士；②

射向不公道世界的咒语；③

足以摧毁资本、会计学和虚无的激情；④

长出狗尾草和匕首的坟墓；

伟大对手走过的偏僻小路；

错得有趣的定理和神仙般优雅的启示诗；⑤

长得像弥勒佛的老者的谈话录；⑥

吸收丑恶、拟像和幻觉的镜子；

尚未出世的孩子送来的迟到祝福。

35

如同其他伟大的学者一样，苏力需要的既不是"一些简单的赞同者"，也不是"一些简单的反对者"。⑦

---

① "解毒剂也许就是知识考古和谱系学方法，考察知识的血统和出现。"参见苏力：《批评与自恋：读书与写作》（增订本），北京大学出版社 2018 年版，第 255 页。

② 李瑛：《李瑛抒情诗选》，人民文学出版社 1983 年版，第 47 页。

③ 王晓编选：《艾青诗选》，人民文学出版社 2012 年版，第 5 页。

④ ［法］罗兰·巴尔特：《文艺批评文集》，怀宇译，中国人民大学出版社 2010 年版，第 99 页。

⑤ 苏力：《批评与自恋：读书与写作》（增订本），北京大学出版社 2018 年版，第 277 页；［加］诺思罗普·弗莱：《批评的解剖》，陈慧等译，百花文艺出版社 2006 年版，第 84 页。

⑥ 费孝通说："小孩子的眼睛厉害，看见我双下巴，看出了我贪吃，还说我像个弥勒佛。"参见张冠生记录整理：《费孝通晚年谈话录（1981—2000）》，生活·读书·新知三联书店 2019 年版，第 292 页。

⑦ 苏力：《批评与自恋：读书与写作》（增订本），北京大学出版社 2019 年版，第 350 页。

36

苏力说："一个民族也许没有伟大的法学家，但这并不意味着这个民族就没有伟大的秩序。"①

大错特错！拥有伟大秩序的民族必然是伟大的民族。伟大的民族，如中华民族，必然诞生伟大的法学家——或早或晚而已。不管中国法学界是否意识到或承认，苏力已经是伟大的法学家了。

37

苏力说："我不大相信历史潮流，我觉得就是逆着历史潮流活这一辈子，有什么关系？这个时代其实已经允许我们可以这么做了……在当代中国，比较而言，最多最多，你逆着潮流，大家不读你的书，不理你，那有什么关系。我自己做一个小众的，也没关系。"②——这段话可奉为座右铭。

38

既拒绝"晚唐的霉味"③，亦拒绝盛世的哀歌，做一个"面朝大海，春暖花开"的轻松快乐之人。

---

① 苏力：《批评与自恋：读书与写作》（增订本），北京大学出版社 2018 年版，第 355 页。

② 苏力：《批评与自恋：读书与写作》（增订本），北京大学出版社 2018 年版，第 446 页。

③ 苏力：《批评与自恋：读书与写作》（增订本），北京大学出版社 2018 年版，第 447 页。

1

在一个急匆匆的时代，喜欢捕捉稍纵即逝的人是快乐的。①

刚从梦中醒来的"人之初"②、初吻、月下追韩信、草丛中捕蚂蚱、终审的判决时刻，都属于"稍纵即逝"。

即使不"纵"，该"逝"的、不该"逝"的还是"逝"了，但那是宇宙哲学而非生活问题。

尽管各有各的生活、各有各的快乐，但对某些人来说，胜诉的快乐，不若置身输赢之外，以非利害的眼光审视个案的快乐；③打麻将的快乐，不若与孙子或毛奇对弈的快乐；众乐乐，不若独自诵读《快乐的科学》④快乐。

2

单靠法治不可能建构一个完美的世界。⑤完美的世界其实是不存在的——但这不构成遗世而独立的缘由。

人，真的能遗世而独立吗？即若能，有必要遗世吗？

---

① "我喜欢捕捉这种稍纵即逝，但不好高骛远。"参见苏力：《是非与曲直——个案中的法理》，北京大学出版社 2019 年版，序，第 1 页。

② "刚从睡梦中醒来的人，是'人之初'。"参见木心：《琼美卡随想录》，广西师范大学出版社 2006 年版，第 15 页。

③ 苏力：《是非与曲直——个案中的法理》，北京大学出版社 2019 年版，序，第 4 页。

④ 〔德〕尼采：《快乐的科学》，余鸿荣译，中国和平出版社 1986 年版。

⑤ 苏力：《是非与曲直——个案中的法理》，北京大学出版社 2019 年版，第 5 页。

隐于市，与"大隐隐于市"的格言或告白无涉，为的是享受蒸饺、油条和胡辣汤的美味，快递的便捷，以及城市公园的曲径通幽。

隐于市，为的是吮吸香烟、烟火的气息。

隐于市，还为了把心灵强健地开放给马路、大厦和"法院的伤口"。

隐或不隐，天道的审判、"生者的不幸"和"世事变迁带来的萧瑟秋风"①都无可回避。

针尖上可以站几位天使就可以站几位隐者。

3

《西游记》第22回。行者道："你不会驾云？你把师父驮过去不是？"八戒道："师父的骨肉凡胎，重似泰山，我这驾云的，怎称得起？须是你的筋斗方可。"行者道："我的筋斗，好道也是驾云，只是去的有远近些儿。你是驮不动，我却如何驮得动？自古道：'遣泰山轻如芥子，携凡夫难脱红尘。'"②

和骨肉凡胎一样，自由从来沉重。③自由固然美好，但它意味着责任甚至冒险。

在手术同意书上签字是一种自由，但就是有人不签（或签拒），导致"一尸两命"的悲剧发生。④

登泰山也是一种自由，但并非每个人都有登山的体力或勇气。

4

个人主义、社群主义、女权主义、教条主义……种种主义汹涌澎湃，把《金瓶梅》的故事发生地以及其中的鲜活角色淹没了。潘金莲来不及说"你

① 苏力：《是非与曲直——个案中的法理》，北京大学出版社 2019 年版，第 17 页。
② ［明］吴承恩：《西游记》，三秦出版社 1992 年版，第 167 页。
③ 苏力：《是非与曲直——个案中的法理》，北京大学出版社 2019 年版，第 61 页。
④ 关于 2007 年肖志军拒签手术事件，参见《丈夫拒签手术单致孕妻身亡》，《京华时报》2007 年 11 月 23 日，第 A12 版；王思海、王君平：《悲剧告诉我们什么》，《人民日报》2007 年 11 月 27 日，第 11 版。

的权利止于我的鼻尖"①，也没机会做菜给到访的约翰·密尔先生吃。

智者有不得不以主义对抗主义的无奈；以及，以主义解构主义的智慧。

这是较真的智者。不较真的智者则去看有偷窥镜头的电影了。

"你的肚脐如圆杯，不缺调和的酒。"②

调和的酒固然美极了，然而更美的是酒杯。

5

亚里士多德、顾随和苏力都说，人首先是视觉动物。③是故，庭审中的表演是一门综合性艺术。高明的被告、犯罪嫌疑人和辩护人——涵括但不限于律师——都是一流的表演艺术家。

在苏力看来，为犯下杀人罪、几乎肯定要判死刑的独生子辩护的最合适的辩护人并不是律师，而是其父亲。"他应以自己日常朴素的形象出庭——穿整洁的旧衣服，不染发，甚至可以两三天不刮脸，就是要让公众看清他只是个普通人，一夜白头，满脸花白胡茬。他不必多说，就说几句话……他自然地以父亲的形象，并代表其也应出庭在座的妻子，真诚恳求受害人及其家庭还有法官，并通过媒体向所有在场和不在场的公众请求，在国法许可的范围内，在所有受众的情感伦理上，能饶他的独子一命。所有这些话都要用老百姓听得懂的语言，要避免一切诸如主观客观、冲动或恶意或后果之类的法言法语，避免流行的诸如'少杀慎杀'等政策术语。"④

苏力如果不当教授，而是做律师，肯定也属于 TOP（顶尖）之列。

他还适合做导演，集导演、编剧、演员于一身。

拍什么题材的故事好呢？第一部：《搭错人的车》⑤；第二部：《窗含西

---

① ［美］理查德·A. 波斯纳：《超越法律》，苏力译，中国政法大学出版社 2001 年版，第 34 页。

② 电影《美国往事》（瑟吉欧·莱昂执导，1984 年上映）中的台词。

③ ［古希腊］亚里士多德：《形而上学》，吴寿彭译，商务印书馆 1959 年版，第 1 页；顾随讲，叶嘉莹笔记，顾之京整理：《顾随诗词讲记》，中国人民大学出版社 2010 年版，第 41 页；苏力：《是非与曲直——个案中的法理》，北京大学出版社 2019 年版，第 107、122 页。

④ 苏力：《是非与曲直——个案中的法理》，北京大学出版社 2019 年版，第 128 页。

⑤ 《搭错车》是一部表现父爱的电影（虞戡平执导，1983 年上映）。

岭万秋雪》；第三部：《西厢苟且记》。

6

法律有权干涉父母打孩子吗？刑事法的触角应延伸到家事纠纷吗？①

或许，法律像人一样，有所不为才能有所为。或许，人像地球一样，该"修理"时就得"修理"——常被"修理"的孩子皮实；尽管皮实的孩子"挨打"也不一定"成器"，也未必知道"皮实"一词源自契丹语，意为"金刚"。

我不禁想起儿时常被母亲打骂、罚跪的情形。

而今，我对母亲有孝、有敬、有爱，但也有惧——一种异常复杂的感情。

睫毛掉入眼中，眼掉入黑洞之中，黑洞掉入更大的黑洞之中。你我都是从宇宙最美的部位——黑洞中飞出的船哪。②

那艘船忘了自己本是天空之船吗？

那艘船忘了曾御风而上的时刻吗？③

7

凡人研习法律总不免怀揣目的（这是正常的，没有目的反而异常、可怕）：或为稻粱谋，或为寻找教义，或"为了使自己更悲观"④，或为写小说做准备。只是，人的禀赋差异颇大。博尔赫斯没学过法律，却写下极好的探案小说《关于犹大的三种说法》⑤。我是法学博士，却连个像样的小说都写

---

① "由于相关各方关系复杂、微妙和特殊，家事纠纷通常不适合法律，尤其是刑事法律，强硬介入。"参见苏力：《是非与曲直——个案中的法理》，北京大学出版社 2019 年版，第 137—138 页。

② "娘胎，人都有切身体会：它不但是世界上一切理论原型、道德理想的出处，还是我们这个身体之身体最美的部位。"参见冯象：《木腿正义》（增订版），北京大学出版社 2007 年版，第 33 页。

③ 《宙船》：中岛美雪作词、作曲。

④ 王朔：《无知者无畏》，春风文艺出版社 2000 年版，第 80 页。

⑤ ［阿］豪尔赫·路易斯·博尔赫斯：《杜撰集》，王永年译，上海译文出版社 2015 年版，第 61—69 页。

不出。

王朔推荐过十部短篇小说（其中有《关于犹大的三种说法》），并说，"就拿这十篇小说当一个最低标准吧，我们后人超不过他们也就不要再写了"①。苏力也推荐过十本著作（准确地说是他"喜欢的十本书"②——既然他是法学界的"大咖"，又公开表示了自己的"喜欢"，也就可视同"推荐"），但他却没说"就拿这十本书当一个最低标准吧，我们后人超不过他们也就不要再写了"。

苏力比王朔严谨，也比他严肃。他知道，学者、诗人或小说家必须为自己寻找正当且充分的写作理由。不能因为大师如山，拦住去路，就畏葸不前。即使不能超过大师之作、累得吐血，也要不停地写。或许，写着写着（模仿甚至"剽窃"）③，就成了大师，其作品也成了后人推荐的"最低标准"。

8

苏力是黑暗中的舞者吗？不，他是阳光下的舞者。他在无人的沙滩上做着"燕式跳""剪式变身跳""凌空越""空转""平转"等各种舞蹈动作④，路过的海风为他鼓掌。他居于一个即将沉没的小岛上，柴可夫斯基是他左邻，斯特拉文斯基是他右舍，丑小鸭和黑天鹅夫妻俩住在他对门。

他有时梦见血淋淋的卡门和红色娘子军。他偶尔到都市的礼堂或大学讲授作为灵感源泉的音乐诗学。⑤最美丽、最纯洁的女人聚到他身旁，但他没有和她们调情——他"太累了"，又"天生腼腆"⑥。

他偶尔疯言疯语，说：我是牛，是牛中的神；我是外国人，是一个陌生

---

① 王朔：《无知者无畏》，春风文艺出版社 2000 年版，第 85 页。

② 苏力：《批评与自恋：读书与写作》（增订本），北京大学出版社 2018 年版，第185—187 页。

③ 艾略特说："不成熟的诗人模仿，成熟的诗人剽窃……优秀的（抄袭者）会让它更好，至少看起来不同。"参见苏力：《是非与曲直——个案中的法理》，北京大学出版社2019 年版，第 291 页。

④ 苏力：《是非与曲直——个案中的法理》，北京大学出版社 2019 年版，第 266 页。

⑤ ［俄］伊戈尔·斯特拉文斯基：《音乐诗学六讲》（修订版），姜蕾译，上海音乐学院出版社 2014 年版，第 15 页。

⑥ 引文出自莫扎特致朋友的信。参见［英］丹尼尔·斯诺曼：《鎏金舞台：歌剧的社会史》，刘媺、程任远译，上海人民出版社 2012 年版，第 79 页。

人；我是托尔斯泰的树，是托尔斯泰的根；①我不是长着钢羽毛的火鸡，不是"民粹分子"；我讨厌肚子里装满了钱的英国人；我喜欢沙皇，他是仁慈的父；我吻过王母和圣母；我骑过博尔赫斯的双手抚慰过的老虎；我打碎了光与影之间的《电线构成品》《少年的面具》《沉思中的头部》②。

他是个对任何演出都说"很好，很好"的"颠僧"。③

他不认为不可避免的战争是肮脏的事业。他经常充任自己的法官。他见证了并将继续见证——秘史。

9

鲁迅是我们的"愤怒大师"，中国人不管读没读过他的作品（大概都是读过的，因为其在中小学教科书中占了相当大的篇幅）、懂不懂他（自诩懂他的人很多——涵括鲁迅所不齿的那类人），都乐意把他说成和自己是一伙的。谁没点烦心事，谁没有愤怒需要宣泄呢？④司马迁，中国人（尤其是男人）虽然都敬佩他，却不愿引为同类，因为他被阉割过，不算"完整的男人"；若引为同类，岂非等于默认自己是失了雄性的假男人？

"不拘于史法，不囿于字句，发于情，肆于心而为文。"⑤

"论悲恸中之坚强，何止在汉朝，在中国，在全世界从古到今恐怕也该首推司马迁。"⑥

这是后人的评价，司马迁是看不到了。真的没看到？

司马迁被皇帝和历史审判，耶稣被上帝和时间审判。这一句话道清中西

---

① ［俄］尼金斯基：《尼金斯基手记》，李多译，华夏出版社2003年版，第33页。

② 这是三件雕塑作品的名称。参见［美］威廉·塔克：《雕塑的语言》，徐升译，中国民族摄影艺术出版社2017年版，第74—77页。

③ ［俄］季米特里·肖斯塔科维奇口述、［美］所罗门·伏尔科夫记录并整理：《见证——肖斯塔科维奇回忆录》，叶琼芳译，作家出版社2015年版，第47页。

④ 王朔：《无知者无畏》，春风文艺出版社2000年版，第84页。

⑤ 鲁迅：《汉文学史纲要》，译林出版社2014年版，第99页；苏力：《是非与曲直——个案中的法理》，北京大学出版社2019年版，第365页；苏力：《岂止方法？——文史传统与中国研究》，《开放时代》2021年第1期。

⑥ 木心：《琼美卡随想录》，广西师范大学出版社2006年版，第49页。

方文化的分野。真的道清了？

  史笔、曲笔、直笔、削笔、御笔、杂笔，也都只是"笔"而已，唯执笔的人才当回事。执笔人无法看见被遮蔽的部分；河流也不像诗人所言，在最深的夜里也知道明天的去向，①谁敢保证今夜不会发生史无前例的地震？如你所知，维苏威火山的余尘还在四处飘，像极了找不到归宿的游魂。

---

  ① 余秀华：《月光落在左手上》，广西师范大学出版社 2015 年版，第 111 页。又参见苏力：《是非与曲直——个案中的法理》，北京大学出版社 2019 年版，扉页。

1

"读书一直杂乱" ①的人是有福的，前提是——没被书海淹死；

"能让人举一反三有所觉悟的法律/法学著作" ②是罕见的，更多的是让人"举三"也"反不了一"；

"自己跟自己作对" ③的人是智者，自己对自己下狠手的人是超越了权力意志和苦难意识的罗汉（也是佛）。

2

当局者未必迷，旁观者未必清。集"当局者""旁观者"于一身的人，是自由出入"迷""清"之境的自在之人。

3

上帝用六天完成了创世任务，然后就无事可做了。他会觉得无聊吗？无

---

① 苏力：《大国宪制：历史中国的制度构成》，北京大学出版社 2018 年版，序，第 1 页。

② 苏力：《大国宪制：历史中国的制度构成》，北京大学出版社 2018 年版，序，第 1 页。

③ 苏力：《只是与写作相关》，《中外法学》2015 年第 1 期。

所事事的人，可有不觉得无聊的？

4

研习法律、读经、谈恋爱，都必须"生动鲜猛"，否则既无趣，也没意义。

5

面对令人眩晕的中国经济之繁荣（"基建狂魔"、发达的物流、活跃的金融市场等），欧洲人是否赞成"月亮是中国的圆"？眼下还有点"嘴硬"，但早晚会的。

6

一个博学的中国法律学者，对联邦制、三权分立、司法审查、正当程序、洲际贸易，可以侃侃而谈，却对封禅、祠畤、岳镇海渎、王朝地理、茫茫禹迹，说不上所以然，这算不算是一种耻辱？

法律学者答曰：不算——这些都是历史—地理学概念，与法律无涉。

7

苏力说:"真正实践性的制度智慧是很难解说的，甚或就不需要解说。"①

苏力的《大国宪制：历史中国的制度构成》一书难道不是在解说——不，那是一种知其不可而为之的大无畏精神。

8

苏力说："理解的人也不会生活得更好或更幸福。"②

岂止不会生活得更好或更幸福，反而有可能更糟、更不幸福（甚至发生悲剧）。凡事看得太清的人难得糊涂——纵使没有路，还得走。

---

① 苏力：《大国宪制：历史中国的制度构成》，北京大学出版社 2018 年版，序，第3 页。

② 苏力：《大国宪制：历史中国的制度构成》，北京大学出版社 2018 年版，序，第4 页。

9

在 21 世纪末某个凉风习习的夏夜，几位有抱负的美国法学家聚在华盛顿一家小酒馆饮酒、吹牛、唉声叹气：

A：为什么在建国之初，华盛顿、麦迪逊等国父们不搞政党合作制和行省制？多么完美的制度！①

B：李斯的《谏逐客书》比潘恩的《常识》好一千倍、一万倍！《常识》简直违背常识。

C：约翰王签署的《自由大宪章》也太烦琐了，你瞧刘邦的"约法三章"，那才叫极精练的革命宣言、极真实的革命法权！

D：我们落伍的根本原因是没有废除拼音文字，要是早早地采用方块字，就不至于没落如斯。

E：是的，必须承认我们百事不如人。不但科学技术不如人、政治制度不如人、文字不如人，而且道德不如人、艺术不如人、身体不如人。②

他们纷纷决定把自己的孩子送至中国留学，最好留在中国工作，不要归国。他们心想：尽管美国不是一个没有希望的国家，可眼下……

10

金圣叹评武松为"天人"。"武松天人者，固具有鲁达之阔，林冲之毒，杨志之正，柴进之良，阮七之快，李逵之真，吴用之捷，花荣之雅，卢俊义之大，石秀之警者也，断曰第一人，不亦宜乎？"③

尽管苏力具有"阔、毒（冷酷）、正、良、快、真、捷、雅、大、警"等优良品性，却称不上"天人"。

---

① "中国的学术时代正在到来，一定有越来越多的中国学人，甚至外国学人，会，且能，重新阐发历史中国的那些有宪制意义的制度和实践。"参见苏力：《大国宪制：历史中国的制度构成》，北京大学出版社 2018 年版，序，第 6 页。

② 此处戏仿了胡适的文字。参见胡适：《胡适文存》（四），黄山书社 1996 年版，第 459 页。又参见苏力：《大国宪制：历史中国的制度构成》，北京大学出版社 2018 年版，序，第 5 页。

③ ［明］施耐庵：《金圣叹批评本水浒传》，［清］金圣叹批评，罗德荣校点，岳麓书社 2006 年版，第 294 页。

他只是一个天天向上的人，一个高尚的人，一个纯粹的人，一个脱离了低级趣味的人，一个有益于人民的人。①

11

苏力说："基于实用主义而不是本质主义，凭着历史留给后人的时空视角……"②——实用主义进路。

苏力说自己想做的是，"展示中国这个古老文明国家之构成也即宪制的固有理性和正当性"——思考宪制；且思考的是古典宪制、大国宪制。

苏力说，"我这个人有点尼采主义者""是不是新儒家，我觉得其实不太重要"。③苏力也属于新儒家，但他是与表面上坚持国粹，实则"给中华文化'去势'"的新儒家迥然不同的另一种新儒家；他是制度（而非心性）导向的新儒家、生活（而非教义）导向的新儒家、社会科学导向（而非人文或情怀导向）的新儒家，直通原始儒家（孔孟）、不忘初心的新儒家。

12

"一方水土养一方人"的中国民谚可比孟德斯鸠的"地理环境决定论"简洁多了，也深刻多了。

活在似水年华里的普鲁斯特不可能喜欢吃碗坨、钱钱饭、洋芋擦擦。④

土里刨食的陕北老农不可能把咖喱饭、鸡腿堡或面包作为主食。

13

苏力说："从国家的构成（constitution）来看，中国在世界各国中很不可思议。不可思议不在于她作为一个政治共同体的古老，或独一无二地持续至今，而在于她居然会出现。这不可能只是某个人的天启，或某些人的刻意追

---

① 毛泽东：《毛泽东选集》（第二卷），人民出版社 1991 年版，第 660 页。

② 苏力：《大国宪制：历史中国的制度构成》，北京大学出版社 2018 年版，第 23 页。

③ 苏力：《批评与自恋：读书与写作》（增订本），北京大学出版社 2018 年版，第 444—445 页。

④ 这三种均为陕北小吃。

求。在特定意义上，中国的构成一定是种种机缘巧合，因此是偶然。"①

中国的出现不可思议，俄罗斯的出现不可思议，苏联的出现不可思议。

苏秦的出现不可思议，苏东坡的出现不可思议，苏力的出现不可思议。每一个人的出现都是不可思议的。

种种"不可思议"、种种"偶然"之间存在的差异也是不可思议的。"思"和"议"不是万能的——这一点倒是可以"思"可以"议"的。

14

康德是个"超级宅男"，终生未离开家乡小城柯尼斯堡。"二战"后，德国战败。根据《波茨坦协定》，柯尼斯堡划归苏联，曾短暂更名为基奥尼斯堡，1946年又更名为加里宁格勒。1991年苏联解体，加里宁格勒归俄罗斯。

康德从德国人变成了俄罗斯人？②德、俄两国都是我钟情的国度，依我看，做哪国人都挺好。

康德想做哪国人？让他走出坟墓，答复我们？就像他答复"什么是启蒙运动"？

依据康德"世界公民观点之下的普遍历史观念"③，他是真正的世界公民，不属于任何一国。

15

木心说："康德是个榜样，人，终生住在一个地方，单凭头脑，作出非同小可的大事来。"④博尔赫斯说，现代人有了"电话、电报、唱机、无线电报机、电影机、幻灯机、词典、时刻表、便览、简报"这些便利条件之后，"根本不需要出门旅行；我们的20世纪改变了穆罕默德和山的寓言；如今大山移樽就教，向现代的穆罕默德靠拢了"。⑤诗人中最具想象力的博尔赫斯也

① 苏力：《大国宪制：历史中国的制度构成》，北京大学出版社2018年版，第1页。

② 有人以李白出生于安西都护府的碎叶城（现属于吉尔吉斯斯坦），认为他是华裔。典型的"以今度古"。

③ ［德］康德：《历史理性批判文集》，何兆武译，商务印书馆1990年版，第1—21页。

④ 木心：《琼美卡随想录》，广西师范大学出版社2006年版，第49页。

⑤ ［阿］豪尔赫·路易斯·博尔赫斯：《阿莱夫》，王永年译，上海译文出版社2015年版，第180页。

太缺乏想象力了，他肯定想不到，他所说的那些便利条件，现在全被联网的电脑或手机替代了。

与康德不同，博尔赫斯经常出门旅行，四处寻找鬼魂并与之对话。

如果康德和博尔赫斯还活着，肯定都是电脑玩家、网游高手——梦游高手也是网游高手。

16

拿破仑曾在 1812 年征俄前宣称："我们应当有一部欧洲法典，一个欧洲的最高法院，一种统一的欧洲货币，统一的度量衡，统一的法律。应当由我把欧洲的各国人民变成统一的人民，巴黎要成为世界的首都……这是唯一理想的结局。"①理想之所以无法实现，首先，因为拿破仑不是秦始皇，血统不够"高贵"，王室和贵族世系不可能允许一个"科西嘉怪物"称霸、统一欧罗巴；其次，19 世纪初已然是民族和民族主义的时代，罗马式的帝国梦不合时宜；再次，东征俄国尽管必要（因此正确），却不可能成功，因为莫斯科是正教的大本营（比巴黎更有资格成为"世界的首都"），有圣母、圣徒和颠僧的特别呵护；最后，拿破仑患有痔疮，在关键的滑铁卢战役中无法骑马，掉了链子……疾病改变历史 ②。

17

"眼看他起朱楼，眼看他宴宾客，眼看他楼塌了"③——似乎所有帝国都无法避免发轫、辉煌、衰颓的历程。

"这青苔碧瓦堆，俺曾睡风流觉"④——风流人物的风流觉、桃花扇上的

---

① 苏力：《大国宪制：历史中国的制度构成》，北京大学出版社 2018 年版，第 5 页。

② 公元 208 年的赤壁之战，曹操战败的主要原因是军队中出现瘟疫，而非孙刘联军的火攻。曹操曾致书孙权："赤壁之役，值有疾病，孤烧船自退，横使周瑜虚获此名。"（《三国志·周瑜传》）另参见《三国志·武帝纪》："于是大疫，吏士多死者，乃引军还。"《三国志·先主传》："时又疾疫，北军多死，曹公引归。"

③ ［清］孔尚任：《桃花扇》，王季思、苏寰中校注，人民文学出版社 1959 年版，第 266 页。

④ ［清］孔尚任：《桃花扇》，王季思、苏寰中校注，人民文学出版社 1959 年版，第 266 页。

血滴是存在过的真实。

朱楼——红楼。《红楼梦》岂止是揭示了封建制度濒于崩溃和必然灭亡的命运，它简直是人类史、宇宙史的"百科全书"。

18

中国既不是"一个伪装成民族国家的文明"①，也不是"一个伪装成文明的民族国家"。

中国就是中国。一个即使"国破"②了"山河"仍在，经历了一次次旧邦新造，生生不息的政治文化共同体。③

19

《击壤歌》曰："日出而作，日入而息。凿井而饮，耕田而食。帝力于我何有哉。"④

现代的"哲学老农"比古代的"哲学老农"⑤幸福，无须凿井、耕田，只要在公立大学拥有一份教职，就可以惬意地日出而写作，日入而写作。

20

问题是：（1）事物的逻辑不等于逻辑的事物（在这个世界上，除道理本

---

① 美国学者白鲁恂的观点。参见苏力：《大国宪制：历史中国的制度构成》，北京大学出版社 2018 年版，第 7 页。

② 古代的"国"，除指四方之国外，还有一个含义是国都（首都）。参见李零：《我们的中国》，生活·读书·新知三联书店 2016 年版，第 21 页。

③ 只要信仰系统、社会分层和共同体的政治机构"十分契合"，则，"虽然当权者也许会频繁变换，但政体和政治共同体却可以获得很长时期的稳定"。参见［英］塞缪尔·E. 芬纳：《统治史》（卷一，修订版），王震、马百亮译，华东师范大学出版社 2014 年版，第 30 页。

④ ［清］沈德潜编：《古诗源》，中国画报出版社 2011 年版，第 12 页。

⑤ "《击壤歌》，据说是中国最早的民谣，就反映了一位老农，其实很有点哲学气质——爱想些没啥实际意义的问题，质疑了国家统一政治治理的必要性。"参见苏力：《大国宪制：历史中国的制度构成》，北京大学出版社 2018 年版，第 12 页。

身外，万事万物不只是道理的产物）；①（2）多难不一定兴邦（如古埃及、古巴比伦的灭亡）；（3）地方性知识和想象不只是属于地方的。

<h2 style="text-align:center">21</h2>

（1）"……直到 19 世纪中叶中国面对欧美列强并被拽入世界民族之林"；（2）"当年美国人想建立一个他们认为更完善的联盟，坐下来商谈了，立了个宪（章），然后就神奇地从布袋中拽出了一个合众国"；（3）"……那也得有一些什么制度实践把各地百姓拢在一起，把他们从"不知有汉，无论魏晋"的桃花源中拽出来，让他们相互说上话"。②

"拽"字极形象，环顾法学界，也只有苏力（敢）如此用。

文字、布袋和时间固然神奇，但更神奇的是人——苏力是"上契诸政之理，下契众生之机"的"布袋和尚"。

<h2 style="text-align:center">22</h2>

在绝大多数时候，每代人只能做自己这代人的事；③偶尔会有人，凭一己之力，做了跨时代的事。

<h2 style="text-align:center">23</h2>

西文词 constitution（英文、法文均如此，西班牙文为 constitución，意大利文为 constituzione，德文为 konstitution）的原意是构成，用于政治维度是指国家的组织构成，隐含了通过政治实践过程来整合并组构作为整体的一国人民/民族（the people，nation）或疆域国家（country）。

涉及近代之前西方或近代英国的 constitution，国内学者一般将之译为"政制""宪制"，如亚里士多德的《雅典政制》、马尔蒂诺的《罗马政制

---

① 苏力：《大国宪制：历史中国的制度构成》，北京大学出版社 2018 年版，第13 页。

② 苏力：《大国宪制：历史中国的制度构成》，北京大学出版社 2018 年版，第 6、13、33 页。

③ 苏力：《大国宪制：历史中国的制度构成》，北京大学出版社 2018 年版，第23 页。

史》、柏特利的《欧美政制史》、白哲特（或译白芝浩）的《英国宪制》、兰福德的《18世纪英国：宪制建构与产业革命》、格林的《边缘与中心：帝国宪制的延伸——大英帝国与美利坚合众国（1607—1788）》等①。

如今这个词更多译为"宪法"，这与近代以来西方各国越来越关注成文宪法（宪章）有关。②

24

上帝说：光！就有了光③——此乃神力。

苏力说：大国宪制！就有了《大国宪制：历史中国的制度构成》——此乃人为。它耗费了苏力无数个"六天"才得以完成。人比上帝辛苦多了！

25

"看得见的正义"④是一个空间概念，"看不见的正义"是一个时间概念。

26

《资治通鉴》卷二十二：

> "时钩弋夫人之子弗陵，年数岁，形体壮大，多知，上奇爱之，心欲立焉，以其年稚，母少，犹与久之……后数日，帝谴责钩弋夫人，夫

---

① ［古希腊］亚里士多德：《雅典政制》，日知、力野译，商务印书馆1959年版；［意］弗朗切斯科·德·马尔蒂诺：《罗马政制史》（第一、二卷），薛军译，北京大学出版社2009年、2014年版；［英］柏特利：《欧美政制史》，邓公玄译，河南人民出版社2016年版（该社"民国专题史"丛书中的一种，最早由商务印书馆于1934年出版）；［英］沃尔特·白哲特：《英国宪制》，李国庆译，北京大学出版社2005年版（另一版本译为《英国宪法》，夏彦才译，商务印书馆2010年版）；［英］兰福德：《18世纪英国：宪制建构与产业革命》，刘意青、康勤译，外语教学与研究出版社2008年版；［美］杰克·菲利普·格林：《边缘与中心：帝国宪制的延伸——大英帝国与美利坚合众国（1607—1788）》，刘天骄译，中国政法大学出版社2017年版。

② 苏力：《大国宪制：历史中国的制度构成》，北京大学出版社2018年版，第30页。

③ 冯象译注：《摩西五经》，生活·读书·新知三联书店2013年版，第3页。

④ 苏力：《大国宪制：历史中国的制度构成》，北京大学出版社2018年版，第38页。

人脱簪珥，叩头。帝曰：'引持去，送掖庭狱。'夫人还顾，帝曰：'趣行，汝不得活！'卒赐死。顷之，帝闲居，问左右曰：'外人言云何？'左右对曰：'人言且立其子，何去其母乎？'帝曰：'然，是非儿曹愚人之所知也。往古国家所以乱，由主少母壮也。女主独居骄蹇，淫乱自恣，莫能禁也。汝不闻吕后邪！故不得不先去之也。'"①

源自汉代、在北魏年间被制度化了的"子贵母死"，确实残酷，但残酷从来不等于无知和野蛮。类似于"子贵母死"的许多残酷做法之所以被采用，恰恰是理性选择，是特定历史语境下的"必要之法"。②

27

苏力说："我希望提供一种研究宪制问题的立场、视角和进路，甚至是范式，加入目前，不限于中国国内，宪制/法/政/法律研究的学术竞争，但不是学术政治的竞争。"③

"范式"：托马斯·库恩意义上、具有革命性和创造性的新范式。"范式一改变，这世界本身也随之改变了。科学家由一个新范式指引，去采用新工具，注意新领域。甚至更为重要的是，在革命过程中科学家用熟悉的工具去注意以前注意过的地方时，他们会看到新的不同的东西。"④从结构/构成的视角去理解宪制算不上新，但从这个角度去阐释中国宪制史（历史中国）绝对具有革命性和创造性。

"不限于中国国内"：一种文明竞争意识。但只具有文明竞争意识是不够的，还得拿得出有分量和竞争力的成果。

"学术政治的竞争"：与学术竞争的内涵不同。苏力不在意学术界和学术政治（学术界多的是学术活动家、"学术山头"，而非学问家）的风吹草动，

---

① ［宋］司马光编著：《资治通鉴》，中华书局2007年版，第260页。

② 苏力：《大国宪制：历史中国的制度构成》，北京大学出版社2018年版，第39页。

③ 苏力：《大国宪制：历史中国的制度构成》，北京大学出版社2018年版，第40页。

④ ［美］托马斯·库恩：《科学革命的结构》，金吾伦、胡新和译，北京大学出版社2003年版，第101页。

恰如鲁迅不屑于当时文坛（文坛多的是文学活动家，而非文学家）的是是非非。学术政治意味着"与人斗，其乐无穷"。学术竞争则是"欲与天公试比高"。

28

苏力说："在历史中国，普通人只是国家政治共同体的自在成员，村落共同体中的自觉成员；在这两个共同体中，普通人都能分享共同体的分配正义，而无需近代西方社会借助公民身份应对的权利义务问题。这非但闪过了可能被公民概念套住的那种话语体系，更可能经此展现历史中国的某些沉寂经验。"[1]

极少数普通人也可能同时是国家政治共同体的自觉成员。自在与自觉的范围，都不可绝对。

苏力有时忽略了（或不重视）对城市共同体的分析。如北宋的东京（开封），南宋的临安（杭州），元代的泉州（"东方第一大港"），都是百万人口级的大城。明清的苏州、扬州也人口众多。因此，它们必然具有一些陌生人社会的特征。这些城市不全（甚至不主要）是政治性的。苏力也讲过，历史中国不止是乡土的。历史上的乡土中国和城市中国的分配正义必然有所差别。此外，与公民、权利、义务等概念一样，"分配正义"也是一个源自西方的概念，尽管尚未被意识形态化。[2]概念一旦被意识形态化，其说服力就会大打折扣。

"闪"字用得俏皮。试想象苏力闪（眨）眼睛。

苏力博闻多识，什么都懂——当然涵括公民概念的流变史，但他擅长闪过（选择性忽略）在某些语境下不重要的事物。

29

谁会对早期中国稀薄散乱的风光水影着迷，并从社会功能层面进行分析和讨论呢？[3]

谁会对中古中国称得上是文艺复兴的诗文书画着迷，并从社会转型角度

---

① 苏力：《大国宪制：历史中国的制度构成》，北京大学出版社2018年版，第42—43页。

② 苏力：《历史中国的分配正义：实践与思想》，《学术月刊》2020年第3期。

③ 苏力：《大国宪制：历史中国的制度构成》，北京大学出版社2018年版，第77页。

进行分析和讨论呢？

　　谁会对近世中国的一次次刺杀疑案着迷，①并从小说叙事学（而非历史考证学）的视角侦查一番呢？

30

抽离历史语境谈论和反感"家天下"的法学家是令人反感的。

31

　　第一阶段：不追求解说的真，而追求解说的理论力量；②

　　第二阶段：不追求解说的理论力量，而追求理、论、力和量的诗学境界；

　　第三阶段：不追求理、论、力和量的诗学境界，而追求一个很有趣、很有感染力的公式诞生。③

32

　　苏力指出，"宗法制是中国最早用作建构疆域大国的制度，在当时社会历史条件下，这也是唯一现实可行的宪制架构""借助各成员（主要是男性）在本血缘群体内的关系位置来分配权力，组织国家政治系统的各个层级，让宗法等级和政治等级一致，宗法关系因此有了行政层级和行政法的意味……"④

　　中国的古史专家和行政法专家可曾意识到宗法关系的行政法意味？

　　中国的行政法专家总想从奥托·迈耶、莫里斯·奥里乌、室井力、南博方⑤的著作中寻索知识，却很少尝试从老祖宗那里开掘智慧。

---

　　①　如刺杀宋教仁一案，参见尚小明：《宋案重审》，社会科学文献出版社 2018 年版。

　　②　苏力：《大国宪制：历史中国的制度构成》，北京大学出版社 2018 年版，第 77 页。

　　③　"爱因斯坦其实并没有证明 $E = mc^2$ ……为什么要用迂腐的数学证明来糟蹋这样一个'很有趣、很有感染力'的想法？"参见［美］达纳·麦肯齐：《无言的宇宙》，李永学译，北京联合出版公司 2015 年版，第 163 页。

　　④　苏力：《大国宪制：历史中国的制度构成》，北京大学出版社 2018 年版，第 80—81 页。

　　⑤　［德］奥托·迈耶：《德国行政法》，刘飞译，商务印书馆 2013 年版；［法］莫里斯·奥里乌：《行政法与公法精要》，龚觅等译，辽海出版社、春风文艺出版社 1999 年版；［日］室井力等主编：《日本行政程序法逐条注释》，朱芒译，上海三联书店 2009 年版；［日］南博方：《行政法》（第六版·中文修订版），杨建顺译，商务印书馆 2020 年版。

33

嫡长子继承制可能面临的问题（并非难题）：一定会有生来就更爱文学、艺术、手艺、科学，爱美人但不爱江山，厌恶政治，畏惧权谋，怕担责任的嫡长子，①他可能不愿继承——即使继承了也可能主动放弃——皇（王）位。英国的爱德华八世就是这样一个人，他爱美人不爱江山，逊位后被其弟乔治六世封为温莎公爵。"蓦然追溯温莎公爵和公爵夫人的粼粼往事，古典的幽香使现代众生大感迷惑，宛如时光倒流，流得彼此眩然黯然，有人抑制不住惊叹，难道爱情真是，真是可能的吗。"②如此浪漫绝唱不可能发生在中国，因为中国的皇帝可以三宫六院、妻妾成群（而非一夫一妻制），不会有真正的"爱美人不爱（放弃）江山"的故事发生。

因爱美人而荒废了江山，是荒淫、无道，称不上"爱美人不爱江山"。

如果一个王，遵从"自然身体"的自然爱欲，摒弃"政治身体"的公共责任，那他仍然是王——另一个世界的王。

34

玄武门之变，得胜的并非李世民，而是历史。李世民充当了历史的工具。一切伟人都是历史的工具，与历史相互成就。

35

（1）托尔斯泰重视因果关系，他说："一本《民约论》使法国相互残杀，如果不说明这种力量同那个事件的因果关系，那就无法理解了。"（2）托尔斯泰反对知识分子（尤其是文化史家）面对历史的狂傲，在他看来，把"人类的智力活动"视作"全部历史运动的原因或表现"的观点是不可理喻的；"精神活动、教育、文明、文化、观念，这都是些模糊不清的概念，借这种概念就容易使用意义更不清楚因而可以随意编成理论的文字"。（3）托尔斯泰反对本质主义的法学观，他说，"法学看待国家和权力，就像古人看待火

---

① 苏力：《大国宪制：历史中国的制度构成》，北京大学出版社 2018 年版，第94 页。

② 木心：《温莎墓园日记》，广西师范大学出版社 2006 年版，第 242—243 页。

一样，把它看作绝对存在的东西。不过，在历史上，国家和权力只是一种现象，就像现代物理学认为，火不是一种元素，而是一种现象""由于历史学和法学观点的根本分歧，法学可以按照自己的意见详细说明权力应当怎样构成，以及永恒不变的权力是什么，但对随着时间的推移而不断变化的权力的意义这一历史问题，却完全无法回答"。①

从某种意义上或可说，苏力是一个托尔斯泰主义者。

在不少作家看来，托尔斯泰（在《战争与和平》的最后章节中）喋喋不休地大谈理论，背离了作家本分。在对文学无感的社会科学理论家看来，托尔斯泰谈理论实在太蹩脚，其水平还不如一名法理学博士生。但苏力知道，托尔斯泰是一位把天国藏在袍下、掖在心底的俄罗斯好人。②

36

比托尔斯泰小 13 岁的霍姆斯表达了相似的历史观。他说，"历史研究必然在法律学术研究中发挥重要作用""不要陷入历史的故纸堆而难以自拔；也必须牢记，就目的性而言，研究历史是为了更好地洞悉现在""在目前政治经济学的研究状况下，我们实际上再次面临更多的历史问题"。③

苏力《大国宪制：历史中国的制度构成》一书具体而微地贯彻了托尔斯泰、霍姆斯和司马光的方法论。

苏力在抗拒"去人之史"④；他之努力，是在"触及历史真理，即上升

---

① ［俄］列夫·托尔斯泰：《战争与和平》，草婴译，上海文艺出版社 2007 年版，第 1206、1209、1210 页。

② "天国的到来不会有外在的显现；它们不会说，看，在这里！或者说，看，在那里！因为，看哪，天国在你心中！"参见［俄］列夫·托尔斯泰：《天国在你心中》，孙晓春译，吉林人民出版社 2004 年版，第 307 页。

③ ［美］奥利弗·温德尔·霍姆斯：《法律的道路》，李俊晔译，中国法制出版社 2018 年版，第 69、71 页。

④ "灭人之国，必先去其史。"参见［清］龚自珍：《龚自珍全集》，上海人民出版社 1975 年版，第 22 页。苏力指出，太多人受限于教条的意识形态话语，在政治学和法学上成功地智识"自宫"了。参见苏力：《大国宪制：历史中国的制度构成》，北京大学出版社 2018 年版，第 444 页。

为史学而承载民族精神，加入一个伟大的学术传统"①。

37

苏力的《大国宪制：历史中国的制度构成》是一部"给人以睿智、洞见和悲剧意识的历史"②。

"睿智"和"洞见"不用多言，怎么是悲剧意识的？不错！最起码之于我是如此——比如，苏力说，"中国古人很早就察觉忠孝很难两全，有时甚至必须大义灭亲""在未能'长治久安'的意义上，'周礼'是失败了。但'终结历史'不是评价制度成败的有意义的标准，因为从来就不可能有能终结历史的长治久安""人类就是无法靠努力就炼出长生不老、万世太平的仙丹"。③

悲剧意识不等于悲观、消极。苏力的悲剧意识藏在行文之中，待有心者发现。

苏力的悲剧意识具有多重意义，可作多重阐释——至少可从奥古斯丁、堂吉诃德和黑格尔的视角，分别展开。④

38

黑格尔说，冲突的"双方都在维护伦理理想之中而且就通过实现这种伦理理想而陷入罪过之中"⑤。

与原罪无涉的罪无处不在。

---

①　冯象：《信与忘：约伯福音及其他》，生活·读书·新知三联书店 2012 年版，第200 页。

②　冯象：《信与忘：约伯福音及其他》，生活·读书·新知三联书店 2012 年版，第201 页。

③　苏力：《大国宪制：历史中国的制度构成》，北京大学出版社 2018 年版，第 98、101、113 页。

④　"在那些有骨有肉的人当中，总可以找到拥有这种生命的悲剧意识的典型例子。我想到的是奥古斯丁、帕斯卡尔、卢梭、克尔凯戈尔等人，他们都是身负智慧多于知识的人。除此之外，我相信，还有许多人同样拥有这一份生命的悲剧意识。"参见 ［西］乌纳穆诺：《生命的悲剧意识》，北方文艺出版社 1987 年版，第 21—23 页。原书没有标明译者。译文略有修正。

⑤　［德］黑格尔：《美学》（第三卷下册），朱光潜译，商务印书馆 1981 年版，第286 页。

而且，不管双方是否有"罪"，都会起冲突，并因此犯"过"。悲剧性就这样无可回避地发生了。

39

"其为人也孝悌，而好犯上者，鲜矣。"①倘若既不愿过"入孝出悌"的伦理生活，又不愿"犯上"，该怎么做呢？那只好自我放逐至塔希提岛，接受寂静的包围，聆听海浪的咆哮，眼睁睁地看着文明从自己身上慢慢消退，在夜的熏香中思索进化论、实体的统一性以及被土著女郎视作遇难的精灵的流星。②

40

我喜欢这样一个画面：某人活到 42 岁（到了这个年纪，大多数人早已掉进舒适的生活"沟槽"里了）时动身到天涯海角去寻找一个新世界。③

我喜欢这样一个画面：娜塔莎婆婆妈妈地说着丈夫和儿子。④

我还喜欢这样一个画面：99 岁的苏力与一群登门造访者兴高采烈地谈论"历史的天平""现实主义者""沉迷于诗行的大革命家"。⑤

---

①　《论语·学而》。

②　[法]保罗·高更：《诺阿·诺阿——芳香的土地》，郭安定译，中国人民大学出版社 2004 年版，第 19、30、90 页。该书系大画家保罗·高更自述在塔希提岛的隐居生活。

③　[英]毛姆：《月亮和六便士》，傅惟慈译，上海译文出版社 2011 年版，第 211 页。

④　娜塔莎是托尔斯泰小说《战争与和平》的女主角。在小说结尾部分，娜塔莎及丈夫皮埃尔"过去的种种激情和理想，对生活的种种追求和向往，现在全都销蚀得无影无踪了。他们彼此相爱，幸福美满，但是，天哪！他们却变得多么愚钝，多么平庸啊"，他们"进入了中年人的自满自得状态""过去的娜塔莎是那么甜美，那么活泼，那么招人喜爱，现在她变成了一个婆婆妈妈的家庭主妇""这样的结局也许太平常了，却蕴含着深刻的悲剧意味。我想，托尔斯泰之所以没有给我们一个慷慨激昂的结尾，是因为他知道，人生的结局大凡就是如此。他只能说真话"。参见[英]W.S.毛姆：《毛姆读书随笔》，刘文荣译，文汇出版社 2013 年版，第 156—157 页。

⑤　齐欣等编译：《世界著名政治家、学者论邓小平》，上海人民出版社 1999 年版，第 4—32、392 页。

41

在（父亲）偷羊一事上，孔子曾断言"父为子隐，子为父隐，直在其中"①。用法学理论话语来说，孔子作出的不是教义学判断，而是高度关注经验后果的实用主义判断、本质上是法经济学的判断，其思考的深度与精细程度都远超今天宪法、行政法学者爱捯饬的"比例原则"。②

谁敢说孔子不是伟大的法经济学家呢？③尽管他不曾在芝加哥大学经济系留学，亦不知波斯纳为谁。

谁敢说孔子不是伟大的公法学家呢？尽管他不曾公开提出过什么法治概念、比例原则或平衡理论。

必须尽快改变中国法理学和宪法学教材被西方理论"殖民"的现状。《论语》《周易》《春秋》《大国宪制：历史中国的制度构成》中蕴含了丰富的法理和宪制理论。中国本土从来不缺理论资源，缺的是发现它们的眼睛。

"捯饬"一词极妙。它令我联想到猴子往屁股上使劲抹口红。请原谅我的丰富想象力和大不敬。

42

"齐家"不得与"治国"抵牾，甚至要求并坚持"大义灭亲"。④

而"治国"不得与"平天下"抵牾，否则，即可"大义灭国"。"平天下"固然残酷，但也仁慈（想一想秦灭六国）。

43

呜呼！灭六国者，六国也，非秦也。⑤族罗马者，罗马也，非蛮族也。

呜呼，与其被黑暗吞没，不如彷徨于无地。⑥

---

① 《论语·子路》。
② 苏力：《大国宪制：历史中国的制度构成》，北京大学出版社 2018 年版，第 134 页。
③ 陈焕章：《孔门理财学——孔子及其学派的经济思想》，翟玉忠译，中央编译出版社 2009 年版。可参考第八篇（《社会主义性质的政策》）和第九篇（《公共财政》）。
④ 苏力：《大国宪制：历史中国的制度构成》，北京大学出版社 2018 年版，第 135 页。
⑤ 《阿房宫赋》。
⑥ 鲁迅：《鲁迅散文诗歌全集》，北京燕山出版社 2011 年版，第 98 页。

呜呼，尽管举不起最沉重的负荷，却依然要以近乎魔法和巫术的天赋想象广阔、精确、谨严的秩序感。

44

子曰："唯女子与小人为难养也。"① 但还有更难养的——女子化的"小人"和小人化的"君子"。

45

我们既可以说，男女关系是人类各种自然关系中最具创造性的关系；亦可说，罗密欧与朱丽叶的关系是人类各种自然关系中最具创造性的关系——"创造就是颠覆。创造性越大，颠覆性就越强。"② 颠覆性太强，便不容于世，唯有死（死后被人牢记）。"啊，人声？我得赶快。这匕首真棒！我是刀鞘，插进来吧，让我死亡。"③ 纯洁美丽的朱丽叶小姐就这样自戕了。

46

罗密欧经历了一段从玩世不恭到玩世且恭的心路历程。不是爱情救赎了他，而是他救赎了自己。所有赤子，都是自己救赎自己。

47

苏力说："即便是夫妻，也仍可能成为陌路人，只是制度上的夫妻，同床异梦甚至不同床也异梦。"④

其实，不管相爱否、同床否，同梦永不可能。

世上没有两个梦完全相同，异梦才是永恒的现实——这是基本的辩证法原理。

---

① 《论语·阳货》。

② 苏力：《大国宪制：历史中国的制度构成》，北京大学出版社 2018 年版，第137 页。

③ ［英］威廉·莎士比亚：《罗密欧与朱丽叶》，辜正坤译，外语教学与研究出版社 2015 年版，第128 页。

④ 苏力：《大国宪制：历史中国的制度构成》，北京大学出版社 2018 年版，第138 页。

48

我能想到最浪漫的事，就是和太阳一起慢慢变老。

49

《红楼梦》第六十三回。贾蓉笑道："各门另户，谁管谁的事？都够使的了。从古至今，连汉朝和唐朝，人还说'脏唐''臭汉'，何况咱们这宗人家。谁家没风流事？别讨我说出来……"①——不好听，但"脏唐""臭汉""埋汰宋""迷糊元""邋遢明""鼻涕清"，也是中华文明重要的一部分。②

50

人算不如天算——天其实从来不算；如果算，也就不是天了。

51

历史冰川的擦痕③太轻、太微，唯苏力那般敏感的人才注意到。

粗糙的历史学家从历史中看到的是档案、文献，而非"冰川的擦痕""波撼岳阳城"等真实生动的东西。

52

"人面不知何处去，桃花依旧笑春风。"④——其实笑春风的桃花亦非当初所见的了。

"不见去年人，泪湿春衫袖。"⑤——去年人，只能存在于去年。即若再见，亦是今年人。

"笑渐不闻声渐悄，多情却被无情恼。"⑥——有不"渐悄"但能"消"掉的"声"吗？"恼"有何用，历史是多情与无情纠缠的复杂过程：多情的

---

① ［清］曹雪芹：《红楼梦》，北京燕山出版社 2009 年版，第 524 页。
② 苏力：《大国宪制：历史中国的制度构成》，北京大学出版社 2018 年版，第 153 页。
③ 苏力：《大国宪制：历史中国的制度构成》，北京大学出版社 2018 年版，第 166 页。
④ 《题都城南庄》。
⑤ 《生查子·元夕》。
⑥ 《蝶恋花·春景》。

人，无情的人；多情的人，无情的宇宙；多情的宇宙，无情的人；等等。最终都归于无情。

53

沈从文在 1936 年发表的小说中写道："女学生……她们在学校，男女一处上课，人熟了，就随意同那男子睡觉，也不要媒人，也不要财礼，名叫'自由'……她们年纪有老到二十四岁还不肯嫁人的，有老到三十四十还好意思嫁人的。"①现在的情形有所不同，很多女生"老到三十四十"还不肯嫁人。

54

我们之所以能在一部小说中登上人类情感的顶峰，并不是因为那里有什么豪言壮语，而往往是因为我们在那里看到有个女孩坐在树枝上，一边摇啊摇，一边哼唱古老的谣曲；是因为我们在那里看到羊群在原野上静静地吃草，听见风在草丛中轻轻地吟唱；是因为我们在那里看到一个英格兰把另一个英格兰吞噬了，可怜的教堂在瑟瑟发抖，斗篷下的奔马渐渐消逝于心灵深处。②

55

我们之所以能在一部学术论著中登上人类理性的顶峰，并不是因为它重新定义了实践理性和责任伦理，而往往是因为我们在那里看到有个长老坐在磐石上，从容自若地指挥人们引洪浸地；是因为我们在那里看到规范和禁忌约束下人性（兽性）的生动，③听见高亢的歌声划破高粱地、刺破天空；是因为我们在那里看到和亲公主、间谍或大使果断地摒弃个人好恶，享受起异域的风土、人情和街头漫步。

① 沈从文：《沈从文文集》（第六卷，小说），湖南人民出版社 2013 年版，第 216—217 页。

② ［英］弗吉尼亚·伍尔夫：《伍尔夫读书随笔》，刘文荣译，文汇出版社 2006 年版，第 130—131 页；［英］爱米丽·勃朗特：《呼啸山庄》，张玲、张扬译，人民文学出版社 1999 年版，第 133 页。

③ 苏力：《大国宪制：历史中国的制度构成》，北京大学出版社 2018 年版，第167 页。

56

国之大事，在祀与戎。美国的好战充分说明一件事：军事塑造宪制。美国是"打"出来的，绝非"谈"出来的。整部美国宪制史首先是军事史，其次才是最高法院史。法院解决的只是日常纠纷和冲突，刀枪才是直面非常状态、捍卫帝国（国家）秩序的利器。评价一人、一国、一种宪制，首先看其应对重大危机的能力。

57

以前的书生尽管多不知兵，但好歹"纸上谈兵"。现在的法学家——近乎全部——谈也不谈。③

58

苏力说："几乎普适，枪杆子里面出政权……可能有些法学家不喜欢这一点，因为这会降低法学家和规范分析的地位。但无论在政治社会理论和政治社会实践上，这都是一个强硬的事实。"④只是，即使对于强硬的事实，那些被柔软的另类意识形态俘虏了的人照样视而不见。所谓事实，对于认定其为事实的人来说才是事实。

59

偶尔用宪制的实力政治来平衡一下流行的规范宪法学也无甚不好。

---

① ［德］妮科勒·施莱、莎贝娜·布塞：《美国的战争：一个好战国家的编年史》，陶佩云译，生活·读书·新知三联书店 2006 年版。

② "当一国的常规政治'死机'时，这些（军队/军事）精英按下制度'重启'键。从规范宪法学的角度看，这太糟了，军人干政；但对于这些国家的经济、社会甚至政治发展来说，这个重启键未必真的那么糟糕。"参见苏力：《大国宪制：历史中国的制度构成》，北京大学出版社 2018 年版，第 221 页。

③ 时下的规范研究或经验研究，都不把军事视为宪制问题；尽管通常更可能是法律人没有讨论这类问题的学术能力。参见苏力：《大国宪制：历史中国的制度构成》，北京大学出版社 2018 年版，第 171 页。

④ 苏力：《大国宪制：历史中国的制度构成》，北京大学出版社 2018 年版，第 172 页。

"流行的"东西是"不流行"的东西能平衡得了的吗？

那就以"流行"平衡"流行"——实力政治也是流行的东西，只是在法学界"不流行"而已。①

60

苏力说："凡是必须以他人的承认为基础的建国，都悬，都得以承认者的意愿或至少不严重违反其利益为前提。承认，其实就是一近代源自欧洲的法律概念。小国在意，大国就不在意，最多也就是一鸡肋。"②

苏力形象地解构了不知从何时起骤然流行的"承认"（或"承认的政治"）概念。

小国有时挺可怜，吃不上天鹅肉，喝不上乌鸡汤，也就只能啃点儿鸡肋了。③

需要被承认为男人的男人还是男人吗？只要腰揣两弹——原子弹和氢弹，就不怕不够"爷们儿"，不怕不被"承认"为拥有主权。④

61

所有国家一律平等，但有些国家比其他国家更平等。⑤

———————————

① "法律学人愿意如此切割、加工和演绎一个无需军事和武力的宪制天下和法律世界，不是因其虚伪，反因其真诚，尽管真诚信仰并不保证其所信为真。"参见苏力：《大国宪制：历史中国的制度构成》，北京大学出版社 2018 年版，第 216 页。

② 苏力：《大国宪制：历史中国的制度构成》，北京大学出版社 2018 年版，第177 页。

③ "有时，大国也很难真切体会，挤在大国间的那些小国的首鼠两端。"参见《大国宪制：历史中国的制度构成》，北京大学出版社 2018 年版，第 226 页。

④ "如果六十年代以来中国没有原子弹、氢弹，没有发射卫星，中国就不能叫有重要影响的大国，就没有现在这样的国际地位。这些东西反映一个民族的能力，也是一个民族、一个国家兴亡发达的标志。"邓小平：《邓小平文选》（第三卷），人民出版社 1993 年版，第 279 页。"如果没有以军事为后盾的主权，剩下的就会是一些高大上的口号及其引发的空气振动，甚至只是被人无视的恳求或乞讨。"参见苏力：《大国宪制：历史中国的制度构成》，北京大学出版社 2018 年版，第 206 页。

⑤ "所有动物一律平等，但有些动物比其他动物更平等。"参见［英］乔治·奥威尔：《1984 动物农场》，董乐山、高源译，华东师范大学出版社 2013 年版，第 329 页。又参见苏力：《大国宪制：历史中国的制度构成》，北京大学出版社 2018 年版，第 178 页。

62

马基雅维利说："一切武装的先知都胜利了，一切没有武装的先知都失败了。"①

也有例外的，如耶稣、梵高、屈原，他们的失败是一种胜利。

63

夺取和巩固政权都离不开枪杆子。枪杆子并非牛顿的上帝，第一次推动之后就可以悄然隐退了。②马上打天下，是必要的；马上治天下，也是必要的——古代的"天下"和现代的"天下"已不是同一个"天下"，现代的"天下"才是真正的天下。"天下"的含义在变，"打"和"治"的含义在变，"打"和"治"的方法也在变。唯一不变的，是"弱肉强食"的生存法则。

64

在第一次推动牛顿之后，上帝并未彻底隐退，他时刻关注着人类物理学的进展。

65

如果上帝是"第一推手"，那么是谁推动（创造）了上帝？假如我们承认上帝可以在没有外在推动和原因的情况下存在，那还有什么必要去唠叨无穷无尽的因果链？宇宙为什么不能在没有外在推动和原因的情况下存在？③

66

美国女诗人狄金森说："大脑，比天空更宽广/因为，放在一起/大脑能将天空涵盖。"④

① 苏力：《大国宪制：历史中国的制度构成》，北京大学出版社 2018 年版，第 179 页。
② 苏力：《大国宪制：历史中国的制度构成》，北京大学出版社 2018 年版，第 179 页。
③ ［英］保罗·戴维斯：《上帝与新物理学》，徐培译，湖南科学技术出版社 1996 年版，第 51 页。
④ ［美］杰拉德·埃德尔曼：《比天空更宽广》，唐璐译，湖南科学技术出版社 2012 年版，扉页。又参见《狄金森诗选》，江枫译，外语教学与研究出版社 2012 年版，第 263 页。

这当然是大话，大脑不可能比天空更宽广。诗人经常说些不着调的大话，尽管说得不让人讨厌。

67

服从领袖是军人的天职。①但服从的须是创制或守卫宪法的领袖。

当官僚体制丧失了政治本能，被自由和法制的思维方式所麻痹，以致软瘫，领袖必须从历史宪制中汲取力量对付国家的敌人。②

68

《诗经·秦风·无衣》："岂曰无衣？与子同袍。王于兴师，修我戈矛。与子同仇！"

如果不得不"与子同袍"，那就与孙子同袍吧，察九地之变，屈伸之利，人情之理。③

如果不得不"与子同仇"，那就与曹操同仇吧，一起出没于星汉灿烂、洪波涌起的沧海。④

可惜我生也晚，子生我未生；而今，只剩下做梦——铁马冰河入梦来。

不错，我是陆放翁——"少年常愿从征辽"的陆放翁，"零落成泥碾作尘"的陆放翁，"死后元知万事空"的陆放翁。⑤

69

万里长城建造时，
它的名字还不叫万里长城。
帝国统治机构亦不精致，
无法对遥远的边疆直接发号施令。

① ［英］坎南编：《亚当·斯密关于法律、警察、岁入及军备的演讲》，陈福生、陈振骅译，商务印书馆 1962 年版，第 269 页。

② ［德］卡尔·施米特：《论断与概念：在与魏玛、日内瓦、凡尔赛的斗争中（1923—1939）》，朱雁冰译，上海人民出版社 2006 年版，第 200—201 页。

③ 李零译注：《孙子译注》，中华书局 2007 年版，第 111 页。

④ 《观沧海》。

⑤ 三句诗分别出自陆游《醉中出西门偶书》《卜算子·咏梅》《示儿》。

对村里人来说，
京城比来世还要陌生。①

万里长城建造时，
一个真实而非传说中的村姑（孟姜女）在哭；
一群苏格兰野狼在吞食罗马士兵的尸体；②
一道洪水把波斯的荣光埋入浅层的大地。③

万里长城建造时，
上帝尚未甩出自己的鞭子，④
尼采尚未甩出自己的鞭子，
毛泽东尚未甩出自己的鞭子，
卡夫卡尚未写出《万里长城建造时》。
而我的一个先祖，
正在黄河边，
对着快要冻僵的双手使劲哈气。

70

孙子曰："兵者，国之大事，死生之地，存亡之道，不可不察也。"⑤
为何中国的法学院不把军事法或兵法列为必修课呢？

71

诗者，人之大事，死生之地，存亡之道，不可不察也。

---

① ［奥］卡夫卡：《变形记》，李文俊等译，中国友谊出版公司 2013 年版，第 230—
231 页。

② 为了抵御苏格兰蛮族的进攻，罗马帝国的哈德良皇帝于公元 122 年下令在英格兰
北面的边界修筑一系列工事，后人称为哈德良长城。

③ 公元 5—7 世纪，萨珊王朝修建了戈尔甘长城。公元 651 年，新兴的阿拉伯帝国攻
占萨珊王朝全境。

④ "上帝之鞭"是指匈人领袖阿提拉，他的军队曾横扫半个欧洲。参见苏力：《大国
宪制：历史中国的制度构成》，北京大学出版社 2018 年版，第 204 页。

⑤ 李零译注：《孙子译注》，中华书局 2007 年版，第 1 页。

为何如此之多的诗人轻蔑自己（或他人）的生命？保罗·策兰、茨维塔耶娃、西尔维娅·普拉斯、马雅可夫斯基、叶赛宁、奈瓦尔①、海子、顾城……

那是因为他们从未上过战场，自以为看透了生死。

诗人应该把诗写在长城外、沼泽地、岛礁上、高山哨所②、黑洞洞的前方，而不是苍白的纸上或心里。

72

1916年蒋百里写道："无兵而求战，是为至危，不求战而治兵，其祸尤为不可收拾也。练兵将以求战也，故先求战而后练兵者，其兵强，先练兵而后求敌者，其兵弱，征之以中外古今之事，而可信者焉。"③

未必先求战，但须先有假想敌，而后练兵。

就像士兵打靶，得有靶子才行。

其实很多时候是树欲静而风不止，人不"树敌"而"敌树"，假想敌和实际的敌人基本上是一码事。

73

曾被孙中山聘为军事顾问的美国人荷马李说，"战士的精神只能通过纪律、荣誉和军事行动来培养""要塑造这种军事灵魂，就需要年复一年最严苛的劳作和辛苦。我们不仅要使战士累得双手麻木，眉毛上可拧出汗水，还要把他们内在的软弱和内心的汗水拧出来。这种精神要用雷古卢斯式的纪律来塑造，生命几乎是被非理性地随意抛掷。通过多年的训练，他们知道战争会无情地吞噬个性，接着发生的就是泯灭所有的人格。达到那个人类伟大的顶点后，他们才能追求死亡的荣誉"。④

---

① 奈瓦尔（1808—1855），法国诗人，自杀身亡。他曾说："我是另一个。"此处列举的诗人全是自杀而死。

② 李瑛：《李瑛抒情诗选》，人民文学出版社1983年版，第143—145页。

③ 蒋百里：《国防论》，岳麓书社2010年版，第43页。

④ ［美］荷马李：《无知之勇——日美必战论》，李世祥译，华东师范大学出版社2019年版，第31页。

"最严苛的劳作和辛苦"：人生纯属辛劳；人，诗意地栖居于大地之上。①

"追求死亡的荣誉"：追求荣誉是把自我（自己的本质）尽可能完美地呈现给别人，并以此与世界联系起来；荣誉与牺牲相似。②真正的战士、诗人或教士，必然是"非人"的，置之死地而后生。

荷马李诟病过的"无知之勇"好歹属于勇的范畴，远胜过有知的怯懦。

难道真的是知识越多越怯懦？他们还发明种种道德理由，为怯懦辩护。③

战士、诗人苏力曾多次表达对"道德辩护"和"怯懦"的不屑。

苏力那一代人的不幸和大幸——没有经历过不幸，又如何有能力品味大幸？或许，上过山、下过乡、从过军的知识青年，才称得上是真正的知识青年，他们既是智慧的，又是青春的，好像早晨八九点钟的太阳。

74

"法律人都更擅长文字、演说、修辞，自然喜欢'法眼看世界'。"④

但此"法眼"不同于（更比不得）佛家的"法眼"；因而也就与"慧眼""天眼"沾不上边。

75

苏力说："真正的宪制层面军事难题的思考，与任何其他真正的宪制问题思考一样，永远不能指望人人有能力参与。"⑤

不能指望人人——注定是极少数人。

---

① ［德］荷尔德林：《浪游者》，林克译，上海文艺出版社 2014 年版，第 233—234 页。译文有修正。关于"人生纯属辛劳"，参见苏力：《波斯纳及其他：译书之后》（增订本），北京大学出版社 2018 年版，第 12 页。

② ［奥］奥托·魏宁格：《最后的事情》，温仁百译，译林出版社 2014 年版，第 85 页。

③ 试比较李存葆小说《高山下的花环》中的靳开来和赵蒙生（北京出版社 1983 年版）。

④ 苏力：《大国宪制：历史中国的制度构成》，北京大学出版社 2018 年版，第 216 页。

⑤ 苏力：《大国宪制：历史中国的制度构成》，北京大学出版社 2018 年版，第 222 页。

苏力此句可以不太准确地简化为：真正的思考从来是极少数人的事。

76

苏力说："有些事，从来注定是政治家的事，别人无法替代，如同死亡。"①

死亡无法替代。死而不亡者无法替代，②苏力也无法替代。

77

诗人威廉·布莱克说："谁白痴，谁概括。"③

这句话本身就是概括，但诗人绝非白痴。

说他是白痴亦未尝不可——陀思妥耶夫斯基意义上的白痴。大家视他为白痴，但他明白自己不是白痴。④

78

纣王享受酒池肉林时⑤，他站在一旁看着；滕王阁高朋满座时⑥，他站在一旁看着；

贾府众人聚在一起制灯谜、吃螃蟹时⑦，他站在一旁看着；

当他自己大婚，众宾客吃得正欢时，他——不，他的影子站在一旁看着。

---

① 苏力：《大国宪制：历史中国的制度构成》，北京大学出版社 2018 年版，第 222 页。

② 《道德经》第三十三章。

③ 苏力：《大国宪制：历史中国的制度构成》，北京大学出版社 2018 年版，第 227 页。

④ "在俄国，人们也认为我是个孩子——反正随他去！不知为什么，大家还是把我当白痴看待。当初，我确实病得厉害，那时候简直像个白痴。而现在，我自己明白别人把我当作白痴，我怎么会是白痴呢？"参见 [俄] 陀思妥耶夫斯基：《白痴》，王卫方译，南方出版社 1999 年版，第 94 页。

⑤ 《史记·殷本纪》。

⑥ [清] 吴楚材、吴调侯编：《古文观止》，阙勋吾等译注，岳麓书社 2002 年版，第 360 页。

⑦ [清] 曹雪芹：《红楼梦》，北京燕山出版社 2009 年版，第 197—201、323—328 页。

这就是"天下没有不散的筵席"①之意吧。

79

为了遏制过于泛滥的政治现实主义，"不愆不忘，率由旧章"②有时是必要的。

为了遏制过于泛滥的学术"八股主义"，"或愆或忘，逆悖旧章"是时时必要的。

80

撞了南墙也不回头——翻过去；到了黄河也不死心——下一个目标：比格斯运河（在火星）③。

81

秦始皇和李斯也许不是好的政治家，但无疑是伟大的政治家。④

吕不韦和胡雪岩也许不是好的商人（无奸不商），但无疑是伟大的商人。

薛定谔和爱因斯坦也许不是好的科学家（都是"极品渣男"⑤），但无疑是伟大的科学家。

82

顾祖禹《读史方舆纪要·总叙一》："龙章生柔谦，九岁而孤，好读书，补

---

① "自古千里长棚，没个不散的筵席。"参见［明］兰陵笑笑生：《金瓶梅词话》，人民文学出版社 2000 年版，第 1123 页。"要知道也不过是瞬息的繁华，一时的欢乐，万不可忘了那'盛筵必散'的俗语……三春去后诸芳尽，各自须寻各自门。"参见［清］曹雪芹：《红楼梦》，北京燕山出版社 2009 年版，第 108 页。

② 《诗经·大雅·假乐》。又参见苏力：《大国宪制：历史中国的制度构成》，北京大学出版社 2018 年版，第 233 页。

③ ［美］雷·布拉德伯里：《火星编年史》，林翰昌译，上海译文出版社 2017 年版，第 85 页。

④ 苏力：《大国宪制：历史中国的制度构成》，北京大学出版社 2018 年版，第 236 页。

⑤ ［奥］埃尔温·薛定谔：《生命是什么》，仇万煜、左兰芬译，海南出版社 2017 年版，附"自传"，第 194 页。

邑弟子员，深慨科举之学，不足裨益当世，慨然欲举一朝之典故，讨论成书。年及强仕，而构流寇之变，遂遁入山，焚笔瘗砚，率子祖禹躬耕于虞山之野。久之益穷困，愤懑无聊，得奇疾，将卒，呼小子命之曰：'……今之学者，语以封疆形势，惘惘莫知……嗟乎！园陵宫阙、城郭山河俨然在望，而十五国之幅员，三百年之图籍，泯焉沦没，文献莫征，能无悼叹乎！余死，汝其志之矣！'小子匍伏呜咽而对曰：'小子虽不敏，敢放弃今日之所闻？'"①

当我读至"余死，汝其志之矣"，不禁失声大哭。父死子继，夙兴夜寐，才有了《读史方舆纪要》的艰难出生。

明清是科举之学，而今是"论文发表—考核学"，不足裨益当世。

今之学者，尤其是一些法学家，依旧对"封疆形势"（地缘政治）"惘惘莫知"。②

园、陵、宫、阙，城、郭、山、河，哪一寸华夏帝国的肌肤上不曾印有炎黄子孙的吻和泪？

严耕望③的名字来源于"俨然在望"？

小子虽不敏，但不敢放弃当初之志——打破"国家不幸诗家幸"的魔咒，做一个盛世大国的小诗人。

83

孟子曰："吾闻用夏变夷者，未闻变于夷者也。"④

但，"夏变夷"与"夷变夏"（涵括 1840 年以来进入中国的"新夷狄"）并存，才是文明进化史的常态。不存在绝对纯粹的文明、种族、民族，恰如不存在绝对纯粹的法学。纯粹法学家的纯粹梦注定成空。

---

① ［清］顾祖禹：《读史方舆纪要》（一），贺次君、施和金点校，中华书局 2019 年版，总叙一，第 12 页。

② 秦之后，地缘政治学一直是中国宪制实践中的一个重要维度。"为什么地缘政治考量和实践在当代中国宪法学术话语中缺失了？"参见苏力：《大国宪制：历史中国的制度构成》，北京大学出版社 2018 年版，第 242、266 页。

③ 严耕望（1916—1996），钱穆弟子，以研究中国历史地理和中古政治制度蜚声史坛。

④ 《孟子·滕文公上》。

84

苏力说："活人不能让制度憋死！"①——有些人确实被憋死了。

85

苏力说："只有将官员贪渎控制在从整个社会治理的成本收益上看可接受的（justified）程度内，中央集权的官僚制才可能因其制度绩效全面取代并终结分封制。"②

绝对杜绝贪渎不可能，但应控制在可接受的程度内。

既然贪渎不可避免，那就可以通过定期和不定期的肃贪加快精英循环③——一种政治合法性资源。因祸得福？

不宜简单地说，官僚制取代分封制是历史大趋势；而应说，官僚制比分封制更好地因应了政治和社会的需要。脚寻鞋子，而非鞋子寻脚。

86

"专制"竟然是一个中性词？汉景帝竟然喜欢食鼠？④古代女子竟然14岁就结婚了？⑤

87

在传统中国，"小农从一开始就不想了解，没想诗，也没想远方"⑥。

---

① 苏力：《大国宪制：历史中国的制度构成》，北京大学出版社2018年版，第279页。

② 苏力：《大国宪制：历史中国的制度构成》，北京大学出版社2018年版，第289页。

③ "社会学家关注的社会流动性，在政治学的视角下，也就是这个社会的阶层代表性。""若同近代之前欧洲长期的贵族统治相比，除了东晋的门阀政治外，'富不过三代'，历史中国普通人的社会流动性大多了，政治也开放多了。"参见苏力：《大国宪制：历史中国的制度构成》，北京大学出版社2018年版，第438页。

④ 在汉代，食鼠较为普遍，汉景帝即有食鼠癖。参见张琦、侯旭东：《汉景帝不吃老鼠吗？——我们如何看待过去》，《史学月刊》2019年第10期。

⑤ 李白《长干行·其一》："十四为君妇，羞颜未尝开。"

⑥ 苏力：《大国宪制：历史中国的制度构成》，北京大学出版社2018年版，第333页。

在当下中国，格子间里的"小农"（城市白领）既想诗，又想远方——尽管不写诗，而所谓远方，也最多指北海道或冰岛。

但他们都很幸福。懂理财、懂人情①、懂生活的"小农"，不可能不幸福。

88

皇帝有时几乎是国家政治的人质，②有的甚至升格为时间的俘虏、永恒的人质，如拿破仑、李煜、曹操。

> ……不要沉睡，
>
> 面对睡梦不能屈服，
>
> 你是永恒的人质——
>
> 你是时间的俘虏。③

89

经济本是"经纶济世""经国济民"之意，是时候恢复经济的本意了。宪法学者应将经济宪制（经济领域具有宪制意义的制度和做法）④纳入研究的视野。

---

① "人最难得是个性极强而又了解人情。个性强者多不了解人情，只知有己不知有人，只知有己不能打破小我。如老杜（杜甫）即不通人情。"叶嘉莹笔记，高献红、顾之京整理：《顾随讲曹操·曹植·陶渊明》，河北教育出版社 2018 年版，第 96 页。苏力个性强，又通人情。

② 苏力：《大国宪制：历史中国的制度构成》，北京大学出版社 2018 年版，第 339 页。皇帝无私事。"天地无私，故能覆载；王者无私，故能容养。"参见［宋］司马光编著：《资治通鉴》，中华书局 2007 年版，第 1526 页。

③ ［俄］帕斯捷尔纳克：《第二次诞生》，吴笛译，上海人民出版社 2013 年版，第 262 页。

④ 对于国家来说，经济不限于财政税收；国家对经济的管理规制，直接、间接从事的经济活动，其中许多做法（如国家主导的超级基础设施建设——从运河到高铁）具有无可替代的制度功能，既是政治，也完全可以称之为经济宪制。参见苏力：《大国宪制：历史中国的制度构成》，北京大学出版社 2018 年版，第 307 页。

90

古代的盐铁专卖，今天的烟草专卖，都曾饱受诟病——谁在诟病？①诟病专卖制度的理据是什么，是否包藏祸心？废除了专卖制度，获利者就会是普通民众吗？真正的获益者难道不是富商巨贾？②专卖，并非国家与民争利，而是国家代表人民与富商巨贾（资本家）争利。

91

章太炎和苏力之所以被称为大学者，其中一个原因在于，他们都精通"小学"（音韵学、训诂学）。读若法、譬况法、直音法、反切……这些对苏力来说是稀松平常的小学问，③而今的一些法学家有几个懂的？

92

在"天下谁人不识君"之前，"莫愁前路无知己"④。

93

举杯邀明月，总不如举杯邀"举杯邀明月的人"来得真实，也更慰藉人。⑤

94

为了更好地生存，其实世界上没有什么是不可挪用或征用的，⑥包括

---

① 文学对曰："今郡国有盐铁、酒榷、均输，与民争利……愿罢盐铁、酒榷、均输，所以进本退末，广利农业，便也。"参见乔清举注释：《盐铁论》，华夏出版社 2000 年版，第 2 页。此处的"文学"，大约相当于今天的文科知识分子。

② 苏力：《大国宪制：历史中国的制度构成》，北京大学出版社 2018 年版，第 335 页。

③ 苏力：《大国宪制：历史中国的制度构成》，北京大学出版社 2018 年版，第 373 页。关于章太炎的"小学"，参见章太炎讲授，朱希祖等记录，陆宗达等顾问，王宁主持整理：《章太炎说文解字授课笔记》，中华书局 2010 年版；章太炎：《国学讲义》，第六章，北京理工大学出版社 2020 年版。

④ 高适《别董大·其一》："莫愁前路无知己，天下谁人不识君。"

⑤ 李白《月下独酌》："举杯邀明月，对影成三人。"

⑥ 苏力：《大国宪制：历史中国的制度构成》，北京大学出版社 2018 年版，第 385 页。

（但不限于）仓颉造的字、方言（如马丁·路德用德国方言翻译《圣经》）、门阀、血统、镜子、波涛、圆锥体、地理志、荆棘、橄榄叶头环、和平鸽、木马①、流马②、宫女王昭君的娇躯、真正的玫瑰③、棋盘、锄头、匕首、上帝、自然、酒④……以及难以计数的"蛮族"（"非我族类"）的头颅。

95

英雄不问出身。先知、王者和大艺术家也不问出身。之所以不问出身，是因为他们出身不明——他们真的为平庸的父母所生？《史记》建构了刘邦之母怀孕的神话（未必不真实），耶稣的母亲则是处女受孕（这不容置疑）。神话不能也不应进行生物学解释。

96

唯有那些拿生命与命运抗争过的人（如贝多芬、孔子）才能真正理解"死生有命，富贵在天"⑤的哲理意味。

97

"四海之内皆兄弟"⑥是不可能的，有一个就不错了。
所谓兄弟，知音也。⑦知音如举贤，不避亲。
苏轼是幸运的，有一个可以"千里共婵娟"的兄弟。梵高更是幸运的，

---

① 在特洛伊战争中，希腊一方用木马计攻陷特洛伊城。
② 《三国志·诸葛亮传》
③ "真正的玫瑰非常遥远。"参见［阿］豪尔赫·路易斯·博尔赫斯：《天数》，林之木译，上海译文出版社 2017 年版，第 42 页。
④ "中国诗人为何喜欢酒、自然，便因无信仰，欲求寄托于自然与酒。"参见叶嘉莹笔记，高献红、顾之京整理：《顾随讲曹操·曹植·陶渊明》，河北教育出版社 2018 年版，第 88 页。
⑤ 《论语·颜渊》。
⑥ 《论语·颜渊》。
⑦ "一个人思想愈深、感觉愈敏、情感愈真，愈不易得到一知心好友，这样高人不易得。"叶嘉莹笔记，高献红、顾之京整理：《顾随讲曹操·曹植·陶渊明》，河北教育出版社 2018 年版，第 128 页。

有一个耐心聆听他日复一日地倾诉，①欣赏他不为时人理解和接受的作品，并向他提供生活费的弟弟（兄弟俩死后合葬一处）。

98
▽

我也希望被人嫉妒——被屈原一个人嫉妒就可以了。

99
▽

苏力指出："尽管全然不知道什么代议民主，古代中国的精英政治中却一直伴随了或潜藏着地区代议政治的元素。"②

"词"与"物"不完全对应的又一例证。

多民族大国必然采取混合宪制。精英制与代议制的混合；君主制与共和制的混合；传统政制与现代政制的混合；等等。③

100
▽

在一个"王侯将相宁有种乎"的国度，王、侯、将、相，都有可能躺着中枪。

101
▽

苏力指出："当法律完全不在乎政治和社会现实及后果之际，政治和社会就一定会完全不在乎法律。"④

被冷落的法律是否会后悔，变成怨妇？

102
▽

苏力时刻感受着中国宪制的呼吸、中华文明的脉动，以及拂过南山、东

---

① ［荷］文森特·梵高：《亲爱的提奥：梵高对生活、艺术及未来的言说》，平野译，南海出版公司 2010 年版。此书是书信体自传，由梵高写给弟弟提奥的几百封信组成。
② 苏力：《大国宪制：历史中国的制度构成》，北京大学出版社 2018 年版，第 434 页。
③ "中国的皇帝制更像是一种混合宪制，混合了君主、民主和贵族的制度要素。"参见苏力：《大国宪制：历史中国的制度构成》，北京大学出版社 2018 年版，第 445 页。
④ 苏力：《大国宪制：历史中国的制度构成》，北京大学出版社 2018 年版，第 433 页。

篱和桃花源的好风。①

103
▼▼▼

皇帝不是一个人，而是一种制度。②作为制度的皇帝是国家这一政治身体的连属机制。③这种连属机制在中国古文的"王"字中得到形象地展现。"古之造文者，三画而连其中，谓之王。三画者，天、地与人也，而连其中者，通其道也。取天地与人之中以为贯而参通之，非王者孰能当是?"④

104
▼▼▼

传统君主制的优点之一是较好地解决了最高权力的稳定和传承问题。

苏力指出："一切宪制都必须面对权力转移的麻烦。"⑤

张祥龙也指出："政权的最大结构问题，其实首先是权力传承，或权力的时间化问题，而此传承的安全与质量与此政权平时的运作方式（内部运作方式和外部运作方式）息息相关。所以权力的生命千奇百怪，有时外部运作差劲也不会倒台，有时外部运作得很不错，却在内部出了问题。西方民主制到目前为止，在成功国家的最大优点不是代表了选民利益，而是传承的安全与质量，它的不成功之处也首先在这里。其关键也还是在于政权时间性的构成方式。"⑥

西式竞选民主之所以不适用于中国，就在于它在中国，既无法有效地解决代表性问题，又无法解决权力传承的安全与质量问题。

---

① 陶渊明《读〈山海经〉其一》："微雨从东来，好风与之俱。"

② 苏力：《大国宪制：历史中国的制度构成》，北京大学出版社 2018 年版，第 442 页。

③ 关于"王"作为主权者代表和连属机制的形成，参见［美］埃里克·沃格林：《新政治科学》，段保良译，商务印书馆 2018 年版，第 46—51 页。

④《春秋繁露·王道通三》。

⑤ 苏力：《大国宪制：历史中国的制度构成》，北京大学出版社 2018 年版，第 447 页。

⑥ 张祥龙：《据秦兴汉和应对佛教的儒家哲学》，广西师范大学出版社 2012 年版，第 47 页。

105

当政治支配的正当性类型从君主制转向民主制之际，极易出现政治混乱和秩序危机。①

为克服混乱和危机，一些国家采取了介于君主专制和共和制之间的"第三条道路"——君主立宪制，"既保留了国王的克里斯玛型权威，又迎合了大众的民主需求"。②

1911 年爆发的辛亥革命结束了我国两千多年的封建帝制（清帝以逊位方式退出历史舞台），但"新共和"无法在短期内解决最高权力的正当性、合法性、稳定性以及传承问题，政治秩序呈现出群龙无首的局面。"乱莫大于无天子。无天子则强者胜弱，众者暴寡，以兵相残，不得休息。"③袁世凯建构独裁性质的大总统制（《中华民国约法》《修正大总统选举法》④）、洪宪帝制运动（1915—1916）以及张勋复辟（1917）都必须置于这一政治背景下才能得到恰切的理解。⑤

即使是失败的政治家，其政治行动的出发点也可能更多基于公心，而非个人私心或野心——哪个政治家没有野心？⑥

106

苏力提出了一对很有学理意义的概念：有为君主和守成君主。"或更简

---

① 1649 年英王查理一世被砍头时曾得到民众和士兵的同情。参见［法］F. 基佐：《一六四〇年英国革命史》，伍光健译，商务印书馆 1985 年版，第 444 页。英国在经历短暂的"护国公"时期（1653—1658，克伦威尔被称为"不是国王的国王"）之后，君主制再度复辟（1660）。

② ［英］布伦达·拉尔夫·刘易斯：《君主制的历史》，荣予、方力维译，生活·读书·新知三联书店 2007 年版，第 164 页。

③ 《吕氏春秋·有始览·谨听》。

④ 夏新华等整理：《近代中国宪政历程：史料荟萃》，中国政法大学出版社 2004 年版，第 464—465、471—476 页。

⑤ 如果从皇帝制中看到的只是"家天下"，那么不是缺乏学术想象力和洞察力，也是"小人之心"。参见苏力：《大国宪制：历史中国的制度构成》，北京大学出版社 2018 年版，第 478 页。

⑥ 法国哲人拉罗什福科说："野心是精神活力的动力之源。"参见［法］拉罗什福科：《箴言录》，文爱艺译，中国城市出版社 2009 年版，第 74 页。

单些，有为者和守成者。"①

有为者和守成者这对概念更好，突破了君主制的范畴。

汉武帝、康熙、华盛顿、戴高乐、丘吉尔、凯末尔、荷马、牛顿、黑泽明、波斯纳、费孝通……都是有为者。凡不是有为者的，要么是守成者，要么什么都不是（这种情况更多）。

107

孟子曰："民为贵，社稷次之，君为轻。是故得乎丘民而为天子。"②身为战国人的孟子从没听说过"公民"概念，即使听说了，也绝不会认为它在道德层面上高于"丘民""黎民""子民"等概念。③倘若孟子活在今天，秉持"中道而立"④原则的他也不至于迂腐地反对把"公民"概念写入宪法学教材，而且，他发表于《中国社会科学》的论文会引用霍布斯《论公民》一书中的观点（只是可能）。

108

霍布斯说："有两条公理必定同样正确：人待人如上帝；人待人如豺狼。前者就公民之间的关系而言属实；后者就国家之间的关系而言属实。"⑤霍布斯的观点明显违反了"中道原则"，且不符历史和当下事实。人待人不可能如上帝（"如上帝"这个比喻被滥用了），大部分情形下是"如路人"，极端情形下也会"如豺狼"。国家之间的关系也并非时时、处处"如豺狼"，大部分情形下是"人不犯我，我不犯人"，极端情形下也会"近乎如上帝"——如"二战"后日本对美国的态度。

---

① 苏力：《大国宪制：历史中国的制度构成》，北京大学出版社 2018 年版，第 484 页。

② 《孟子·尽心下》。

③ 如果进行深入历史语境的考察，就不得不承认，传统中国的"子民"概念要比古希腊、古罗马的"公民"概念更接近近现代的"公民"概念，更具普遍性，有更多包容性。参见苏力：《大国宪制：历史中国的制度构成》，北京大学出版社 2018 年版，第 504 页。

④ 《孟子·尽心上》。

⑤ ［英］霍布斯：《论公民》，应星、冯克利译，贵州人民出版社 2003 年版，第 2 页。

109

我们不应质问为何传统中国没有出现公民，而应反过来问，究竟什么社会语境条件令古希腊、古罗马和近现代欧洲（的某些地方）居然有了公民？①而且，传统中国真的没有公民？如果说公民是指享有权利、负有义务的"公共性的人"或"为公之人"，谁敢说河南人李斯、江西人文天祥、海南人海瑞不是公民？难道仅仅因为他们向皇帝磕过头就不是公民了？难道只有存在公民（citizen）概念的地方才存在公民？②更何况，传统中国是存在公民概念的。《韩非子·五蠹》曰："是以公民少而私人众矣。"尽管"公民"少，但仍存在。考虑到中国庞大的人口基数，这个"少"，也是"多"。

110

固然，"水则载舟，水则覆舟"③，但没有了舟，也就不会有"百舸争流千帆竞"④的美景，水也只是水。

大河、大江、大海再壮阔或险恶，也不过是舟行驶的载体和轨道——最起码舟如此想。

111

如果眼光犀利，就能从苏力的文字中发现针尖、热爱和责任；就能从《论语》中发现麦芒、坚韧以及孔子的心情⑤；就能发现眼光犀利的人太稀少（像白犀一样稀少）……

---

① 苏力：《大国宪制：历史中国的制度构成》，北京大学出版社 2018 年版，第 491—492 页。

② "在今人看来历史中国的种种法治宪制不健全的问题或'问题'，其实与传统中国有没有'公民'概念以及相应制度基本无关。把历史中国法律制度的一些实践问题简单归结为——无论归咎于还是归功于——某个'没有'上，逻辑很荒谬。既然是'没有'，这个'没有'甚至没法为自己辩护！那还不就是学人说什么就是什么了?! 这不是有经验根据的理论。"参见苏力：《大国宪制：历史中国的制度构成》，北京大学出版社 2018 年版，第 493 页。

③ 《荀子·王制》。

④ 《礼记·中庸》。

⑤ 苏力：《大国宪制：历史中国的制度构成》，北京大学出版社 2018 年版，第 526 页。

112

一个健康的人，悲而不哀，哀而不伤。伤感是最没出息的。

113

一个没用的概念从一开始就不会产生。①一个没用的词从一开始就不会产生。

114

一个没用的人从一开始就不会诞生。天下人各有其用：有人推磨，有人扮驴，有人卸磨杀驴，有人写诗，有人驱逐诗人，有人在书斋里"为生民立命"，有人在青楼为自己立牌坊，有人在古老的土地上挥洒青春的力量，有人琢磨猪八戒的快乐，有人献身于既富且贵的大业②（祈愿他不会进监狱），有人努力超越利益和偏好③（但不劝别人如此），有人笑着迎接不幸（如与时雨和燕子对话的陶渊明④），有人抱怨自己没用（如《多余人日记》的作者、俄罗斯大作家屠格涅夫⑤），有人判定人是否有用（如发明了"无用之用"⑥

---

① 苏力：《大国宪制：历史中国的制度构成》，北京大学出版社 2018 年版，第 524 页。

② 隋唐以来中国历史的传统之一是"切断富与贵的关系"，"与今天中国不允许或限制领导干部亲属经商在逻辑上是一致的"。参见苏力：《大国宪制：历史中国的制度构成》，北京大学出版社 2018 年版，第 513 页。

③ 苏力说自己的分析"没打算让读者接受或信服"；"除了目前法学界占主导地位的是'为权利而斗争'这种公民/个人权利话语外，更因为，智识讨论最多只能说服没有利害关系的人，不可能战胜利益或偏好"。参见苏力：《大国宪制：历史中国的制度构成》，北京大学出版社 2018 年版，第 527 页。

④ 陶渊明：《拟古九首·其三》："仲春遭时雨，始雷发东隅""翩翩新来燕，双双入我庐"。

⑤ "哎，这一切又有什么用""我这一生委实值得讲吗""我就是这样一个累赘……不过，好在快到站了""我这个多余的人没有家庭生活的回忆，所以，给自己找到个安身之处，筑起个哪怕是临时的巢，享受一下日常交往和习俗带来的欢乐，这种幸福我从前根本就没有体验过""我消亡时，我也就不再是多余的了"。参见［俄］屠格涅夫：《外国中短篇小说藏本：屠格涅夫》，人民文学出版社 2013 年版，第 7、10、15、59 页。

⑥ 《庄子·人间世》。

概念的庄周先生 ①) ……

115

如果说历史中国是"百代皆行秦政法"②，那么，经由漫长的革命和改革运动塑造的当代中国宪制已然大大不同于"秦政法"，我们正在进行一场空前的大转型。③这场空前的大转型是在中国共产党领导下实现的。中国共产党深深地嵌在当代中国宪制之中，是攒聚中国这一巨大政治存在的巨链——"系统在系统之中运行"④。很难想象，离开了中国共产党这一领导者、主权者代表和有机整合要素⑤，中国的国家—宪制结构（constitution）将变成何等样态。⑥

116

20 世纪不仅是"赛先生"的世纪，更是奥德赛的世纪——四渡赤水、爬

---

① 有人提醒我：庄周从不评判人，他只喜欢化身大鹏在天上飞。

② 毛泽东：《建国以来毛泽东文稿》（第十三册），中央文献出版社 1998 年版，第361 页。

③ 唐德刚认为，中国政治社会制度经历了两次大转型，第一次是秦汉转型，第二次是自 1840 年以来的大转型，大约持续到 2040 年，他形象地比喻为过"历史三峡"。参见唐德刚：《晚清七十年》，岳麓书社 1999 年版，第 6—7 页。李鸿章将这次大转型称为"三千余年一大变局"。参见梁启超：《李鸿章传》，百花文艺出版社 2008 年版，第 55 页。1962 年 1 月，毛泽东说："从现在起，五十年内外到一百年内外，是世界上社会制度彻底变化的伟大时代，是一个翻天覆地的时代，是过去任何一个历史时代都不能比拟的。"参见毛泽东：《毛泽东文集》（第八卷），人民出版社 1999 年版，第 302 页。习近平总书记多次强调，当前我们"正处于百年未有之大变局"。参见习近平：《习近平谈治国理政》（第三卷），外文出版社 2014 年版，第 421、428、444、455 页。

④ 英国诗人蒲柏有诗："谁能通过巨大无垠的空间，洞察一切/看到世界加世界组成一个宇宙/看到系统如何在系统之中运行。"参见［美］阿瑟·O. 洛夫乔伊：《存在巨链——对一个观念的历史的研究》，张传有、高秉江译，商务印书馆 2015 年版，第 11 页。

⑤ 德国公法学家斯门德指出，"整合"是国家生活的根本过程。"如果说国家在超验层面的属性是主权性意志结合体和持续性地整合为现实，那么经验层面的观察任务则为指出实现此种整合的要素。"参见［德］鲁道夫·斯门德：《宪法与实在宪法》，曾韬译，商务印书馆 2020 年版，第 30—31 页。

⑥ 苏力：《批评与自恋：读书与写作》（增订本），北京大学出版社 2018 年版，第126—149 页。

雪山、过草地，与时间和空间赛跑的世纪（比"出埃及"①更加瑰玮）。

20 世纪不仅是"德先生"的世纪，更是有大德的王者、革命者人格和"现代君主"②的世纪。

20 世纪不仅是公羊和公羊学的世纪，更是"霍布斯之狼"和地缘政治学的世纪、"双元革命"（政治和社会革命）的世纪③。

117

早在 1902 年，约翰·阿特金森·霍布森就曾发出预言："中国将比其他'低等种族'更加快速地跃过对西方科技和资本的依赖阶段，快速地同化西方的新事物，从而重新建立自己的经济独立地位，通过自身的资源寻找机器大工业所需要的资本和组织能力……并以最大和最有实力的竞争者的身份进入世界市场，首先攻占亚太地区的贸易市场，继而摧毁西方的自由市场，迫使西方采取更严格的贸易保护政策并不得不压缩生产。"④

霍布森在中国最羸弱之时对中国未来的天才性预见令我心有戚戚。

他的远见卓识在众多中国学者（不限于历史学者）之上。⑤匮缺未来史观的理论家是长不大的。

118

"革命尚未成功"的哲学是面向未来的革命哲学——一种在自我否定中自我肯定的哲学。不断革命论意味着持续的政治化，在革命与精神的长征之路上永不松懈（最起码精英阶层应该如此）。

---

① 《圣经·出埃及记》。

② ［意］安东尼奥·葛兰西：《现代君主论》，陈越译，上海人民出版社 2006 年版；汪晖：《革命者人格与胜利的哲学——纪念列宁诞辰 150 周年》，《文化纵横》2020 年第 3 期。

③ 汪晖：《世纪的诞生：中国革命与政治的逻辑》，生活·读书·新知三联书店 2020 年版，第 74 页。

④ ［英］约翰·阿特金森·霍布森：《帝国主义》，卢刚译，商务印书馆 2017 年版，第 280—281 页。

⑤ 汪晖：《世纪的诞生：中国革命与政治的逻辑》，生活·读书·新知三联书店 2020 年版，第 74 页。

未来史学派是唯一真诚的史学流派。①真诚的史家怎么可能不"究天人之际，通古今之变"，并对未来的薄弱环节、暧昧态度、意识危机、进化模式以及空间革命进行知识与思想的考古呢？

多重时间是超克了线性与同一性的时间，它意味着仅仅在一个短暂的梦中，就能邂逅屹立在"辽宁舰"甲板上的施琅将军、与尼采漫谈绵延哲学和权力意志的柏格森、穿越平行宇宙的霍金②、"最后的魔法师"牛顿、威慑纪元的执剑人程心③、卡夫卡的立法者之门、柏拉图学园的几何之门……

119

人不可能两次踏入同一条河流，④却可以到苏力——一位面向未来的思想者——用破半生心开掘的那条实用而美好的"思想运河"中洗一洗。

120

他不是"苏力问题"的始作俑者，

他并非只诉诸令人不安的直感，⑤

他不是法治保守主义者，⑥

他并非像画大饼一样，

只画出一幅极有前景的路线图，⑦

---

① "父亲身边聚集了一批有深刻思想的学者，他们包括科学家、政治家和军事战略家，他们称自己是未来史学派。"参见刘慈欣：《三体Ⅱ：黑暗森林》，重庆出版社 2008 年版，第 353 页。

② 关于"平行宇宙""多重宇宙"，参见 ［美］B. 格林：《隐藏的现实：平行宇宙是什么》，李剑龙等译，人民邮电出版社 2013 年版，第 2—9 页。

③ 威慑纪元是刘慈欣科幻小说《三体》中的时间设定，相当于公元 2208—2270 年。程心是《三体Ⅲ：死神永生》中的女主角，她是一名执剑人。

④ 古希腊哲学家赫拉克利特的观点。参见 ［德］尼采：《希腊悲剧时代的哲学》，周国平译，译林出版社 2011 年版，第 70 页。

⑤ 顾培东：《"苏力问题"中的问题》，《武汉大学学报》（哲学社会科学版）2017 年第 1 期。

⑥ 谢晖：《法治保守主义思潮评析——与苏力先生对话》，《法学研究》1997 年第 6 期。

⑦ 郑戈：《寻找法治中国化的道路——以苏力〈法治及其本土资源〉为样本的分析》，《探索与争鸣》2017 年第 5 期。

他不是刻板的结果主义者，①

他并非昧于汉唐混合制度的逻辑，②

他不是以点缀性"插入语"惑人的故作姿态者，③

不是无聊的好古癖者，④

不是散漫的叙事者，⑤

不是走向黄昏的偶像⑥或走向偶像的黄昏，

不是受不得委屈的"大佬"，

不是另一种新儒家，

甚至不是现时代的学术圣徒，⑦

他只是——苏力。

121

在撰写本书的过程中，我流泪六次，与周公在梦中打架九次，想起耶稣和潘金莲各七十个七次。⑧

---

① 孙笑侠：《法律人思维的二元论兼与苏力商榷》，《中外法学》2013 年第 6 期。

② 汪晖：《汉唐混合制度及其道德理想——回应苏力教授的中国宪制论》，《师大法学》2018 年第 2 辑。

③ 邓正来：《中国法学向何处去（下）——对苏力"本土资源论"的批判》，《政法论坛》2005 年第 3 期。

④ 赵晓力：《历史、文化、革命与中国宪制》，《师大法学》2018 年第 2 辑。

⑤ 于明：《中国何以发生——〈大国宪制〉的问题意识》，《法治现代化研究》2019 年第 4 期。

⑥ 董彦斌：《为什么偶像走向黄昏？——朱苏力、冯象、黄宗智法学析论》，《中国法律评论》2014 年第 1 期。

⑦ 桑本谦：《阅读苏力》，《中国法律评论》2015 年第 3 期。

⑧ 《圣经·马太福音》："那时彼得进前来，对耶稣说：'主啊，我弟兄得罪我，我当饶恕他几次呢？到七次可以吗？'耶稣说：'我对你说，不是到七次，乃是到七十个七次。'"

后 记

尼采 21 岁时偶然在书摊上看到一本书，他翻了几页，那运文的气势，那用词的精确和造句的天赋都深深地打动了他，他写道："我不知道是什么精灵在对我悄悄耳语：'带上那本书回家去吧。'刚跨进房门我就打开这本如此得来的宝贝，并渐渐感受到那种充满激情而又极其忧郁的天才之强大力量。"那本让尼采为之着迷的书就是叔本华的《作为意志和表象的世界》。9 年之后，尼采发表《作为教育家的叔本华》一文，表达对叔本华的敬意，并痛斥日益僵化的教育和学术体制对心灵的戕害。

我 21 岁时已知道并读过苏力的作品，但我远没有尼采早慧，那时根本不懂得苏力这个名字意味着什么。直到而立之年、读完博士之后，我才开悟似的意识到我差点错过一位伟大的学者、诗人和教育家。和苏力生活在同一时代，何其之幸；没有跟苏力读博士，何其遗憾。但转念一想，通过"阅读苏力"进行自我教育又何尝不可？尼采不就是通过"阅读叔本华"进行自我教育的吗？我从苏力的文字中发现了敦促自己苏醒的力量，"你的教育者只能做你的解放者"，尼采如是说。

2019 年 4 月，我才有幸和苏力结识，面对面地谈论诗、历史和大立法者。2021 年 3 月，我完成这本向苏力致敬的书。写这本书并不是想证明苏力的正确，只是表达我无可救药的偏爱。偏爱和直觉一样，是不理性的。有时我不免愤愤地想，没读过苏力的作品、不认可苏力、没有认真对待苏力的法律人，实在不值得与之交谈。我知道我过于极端了，尽管没有尼采极端。

苏力并不完美。但爱一个人就是要对他的不足视而不见。

"喻学理于诗文,以评论抒哲思"是苏力对我的鼓励。我知道他的意思是要我诚实、快活且坚韧。